# 儒家文明论坛

（第六期）

儒家文明省部共建协同创新中心 编

主 编 王承略

副主编 于晓雨 王超群

山东人民出版社·济南

国家一级出版社 全国百佳图书出版单位

**图书在版编目（CIP）数据**

儒家文明论坛．第六期/王承略主编．--济南：山东人民出版社，2025.3

ISBN 978－7－209－13568－9

Ⅰ．①儒…　Ⅱ．①王…　Ⅲ．①儒家—文集
Ⅳ．①B222.05-53

中国版本图书馆 CIP 数据核字（2021）第 249015 号

**儒家文明论坛（第六期）**
RUJIA WENMING LUNTAN
王承略　主编

主管单位　山东出版传媒股份有限公司
出版发行　山东人民出版社
出 版 人　胡长青
社　　址　济南市市中区舜耕路 517 号
邮　　编　250003
电　　话　总编室（0531）82098914
　　　　　市场部（0531）82098027
网　　址　http：//www.sd－book.com.cn
印　　装　山东新华印务有限公司
经　　销　新华书店

规　　格　16 开（184mm×250mm）
印　　张　17.75
字　　数　280 千字
版　　次　2025 年 3 月第 1 版
印　　次　2025 年 3 月第 1 次
ISBN 978－7－209－13568－9
定　　价　46.00 元

# 《儒家文明论坛》第六期

# 编辑说明

郑玄（127—200）是汉代经学家、思想家、语言文字学家。郑玄通天文、历算，博贯群经，以古文经说为主，兼采今文经说，“囊括大典，网罗众家”，遍注经纬，成为汉代经学的集大成者，世称“郑学”，对后世产生了深远影响。汉灵帝中平五年（188），郑玄创办康成书院，收徒讲学议经，著书立说。2018年是康成书院建院1830年，为缅怀郑玄对中国文化建设的重要贡献，探讨其经学对当代古典学术复兴的价值，2018年10月13日至14日山东大学儒学高等研究院、儒家文明省部共建协同创新中心在郑玄故乡山东高密举办了“郑玄经学与中国文化国际学术研讨会”。本次会议以“郑玄经学与中国文化”为主题，设郑玄与《易》学、郑玄与《尚书》学、郑玄与《诗》学、郑玄与“三礼”学、郑玄经学的当代价值等分议题。本书即是这次会议的论文集。会议收到的论文中，部分业已发表，部分作者不同意收录此文集中，我们尊重作者意见，没有收录。

儒家文明省部共建协同创新中心

2024年10月22日

# 目 录
CONTENTS

# 郑玄《周易注》源自马融《周易传》考

陈居渊（复旦大学哲学学院）

**摘　要**　郑玄的易学渊源，见于《后汉书》的简要记载，由于郑玄本人的著作中，未发现他对老师马融研究易学成果的描述与引证的记载，导致后来学人对郑玄易学的师承颇多微词。文章通过传世的郑玄《周易注》与马融《周易传》的“同字同义”“同字异义”“异字同义”“异字异义”等比较与考证，认为《后汉书》所记载郑玄的易学渊源是可信的。而古代学人对马融易学的批评与生活态度的诟病，是造成现代学人对郑玄易学渊源判断偏差的原因所在。

**关键词**　郑玄　马融　《周易注》　《周易传》

## 一

汉代学者郑玄对《周易》的解读，一直被学界所推崇，尤其是他创拟的“爻辰说”，更被视为汉代象数易学的典范。然而有关郑玄的易学渊源，自《后汉书·儒林列传》说“建武中，范升传《孟氏易》，以授杨政，而陈元、郑众皆传《费氏易》，其后马融亦为其传。融授郑玄，玄作《易注》，荀爽又作《易传》，自是《费氏》兴，而《京氏》遂衰”后，一般都根据《后汉书》这一简要的记载，认同郑玄的易学源自东汉经学大师马融，传承的是费直的古文易学。后经刘义庆《世说新语》的渲染，更是坐实了郑玄易学与马融易学的师承关系，对此学界争议不多。在中国古代，学生积极地传承和传播师说，既是他们做学问的一个重要前提，也是表达自己的学术信仰和对老师学术的敬意，可以说是天经地义。然而遍检郑玄传世的著作，特别是易学著作中，几乎未见郑玄明确谈到或引用乃师马融的易学成果，因此郑玄的易学研究，是否源自马融也就有了疑问。如清代著名考史学家王鸣盛就提出“郑虽师融，著述中从未引融语”，并且进一步提出“康成所受业者，虽止第五元先诸人，而其所师承者，《易》则京房、费直，《书》则杜林、孔安国，《诗》则韩婴、毛亨，盖非专主一家也”①。这等于直接否定了郑玄师从马融学习《周易》的历史事实。此说在当今学界也产生了很大的影响。笔者认为，前人的种种说辞，都有其成立的理由。然而判断一个人的学术传承，除了查阅和尊重相关的历史资料外，更重要的是将其著作充分阅读与比较研究后，才能做出符合历史事实的结论。今天赖有传世的郑玄《周易注》与马融的《周易传》，这给我们进一步厘清郑玄易学的渊源提供了可能。本文尝试就《周易注》与《周易传》的六十四卦及《易传》中“同字同义”“同字异义”“异字同义”“异字异义”等做一番新的考证。郑玄《周易注》与马融《周易传》，均取自清人孙堂的《汉魏二十一家易注》本。

## 二

### 一、《周易注》与《周易传》的同字同义

讼　上九，或锡之鞶带，终朝三褫之。

马融《周易传》：鞶，大也；旦至食时为终朝。鞶带，大带衣也。

郑玄《周易注》：鞶带，佩鞶之带。

释“鞶”为“大带”，《说文·革部》：“鞶，大带也。《易》曰：‘或锡之鞶带。’男子带鞶，妇人带丝。”虞翻《周易注》：“锡谓王之锡命。鞶带，大带，男子鞶革。初四已易位，三二之正，巽为腰带，故鞶带。”张惠言《易义别录》云：“大带衣者，以大带表衣，犹云冕弁服也。《礼》云鞶裂不得训大，故郑改顺为佩鞶之带，则革带也。”其义郑玄与马融同。

师　贞，丈人，吉，无咎。

马融《周易传》：二千五百人为师。

郑玄《周易注》：军二千五百人为师。多以军为名，次以师为名，少以旅为名。

《说文·帀部》：“师，二千五百人为师。”古代以二千五百人为师，其义郑玄与马融同。

谦　六四，无不利，㧑谦。

马融《周易传》：㧑，犹离也。

郑玄《周易注》：㧑，读为宣。

㧑字之义，马融释为“离”，郑玄读作“宣”。李富孙《易经异文释》云：“郑读为宣，当取显著之义。”张惠言《易义别录》云：“㧑者，指麾之意，故云离，离谦义

① 王鸣盛：《蛾术编》卷五十八《说人·八》，清道光二十一年（1841）世楷堂刻本。

迁，故郑读为宣。”曹元弼《周易郑氏注笺释》云：“以抛为宣之声，转借字。”其义郑玄与马融同。

豫　利建侯行师。殷，荐之上帝以配祖考。

马融《周易传》：豫，乐。殷，盛也。

郑玄《周易注》：豫、喜佚说乐之貌也。殷，盛也。

释“豫”为“乐”，《荀子·礼论》：“说豫娩泽。”注：“豫，乐也。”《尔雅·释诂上》：“豫，乐也。”邢昺疏：“豫者，逸乐也。”豫卦下卦为坤，上卦为震，坤顺为和，震为鸣，故有乐象。释“殷”为“盛”，《说文·月部》：“殷，作乐之盛称殷。”其义郑玄与马融皆同。

随　六二，不耕获，不菑畬，则利有攸往。

马融《周易传》：菑，一岁也。畬，田三岁也。

郑玄《周易注》：一岁曰菑，二岁曰新田，三岁曰畬。

释“菑”为“一岁”，“畬”为“三岁”，《尔雅·释地》：“田一岁曰菑，二岁曰新，三岁曰畬。”《诗·周颂·臣工》：“嗟嗟保介，维莫之春。亦又何求，如何新畬。”毛传：“田二岁曰新，三岁曰畬。”然《礼记·坊记》引《易》“不菑畬”，郑玄《周易注》：“田一岁曰菑，二岁曰畬，三岁曰新。”《说文·田部》：“畬，二岁治田也。从田余声。《易》曰：‘不菑，畬田。’”段玉裁注云：“二，各本作三。今正。《周易音义》云畬，马曰田三岁，《说文》云二岁治田，此许作二之证。考《释地》曰‘一岁曰菑。二岁曰新田。三岁曰畬’，《小雅·周颂》、毛传同。马融，孙炎，郭朴皆同。郑注《礼记·坊记》，许造《说文》，虞翻注《易》无妄皆云二岁曰畬。许全书多宗毛公，而意有未安者则不从。此其一也。菑，《艸部》云反耕田也。反耕者，初耕反艸。一岁为然。二岁则用力渐舒矣。畬之言舒也。三岁则为新田。”其义郑玄与马融同。

噬嗑　九四，噬乾胏，得金矢，利艰贞，吉。

马融《周易传》：有骨谓之胏。

郑玄《周易注》：胏，簀也。

马融释“胏”为有骨之肉，郑玄作“簀”，《说文·竹部》：“簀，床栈也。”

陆绩《周易述》：“肉有骨谓之胏。”王肃《周易注》：“骨在乾，肉脯之象。”曹元弼《周易集解笺释》云：“肉有骨，谓之胏。胏读如簀也。胏、簀一声之转。盖读胏如簀，见其坚鲠不可噬，如木板然，以别于荀氏之诸家作脯耳。”其义郑玄与马融同。

噬嗑　上九，何校灭耳，凶。

马融《周易传》：耳无所闻。

郑玄《周易注》：离为槁木，坎为耳，木在耳上，何校灭耳之象也。目不明，耳不聪。

噬嗑卦上卦为离，下卦为震，《说卦传》离“于木也，为科上槁”，三、四、五爻互体坎，坎为耳，槁木在耳上，所以“灭耳”。上九离为目，是居上体之极而失位，故“聪不明”。九家《周易集注》：“当据离坎以为聪明。坎既不正，今欲灭之，故云‘聪不明也’。”其义郑玄与马融同。

无妄　元亨利贞。其匪正有眚，不利有攸往。

马融《周易传》：妄，犹望，谓无所希望也。

郑玄《周易注》：妄，犹望，谓无所希望也。

释“妄”为“望”，意为“无所希望”。京房《周易章句》：“大旱之卦，万物皆死，无所复望。”王肃《周易注》：“妄，犹望，谓无所希望也。”《汉书·谷永传》：“遭无妄之卦运，直百六之灾阨。”颜师古注引应劭云：“无妄者，无所望也。万物无所望于天，灾异之最大者也。”张惠言《周易虞氏义》云：“遁消乾，子弑父，上之初，出震反生，阳无所亡，故名无妄。妄，亡也。”其义郑玄与马融同。

大畜　九三，良马逐，利艰贞，曰闲舆卫，利有攸往。

马融《周易传》：闲，习。

郑玄《周易注》：闲，习。

“闲”为“熟习”，《尔雅·释诂》：“闲，习也。”《诗·秦风·驷铁》：“游于北园，四马既闲。”毛传：“闲，习也。”《礼记·仲尼燕居》：“以之田猎有礼，故戎事闲也。”其义郑玄与马融同。

离　九三，日昃之离，不鼓缶而歌，则大耋之嗟，凶。

马融《周易传》：七十曰耋。

郑玄《周易注》：则大耋之差。年踰七十也。

释“耋”为“七十”。一说“八十”为“耋”，《诗·车邻》毛传：“耋，老也。八十曰耋。”王肃《周易注》：“八十曰耋。”《经典释文》及马融《周易传》《诗正义》引《春秋左传》服虔注皆云“七十曰耋”。其义郑玄与马融同。

咸　初六，咸其拇。

马融《周易传》：拇，足大指也。《经典释文》。

郑玄《周易注》：拇，足大指也。《经典释文》。

“拇”通“母”，朱骏声《说文通训定声·颐部》云：“母，叚借为拇。”释“母”为“足大指”，《春秋左氏传》定公十六年：“伤将指。”杜预注：“其足大指见斩。”《说文·手部》：“拇，将指也。”是足大指亦可称将指。初爻居下，有人足之象，故称拇为足大指，其义郑玄与马融同。虞翻注：母，足大指也。艮为指，坤为母，故咸其母。《周易集解》。《汉上易传》节引。

咸　九五，咸其脢，无悔。

马融《周易传》：脢，背脊肉也。

郑玄《周易注》：脢，背脊肉也。

释“脢”为“背脊肉”，《礼记·内则》：“取牛羊麋鹿之肉必胨。”《经典释文》：“胨，夹脊肉。”脢同胨。《礼记·内则》：“取牛羊麋麇之肉必胨。”《经典释文》：“胨，夹脊肉。”《楚辞·招魂》：“敦胨血拇，逐人駓駓些。”王逸注：“胨，背也。一作脢。”洪兴祖补注：“胨，脊侧之肉。”《说文·肉部》：“脢，背肉也。”虞翻《周易注》：“脢，夹脊肉也。”王肃《周易注》：“脢在背而夹脊。”段玉裁注：“《子夏易传》云：‘在脊曰脢。’马云：‘脢，背也。’郑去：‘脢，背脊肉也。’虞云：‘夹脊肉也。’按诸家之言，不若许分析了然。胂为跆吕之肉，脢为全背之肉也。”《广韵·灰韵》：“助我张目，脊侧之肉。”朱震《汉上易传》云：“夹脊肉之夹作背。”其义郑玄与马融同。

恒　上六，振恒，凶。

马融《周易传》：振，动也。

郑玄《周易注》：振，摇落也。

“振”通“震”。“振”通“震”。《战国策·燕策二》：“天下莫不振动。”《史记·乐毅列传》作“天下莫不震动”。又《荀子·正论篇》：“天下莫不振动。”杨倞注：“振与震同。”《说卦传》：“震，动也。”《尔雅·释诂》：“震，动也。”《广雅·释诂》：“振，动也。”释“振”为“动”，郑玄释为“摇落”。虞翻《周易注》：“震，动也。”张璠《周易集解》：“震，动也。”曹元弼《周易集解补释》云：“郑作振，训摇落者，初浚恒如揠苗助长，故至上而摇落。”“摇落”即摇动，故其义与郑玄与马融亦同。

蹇　六四，往蹇来连。

马融《周易传》：连，亦难也。

郑玄《周易注》：连，如字，迟久之意。

“连”，《说文·辵部》：“连，负车也。”马融释“连”为“难”，虞翻《周易注》：“连、辇、蹇，难也。在两坎间，进则无应，故往蹇。退初介三，故来连也。”李道平《周易集解纂疏》云：“连，古音辇，辇亦难也。”蹇卦上卦为坎，下卦为艮，坎为险。六四已在坎体，故往蹇。二、三、四爻又互坎，故又来亦难，是往来皆难。“连”有连续之意。《释名·释水》：“风行水波成文曰澜。澜，连也。波体转流，相及连也。”《广雅·释诂二》：“连，续也。”郑玄释“连”为“迟久之意”，或亦引申其往来之难久长，其义与马融亦同。

夬　九五，苋陆夬夬，中行无咎。

马融《周易传》：苋陆，商陆也。一名商陆，一名章陆，或名当陆。

郑玄《周易注》：苋陆，一名商陆。

释“苋陆”为“商陆”，郑玄与马融同。孙堂堂《汉魏二十一家易注》考证云：

“堂案：《本艸集解》苋凡六种：赤苋、白苋、灰苋、紫苋、五色苋、马苋也。人、白二苋可入药，但大者为白苋，小者为人苋耳。《尔雅·释艸》：‘蓫薚，马尾。’《广雅》：‘马尾蔏陆。’郭璞云：‘今江东为当陆。’《说文》‘薚’作‘募’，云：‘枝枝相值，叶叶相当。’或云多当陆路而生，故曰‘当陆’。”又云：“堂案：‘苋’。古‘莞’字，见《论语》释文，今本依唐石经作‘莞’。《广雅》云‘苋，笑也’，字又从艸，从见。‘陆’，古‘睦’字，见《隶释》。赵氏《辑闻》引虞云‘苋，萈’，史氏《学斋占毕》又引作‘苋，萁也；陆，商也’，俱非是。今《经典释文》亦有误者，晁氏改‘陆’作‘睦’，云‘和也’，亦非。”王夫之《周易稗疏》云：“苋字当从卝，而不从艸，音胡官切。山羊细角者也。”《说文·苋部》：“苋，山羊细角，从兔足，从苜声。”沈祖绵《周易孟氏学》云：“苋上从羊，是羊头不是艸头，下从见如兔字，非见字，字异而声亦别，以虞旧读言苋陆，则孟作苋字也。”此可备一说。

萃　上六，赍咨涕洟，无咎。

马融《周易传》：赍咨，悲声、怨声。

郑玄《周易注》：赍咨，嗟叹之辞也。自目曰涕，自鼻曰洟。

“赍咨”为悲声、怨声，郑玄释“嗟叹”之辞，自目曰涕，自鼻曰洟，上六与六三应，三在坤、艮，而上六无应。艮为鼻、为目上。兑为雨，兑伏艮，有涕洟之象。其义郑玄与马融同。

升　六四，王用亨于岐山，吉，无咎。

马融《周易传》：亨，祭也。

郑玄《周易注》：亨，献也。

“亨”即古代祭祀，祭祀需进献祭品，《说文·亯部》：“亯，献也。享，篆文亯。”《字汇·亠部》：“享，祭也。”其义郑玄与马融同。

革　巳日乃孚，元亨，利贞，悔亡。

马融《周易传》：革，改也。息，灭也。

郑玄《周易注》：革，改也。水火相息而更用事，犹王者受命改正朔，易服色，故谓之革。

释“革”为“改”，《说文·革部》：“革，兽皮治去其毛，革更之。”《玉篇·革部》：“革，改也。”《尚书·尧典》：“鸟兽希革。”孔传：“革，改也。”息，《集韵·职韵》：“息，生也。”《礼记·中庸》：“其人亡，则其政灭。”郑玄《周易注》：“息，犹灭也。”比喻社会朝代更替。其义郑玄与马融同。

鼎　九四，鼎折足，覆公餗，其形剧，凶。

马融《周易传》：餗，健也。餗，谓糜也。

郑玄《周易注》：糁谓之餗，震为竹，竹萌曰笋，笋者，餗之为菜也。餗美馔，是八珍之食，鼎三足，三公象。

“悚”，马融释为“糜”同“饘”，郑玄释为“糁”“菜”，泛指佳肴美味，虞翻《周易注》：“悚，八珍之具。”李道平《周易集解纂疏》云：“悚，糁也，八珍之膳，鼎之实也。”其义郑玄与马融。

震　初九，震来虩虩，后笑言哑哑，吉。

马融《周易传》：虩虩，恐惧貌；哑哑，笑声。

郑玄《周易注》：恐惧貌。乐也。

释“虩虩”为“恐惧”，《说文·虎部》：“虩，《易》‘履虎尾虩虩’，恐惧。”“哑哑”为“笑”或“乐”，《说文·口部》：“哑，笑也。”《玉篇·口部》：“哑，笑声。”其义郑玄与马融皆同。

艮　九三，艮其限，列其夤，厉薰心。

马融《周易传》：限，要也。

郑玄《周易注》：限，要也。

按，释“限”为“要”，虞翻《周易注》：“限，要带处也。坎为要，五来之三，故艮其限。”其义郑玄与马融同。

丰　上六，丰其屋，蔀其家，窥其户，阒其无人，三岁不觌，凶。

马融《周易传》：阒，无人貌。戕，残也。

郑玄《周易注》：阒，无人貌。际当为瘵。瘵，病也。戕，伤也。

释“阒”为“无人貌”，《说文新附·门部》：“阒，静也。”《经典释文》：“《字林》：‘阒，静也。’”《说文·戈部》：“戕，杀也。”段玉裁注：“《小雅》曰：‘子不戕。’传曰：‘戕，残也。’此戕，之正义。”《诗·小雅·十月不交》：“曰予不戕，礼则然矣。”郑玄笺：“戕，残也。”王肃《周易注》：“戕，残也。”干宝《周易注》：“阒，无人貌也。”其义郑玄与马融同。

旅　初六，旅琐琐，斯其所取灾。

马融《周易传》：琐琐，疲弊貌。

郑玄《周易注》：琐琐，犹小小也。

释“琐琐”，扬雄《太玄·成》：“成魁琐，以成获祸。”范望注：“琐，细也。”司马光注：“琐细之行必且堕其功而获祝矣。”虞翻《周易注》：“琐琐，最蔽之貌也。”陆绩《周易述》：“琐琐，小也。”《周易集解》。王肃《周易注》：“琐琐，细小貌。”马融释“琐琐”为“疲弊”，初六应在九四，九四在离，离为火，艮为门，为取，出门遇火是取其灾，其义郑玄与马融亦同。

既济　六二，妇丧其茀，勿逐，七日得。

马融《周易传》：茀，首饰也。

郑玄《周易注》：茀，车蔽也。

“茀”通“髴”。《经典释文》：“茀，马同。乾云马髴也。郑云车蔽也。子夏作髴，荀作绂，董作髢也。”《说文·髟部》：“髴，若似也。从髟，弗声。”释“茀”为“鬒髪”“首饰”。郑玄释“茀”为“车蔽”，源自《毛诗》。《诗·卫风·硕人》：“翟茀以朝。”毛传：“翟翟，车也。夫人以翟羽饰车。茀，蔽也。”又《诗·国风·载驱》：“簟茀朱鞹。”毛传：“车之蔽曰茀。”其义郑玄与马融同。

## 二、《周易注》与《周易传》的同字异义

屯　六二，匪寇婚媾。

马融《周易传》：重婚曰媾。

郑玄《周易注》：冓，犹会也。

又，“媾”同“冓”，《说文·冓部》：“冓，交积材也。象对交之形。”《说文·女部》：“媾，重婚也。”《经典释文》：“马云：重婚，本作冓。”虞翻《周易注》：“阴阳德正，故婚媾。”其义郑玄与马融同。

讼　有孚、窒惕、中吉，终凶。

马融《周易传》：咥，读为踬，犹止也。

郑玄《周易注》：咥，觉悔貌。

马融释“咥”为“止”，郑玄释为“觉悔貌”，是取“咥”字本义。《说文·口部》：“咥，大笑也。从口，至声。《诗》曰‘咥其笑矣’。”李富孙《易经异文释》云：“郑云觉悔貌，当即本义而引申之。盖以笑若有觉悔之意也。”其义马融与郑玄异。

讼　九四，不克讼，复即命，渝，安贞，吉。

马融《周易传》：渝，变也。

郑玄《周易注》：渝，然也。

马融释“渝”为“变”，《诗·郑风·羔裘》：“彼其之子，舍命不渝。”毛传：“渝，变也。”郑玄笺：“是子处命不变，谓守死善道，见危授命之等。”虞翻《周易注》：“渝，变也。”然郑玄此“渝”释为“然”，《广雅·释诂三》：“然，成也。”《大戴礼记·武王践阼》：“楹之名曰：‘毋曰胡残，其祸将然。’”其义郑玄与马融稍异。

比　九五，显比。王用三驱，失前禽，邑人不诫，吉。

马融《周易传》：三驱者，一曰乾豆，二曰宾客，三曰君庖。

郑玄《周易注》：王因天下显，习兵于搜狩焉。驱禽而射之，三则已，法军礼也。

“三驱”之义，代表性的有两说。其一，《春秋穀梁传》谓：“四时之田，用三焉。一曰乾豆，二曰宾客，三曰充君之庖。”马融即取此说。颜师古亦谓：“三驱，古射猎之等也。一为笾豆，二为宾客，三为充君之庖也。”其二，皇甫谧《帝王世纪》曰：

“成汤出见罗者方祝，汤问之曰：‘尔之祝何也?’罗者曰：‘从天下者，从地出者，从四方来者，皆入吾网。’汤闻曰：‘嘻！尽之矣。非桀其孰能为?’乃令解其三面，留其一面。”宋祁谓：“一说三驱者，三面驱之，阙其一面，使有可去之道而不忍尽物，盖先王之仁心也。礼所谓天子不合围者也。”虞翻《周易注》：“坎五称王，三驱谓驱下三阴，不及于初，故失前禽。谓初已变成震，震为鹿，为惊走，鹿之斯奔，则失前禽也。”其义郑玄与马融异。

贲　六四，贲如皤如，白马翰如，匪寇婚媾。

马融《周易传》：翰，高也。

郑玄《周易注》：翰，犹干也。见六四适初未定，欲干而有之。

释“翰”为“高”，《说文·羽部》：“翰，天鸡也。从羽倝声。《逸周书》云：‘文翰若翚雉，一名鷐内，周成王时，蜀人献之。’”董遇《周易章句》：“翰，马举头高卬也。”《玉篇·羽部》：“翰，高也。”《经典释文》：“翰，黄云：高举头高昂也。”三、四、五爻互震，为马，为白。张惠言考证云：“雅雨堂本《经典释文》有‘翰’，郑云‘乾也’。他本皆作‘白也’。王本见《玉海》者，此条末有‘翰白也’三字，盖宋时《经典释文》已误，惠始校郑注，删此三字。”孙堂《汉魏二十一家易注》云：“《释文》引‘翰，犹乾也’一句，一本作‘翰，白也’，误。”曹元弼《周易集解补释》云：“白马翰如，三体震坎皆为马，爻辰在辰，三月东南，巽位。巽为白，故象白马。”其义郑玄与马融异。

泰　小往大来，吉，亨。

马融《周易传》：泰，大也。

郑玄《周易注》：泰，通也。

《序卦传》：“泰者，通也。”郑玄释“泰”为“通”，是取《序卦传》。马融释“泰”为“大”，“泰”通“大”。《汉书·礼乐志·效祀歌》：“扬金光，横泰河。”颜师古注：“泰河，大河也。”其义郑玄与马融异。

观　初六，童观，小人无咎，君子吝。

马融《周易传》：童，犹独也。

郑玄《周易注》：童，稚也。

马融释“童”为“独”，《说文·犬部》：“独，犬相得而斗也。羊为群，犬为独也。”段玉裁注：“犬好斗，好斗则独而不群。”《诗·小雅·正月》：“念我独兮，忧心殷殷。”郑玄笺：“此贤者孤特自伤也。”郑玄释“童”为“稚”，“童”通“僮”。《春秋左氏传》成公十七年：“厉公将作难胥童。”《韩非子·内储说下》：“胥僮之谏厉公。”《说文·人部》：“僮，未冠也。从人，童声。”段玉裁注：“《说文》僮童之训与后人所用正相反。如穜种二篆之比。今经传僮子字皆作童子，非古也。”《广雅·释诂三》："稚，少也。"《广韵·至韵》："稚，幼稚。"其义郑玄与马融异。

晋　康侯用锡马蕃庶，昼日三接。

马融《周易传》：康，安也。

郑玄《周易注》：康，尊也，广也。

释"康"为"安"，《尔雅·释诂上》："康，乐也。"邢昺疏："康者，安乐也。"郑玄释"康"为"尊"为"广"，陆绩《周易述》："康，安也，乐也。"虞翻《周易注》："坤为康，康，安也。"其义郑玄与马融异。

家人　初九，闲有家，悔亡。

马融《周易传》：闲，阑也，防也。

郑玄《周易注》：闲，习也。

"闲"为"阑"，为防备之义。《说文·门部》："闲，阑也。"门中有木，本义为栅栏，引申为防闲。《周礼·虎贲氏》："舍则守王闲。"郑玄《周易注》："闲，梐枑。"贾公彦疏："闲与梐枑皆禁卫之物。"此"闲"，郑玄释为"习"，即指练习，其义与马融异。

家人　九五，王假有家，勿恤，吉。

马融《周易传》：假，大也。

郑玄《周易注》：假，登也。

"假"为"大"，《尔雅·释诂上》："假，大也。"《尚书·大禹谟》："不自满假。"孔传："假，大也。"陆绩《周易述》："假，大也。"李道平《周易集解纂疏》云："执心谦冲，不自盈大。"郑玄释为"登"，郑玄《周易注》萃卦"王家有庙"云："假，至也。"扬雄《方言》："假，至也。"《诗·商颂·玄鸟》："四海来假，来假祁祁。"郑玄笺："假，至也。""登"可通"至"，曹元弼《周易集解补释》云："郑读假为格，训登，与萃注训至义同。假、格皆徦之借字。古者登堂直曰登。《春秋传》曰：'公登亦登，王登有家。'谓登家之堂而与族人燕食，与'王假有庙'文例同。"知郑玄释"登"之义，与马融异。

震　上六，震索索，视矍矍，征凶。

马融《周易传》：索索，内不安貌。矍矍，中未得之貌。

郑玄《周易注》：索索，犹缩缩，足不正也。矍矍，目不正。

马融释"索索"为"内不安貌"，因为此爻上六居震动之极，无应于下，故内既不安。"矍矍"，惊惧四顾貌，故中亦未得。郑玄作"缩缩"，其义与马融同。虞翻谓上欲应三而隔于四，四在坎中，故索索。三动则内卦为离，上六应之，离为目，故矍矍。其义郑玄与马融异。

萃　六二，引吉，无咎，孚乃利用禴。

马融《周易传》：禴，殷春祭名。

郑玄《周易注》：禴，夏祭名。

马融释“禴”为“殷春祭名”，郑玄释“禴”为“夏祭名”，其义异。虞翻《周易注》：“禴，夏祭也。”王肃《周易注》：“禴，殷春祭名。”张惠言《易义别录》云：“马以易用殷礼，郑以用周礼，着于此也。此马、郑之大异义。”然考《周礼·大宗伯》：“以禴夏享先王。”《白虎通·宗庙》：“夏曰禴者，麦熟进之。”由此知殷、夏祭名都可以称“禴”。其义郑玄与马融异。

鼎　六五，鼎黄耳金铉，利贞。

马融《周易传》：铉，扛鼎而举之也。

郑玄《周易注》：金铉，喻明道能举君之官职也。

“铉”，《说文·金部》：“铉，举鼎具也。”郑玄以喻明道而举君之官职之义释之。曹元弼《周易集解补释》云：“郑以金喻明道，铉喻举君之官职。大臣有明德，为君所任，所以能举其职而正君位义相成。”鼎卦上卦为离，离为黄，离伏坎，无须为耳。离为黄金，坎为穿通。五爻处阳位，伏坎之中爻，坎中爻有贯通鼎耳之象。其义马融与郑玄异。

震　六三，震苏苏，震行无眚。

马融《周易传》：苏苏，尸禄素餐貌。

郑玄《周易注》：苏苏，不安也。

按，释“苏苏”为“不安”“躁动”，马融释为“尸禄素餐貌”，即指的是空占着职位而不做事，白吃饭。《汉书·朱云传》：“今朝廷大臣，上不能匡主，下亡以益民，皆尸位素餐。”虞翻《周易注》释“苏苏”为“死而复生”，《小尔雅·广名》：“死而复生谓之苏。”其义与郑玄与马融异。

## 三、《周易注》与《周易传》的异字同义

履　履虎尾，不咥人，亨。

马融《周易传》：咥，龁。

郑玄《周易注》：噬，音誓。啮也。

马融释“咥”为“龁”，郑玄“咥”作“噬”，释为“啮”，“咥”同“噬”。《广雅·释诂三》：“咥，啮也。”啮即“龁”字。《广雅·释诂三》：“龁，啮也。”《说文·齿部》：“啮，噬也。”《春秋左氏传》哀公十二年：“国狗之瘈，无不噬也。”杜预注：“噬，啮也。”都是用牙咬紧东西，引申为食物之义。《说文·口部》：“啮，噬也。”《释名·释饮食》：“鸟曰啄，兽曰啮。”《广雅·释诂》：“噬，啮也。”“噬，食也。”扬雄《方言》：“噬，食也。”其义郑玄与马融同。

小畜　九三，舆说辐，夫妻反目。

马融《周易传》：輹，车下缚也。

郑玄《周易注》：辐，伏菟。谓舆下缚木，与轴相连，钩心之木是也。

“辐”“輹”字异义同。辐是连接车辋和车毂的直条。《说文·车部》：“辐，轮轑也。”輹是捆绑车伏兔与车轴的绳索。《说文·车部》：“輹，车轴缚也。”段玉裁注：“谓以革若丝之类缠束于轴，以固轴也。缚者，束也。”《易·大畜》：“舆说輹。”陆德明释文：“輹，车下缚也。”张惠言《易义别录》云：“谓輹为轴与车连之勴连关轴与车者，车谓舆也。”章炳麟《訄书·分镇匡谬》云：“若其检式群下，和齐县内，微革更官制，则犹篆车之无輹，而丁时者或未意是也。”一说指车厢底板伏兔。古代车子上钩连车厢底板与车轴的部件，用绳或革相连接。“兔”即“菟”。《诗·周南·兔罝》陆德明《经典释文》作“菟罝”云：“菟又作兔。”《楚辞·天问》：“厥利维何，而顾菟在腹。”王逸注：“言月中有菟。”《史记·司马相如传》《子虚赋》“掩菟辚鹿”，《汉书·贾谊传》“不搏反冦而搏畜菟”，《汉书·邹阳传》“上覆飞鸟，下不见伏菟”等，“兔”均作“菟”。“伏菟”亦即“伏兔”，《周礼·考工记·辀人》：“良辀环灂，自伏兔不至至轨七寸。”子夏《易注》：“辐，车剧也。輹，车下伏菟也。”其义郑玄与马融同。

剥　初六，剥床以足，蔑贞，凶。

马融《周易传》：剥，落也。蔑，无也。

郑玄《周易注》：蔑，轻慢。

“蔑”通“灭”。《逸周书·克殷》：“侮灭神祇不祀。”《史记·周本纪》引作“侮蔑神祇不祀灭”。“蔑”通“懱”。《说文·心部》：“懱，轻愓也。”段玉裁注云：“谓轻易，人蔑视之也。”《玉篇·心部》：“懱，轻也，易也，侮也。”初六在下，为阴气之始，《经典释文》：“犹削也。荀作灭。”李鼎祚《周易集解》云：“卢氏曰：‘蔑，灭也。’”荀爽《周易注》：灭，犹削也。马融释为“无”，郑玄释“蔑”为“轻慢”，其义郑玄与马融亦相通。

剥　六二，剥床以辨，蔑贞，凶。

马融《周易传》：辨，足上也。

郑玄《周易注》：足上称辨。谓近膝之下，屈则相近，信则相远，故谓之辨。辨，分也。

“辨”通“辩”，释“辨”为“足上”，《经典释文》：“辨，足上也。马、郑同。”孔颖达《周易正义》云：“谓床身之下，床足之上，足与床身分辨之处也。”此即“辨”之义。又，虞翻释“蔑”为“无”，张惠言《周易虞氏义》云：“《说文》：‘釆，辨别也。象兽指爪分别也。读若辨，辨判也。故指间称辨。与，应也。五未之正，故未有与。’”艮为指，二在指闲，故剥床以辨。其义郑玄与马融同。

## 四、《周易注》与《周易传》的异字异义

豫　六二，介于石，不终日，贞吉。

马融《周易传》：扴，触小石声。

郑玄《周易注》：砎，谓磨砎也。

“扴”“砎”因皆读介声可以通假。《说文·手部》：“扴，刮也。”段玉裁注：“扴于石，谓摩磢于石也。”以刮磨、摩擦释“介”，虞翻《周易注》：“介，纤也。与四为艮，艮为石，故介于石。”《汉书·马皇后纪》：“母子慈爱，始终无纤介之间。”颜师古注：“纤介，犹微细也。”虞翻释“介”为细小。其义郑玄与马融相近。

家人　九三，家人嗃嗃，悔厉，吉。妇子嘻嘻，终吝。

马融《周易传》：嗃嗃，说乐自得貌。嘻嘻，笑声。

郑玄《周易注》：熇熇，苦热之意。嘻嘻，骄佚喜笑之意。

“嗃嗃”通“熇熇”，马融释为“说乐自得”，郑玄释为“苦热”。《说文·火部》：“熇，火热也。”郑珍《说文新附考·口部》云：“依郑君义，则熇是本字。《毛诗》‘多将熇熇’，《笺》云：‘多行熇熇惨毒之恶。’此热义之引申，与《易》‘熇熇’训严酷者同。”马融释“嘻嘻”为笑声，郑玄释为“骄佚喜笑”，其义大致相同。焦循以“嘻嘻”为悲怨之叹。其《易通释》考证云：“嘻嘻，先儒俱训作喜笑，惟项安世以为怨叹，与嗃嗃一意，《诗》之噫嘻，《礼》之嘻甚，《左传》之嘻嘻出出，阳虎从者曰嘻，皆有叹惧之词，未有训为笑乐也。《玉篇·女部》：‘嬉，乐也。’嘻，即《檀弓》‘夫子曰嘻’之嘻，悲叹之声也。悲叹之甚，故嘻嘻。《公羊》僖公元年传：‘庆父闻奚斯哭声曰：“嘻，此奚斯之声也。诺已，吾不得人矣。”于是抗辀经而死。’何休注云：‘嘻，发痛语首之声。’《列子·天瑞》篇：‘向氏为盗，以赃获罪，没其先居之财，往怨国氏。国氏曰：“嘻。”’张湛注云：‘音熙，哀痛之声。’《大戴礼·少闲》篇‘公曰“嘻！善之不同也”’，注云：‘嘻，叹惜之声。’《史记》：‘张仪掠笞数百，其妻曰：“嘻，子毋读书游说，安得此辱乎？”’《索隐》云：‘嘻，悲恨之声。’诸嘻皆与《檀弓》同。董子《精华》篇载奚斯之言，正作‘嘻嘻’两字。马融以‘妇子嘻嘻’为笑声，郑康成以为‘骄佚喜笑之意’，皆不合。”焦氏之言，可备一说。

丰　六二，丰其蔀，日中见斗。往得疑疾，有孚发若，吉。

马融《周易传》：蔀，小也。

郑玄《周易注》：菩，小席。

按，“蔀”通“菩”。李富孙《易经异文释》云：“《说文》云：‘菩，草也。’《广韵》：‘蔀，小席也。’后人滋乳之字。晁氏曰：‘菩，古文蔀字。’”《经典释文》：“蔀，音部。郑、薛作菩。云小席。”《说文·艸部》：“蔽，蔽蔽小草也。”虞翻《周易

注》："日蔽云中称蔀。蔀小，谓四也。"郑玄释为"小席"则为引申之义，与马融异。

系辞上

第一章

在天成象，在地成形，变化见矣。

马融《周易传》：象者，日月星。植物，动物也。

郑玄《周易注》：日月星辰也。谓草木鸟兽也。

按，此承上"类聚群分"而申言之。象即类，指天上有日月星辰雨雷之象，地上有山泽草木鸟兽之形。变，阳变为阴。化，阴化为阳。见，显，显示事物变化的道理。《礼记·乐记》："在天成象，在地成形。"孔颖达疏："在天成象者，马融、王肃注《易》并云：'象者，日月星。'郑注《易》云：'成象，日月星辰也。'注此云：'象，光耀也。'在地成形者，马融注《易》云：'植物、动物也。'王肃注《易》云：'山川群物也。'郑注《易》云：'谓草木鸟兽也。'注此云：'形，体貌也。'"孔颖达《周易正义》："象谓悬象，日月星辰也。形谓山川草木也。悬象运转而成昏明，山泽通气而云行雨施，故变化是也。"其义郑玄与马融同。

六爻之动，三极之道也。

马融《周易传》：三极，三统也。

郑玄《周易注》：三极，三才也。

《系辞传》："易之为书也……有天道焉，有地道焉，有人道焉，兼三才而两之，故六。"《说卦传》："立天之道曰阴阳，立地之道曰柔与刚，立人之道曰仁与义。兼三才而两之，故易六画而成卦。分阴分阳，迭用柔刚，故易六位而成章。"三极即三才之道。《汉书·刘向传》："王者必通三统，明天命所授者博，非独一姓也。"颜师古注引张晏曰："一曰天统，为周十一月建子为正，天始施之端也。二曰地统，谓殷以十二月建丑为正，地始化之端也。三曰人统，谓夏以十三月建寅为正，人始成立之端也。"其义郑玄与马融同。

震无咎者存乎悔。

马融《周易传》：震，惊也。

郑玄《周易注》：震，惧也。

《诗·大雅·常武》："如雷如霆，徐方震惊。"《尚书·舜典》："谗说殄行，震惊朕师。"孔颖达《周易正义》："震，动也。动而无咎者，存乎能自悔过也。"其义郑玄与马融同。

范围天地之化而不过。

马融《周易传》：犯违天地之化而不过。

郑玄《周易注》：范，法也。

“犯”通“范”。《墨子·备蛾传》：“轴间广大，以围，犯之。”于新吾新证：“犯应读作范。”违通围。《墨子·贵义》：“是围心而虚天下也。”孙诒让《墨子闲诂》：“吴玉搢云：‘围心即违心。’”孔颖达《周易正义》：“范谓模范，围谓周围，言圣人所为所作，模范周围天地之化养，言法则天地以施其化，而不有过失违天地者也。”焦循《易章句》：“范，有以规之不违者也。围，环而周之也。天地之化，非有以范围之，则或过矣。如饮食男女，天性也，必教渔佃以各食其力。民知母不知父，必定人道、制嫁娶以教之。”其义郑玄与马融同。

第五章

故君子之道鲜矣。

马融《周易传》：故君子之道尟矣。尟，少也。

郑玄《周易注》：故君子之道尟矣。尟，少也。

按，鲜，马融、郑玄、王肃作“尟”。尟同鲜。《说文·是部》：“尟，是少也。”段玉裁注：“郑本作尟，云‘少也’。又‘尟不及矣’，本亦作鲜。”《经典释文》：“鲜，尽也。郑作尟，马、郑、王肃云少也。”又《系辞下》：“力小而任重，尟不及也。”《经典释文》：“尟，本亦作鲜，少也。”其义郑玄与马融同。

系辞下

重门击柝，以待暴客，盖取诸豫。

马融《周易传》：柝，两木相击以行夜。

郑玄《周易注》：手持二木以相敲，是为击欜。

“欜”同“柝”。《经典释文》：“《说文》作欜，《字林》他各反，同。”又《春秋左氏传》哀公七年：“鲁击柝闻于邾。”《经典释文》：“柝，字又作欜。”《周礼·夏官·挈壶氏》：“凡军事，县壶以序聚欜。”郑玄注：“郑司农云：‘县壶以为漏，以序聚欜，以次更聚击欜，备守也。’玄谓击欜，两木相敲，夜行时也。”其义郑玄与马融同。

第七章

易之兴也，其于中古乎？

马融《周易传》：文王为中古。

郑玄《周易注》：文王为中古。

中古，殷末周初。伏羲时代为上古，文王时代为中古，孔子时代为下古。孔颖达《周易正义》：“谓《易》之爻卦之辞，起于中古。若《易》之爻卦之象，则在上古伏牺之时，但其时理尚质素，圣道凝寂，直观其象，足以垂教矣。但中古之时，事渐浇浮，非象可以为教，又须系以文辞，示其变动吉凶，故爻卦之辞，起于中古。则《连山》起于神农，《归藏》起于黄帝，周《易》起于文王及周公也。此之所论，谓《周易》也。”焦循《易章句》：“包牺时也。天地不能正人之性命，圣人忧天地之忧，易所以作也。伏羲以前，无三纲五常，卧之祛祛，起之吁吁，知识未开，虽抱善性，而莫能自觉，是为上古。天生伏羲，以先觉觉万民，使男女有别，以定君臣、父子、尊卑、上下，而天地之化育以赞，人物之性以尽，是为中古。其先性命不正，未有忧患之人，至此以忧患而立教，以开王道。性命正，而人乃尊于物，亦田渔兴，而人之力乃胜于物，故伏羲为百王先首。庄子之徒，重上古混茫，而以伏羲氏为顺而不一，未能知道者也。"其义郑玄与马融。

损，德之修也。

马融《周易传》：损，德之循也。

郑玄《周易注》：修，治也。

"修"通"循"。孙堂《汉魏二十一家易注》考证云："韩昌黎《复志赋》：'惩此志之不修兮。'朱子《考异》：'修，莆田方氏作循'，云唐人书修近循，《楚辞》亦有误者。今案：二字古书多溷，不自唐人始也。左氏昭公二十九年《传》：'少皞氏有四叔：曰重、曰该、曰修、曰熙。'又云：'修及熙为元冥师。'《吕氏春秋·孟冬纪》修作循，《战国策》'循法无愆''厉气循城'，苟可循也。循本亦作修，《史记·孝文纪》：'乃循从代来功臣。'《汉书》循作修，《三国志》郭循亦作郭修。《庄子·天地篇》《鹖冠子·王鈇篇》修、循二字，本亦互异。《太平御览》引《晏子春秋》云：'反圣王之德，而修灭君之行。'今本作'而循灭君之行'。又引《白虎通》云：'循道无穷则佩环。'本亦作'修道无穷则佩环'，皆其证也。《隶释·北海相景君铭》赵氏云：'碑阴载故吏自都昌丘暹而下十九人，皆作修行。'汉隶循、修二字颇相近，恐是借用耳。《隶续》云：'修、脩二字，隶法只争一画。'然则此修字作循，亦系汉隶之讹。"身处忧患之境，进而修治美德，其义郑玄与马融同。

噫！亦要存亡吉凶，则居可知矣。

马融《周易传》：噫，辞也。

郑玄《周易注》：噫，辞也。

按，噫为叹词，与抑同。孔颖达《周易正义》："噫者，发声之辞。"其义郑玄与马融同。

知者观其彖辞。

马融《周易传》：彖辞，卦辞也。

郑玄《周易注》：彖辞，爻辞也。

按，彖辞，是指卦辞或卦爻。《经典释文》："师说通谓爻卦之辞也。"孔颖达《周易正义》："夫彖者，举立象之统"者，谓文王卦下彖辞，举明立此卦象之纲统也。焦循《易章句》："彖辞、爻辞，皆发明杂物撰德之指，而爻辞又发明彖辞者也。"其义郑玄与马融。

说卦

第一章

昔者圣人之作易也。

马融《周易传》：伏牺得河图而作《易》。

郑玄《周易注》：谓伏牺、文王也。

孔颖达《周易正义》："据今而称上世，谓之昔者也。聪明睿智，谓之圣人。此圣人即伏羲也。"其义郑玄与马融同。

雷风相薄。

马融《周易传》：薄，入也。

郑玄《周易注》：薄，入也。

按，恒卦上雷下风，二五爻交则相迫。《文选·吴都赋》："倾薮薄。"刘注："薄，不入之丛也。"又《战国策·韩策二》："吾得为役之日浅，事今薄，奚敢有请?"鲍彪注："薄，犹迫。"其义郑玄与马融同。

其于人也，为寡发。

马融《周易传》：宣为寡髮。

郑玄《周易注》：宣髮取四月靡草死，髮在人体，犹靡草在地。

寡发，郑玄作宣发，马融作寡发。"宣"通"寡"。《经典释文》："寡发，如字，本又作宣。黑白杂为宣发。"《周礼·考工记·车人》："车人之事，半矩谓之宣。"郑玄注："头发皓落曰宣。"贾公彦疏："云'头发皓落曰宣'者，以得谓宣去之义，人发皓白则落堕，故云此者解头各宣意也。"焦循《易通释》："寡发，犹寡拔寡。寡发者，不可拔而拔也。拓拔与秃发同源，是发同拔。"其义郑玄与马融同。

为矫鞣。

马融《周易传》：为矫鞣。

郑玄《周易注》：为矫鞣。

《荀子·劝学》："木直中绳，鞣以为轮，其曲中规。"《汉书·公孙弘传》：孔颖达《周易正义》："取其使曲者直为矫，使直者曲为鞣。"其义郑玄与马融同。

## 三

综上所考，可以得出如下几点认识：

一、通过上述 59 条（即 40 卦 45 条卦爻辞与《系辞传》10 条、《说卦传》4 条）的考证，可知郑玄《周易注》较多地引入了马融《周易传》的内容。其中同字同义的有 38 条，占 64.4%，同字异义的有 14 条，占 23.7%，异字同义的有 4 条，占 6.8%，异字异义的有3条，占5.1%。其中除异字异义3条之外，其余56条卦爻辞（包括《系辞传》《说卦传》），或多或少带有马融《周易传》印记，其接近的概率达94.9%，这是板上钉钉的，在一定程度上也可视为郑玄传播与弘扬师说的证据，所以《后汉书·儒林列传》关于郑玄师从马融学习易学的记载，基本上是可信的。至于清人王鸣盛所说的“而其所师承者，《易》则京房、费直”，则在目前传世的郑玄《周易注》中，很少见有郑玄转述京房《周易章句》的内容，王氏的判断值得商榷。

二、既然郑玄《周易注》源自马融的《周易传》，那么为什么不见郑玄在该书中加以阐明呢？这显然与古代学者的行事处世原则不相吻合，显得非常突兀。笔者认为至少有两个原因：

首先，马融虽然遍治群经，名气很大，史称“才高博洽，为世通儒”，但学问并不精深，尤其是他的易学常为人诟病，其学术水准被视为等同于俗儒。如《小畜》九三“舆说辐”，马融《周易传》：“輹，车下缚也。”虞翻《周易注》说：“豫坤为车，为輹，至三成乾，坤象不见，故车说輹。马君及俗儒皆以乾为车，非也。”又如《无妄》“天命不右”，马融《周易传》作“天命不右行”，虞翻《周易注》说：“天，五也。巽为命。右，助也。四已变成坤，天道具助顺。上动逆乘巽命，故天命不右行矣哉，言不可行也。马君云‘天命不右行’非矣。”《大过》九五“老妇得其士夫”，马融《周易传》：“初为女妻，上为老妇。”虞翻《周易注》说：旧说以初为女妻，上为老妇，误矣。马君亦然。《夬》九五“苋陆夬夬”，马融《周易注》：“苋陆，商陆也。”虞翻《周易注》说：“苋，说也。苋，读为‘夫子苋尔而笑’‘苋’。陆，和睦也。震为笑，言五得正位，兑为说，故苋陆夬夬。大壮震为行，五在上中，动而得正，故中行无咎。旧读言苋陆，字之误也。马君、荀氏，皆从俗言‘苋陆’，非也。”类似的例子，在虞翻的《周易注》中不胜枚举。虞翻与郑玄都生活在东汉末年，而虞翻的易学研究在当时被誉为“探赜穷通者”，具有指标性意义，所以虞翻对马融易学的批评，事实上代表了当时学界对马融易学的评价。

其次，马融的生活态度，也为当时人们所诟病。据《东观汉记》记载，马融“教养诸生，常有千数，涿郡卢植、北海郑玄，皆其徒也。善鼓瑟，好吹笛，达生任性，不拘儒者之节，居宇器服，多存侈饰，当坐高堂，施绛纱帐，前授生徒，后列女乐，弟子以次相传，鲜有入其室者”①。《世说新语》说“郑玄在马融门下，三年不得相见，高足弟子传授而已”②。清人唐晏说：“嗟乎，东汉儒林，至于季长诚足为玷矣。……考融之平生，殆分学行而二之，故西汉经术自张禹后，又见马融皆通经而大悖乎孔门之旨者

---

① 刘珍等：《东观汉记》卷十二《马融传》，清《武英殿聚珍版丛书》本。

② 刘义庆：《世说新语》卷上之下《文学第四》，《四部丛刊》景明袁氏嘉趣堂本。

也，存之以示戒可也。”① 可以说马融的道德、文章两方面都饱受当时和后来学者的批评。

三、也正因此，适逢其时的郑玄，作为马融的学生，对此必定有所忌讳，一方面要传承和弘扬老师的学问，另一方面也要顾全老师的学术尊严，既不便在自己的著作中详述老师的缺失，也不便在书中公开肯定师说，这也在情理之中。这就可以理解为什么在郑玄著作中，几乎没有关于马融学术特别是传承易学的记载了，但是这并不妨碍他的易学研究直接引入老师的易学成果，而且，很显然，这一行为在一定程度上弘扬了老师的易学成果。

至于郑玄《周易注》中的今古文字之异，同样深受马融《周易传》的影响，限于篇幅，本文不展开论述，留待另文再作探讨。

---

① 唐晏:《两汉三国学案》卷之二“马融条”,清《龙溪精舍丛书》本。

# 关于郑玄《周易》注中“礼”思想的考察

安承宇（韩国成均馆大学儒教文化研究所）

**摘　要**　本论文以郑玄的《周易》注为中心，对易三义与礼的关联性进行了研究。还以郑玄对《周易》鼎卦九四、离卦九四、旅卦初六爻辞的注释为中心，研究了郑玄根据《周礼》以礼注易的思想内涵。郑玄提出了礼的关系秩序与道德意义，并认为与礼不符的行为都应受到严酷的处罚。这也意味着郑玄所强调的刑罚与罪的绝对标准及不易的行为标准，都可以从礼中进行相关探究。

**关键词**　《周易》　礼　易　罪

## 1. 绪论

郑玄的易学研究对象数易、义理易以及今古文领域均有重大影响。郑玄易学的这种综合性特点奠定了郑玄易学的思想基础，也对后世影响深远。

《后汉书》中提到郑玄的易学思想是受费直的影响。费直是古文易学派的代表学者，《汉书·艺文志》有言：“民间有费高二家之说……唯费氏经与古文同。”（《汉书·艺文志》：汉兴）《儒林列传》有言：“陈元郑众皆传费氏易，其后马融亦为其传，融授郑玄。”（《后汉书·儒林列传》卷七十九上儒林列传第六十九上《孙期传》）毛奇龄也认为：“王弼以费直为宗而好言义理，伊川踵之。”（《西河集》卷二十七）如此看来，费氏易逐渐发展成了后世的义理学派。马融受到费氏易的影响，郑玄又继承了马融学说，因此马融和郑玄承袭并发展了费直的古文易和义理易体系。

但是郑玄的研究并未止步于古文易和义理易，他是继马融之后的古文经学的集大成者。他用古文和今文对易经进行注释，融合了义理说和象数说，对易学的发展起到重大推动作用①。郑玄的易经注释融合了古今文、义理说和象数说，是后汉时期一部从多角

① 廖名春、康学伟、梁韦弦著，沈京浩译：《周易哲学史》，礼文书苑，2009年，第241页。

度研究易经的重要著作。此外，郑玄在对《周易》的注释中还展示了汉代的社会制度面貌以及郑玄对此的思考。

郑玄的《周易》注中关于礼的论述尤为引人关注。那么郑玄《周易》注释中的礼的内在意义究竟是什么？以礼为基础的郑玄的《周易》注的哲学特征又是什么？带着这些问题，本论文将在第2章中重点阐述易三义之一的不易及礼的意义。在第3章和第4章中将具体研究郑玄《周易》注中出现的礼的内容及特征。

## 2. 易三义与礼的关联性

郑玄的易学具有象数易的特征。朱伯昆指出朱玄易学的特征是用爻辰说解释《周易》的经传文，用五行说解释《周易》的筮法。朱伯昆认为爻辰说源于《易纬干凿度》。把《周易》的数和五行相结合则始于刘歆的《三统历》。在郑玄之前，京房已经试图用爻辰说和五行说来解释《周易》。《礼记·月令》、扬雄《玄图》等书中都采用五行学说解释四季变化。郑玄的学说汲取了这一观点，并对《系辞传》中“大衍之数，天地之数”进行了说明。在易学上，郑玄认为天地之数和大衍之数是一致的，大衍之数源于天地之数。从哲学层面来看，郑玄的这一观点则是以五行相生为核心，根据易学的形式构建时空框架，确立了万物生成的法则。不仅如此，这种时空框架还具有数的规则性，对汉易的象数学产生影响①。

但是廖名春、康学伟、梁韦弦却认为郑玄易学的优点不在于爻辰说，而在于以礼注易。郑玄以礼为依据拓展了《易》的道理，其对嫁娶、祭祀、朝聘等的注释内容与礼经学说相符。郑易（郑玄易学）的这一特征与后世义理派学说的特征有相通之处。王弼的周易注虽大部分源于郑玄易学，但他却试图摒弃郑玄关于象数的论法②。由此看来，郑玄的周易注内容与礼密切相关，这也对后世以王弼为首的义理学周易注学者们产生了重要影响。

那么郑玄的周易注中礼的意义到底是什么呢？《易纬干凿度》中提到了孔子对易之义的理解：“易者，易也，变易也，不易也。”认为“不易”是易的意义之一，这种思想首次出现在《干凿度》中③。郑玄在他的《周易》注《易赞》和《易论》中提出易有三种含义，可简单概括为易简、变易、不易。郑玄引用《系辞传》中的“易则易知，简则易从”来阐述易简，即易简的法则。他引用《系辞传》中的“为道也屡迁，变动不居。周流六虚，上下无常。刚柔相易，不可为典要。唯变所适”来阐述变易，认为变

① 朱伯昆:《易学哲学史》第一卷,昆仑出版社,2005年,第218—223页。

② 廖名春、康学伟、梁韦弦著,沈京浩译:《周易哲学史》,礼文书苑,2009年,第241页。

③ 廖名春、康学伟、梁韦弦著,沈京浩译:《周易哲学史》,礼文书苑,2009年,第199页。

易是与时俱进、不断发展。他引用《系辞传》中的“天尊地卑，乾坤定矣。卑高以陈，贵贱位矣。动静有常，刚柔断矣”来阐述不易，也就是说天地的地位已“张设布列”，不会再发生改变[①]。孔颖达在《周易正义》序中解释易的时候，多次提到了《干凿度》和郑玄的易三义，还提到了崔觐、刘贞简等人引用的内容。这些再次印证了郑玄易学的影响力。

皮锡瑞指出，虽然《干凿度》是最早解读《易》的典籍，但郑玄是一名集今古文学于一身的学者，他融合了变易和不易学说来释读易的名称及含义，这一点意义重大。而且他认为郑玄对《易》的引用十分恰当。《礼记》中对这种变易和不易的阐释最为明确。皮锡瑞引用了《大传》篇中的“改制度[②]，易服色，殊徽号，异器械，别衣服，此其所得与民变革者也。其不可得变革者，则有矣。尊尊也，亲亲也[③]，长长也，男女有别，此其不可得与民变革者也”进行说明。这里的变革就是变易，不可变革就是不易[④]。皮锡瑞认为礼的道具、器具等是可以变革的变易，如服色、徽号、衣服等；但作为制度根基的思维方式却是不可能变革的不易，如尊尊、亲亲、长长、男女有别等。基于这种观点，《周易》的变易与不易可以从礼的变革可能性和变革不可能性中进行探究。

郑玄的《周易》注从象数层面出发释读《周易》的经文，但是其余的大部分内容都是从礼出发进行释读，这也是郑易的一大特征。张惠言在《周易郑氏义》中提出郑玄《周易》注的思想可分为“略例”和“礼象”，按照主题语分类大体如下：

略例[⑤]

易的三大含义（易三义）：《周易郑注》《易赞》《易论》

彖辞：《周易郑注》《易传》《系辞》注

用九·用六：《周易郑注》《易赞》《易论》

往来上下：《周易郑注》贲注

互体：《周易郑注》蒙注，同人注，颐注，大畜注，既济注，旅注

---

① 《周易郑注》：易之为名也，一言而含三义。易简一也，变易二也，不易三也。“易则易知，简则易从”，此言其易简之法则也。又曰：“为道也屡迁，变动不居，周流六虚，上下无常，刚柔相易，不可为典要，唯变所适。”此言顺时变易，出入移动者也。又云：“天尊地卑，乾坤定矣。卑高以陈，贵贱位矣。动静有常，刚柔断矣。”此言其张设布列，不易者也。

② 皮锡瑞引用的是《礼记·大传》篇中的“改制度”，但在十三经注疏整理本《礼记正义·大传》篇中原文不是“改制度”，而是“改正朔”。

③ 十三经注疏整理本《礼记正义·大传》篇原文的顺序是“亲亲也，尊尊也”。

④ 皮锡瑞：《经学通论》，中华书局，1954 年，第 1—2 页。

⑤ 张惠言整理的略例部分中除了本文列示的主题语外还有元亨利贞、十翼、彖象附经等。这些主题语与郑玄易学的整体体系密切相关，很难定义它们归属于郑玄《周易》注中的哪个具体部分，因此并未在本文中列示。

卦气消息：《易纬》《稽览图》注
八卦十二位上值二十八宿：《周易郑注》《说卦》注
爻体：《周易郑注》贲注，颐注，损注，萃注，井注，中孚注，离注
爻辰：《周易郑注》泰注，坎注，明夷注，困注，贲注，比注
三才六位：《周易郑注》干注，坤注，讼注，观注，困注，丰注，复注
中：《周易郑注》坤注，复注
得位失位：《周易郑注》家人注，中孚注
应：《周易郑注》贲注，遁注，睽注
据·承·乘：《周易郑注》困注，坎注，明夷注，损注
太极·两仪·四象：《易纬》《干凿图》注，《周易郑注》《易传》《系辞》注
图书：《周易郑注》《易传》《系辞》注
神农重卦·文王系辞：《周易郑注》《易赞》《易论》
逸象：《周易郑注》随注，坎注，观注，恒注，困注，井注

礼象
中春嫁娶：《周易郑注》泰注，归妹注
三十而娶二十而嫁：《周易郑注》咸注，大过注
天子之女：《周易郑注》恒卦
后无出道：《周易郑注》同人注，鼎注
郊禘：《周易郑注》豫注
时祭：《周易郑注》萃注
祭礼盥而不荐：《周易郑注》观注，震注
二簋用享：《周易郑注》损注
长子主器：《增补郑氏周易》《序卦传》
享西山：《周易郑注》随注，升注
时会而盟：《周易郑注》萃注
尊酒簋贰用缶：《周易郑注》坎注
朝觐：《周易郑注》丰注
聘：《周易郑注》旅注
侯封：《周易郑注》震注，晋注
贡赐：《周易郑注》损注，益注
中国七十里：《周易郑注》《易传》《系辞》注
大夫有地：《周易郑注》困注，讼注

军赋：《周易郑注》萃注
宾士：《周易郑注》观注
世子不孝之刑：《周易郑注》离注
剭诛：《周易郑注》鼎注
圜土：《周易郑注》坎注

如上所述，张惠言用略例和礼象来区分郑玄的《周易》注。根据张惠言的整理可知与礼象相关的主题众多，张惠言此处提出了礼象，说明他十分重视易学中的象。张惠言认为象是可以充分体现圣人之意的媒介，通过礼象可以更好地了解人伦及王制①。基于此种观点，张惠言指出："易家言礼者惟郑氏。"② 如上文所整理的分类所示，郑玄的《周易》注中出现了婚礼、祭礼、聘礼及各种与礼有关的制度和刑罚等内容。张惠言认为郑玄易学中的这些礼制属于不易，他认为郑玄所谓的易三义具体内容如下：

> 易赞言："易之为名也，一言而函三义。简易一也，变易二也，不易三也。"此本干凿度。彼曰："易者，易也，变易也，不易也。"又曰："易者，以言其德也。通情无门，藏神无内。光明四通，佼易立节。"郑注之云："佼易者，寂然无为之谓也。佼易无为，故天下之性，莫不自得也。"……干凿度又曰："变易者，其气也。""不易者，其位也。"易赞言，"周流六虚"，"刚柔相易"，是即气也。"贵贱位"，"刚柔断"，是即位也。郑据三义以说易。简易之德，即元亨利贞是也。其言爻象消息，皆变易也。礼制经论，乃不易也。(《周易郑氏义·略例》)

张惠言通过分析郑玄的易三义，认为易简是元亨利贞、变易是爻象消息、不易是礼制经纶。

孔颖达、张惠言等前代学者以及皮锡瑞等近现代易学研究者都认为郑玄是以礼为基础对《周易》进行了注释，这也是学界的主流认知。但关于用礼来阐述易的意义，张惠言认为礼制是不易，皮锡瑞则认为可以从变易和不易两方面来探究礼。综合他们的观点，笔者认为《干凿度》首次对易进行了释读，但是郑玄发现了易内含的不易之义与礼的意义，对易学研究产生了深远影响。

---

① 杨自平：《张惠言〈易〉学之礼象及义理析论》，《东吴中文学报》第28期，2014年，第11、208页。

② 张惠言：《茗柯文编》，《虞氏易礼》序：易家言礼者惟郑氏。杨自平：《张惠言〈易〉学之礼象及义理析论》，《东吴中文学报》第28期，2014年。

### 3. 郑玄《周易》注中对君臣父子间礼与非礼的理解

郑玄在《周易》注中以《周易》为基础对古代刑罚进行了考证与分析。他解释了鼎卦九四爻辞中“鼎折足，覆公悚，其形剧，凶”的含义，认为《周礼·司烜氏》注中“屋诛”的“屋”应读作“其刑剧”中的“剧”[①]，“剧”的音为“屋”。郑玄认为：“糁谓之悚。悚，美馔，是一作具八珍之食。鼎三足，三公象。若三公倾覆王之美道，屋中刑之。”[②] 贾公彦认为：“屋诛，谓甸师氏屋舍中诛，则王之同族及有爵者也。”也就是说将有罪之贵族、大臣刑杀于户内，而不在公共场合施刑。(《周礼注疏·司烜氏》，郑玄注：剧诛，谓所杀不于市而以适甸师氏者也。) 郑玄认为“其刑剧”是刑罚的一种方式，三公必须遵守王之美道，如果他们不遵守就会受到被诛杀在屋里的极刑。

关于郑玄《周易》注中对刑罚根本属性的解说可参考坎卦上六爻辞章节。“系用徽缠，寘于丛棘，三岁不得，凶。”“爻辰在巳，巳为蛇，蛇之蟠屈似徽缠也。三五互体艮，又与震同体。艮为门阙，于木为多节。震之所为，有丛拘之类。门阙之内，有丛木多节之木，是天子外朝左右九棘之象也。……左嘉石平罢民焉，右肺石达穷民焉”(《周易郑注》) 中提到的“嘉石平罢民”是指比较轻微的罪过，郑玄在《周礼》注中写道：“嘉石，文石也。……平，成也。成之使善。”关于“肺石达穷民”，郑玄在《周礼》注中写道：“肺石，赤石也。穷民，天民之穷而无告者。”他认为坎卦上六爻辞是重罪。“上六乘阳，有邪恶之罪，故缚约徽缠，置于丛棘。”(《周礼注疏·大司寇》，郑玄注)

这与《周礼·大司寇》中出现的圜土密切相关。郑玄在《周易》注中对此进行了详细论述。“其害人者，置之圜土，而施职事焉。以明刑耻之。能复者，上罪三年而赦，中罪二年而赦，下罪一年而赦。不得者，不自思以得正道。终不自改而出圜土者杀，故凶。”据此看来，坎卦上六爻辞是指困于圜土(《周礼注疏·大司寇》，郑玄注：圜土，狱城也) 的刑罚，即牢狱之刑。将犯罪嫌疑人捆绑置于审议处，由公卿根据罪轻重判刑。罪重者在监狱服刑三年，改过自新。若有不思悔过而逃出监狱者处死[③]。

值得注意的是，判罚的依据不仅仅是罪行的轻重，还会从道德层面出发，看犯罪者是否对自己的罪行感到羞愧与忏悔。这在前文中提到的鼎卦九四爻辞中也有体现，鼎卦

---

① 《周礼注疏》,《司烜氏》,郑玄注:玄谓屋读如其刑剧之剧。……餗,美馔,具八珍之食。鼎三足,三公象。若三公倾覆王之美道,屋中刑之。一云臣下旷官,失君之美道,当刑之于屋中。

② 《周易郑注》:周礼注云,“其刑剧”,音屋。糁,谓之餗。

③ 安承宇:《〈周易〉的罪与罚(Ⅰ):对个人罪与罚的伦理性研究》,《法韩哲学》第89辑,法韩哲学会,2018年,第84—85页。

九四爻辞中，三公犯重罪被处以屋内诛杀的极刑并不是因为侵害他人或犯了某种特定罪行，只是因为倾覆了王之美道。这里强调的便是人与人之间森严的上下等级关系与秩序，这种关系与秩序已然超越了法与制度的层面，成了一种礼与道德层面的问题。

郑玄对离卦的注释更能体现这一观点，他结合了汉代的不孝罪进行阐述。离卦九四爻辞提到“突如，其来如，焚如，死如，弃如”。郑玄注“震为长子，爻失正，又互体兑，兑为附决。子居明法之家而无正。……突如，震之失正，不知其所如”（《周易郑注》）。王弼本认为原来郑玄用“㐬”字来表示“突”字。《说文解字·𠫓部》中提到了离卦九四爻辞。𠫓是因为不顺从而被突然驱逐的意思。他引用《易》中的“突如其来如”来解释[1]。高亨认为郑玄所说的“𠫓”字是“突”的假借字，与“流”字的意思相同，指被驱逐到遥远的地方[2]。他还认为离卦九四爻辞中的焚如、死如、弃如（《周易郑注》：不孝之罪，五刑莫大焉）都是对不孝者实施的刑罚[3]。

郑玄认为不孝罪是十分严重的罪行，是五刑中最严重的罪行。金禹镇只是提到了在古代中国社会中，不孝会受到严酷的刑罚，但并未阐述具体内容，也未明确指出不孝是属于刑罚体系还是一般的道德评价体系[4]。到了秦汉时期，不孝的罪名得以确立。汉律中规定对不孝应施以重刑，但并未明确规定不孝的具体行为与范围。汉律从国家意志层面来保障父母权威，汉律只处罚对还在世的父母的不孝行为，并不重视对死者的不孝行为。此外，妻子违反对丈夫应尽的义务也被列在了不孝的范围内。这是为了维护基于家长制度的封建社会的稳定[5]。

所以，虽然汉代确立了不孝罪的罪名，但是其对象及内容并不明确，存在一些随意性。

郑玄在《周礼·掌戮》中找到了离卦九四爻辞中出现不孝罪的依据。《掌戮》有言：“凡杀其亲者，焚之；杀王之亲者，辜之。”对此，郑玄注释说“亲，缌服以内也”。他还引用《易》中的“焚如、死如、弃如”来解释这段话。贾公彦对郑玄的《周易》注进行了补充说明，认为“引之者，证焚如是杀其亲之刑也”。郑玄在《周易》注中提到“焚如，杀其亲之刑。死如，杀人之刑也。弃如，流宥之刑”。

郑玄认为不孝罪是应处以火刑的重罪，他在《周易》注中谈到的不孝是封建关系层面的行为，如违逆父母等。虽然《周礼》中提到了“杀亲者，焚之”，但郑玄《周

---

① 《说文解字》：不顺忽出也。……易曰“突如其来如”。不孝子突出，不容于内也。

② 高亨：《周易大传今注》，齐鲁书社，1987 年，第 283 页。

③ 高亨、张世禄：《周易新解》，华联出版社，1970 年。

④ 金禹镇：《关于秦汉律“不孝”的研究》，《中国古中世史研究》第 19 辑，2008 年，第 180 页。

⑤ 李成均：《汉代〈孝经〉的普及与理念》，《韩国思想史学》第 10 辑，1998 年；金禹镇：《关于秦汉律“不孝”的研究》，《中国古中世史研究》第 19 辑，2008 年，第 183 页。

易》注中的不孝罪与汉代不孝罪的内涵并不完全相同。综合郑玄对鼎卦、坎卦、离卦的解释来看，他认为不守礼的错误都是重大的罪行。郑玄根据《周礼》注释的《周易》中出现的刑罚，与其说是法律或制度层面的违法，倒不如说是在道德层面悔悟并改正自己的错误，强调的是道德层面的东西。

### 4. 郑玄《周易》注对聘礼和非礼的理解

郑玄《周易》注十分重视礼的思想，这不仅体现在父子亲戚关系、君臣关系中，还深刻地体现在政治关系和对外关系中。郑玄在对旅卦的注释中提到了与聘礼相关的内容。其对旅卦初六爻辞“旅琐琐，斯其所，取灾”的注释如下。

> 琐琐，犹小小。爻互体艮。艮小石，小小之象。三为聘客，初与二其介也。介当以笃实之人为之，而用小人琐琐。然客主人为言，不能辞曰非礼，不能对曰非礼。每者不能以礼行之，则其所以得罪。(《周易郑注》)

郑玄用聘礼来解释旅卦初六。他认为“大问曰聘。诸侯相于久无事，使卿相问之礼。小聘使大夫”。(《仪礼注疏·聘礼》）这种聘礼也出现在《周礼》中。《大行人》中记载“凡诸侯之邦交，岁相问也，殷相聘也，世相朝也”。(《周礼·秋官司寇》)随行的兵吏称之为介。《仪礼·士冠礼》有言：“摈者请期。”郑玄注释：“在主人曰摈，在客曰介。”对此，贾公彦认为郑玄此言的依据是《仪礼·聘礼》和《周礼·大行人》①。《礼记·聘义》中说“上公七介，侯伯五介，子男三介，所以明贵贱也”。“卿，使者。大夫，上介也。士，众介也。”（《仪礼注疏·聘礼》，郑玄注）他们的职责是在出使之前检查礼品等全部事项（《仪礼·聘礼》：上介视载者），并向接受朝礼国家的国君转达自己国家国君的来意（《仪礼·聘礼》：皆入门右，东上，奠币，皆再拜稽首。摈者辞。介逆出)。

对此，贾公彦引用《聘礼》中的“辞无常，孙而说。辞多则史，少则不达……辞曰：非礼也，敢。对曰：非礼也，敢辞”进行解释。贾公彦认为《聘礼》中的“非礼也，敢”（《仪礼注疏·聘礼》，郑玄注：辞，不受也。对，答问也。二者皆卒曰敢，言不敢）与郑玄注释旅卦时提到的“介”有关②。也就是说，介的地位较低，在主宾与主

---

① 《仪礼注疏·士冠礼》，贾公彦疏：云在主人曰摈，在客曰介者，案聘礼及大行人皆以在主人曰摈，在客称介，亦曰相。

② 《仪礼注疏·聘礼》，贾公彦疏：释曰，辞谓宾辞主人，荅谓宾荅主人，介则在旁曰，非礼也敢，故易旅卦初六云“琐琐，斯其所取灾”。郑云琐琐，犹小小。爻互体艮，艮小石，小小之象。三为聘客，初与二其介也。介当以笃实之人为之，而用小人琐琐，然客主人为言，不能辞曰非礼，不能对曰非礼。每者不能以礼行之，则其所以得罪，是其义也。

人谈话时，介待在旁边便是非礼，更不敢随意回话。如果介做出了非礼的行为便会获罪。

关于聘礼与郑玄周易注释的关系，张惠言具体分析如下：

> 旅莫大于聘客，故取象焉。……初二同在艮体，以聘客言之，三为卿，二为大夫，初为士，故云“初与二，其介也”。下三爻同体艮，初最在下而不正，故独象小人琐琐然。《聘礼》记：“辞曰：‘非礼也敢。’对曰：‘非礼也敢。’”此介为宾设辞，故以不能为罪。(《周易郑氏易》)

对于郑玄将旅卦初六视为小人的观点，张惠言认为，初六位于一爻的最下边，且是以阴爻位于阳位，是不正之位，因而以此象征小人索索然。另外，在旅客中聘客尤其担任着重要的任务，因而郑玄取聘客之象，并且在位置与资质上，认为其相当于聘客诸多指责中的“介”。根据郑玄的解说，介非礼会获罪，但《聘礼》中的“非礼也，敢”是介为宾所说的辞让的话，因此不会获罪。

郑玄对旅卦初六的注释与聘礼的礼节相关，其中心论题是介应如何合乎礼节地活动于宾与主人之间。如果介的行为非礼便会获罪。因此从介的立场来看，旅卦初六爻辞中“斯其所取灾”就是会获罪的意思。综合郑玄这种站在兵吏角度对旅卦初六爻辞做出的注释以及前3章中他对鼎卦九四、坎卦上六、离卦九四爻辞的注释来看，郑玄极为重视与关系秩序相关的道德层面上的礼制问题。他强调非礼的行为是严重的罪过，应该受到严酷的刑罚。

这种基于关系秩序的礼在汉代的其他文献中也有出现。《前汉记·孝文皇帝记下》中写道“《尚书》云：天秩有礼，天讨有罪”，“故圣人因天秩而制五礼（颜师古认为五礼是吉、凶、宾、军、嘉），因天罚而制五刑。”这里提到了礼和罪的根源都在于上天，圣人制定的用来约束人的五礼和五刑也是源于天秩和天罚。也就是说，礼是上天的秩序，是权威的行为规范，所以非礼便会获罪。

郑玄在《周易》注中特别强调礼。他所处时代的主流思想认为“礼为处罚依据”，郑玄也深受影响。Hiara Dosikuni 指出，郑玄的周易注释中统治阶级意识形态浓厚。郑玄提倡以《周礼》为中心的礼学，他思想的制度前提是森严的中央集权体系，集权统治意识贯穿着各个组织。但是他这种理想化的以《周礼》为道德判断基准的主张只能在大一统的国家中才有可能实现。Dosikuni 认为，礼是广范围内的一种对人类行为的规范。礼不仅包括祭祀礼节和家族生活等道德规范，还应包括法律规范。身份和阶级都属于社会秩序规范，把握好身份和阶级的区别，有助于维持国家秩序稳定。郑玄的周易注释内容不但与统治权力的利益联系紧密，还受到了后汉“礼教国家”道德政策的深厚影响①。

尽管如此，我们也不应过分指责郑玄《周易》注中礼的时代局限性。因为郑玄的《周易》注有助于后世学者们对《周易》中晦涩难懂的经文进行更好的注释与分析。至此，本论文对郑玄的几点思想做出了分析与研究。如礼是一种关系秩序，易内含不易之义，两者关系密切。再如，礼是行为的标准，非礼的行为便是罪，礼也是不易行为的判断标准等。

## 5. 结论

本论文以郑玄的《周易》注为中心，对易三义与礼的关联性进行了研究。《干凿度》认为易三义为易简、变易、不易。郑玄、孔颖达等学者继承了这一观点，后世众多学者又对郑玄的观点进行了引用与探究。皮锡瑞等学者也试图以礼解易，并提出了礼的尊尊、亲亲、长长、男女有别等关系秩序属于不易。

郑玄在《周易》注对鼎卦九四、离卦九四、旅卦初六爻辞的注释中，阐述了礼的关系秩序、道德意义及违背礼教会遭到的严重刑罚。郑玄在对鼎卦九四的注释中提到，三公如若倾覆了王之美道，就会被处以被诛杀在屋内的极刑。郑玄在对离卦九四的注释中提到，不孝罪不仅包括杀害亲属，还包括违逆父母等行为。他重视父母子女间的关系秩序，认为违反这种秩序也是重罪。郑玄在对旅卦初六的注释中提到，不仅是君臣父子关系之间，在对外关系中与礼不符的行为也是一种罪行。《周礼》是郑玄以礼注易的重要依据。郑玄强调的刑罚与罪的绝对标准及不易的行为标准都可以从礼中进行探究。

郑玄的研究以及汉代文献中提到的罪是一个广范围的概念，包括犯罪、错误、过失、灾祸等多种含义。当时罪的概念的层次及范围，汉代罪的概念的起源及影响力，众多层次上的罪和礼具体是如何相关联的。虽然本论文中未进行正式论述，但这些都是后期值得进一步研究的课题。

① Hiara Dosikuni 著，金东民译：《国家与百姓之间的汉》，书坛出版社，2013 年，第 72— 75 页。

# 通过出土文献看郑玄易论

元勇準（韩国忠北大学哲学系）

**摘　要**　本论文通过近来发现的上博楚简《周易》，考察了郑玄《周易注》的特征。郑玄试图对《周易》进行了不同于先前的理解，比较他的文字考证与上博楚简《周易》、马王堆《周易》，便可发现其中很多地方不同于通说，是他提出的独特主张。这是因为郑玄把著述《周易注》作为准确理解天神赋予人类的使命，并将此实现于世间的重要一环。郑玄的《周易注》是在借鉴吸收当时《周易》注释传统的基础上，依据自身的理论而进行的再创造。

**关键词**　郑玄　周易　周易注　上博楚简　出土文献

1. 郑玄通达五经，是兼修古今文的优秀学者。其著作中，尤以三礼之注最为有名。三礼注的特征是构成了以《周礼》为中心经典，将《仪礼》《礼记》有机结合起来的体系，即所谓的“周礼体系”或“三礼体系”。但他所提出的这个体系的目标并非单纯为了整备礼乐。从结论来看，他的哲学体系是为了在地上世界实现天向人类下达的命令①。他的《周易》注很好地体现了郑玄的学问观点，因此，本论文将通过上博楚简《周易》考察郑玄《周易注》的特征。

2. 郑玄对《周易》进行不同于既存研究的新解释，这通过他的文字考证体现出来。在此，将通过几个用例进行考察。

例 1：需卦　九三

今本：九三，需于泥，致寇至。

上博楚简本：至（致）寇（寇）至

郑玄注：致戎至。

→只有郑玄改为了“戎”字。

① 屈池信夫：《汉魏思想史研究》，明治书院，1988 年，第 370 页。

例 2：豫卦　上六

今本：上六，冥豫成，有渝无咎。

上博楚简本：杲（冥）余（豫）

郑玄注：上六，冥豫，冥读为鸣。

→只有郑玄读作了“鸣”。

例 3：无妄卦　卦名

今本：无妄

上博楚简本：亡忘（无妄）

郑玄注：妄，犹望。谓无所希望也。

→由马王堆帛书易传《昭力》的“无孟（妄）之卦，邑途之义也”来看，正如《周易正义》所言，“无妄”的意思是“无妄者，……物皆无敢诈伪虚妄，俱行实理”。因此，郑玄试图将本卦卦名解为“无所希望”是与《周易》原来的意义相差甚远的①。

例 4：蹇卦　六四

今本：六四，往蹇，来连。

上博楚简本：六四，迬（往）讦（蹇），来连

郑玄注：六四，往蹇，来连。连如字，迟久之意。

→“迟久”之意与通常的观点相差较远。“连”的意思为“连合”（《程传》）或者“车”（高亨，李镜池）。

与今本、上博楚简本相比，郑玄进行了多种不同于通说的文字考证。这是因为郑玄并未受到既存注释迷惑的原因。也就是说，虽说郑玄的观点多少有牵强附会之嫌，但他却试图通过自己的哲学对《周易》进行重新解释。

例 5：随卦的郑玄注

震动也，兑说也。内动之以德，外说之以言，则天下之民咸慕其行，而随从之，故谓之随也。既见随从，能长之以善，通其嘉礼，和之以义，干之以正，则功成而有福。若无此四德，则有凶咎焉。

关于此处四德的内容也出现于《文言传》②。但认为“无此四德，则有凶咎焉”的

---

① 与郑玄见解相似的有京房的《周易章句》、李鼎祚的《周易集解》。《汉书·谷永传》中应劭注中说道“无妄者，无所望也”，但皆不是本来的意义。

② 今本《周易·文言传》：元者，善之长也。亨者，嘉之会也。利者，义之和也。贞者，事之干也。君子体仁足以长人，嘉会足以合礼，利物足以和义，贞固足以干事。君子行此四德者，故曰“乾，元，亨，利，贞”。

解释，毫无疑问是以《左传·襄公九年》的记事为依据的：

穆姜薨于东宫。始往而筮之，遇艮之八。史曰，"是谓艮之随。随，其出也。君必速出"。姜曰，"亡。是于《周易》曰：'随，元亨利贞，无咎。'元，体之长也，亨，嘉之会也，利，义之和也，贞，事之干也。体仁足以长人，嘉德足以合礼，利物足以和义，贞固足以干事。然，故不可诬也，是以虽随无咎。今我妇人而与于乱。固在下位而有不仁，不可谓元，不靖国家，不可谓亨，作而害身，不可谓利，弃位而姣，不可谓贞。有四德者，随而无咎。我皆无之，岂随也哉？我则取恶，能无咎乎？必死于此，弗得出矣。"

尤其值得关注的是以上《周易注》和《左传·襄公九年》记事皆强调了德和福的关系。天之领域的福并非无缘无故获得的，而是经过积德而获得的。为了使天下人们能够归顺服从，需要"内动之以德，外说之以言"。而这种对四德的强调也反复出现在了咸卦和恒卦中。

例 6：咸卦的郑玄注

咸，感也。艮为山，兑为泽。山气下，泽气上，二气通而相应，以生万物，故曰，咸也。其于人也，嘉会礼通，和顺于义，干事能正，三十之男有此三德，以下二十之女，正而相亲，说娶之则吉也。

例 7：恒卦的郑玄注

恒，久也。巽为风，震为雷，雷风相须，而养物犹长。女承长男，夫妇同心而成家，久长之道也。夫妇以嘉会礼通，故无咎。其能和顺干事，所行而善矣。

存有多种评价认为郑玄偏重于人格神或者神秘主义。但在他解释《周易》时，强调"嘉会礼通""和顺干事"，可见，郑玄的哲学重视人的行为。

郑玄在《六艺论》中说道：

六艺者，图所生也。①

河图洛书，皆天神言语所以教告王者也。(《毛诗注疏》卷二十三，《文王序》

① 《春秋公羊传注疏·隐公卷第一》所印。

所印）

在此，所谓“图”当然是指河图。即《诗》《书》《易》《春秋》《礼》《乐》“六经”皆以河图洛书为媒介。也就是说，郑玄哲学的终极目标在于准确理解天神向人类所下达的命令，并将此实现于现实世界中。因此，郑玄的《周易注》在吸收当时《周易》解释的正统之后，重新创造出了自己的理论。所以将上博楚简《周易》的文字与内容与郑玄的《周易注》进行比较时，会发现出现了不少不一致的情况。郑玄对看似矛盾的变易和不易的同时提及，可谓反映了其哲学以不变进行新尝试的特点。

3.《周易》为谈论变化之书。在《易传》，尤其是《系辞传》中经常出现将“易”解释为“变化”的情况。例如，“易穷则变，变则通，通则久”（今本《周易·系辞传下》）、“为道也屡迁，变动不居，周流六虚，上下无常，刚柔相易，不可为典要，唯变所适”（今本《周易·系辞传下》）等。孔颖达在《周易正义》中说道：“夫易者，变化之总名，改换之殊称。自天地开辟，阴阳运行，寒暑迭来，日月更出，孚萌庶类，亭毒群品，新新不停，生生相续，莫非资变化之力，换代之功。”（《周易正义·论易之三名》）而郑玄则不仅谈到了“变”，同时也谈到了“不变”。

郑玄依此义，作易赞及易论云，“易一名而含三义，易简，一也；变易，二也；不易，三也”。（《周易正义·论易之三名》）

郑玄的这种说法并非他的独创性思维，是对易纬《乾凿度》中内容的解释[1]。《乾凿度》中借孔子之言说道：

变易也者，其气也。天地不变，不能通气，五行迭终，四时更废。君臣取象，变节相和，能消者息，必专者败。君臣不变，不能成朝，纣行酷虐，天地反。文王下吕，九尾见。夫妇不变，不能成家，妲己擅宠，殷以之破。大任顺季，享国七百，此其变易也。不易者也，其位也，天在上，地在下，君南面，臣北面，父坐子伏，此其不易也。（《易纬乾凿度》）

随着时代的交替，纬书的权威降低，但郑玄的三易说却被正统观点所接受，之后论《周易》者认识到了《周易》具有“简易”“变易”“不易”三重意义。除了“简易”，

① 《易纬乾凿度》。本文在引用纬书时依据了安居香山，中村璋八的《重修纬书集成》卷一（明德出版社，1981年）。

"变易"和"不易"意思相反，所以"变易"而又"不易"的命题看似是包含矛盾的。因此，出现了茶山这样不承认"不易"，仅承认"变易"的学者①。但学者中也提出了关于变易和不易的两立关系，例如，变易的根据在于不易的观点②或者以体用理解变易和不易之关系的观点③。

最近发现的与《周易》相关的出土文献补全了既存文献资料的局限性，发挥了复原古代易学思想之本来面貌的重要作用。因此，数千年间历史虽不断变化（变易），但在一次都未发生过变化的易学史中（不易），通过近代学问之成果—出土文献研究追求《周易》研究之为变化恰恰反映了郑玄的变易和不易精神。

---

① 茶山认为《乾凿度》的三易说是纬家的谬说，所以没有评价的必要。（《易学绪言》卷一，《汉魏遗义论》：若所谓简易不易者，纬家之谬说，不足述也。）

② 程颐在《易传序》中说道"易，变易也，随时变易以从道"，对于这一文句，李善庆说道"指的是变易以及作为其目标的不变之道"，认为"可将易看作是不易与变易之妙合"。（李善庆：先秦儒家中"时中"的问题——从易庸论看孔·孟的"时中"思想》，《东洋哲学研究》第55辑，2008年，第306页。）

③ 相关的具体内容参照李善庆的《先秦儒家中"时中"的问题——从易庸论看孔·孟的"时中"思想》，《东洋哲学研究》第55辑，2008年。

# "新瓶取旧酒":《周易正义》背后的郑玄《易》学*

潘忠伟（四川师范大学马克思主义学院）

**摘　要**　《周易正义》虽然遵从了王弼、韩康伯注本，但其疏文中却深受北朝所流行的郑玄《易》学的影响。这种影响主要体现在孔颖达学派的《周易》体系性知识、《易》学哲学、《易》学礼学化倾向以及"爻辰说""以史解易"等问题上，郑玄《易》学可谓是孔颖达学派理解、阐释王弼《易》学"北学派"的文献依托和知识背景。

**关键词**　郑玄　孔颖达　《周易正义》

南北朝时期，《周易》王、韩注本在北朝没有明确的师承传授系统，义理派《易》学是北学显著的"弱项"。孔颖达学派看待《周易》王、韩注与我们今人看待异域的某本权威著作类似：他们渴望以王、韩的角度来理解《周易》，但又不可避免地带着北朝的文化和知识背景来解读它。在这种情形下，他们带着什么样的《易》学或者说经学背景来理解《周易》王、韩注，便是我们应当极力关注的问题。

这一问题的答案，极为明了，即这一《易》学或者经学最重要的背景乃是北朝所流行并视为权威的郑玄《易》学。在《周易正义》这本与郑学看似了不相涉的著作中，郑氏的"阴影"可谓是无处不在：郑玄《易》学是孔颖达学派反思《周易》基本原理和历史背景的基础，这点主要体现在孔颖达本人所撰的《八论》当中；郑玄是将《周易》视为三礼之学的辅助性经典，而在《周易正义》当中，还或多或少带有发挥郑玄礼学的兴致。更主要的是，《周易正义》的文本特点，总是带有北朝师徒之间说教的那种精明和质朴气息，这是北学传统的直接体现。

同时，我们也要承认郑玄易学或者说整个北朝经学传统与《周易正义》又存在明显的"断裂"：孔颖达学派毕竟选择了王、韩注本而非郑玄注。"断裂"确实意味着不可弥合的距离，这点也体现在《周易正义》对郑玄"以史解易"这一传统的改造和疏

* 本文为国家社科基金青年项目"《周易正义》研究"（14CZX029）阶段性研究成果。

离上，特别是当孔颖达碰到周公这一敏感的话题，义疏行文更是非常微妙地遮蔽了这一郑学或者说北学的旧习。

## 一、北学传统中的郑玄《易》学

关于北朝《易》学较弱的事实，可从刘炫学术风貌中略窥一二：他与刘焯被时人视为北朝经学最高成就的代表，同时也是一位极度自负的学者，隋时，刘炫在上表吏部尚书韦世康的自述中，曾罕见地表现出谦虚态度，说自己对包括《周易》在内的三经“用功差少”①。与此相比较，在隋代官方重视南学的氛围下，能够代表《易》学最高成就的是来自江南的陆德明，《旧唐书·徐文远传》提到隋代的舆论：“时人称文远之《左氏》、褚徽之《礼》、鲁达之《诗》、陆德明之《易》，皆为一时之最。”② 所谓“最”，意味着某种不可超越的极致，陆德明的《易》学就是如此。或者说，在刘炫的眼中，南朝学者徐文远的《左氏》学、褚徽的《礼》学和鲁达的《诗》学，他绝对有理由鄙夷对他们“一时之最”的评价，而对陆德明的《易》学，则恐怕会有所不同。

如果再从《易》学所遵从的注本来说，南北易学的差异也甚为明显，即北朝遵从的是郑玄注而南朝则是王、韩注。《隋书·儒林传序》称“江左《周易》则王辅嗣……河、洛……《周易》则郑康成”③ 云云，即体现出以长江为界的南北《易》学注本之差异。需要指出的是，《隋书·儒林传》这一记载只是大体上而言，事实上在北朝的青州、齐州一带，也有王弼注本的流传，《北齐书·儒林传序》称：

> 凡是经学诸生，多出自魏末大儒徐遵明门下。河北讲郑康成所注《周易》。……河南及青、齐之间，儒生多讲王辅嗣所注《周易》，师训盖寡。④

这段话描述了南北朝时期北方易学的全局，即徐遵明继承了郑玄的思想体系，在黄河以北传播郑学，在北朝经学当中处于主流地位。而“河南及青、齐之间”，王弼《周易注》受到重视，这说明南朝盛行的王弼《易》学也在北方出现，只是“师训盖寡”而未完成这一注本的北学化而已。

考虑到《隋书》的作者魏徵、孔颖达等人与《北齐书》的作者李百药是同时代的人物，今人没有必要将上述记载加以时序化，认为北齐时期的青齐地区曾有王弼注的流传而到了隋代反而出现了北学的复兴而完全宗主郑玄注本。从经学流传的长时段视野来

① [唐]魏徵等撰：《隋书》卷七五，中华书局，1973年，第1720页。
② [后晋]刘昫等撰：《旧唐书》卷一八九，中华书局，1975年，第4943页。
③ [唐]魏徵等撰：《隋书》卷七五，中华书局，1973年，第1705—1706页。
④ [唐]李百药撰：《北齐书》卷四四，中华书局，1972年，第583页。

说，在唐初贞观时期，《周易》王、韩注本仍然没有一个完全得到学界公认的北学义疏本，而《周易》郑玄注本仍为北方学者所尊奉，乃是基本的事实。

对于这一点，我们可以通过《五经正义》当中的《毛诗正义》《礼记正义》《春秋左氏正义》《尚书正义》在涉及《周易》注本时，几乎均采用郑玄注文加以通释，恰恰说明以北学立场标榜的孔颖达学派，在修撰《五经正义》时，还是遵从了旧有的北学传统而对王、韩注本加以忽略。

进一步言，孔颖达学派选择王、韩注本，从表面上看可以视为是北学旧传统的"断裂"，从实质而论，却又是北朝经学内生性发展的自然结果。自徐遵明复兴北朝经学以来，由于学术师承传习系统的中断，北朝经学的复兴实质上是一种"重新制造"的新传统。所谓"重新制造"，意指他们表面上遵从的是汉、魏经学的旧注，而实质上是用北朝新时代的现实需要对汉、魏经学重新加以改造和诠释，构成了一种经学"新传统"。这种新传统的最大特点，是学无宗主而择善而从，北朝经生往往师承多门，而对经文阐发的新意见，又极端依附于汉、魏经学的权威。对这一风貌的概述，以北齐学者王邵的评语最为典型："魏、晋浮华，古道湮替，历载三百，士大夫耻为章句，唯草野生专经自许，不能博究，择从其善，徒欲父康成，兄子慎，宁道孔圣误，讳言郑、服非。"① "择善而从"意味着北朝草野经生对经学的视野始终存在着"扩张"的内在趋向，而"不能博究"的现实意味着这种"扩张"始终是一个进行式，他们将郑康成、服虔视为父兄，连孔子都敢反对，更何况本来就充满敌对意识的南朝经学家？这种极端推崇汉、魏旧经学的立场与他们不断推陈出新的学术扩张欲望是北学当中并存的两种趋势。因而我们可以说，孔颖达学派选择属于汉魏《易》学领域的王、韩注本并加以北学化（因为孔颖达学派认为韩康伯是王弼的弟子），实在是自然不过的事情。

既然孔颖达学派要对《周易》王、韩注本加以北学化，那么就不能忽略一个基本的学术背景，即郑玄《易》学在北朝的确盛行已久，这是北学的"旧传统"。孔颖达学派能够果敢地放弃旧传统而拥抱新发现的汉魏旧《易》学，当然代表了北学不断完善和开新的生命力，只是这种经学领域的拓展必然会受到旧有学术传统即郑学的影响。从学术史"现场"来说，郑玄经学成了《周易正义》撰作的学术"阴影"，也是理所当然的。在这种情境下，郑玄《易》学就成为孔颖达学派首先要系统反思和总结的对象，这点主要体现于孔颖达所撰的《八论》当中。

## 二、《八论》中的郑玄《易》学

《八论》被安排在《周易正义》的卷首，颇有统领全书的意味。所谓"八论"，顾

① ［宋］欧阳修、宋祁撰：《新唐书》卷二百，中华书局，1975年，第5693页。

名思义就是对八个易学问题的议论。从今天的学术标准来说，这八个问题，有极端重要的，也有极端细节的；既有历史的，也有哲学的，更有文本的。例如“第一论‘易’之三名”，涉及易学的核心哲学立场问题，就属于极端重要的论题；又如“第八论谁加‘经’字”，就属于细节问题。再如“第二论重卦之人”“第三论三代《易》名”“第四论卦辞爻辞谁作”，这些就属于易学的历史起源问题；又如“第五论分上下二篇”“第六论夫子《十翼》”“第七论传《易》之人”，这些或涉及《周易》的文本问题，或关于《易》学史上的问题，其实也属于不太重要的问题。

在《八论》中，明确不采用或者对郑玄看法持怀疑态度的主要是《易》学的历史部分。在“第二论重卦之人”的问题上，“郑玄之徒”的看法是神农重卦，王弼认为是伏羲画八卦之后即重为六十四卦。《八论》援引《说卦》“昔者圣人之作《易》也，幽赞于神明而生蓍”这一说法，并根据《上系》的记载，认为用蓍应在六爻已成之后，从而证明伏羲时期已经重卦；再考虑到《易纬》等典籍所记载的易之三圣（伏羲、文王、孔子）中没有神农，孔颖达自然主张王弼的说法“为得其实”①。在“第三论三代《易》名”的问题上，孔颖达也将郑玄关于《连山》《归藏》《周易》等三种名称的解释视为“无所据之文”，对于郑玄将《周易》之“周”解释为兼有“周代之名”和“普遍之义”的说法，也委婉地表示“恐未可尽通”，直接认为《周易》的周即为周代之名而已②。在“第四论卦辞爻辞谁作”的问题上，“郑学之徒”认为卦辞爻辞都是文王所作，而孔颖达尊重爻辞中“多是文王后事”的事实，遵从了马融、陆绩等人的看法，即赞同卦辞为文王所撰、爻辞为周公所作的说法。当然，《周易》三圣不提周公，孔颖达认为那是“以父统子业”，文王自然就包含了周公，所以《易纬》只提及了“文王”而未提周公，这点并不影响马融和陆绩等人的结论。

在孔颖达上述驳斥郑玄问题的见解中，有一突出的特点，即以中古学者心目中孔子所撰的《十翼》与撰作者不明的《易纬》之书并重。尊崇《易纬》乃是郑学的主张，而强调《十翼》则是唐初官方尊孔举措在《易》学领域里的具体表现。孔颖达这样做，意味着王邵所说的“宁道孔圣误，讳言郑、服非”的北学旧做派，已经被孔颖达学派所依附的官方立场所纠正了，这是北学在贞观时期受到推崇后出现的微妙转变。孔颖达既然以《十翼》的权威来否定《易纬》的某些记载，意味着以官方的学术立场来全盘修正原本是“草野生”的北学旧说，因而，维护郑学的根本立场也势必要有所修正，即突出郑玄与孔子的一致性，而不是将他们对立起来。如果有可能的话，还要进一步强

① ［魏］王弼注，［唐］孔颖达疏，李申、卢光明整理，吕绍刚审定：《周易正义》卷首，北京大学出版社，1999年，第7—8页。

② ［魏］王弼注，［唐］孔颖达疏，李申、卢光明整理，吕绍刚审定：《周易正义》卷首，北京大学出版社，1999年，第8—9页。

调郑玄是孔子《易》学的权威解释者而非敌对者，孔颖达正是这样做的，在"第六论夫子《十翼》"的问题上，认为《十翼》的次序虽"有多家"，但应以"郑学之徒"的看法为准①，即为此种意态的直观体现。

从《八论》的行文来说，孔颖达系统地反思和修正了北朝郑学的诸多看法，但是对于郑学一些最核心的命题，他仍然坚持旧有的主张。具体地说，郑玄易学最核心之处不在于《十翼》次序这些细节问题上，而在于"第一论'易'之三名"这一涉及整个易学宏观体系和哲学架构的论题，由此，我们才可以说，孔颖达虽然在《易》学的历史问题上承认郑玄错了，但是对郑学所发挥的《易》学哲学体系，却持拥护的态度，自然地，郑学也隐然凌驾于王、韩注本之上，这才是问题的关键。顺便提一句，学术界对于《周易正义》究竟是遵从汉易的说法为多还是发挥王弼的玄学见解为主这一问题的争论，从学术渊源上讲，也是受到这一复杂的情形所影响。

关于"易之三名"即所谓"易"的三种内涵（易、变易、不易），源于《易纬·乾凿度》的说法，南朝易学也遵从这一说法，但是，南朝学者的解释显然有佛教化的意味，例如《八论》所引的"周简子"之说，堪为典型："'易'者易代之名。凡有无相代，彼此相易，皆是'易'义。'不易'者，常体之名。有常有体，无常无体，是'不易'之义。'变易'者，相变改之名，两有相变，此为变易。"② 所谓"有常""无常"这些说法，乃是佛教典籍中的惯用语。孔颖达对于遵从了这些说法的张讥、何妥等人，通通视为"用其文而背其义"的典型做派，并且强调他自己的意见是"今之所用，同郑康成等"，意味着将郑玄的《易赞》和《易论》视为经典的正确看法加以继承和发挥③。在这一基础上，孔颖达才继续依据《乾凿度》的元气生成论发挥出"易理备包有无，而易象唯在于有者"的核心命题，因为只有如此，才能说《周易》的本意是孔子用来"垂教"天下的④。

对于上述孔颖达的学术倾向，我们可以做两种理解：一种是从维护孔子《易》教地位的根本目的出发，着重发挥《周易》重"有"的倾向，而这一倾向又离不开郑玄及《乾凿度》元气生成论的支持；一种是从维护郑学的根本用意出发，以孔子垂教之名为依托，打击整个南朝易学的虚无化倾向。对于这两种意图，《八论》都是存在的，

① [魏]王弼注,[唐]孔颖达疏,李申、卢光明整理,吕绍刚审定:《周易正义》卷首,北京大学出版社,1999年,第10页。

② [魏]王弼注,[唐]孔颖达疏,李申、卢光明整理,吕绍刚审定:《周易正义》卷首,北京大学出版社,1999年,第5页。

③ [魏]王弼注,[唐]孔颖达疏,李申、卢光明整理,吕绍刚审定:《周易正义》卷首,北京大学出版社,1999年,第5页。

④ [魏]王弼注,[唐]孔颖达疏,李申、卢光明整理,吕绍刚审定:《周易正义》卷首,北京大学出版社,1999年,第5—6页。

无论是为了尊重官方学术立场还是打击南朝玄学派易学，抑或仅仅为了维护北学的旧传统，郑学无论如何都是不可能被彻底放弃或者说完全否定的。这就是《周易正义》在标榜遵从王、韩注本的同时又不愿彻底割舍郑注的基本动机。

对于这一动机的强调，会在学术上碰到一个致命的反驳，即王、韩注本与郑玄注差异实在是太大了，孔颖达学派也可能仅仅在学术立场上标榜郑学的重要性而在具体疏文中则将郑玄之学扫除殆尽，郑玄注仅仅有文字训诂或者通释经文字句的引用价值而已。不过，若是将郑玄《易》学置于整个孔颖达学派的经学体系中来评价，就会发现《周易正义》在对《周易》微言大义的价值判断上，仍受到郑学的左右。

## 三、《周易正义》对郑易的暗引和继承

孔颖达学派所重视的郑玄《易》学传统，主要体现在两个方面：一是王、韩注如有简略或者语焉不详之处，往往根据郑玄《易》注加以发挥；二是孔颖达学派既然强调了《易》学的教化功能，那么郑玄《易》的礼学化倾向，也被视为一种学术惯性而在《周易正义》中继续存在。

关于第一点，不妨以蒙卦卦辞的义疏为例加以详细说明。蒙卦卦辞说："蒙：亨。匪我求童蒙，童蒙求我。初筮告，再、三渎，渎则不告。"针对这一卦辞，王弼注是这样的：

> "筮"，筮者决疑之物也。童蒙之来求我，欲决所惑也。决之不一，不知所从，则复惑也。故初筮则告，再、三则渎。渎，蒙也。能为初筮，其唯二乎？以刚处中，能断夫疑者也。①

这一段注文的核心，是指出筮者对于求筮者应该坚持原则，不能一而再再而三地为求筮者进行卜筮。王弼同时表明，此时此刻能够坚持这一原则的，只有爻位恰当而又是阳爻的九二，这是发挥他的爻位说。

孔颖达在义疏中，从表面上看遵从了王弼注文，但主要是对师徒相授的教育方法大发议论，其疏文如下：

> 物皆蒙昧，唯原亨通，故云"蒙、亨"。"匪我求童蒙，童蒙求我"者，物既暗弱而意愿亨通，即明者不求于暗，即匪我师德之高明往求童蒙之暗，但暗者求

① ［魏］王弼注，［唐］孔颖达疏，李申、卢光明整理，吕绍刚审定：《周易正义》卷一，北京大学出版社，1999年，第37页。

明，明者不谘于暗，故云"童蒙求我"也。"初筮告"者，初者，发始之辞；筮者，决疑之物。童蒙既来求我，我当以初始一理剖决告之。"再三渎，渎则不告"者，师若迟疑不定，或再或三，是亵渎，渎则不告。童蒙来问，本为决疑，师若以广深二义再三之言告之，则童蒙闻之，转亦渎乱，故不如不告也。自此以上，解"蒙亨"之义。顺此上事，乃得"亨"也。故"亨"文在此事之上也。不云"元"者，谓时当蒙弱，未有元也。①

注意，这一段疏文中，首先是将筮者巧妙地转换为"教师"，并发挥师道尊严所以不能往教而只能来学，孔疏似乎还不满足这样的发挥，并继续阐述教师的教育方式问题，说"童蒙来问，本为决疑，师若以广深二义再三之言告之，则童蒙闻之，转亦渎乱，故不如不告也"，这简直是北朝私学盛行下经学师说徒问之间实际情形的一种直观总结。与王注相比较，疏文不是仅对注文作简单的引申，而是发挥了新的思想内涵，超越了王注所容之限度。

从学术渊源上讲，孔颖达疏的这种发挥，恰恰是郑玄《易》注的直接延伸，我们不妨再看一下郑玄注文的相关文句：

蒙者，蒙。蒙，物初生形是其未开著之名也。人幼稚曰同。……教授之师取象焉，修道艺于其室，而童蒙者求为之弟子，非己乎求之也。弟子初问则告之以事义，不思其三隅，相况以反解而筮者，此勤师而功寡，学者之灾也。②

看到郑玄的注文，我们才知道《周易正义》所说的师道尊严只有来学而无往教以及如何教育弟子等的发挥，其实所遵从的乃是《周易》郑氏注。这一例子可谓充分和生动地反映了孔颖达学派面对学无师承的王、韩注本时，的确是将郑氏《易》注看待为近乎权威的参考材料而加以通释的。

类似倾向还见于鼎卦疏文中，鼎卦初六爻辞提道："得妾以其子，无咎。"王弼注是这样说的："处鼎之初，将在纳新，施颠以出秽，得妾以为子，故'无咎'也。"这个注文强调的是"纳新"和"出秽"，没有任何礼制上的发挥。孔颖达疏似乎对王注的抽象性解释不感兴趣，而是认为：

① [魏]王弼注,[唐]孔颖达疏,李申、卢光明整理,吕绍刚审定:《周易正义》卷一,北京大学出版社,1999年,第38页。

② 林忠军:《周易郑氏注通释》,《周易郑氏学阐微》,上海古籍出版社,2005年,第241页。

“得妾以其子，无咎”者，妾者侧媵，非正室也。施之于人，正室虽亡，妾犹不得为室主。妾为室主，亦犹鼎之颠趾，而有咎过。妾若有贤子，则母以子贵，以之继室，则得“无咎”，故曰“得妾以其子，无咎”也。①

这是从礼制上说明“侧媵”与正室之间的关系，而且诠释的取向与王弼完全不同：王弼重在从卦爻的直观意义上讲述除旧布新之理；孔疏则在于将“鼎”的“颠趾”看成是“妾为室主”的比喻，这一比喻的渊源，即在于郑玄注。在郑玄注文中，如何处理君主和夫人之间关系是解释鼎卦初六爻辞的中心命题。他说：

乾为君，以喻君夫人事君，若失正礼，踣其为足之道，情无怨，则当以和义出之。然如否者，嫁于天子，虽失礼，无出道，废远之而已。若其无子，不废远之，后尊如故，其犯六出，则废之，远之，子废。坤为顺，又为子母牛，今在后妃之旁侧。妾之例也。有顺德，子必贤，贤而立以为世子，又何咎也。②

我们对照着看，就知道孔疏名义上是王弼注的疏文，实际上是对郑注的概括和总结，仍然保留了郑氏《易》学注重礼学的倾向和风貌。

这一例子说明《周易正义》往往从重视易教的角度修正王注的抽象性解释，而郑玄注恰好成了这种修正的学术渊源。我们再看下面这个例子，就可以知道《周易正义》的撰作者是何等熟悉郑玄《易》学。震卦卦辞提道：“震惊百里，不丧匕鬯。”孔颖达疏：

先儒皆云：雷之发声，闻乎百里。故古帝王制国，公侯地方百里，故以象焉。窃谓天之震雷，不应止闻百里，盖以古之启土，百里为极。文王作《繇》在殷时，明长子威震于一国，故以“百里”言之也。③

孔疏中提到的“先儒”，实际上指的是郑玄及其继承者，试看郑玄注：

---

① ［魏］王弼注，［唐］孔颖达疏，李申、卢光明整理，吕绍刚审定：《周易正义》卷五，北京大学出版社，1999年，第206—207页。

② ［汉］郑玄注，林忠军整理：《周易郑康成注》（卷中），汤一介等主编：《儒藏》精华编第一册（经部易类），北京大学出版社，2009年，第332页。

③ ［魏］王弼注，［唐］孔颖达疏，李申、卢光明整理，吕绍刚审定：《周易正义》卷五，北京大学出版社，1999年，第209页。

雷之发声，犹人君出政教以动国中之人也，故谓之震。……雷发声闻于百里，古者诸侯之象。诸侯之出教令，能警戒其国疆之内。①

两相对照，就可以知道《周易正义》的很多议论是针对郑学这一北学旧传统而发。不仅如此，上述孔疏中说“文王做《爻》”辞一事，为郑学一派的意见，明显与孔颖达《八论》中主张周公作爻辞的看法相矛盾，很显然，这一段疏文是一个坚持郑玄易学立场的学者所撰作。

接下来的问题是，孔颖达学派试图融合郑注与王、韩注，有没有学术上的依据呢？这是存在的，至少在他们看来，王弼对郑玄虽然有明显的学术差异，但同样明显的是王弼也曾继承了郑玄的某些说法，而这些一致性一定是孔颖达学派所留意和强调的。明夷卦卦辞提道：“明夷，利艰贞，以蒙大难。”郑玄认为类似“蒙大难”的情形有周文王和箕子，所以注文中有“文王似之”“箕子似之”的说法。对此，王弼全盘照搬，王弼说：“内文明而外柔顺，以蒙大难，文王以之，‘利艰贞’，晦其明也。内难而能正其志，箕子以之。”（“以”与“似”通）孔颖达理所当然将王弼注文和郑玄之见全盘结合起来，进行疏解，所以针对明夷的卦辞，孔颖达疏文就径直发挥了王注未明言的但是郑注却直言的君子遭乱世而小人得志之时的道德隐喻，我们不妨将二者对照来看。先看郑注：

夷，伤也。日出地上，其明乃光，至其入地，明则伤矣。故谓之明夷。日之明伤，犹圣人、君子有明德而遭乱世，抑在下位，则宜自艰，无干事政，以避小人之害也。②

再看孔疏：

夷者，伤也。此卦日入地中，明夷之象。施之于人事，暗主在上，明臣在下，不敢显其明智，亦明夷之义也。时虽至暗，不可随世倾邪，故宜艰难坚固，守其贞正之德。故明夷之世，利在艰贞。③

① [汉]郑玄注，林忠军整理：《周易郑康成注》（卷中），汤一介等主编，《儒藏》精华编第一册（经部易类），北京大学出版社，2009年，第333页。

② [汉]郑玄注，林忠军整理：《周易郑康成注》（卷中），汤一介等主编，《儒藏》精华编第一册（经部易类），北京大学出版社，2009年，第326页。

③ [魏]王弼注，[唐]孔颖达疏，李申、卢光明整理，吕绍刚审定：《周易正义》卷四，北京大学出版社，1999年，第155页。

郑注和孔疏在内涵上是一一对应的，只是孔疏将君子小人转换为“暗主在上明臣在下”而已。

类似情形还有姤卦疏文，姤卦卦辞提道：“姤：女壮，勿用取女。”《彖》辞又说：“姤，遇也。”郑玄姤卦卦辞注文是这样的：

> 姤，遇也。一阴承五阳，一女当五男，苟相遇耳，非礼之正，故谓之姤。女壮如是，壮健似淫，故不可娶。妇人以婉娩为其德也。①

王弼注姤卦《彖》辞，接受了郑玄的说法，他说：“柔遇刚也。施之于人，即女遇男也。一女而遇五男，为壮至甚，故不可取也。”这是沿袭郑玄的说法。由此之故，孔疏便发挥了郑玄提及的妇人“以婉娩为其德”的主张：“‘勿用取女，不可与长’者，女之为体，婉娩贞顺，方可期之偕老。淫壮若此，不可与之长久，故‘勿用取女’。”这一层面的意思，是王弼所无而郑玄所有的，孔颖达疏文加以发挥，是其直接参考郑注的结果。

顺便提一句，上述两例王弼沿用郑玄的事例有特殊的学术史意义。在当时，敏锐的敌对者势必会指出孔颖达疏文遵从郑注的种种例证，而孔颖达学派必然也会注意到王弼也曾沿袭郑玄，既然王弼可以这样做，那么孔颖达疏文在遵从王弼的基础上继续发挥郑玄的见解，不就是从根本旨趣上与王弼一致吗？特别是王弼所摒弃的互体等象数派说法，孔颖达学派在发挥郑玄易学时也是加以根除了的。可以这样说，正是因为有了唐初北学宗主郑学的特定背景，让“郑玄—王弼”这一系统的古文经学派易学注重人事的倾向再次得到重视，堪称是汉魏旧经学的重生和延续。

这种试图整合整个汉魏旧经学的意图是显著的，例如咸卦上六《象》辞提道：“滕口说也。”针对“滕”字的含义，由于王弼没有直接解释，孔颖达疏就两解之，说“‘滕口说也’者，旧说字作‘滕’，徒登反。滕，竞与也。所竞者口，无复心实，故云‘滕口说’也。郑玄又作‘媵’。媵，送也。《咸》道极薄，徒送口舌言语相感而已，不复有志于其闲。王《注》义得两通，未知谁同其旨也。”这里虽然说“未知谁同其旨”，但孔疏非常自觉地融合汉魏王弼、郑玄旧注的意态是非常明显的，郑玄《注》能够在《周易正义》当中取得王弼注的补充性地位，也是以这一意态为基础。

关于《周易正义》对郑注礼学化倾向的沿袭，即郑学对《周易正义》影响的第二点，上述引述的鼎卦初六爻辞的疏文是一个显例。又如，豫卦《象》辞提道：“殷荐之

① ［汉］郑玄注，林忠军整理：《周易郑康成注》（卷中），汤一介等主编，《儒藏》精华编第一册（经部易类），北京大学出版社，2009年，第329页。

上帝以配祖考。"郑玄注认为：

> 祀天帝以配祖考者，使与天同享其功也，故《孝经》云："郊祀后稷以配天，宗祀文王于明堂，以配上帝"是也。①

我们知道，王弼一般是不解释《象》辞，而孔颖达疏文就根据郑注做了如下阐释：

> "以配祖考"者，谓以祖考配上帝。用祖用考，若周夏正郊天配灵威仰，以祖后稷配也；配祀明堂五方之帝，以考文王也，故云："以配祖考"也。②

疏文所说的"若周夏正郊天配灵威仰，以祖后稷配也"和"配祀明堂五方之帝，以考文王也"，均属郑玄礼学当中祭天制度的核心见解。这是孔疏在郑注礼学化基础上进一步发挥的例证。

郑玄《易》学被归纳为汉代象数派系统，而王弼《周易注》则被视为义理派易学的典范。这种泾渭分明的划分当然是正确的，只是我们要注意到，学术史的传承与演变，往往不是突变的，即使是突变的背后，也有渐进式的流变和前后相继关系，《周易正义》对郑玄易学的吸取，大致上属于这一类。

## 四、《周易正义》对郑玄易学的修正与发挥

虽然《周易正义》保留了郑玄易学的礼学化倾向，但孔颖达学派毕竟没有把《周易》视为解释礼学的辅助性著作，更没有郑玄那种将礼学神学化的倾向，因而他也没有完全继承郑玄将易学完全礼学化的内在精神，而只是出于《易》以垂教的目的和郑玄在北朝旧学中的固有影响力而沿袭了郑玄礼学化的惯性力量，这种惯性力量在很多时候又被孔颖达学派所忽视。

离卦的九四爻辞，提道"焚如，死如，弃如"，郑玄将其解释为："焚如，杀其亲之刑。死如，杀人之刑。弃如，流宥之刑。"③ 在中古时期，刑法制度也可以被视为广义上的礼学，对于这种解释，孔疏没有采纳。又如大有六二提到"同人于宗"，郑玄发

① [汉]郑玄注，林忠军整理：《周易郑康成注》（卷中），汤一介等主编，《儒藏》精华编第一册（经部易类），北京大学出版社，2009年，第314页。

② [魏]王弼注，[唐]孔颖达疏，李申、卢光明整理，吕绍刚审定：《周易正义》卷二，北京大学出版社，1999年，第85页。

③ [汉]郑玄注，林忠军整理：《周易郑康成注》（卷中），汤一介等主编，《儒藏》精华编第一册（经部易类），北京大学出版社，2009年，第322页。

挥道："天子、诸侯、后夫人，无子不出。"① 孔疏也未这样引申发挥。又如坎卦的六四爻辞提道："尊酒簋，贰用缶，内约自牖。"郑注的解释充分体现了他的神学化的礼学色彩②，但在孔疏中是毫无踪迹的。

与这种部分沿袭郑学礼学化倾向不同的是，《周易正义》一书对郑学当中"以史解易"的倾向更多地采取了回避的态度。虽然郑玄的礼学有极端神学化倾向，但他的政治哲学却极度开明和激进。在郑玄《周易》注中，他认为在下的臣子可以升为天子，特别是对周公代替王位摄政的美德，他更是再三致意。夬卦卦辞提道："夬，扬于王庭。"郑玄注认为："夬，决也。阳气浸长，至于五。五，尊位也，而阴先之。是犹圣人积德说天下，以渐削去小人，至于受命为天子，故谓之夬。"③ 这些话是孔颖达学派内心或许会赞同但绝不敢提及的话。郑玄大有卦注文提道："六五体离，处乾之上。犹大臣有圣明之德，代君为政，处其位有其事而理之也。元亨者，又能长群臣以善使，嘉会礼通。若周公摄政，朝诸侯于明堂是也。"④ 这些政治观点也是贞观学者不敢明言的。

孔颖达学派对郑玄崇奉周公的微妙心态，或许是最典型的例子。坤卦六五爻辞提道：黄裳，元吉，郑玄注认为这一爻象"如舜试天子、周公摄政"⑤。坤卦六五爻位明明是君位，但是《周易正义》却强调六五爻位是阴爻居阳，因而是"居于臣职"之义，其文如下："黄是中之色，裳是下之饰，'坤'为臣道，五居君位，是臣之极贵者也。能以中和通于物理，居于臣职，故云'黄裳元吉'。"⑥ 这里面，"五居君位，是臣之极贵者也"。实际上还是指周公这样以臣子行王权的人。但是疏文不说周公，显然是贞观时期讳言周公的朝野风气所致。

据此，我们或许可以明白《周易正义》为何不喜欢"以史解易"，这并不是某种学术上的偏见造成的，而是贞观时期史学被高度政治化之后学者刻意回避史事和周公的明智选择。事实上，《周易正义》也有引用古史来解易的例证，例如颐卦义疏就提道：

---

① [汉]郑玄注，林忠军整理：《周易郑康成注》(卷中)，汤一介等主编，《儒藏》精华编第一册(经部易类)，北京大学出版社，2009年，第312页。

② [汉]郑玄注，林忠军整理：《周易郑康成注》(卷中)，汤一介等主编，《儒藏》精华编第一册(经部易类)，北京大学出版社，2009年，第320页。

③ [汉]郑玄注，林忠军整理：《周易郑康成注》(卷中)，汤一介等主编，《儒藏》精华编第一册(经部易类)，北京大学出版社，2009年，第329页。

④ [汉]郑玄注，林忠军整理：《周易郑康成注》(卷中)，汤一介等主编，《儒藏》精华编第一册(经部易类)，北京大学出版社，2009年，第312页。

⑤ [汉]郑玄注，林忠军整理：《郑康成周易注补遗》，汤一介等主编，《儒藏》精华编第一册(经部易类)，北京大学出版社，2009年，第351页。

⑥ [魏]王弼注，[唐]孔颖达疏，李申、卢光明整理，吕绍刚审定：《周易正义》卷一，北京大学出版社，1999年，第30页。

“圣人养贤以及万民”者，先须养贤，乃得养民，故云“养贤以及万民”也。圣人但养贤人使治众，众皆获安，有如虞舜五人，周武十人，汉帝张良，齐君管仲，此皆养得贤人以为辅佐，政治世康，兆庶咸说，此则“圣人养贤以及万民”之养也。①

当然，这属于是不重要的泛泛而论，不能与郑玄针对君臣关系的精彩发挥相提并论。或者说，“以史解易”是郑玄发挥其政治哲学的惯用方式，而孔颖达学派回避了这种解易方式，并不是这种方式或者说形式本身不为孔颖达学派所欣赏，而是郑玄“以史解易”的内容遇到了政治上的障碍而不得不回避罢了。

从易学和哲学的角度来说，《周易正义》与郑玄《易》学还有一个重要的问题，即郑玄元气说所依附的爻辰说，孔颖达应当如何处理呢？这是一个比较微妙的问题，爻辰说主张乾坤十二爻分值十二月，同时这十二爻又跟十二律吕有关系，从而构成了一个以乾坤十二爻为纲领的宇宙构成论学说。这十二爻构成的次序又可以视为阴阳二气在一年中的消长状态，而十二爻又有空间上的分布位置②，所以爻辰说沿袭了西汉典型的宇宙构成论思路，即时空统一于某种抽象的数或者爻位系统。爻辰说在易学中还有另外一层含义，即其余六十二卦的任何一卦，必定有一爻为当值之爻，这一爻的阴阳与爻位可与乾坤十二爻的某一爻相对应，从而确定该卦在爻辰说中的时空秩序③。如果彻底放弃了爻辰说，那么孔颖达学派所坚持的元气生成论就欠缺一个在宇宙秩序中的落实问题。事实上，《周易正义》当中还是将郑玄的爻辰说视为合理的易学解释系统加以继承和改造④。此点详见于乾卦九二爻辞的疏文，其中提道：

诸儒以为九二当太蔟之月，阳气发见，则九三为建辰之月，九四为建午之月，九五为建申之月，为阴气始杀，不宜称“飞龙在天”。上九为建戌之月，群阴既盛，上九不得言“与时偕极”。于此时阳气仅存，何极之有？诸儒此说，于理稍乖。此乾之阳气渐生，似圣人渐出，宜据十一月之后。至建巳之月已来，此九二当据建丑、建寅之间，于时地之萌牙初有出者，即是阳气发见之义。乾卦之象，其应然也。但阴阳二气，共成岁功，故阴兴之时，仍有阳在，阳生之月，尚有阴存。所

① ［魏］王弼注，［唐］孔颖达疏，李申、卢光明整理，吕绍刚审定：《周易正义》卷三，北京大学出版社，1999 年，第 122 页。

② 林忠军：《试析郑玄易学天道观》，《中国哲学史》2002 年第 4 期，第 53—56 页。

③ 林忠军：《周易郑氏学阐微》，上海古籍出版社，2005 年，第 95—108 页。

④ 关于孔颖达与郑玄爻辰说的异同，可参考宋开素：《孔颖达易学思想研究》，《周易研究》1995 年第 4 期，第 22—23 页。

以六律六吕，阴阳相间，取象论义，与此不殊。乾之初九，则与复卦不殊。乾之九二，又与临卦无别。①

这一段疏文里面“阴兴之时，仍有阳在，阳生之月，尚有阴存。所以六律六吕，阴阳相间，取象论义”的说法，是对郑玄爻辰说基本特点的标准概括。而这一段疏文最主要的目的，是要修正“诸儒”对乾坤十二爻对应的月份次序，以更加完善阴阳二气消长的秩序结构，这是在郑玄爻辰说的基础上继续加以完善。至于疏文中提到的“乾之初九，则与复卦不殊。乾之九二，又与临卦无别”，则似乎是继续发挥郑玄爻辰说还尚有统摄六十四卦的纲领性地位的作用。

从今人的学术标准而言，爻辰说属于典型的象数派学说，而王、韩注本是义理派易学的典型著作，两者似乎不可能加以相互融合。而从《周易正义》的疏文来看，既然孔疏都可以将两汉元气生成论和王弼本无论加以协调，那么将郑玄的爻辰说与王弼的卦主说杂糅在一起也是可能的，这就是学术的复杂性。只要我们承认历史的客观性是第一位的，那么就要正视这种义疏系统内部隐含的学术风貌的多面性，正如孔颖达学派一方面可以完全摒弃郑玄易学的互体取象说，但另外一方面又不妨碍他们继续在王弼的基础上引发出郑玄易学的旧说法。

总而言之，今人若是纯粹从思想史现场的角度来看待《周易正义》撰作的学术背景，那么《周易正义》就是一副“双面镜”：镜子的正面是王、韩注本，通过比较《周易正义》与王、韩注本之间的同或异，我们就可以看到孔颖达学派所理解的义理派易学是何种模样；镜子的反面是郑玄注，透过《周易正义》的疏文字句，我们也可以看到孔颖达学派是如何反省、修正和改造北朝旧有的易学见解。

① [魏]王弼注，[唐]孔颖达疏，李申、卢光明整理，吕绍刚审定：《周易正义》卷一，北京大学出版社，1999年，第4页。

# 从卦气说看郑玄的五行天道观

## ——着眼于“易简”的棱镜世界

金演宰（韩国公州国立大学）

**摘　要**　在哲学的发展史中，郑玄的经学及易学担当了一串环节。他的世界观是通过“易简”的一种棱镜（prism）来投射世界的产物，这就是如何解释易简的视线而解释天道的原理。易简作为郑玄发掘的用语，就是主体对客观世界的认识论视角。因此，易简的棱镜是把握世界的认识论方式。易简的棱镜世界是投射世界的一种媒体，做出一个整个变化世界的关注焦点，从而提出了五行天道观的一个形上学展望。五行天道观基于太易气化说，是按照气形相随的方式，以气变和形变的关系说明易象和易数的关系。它是能够借助于类比思维中的意象而能够被透彻地理解的。郑玄的五行天道观是通过易简的棱镜世界而成的，从而形成了中国传统思维的框架，又为东亚文化圈提供了自然哲学的原理。

**关键词**　易简　棱镜　五行天道观　卦气说　太易气化说

## 一、序言

在中国学术思想史上，汉代经学整合和深化先秦儒学，以发展传统儒家的观念体系、思想方法、学术方向等。特别是它从关于六经的今文和古文的对立态势中显现自身的发展成就和总体趋势。这既符合儒家经世致用的取向，又能提高与礼学等有关的政治文化的价值。由此汉代的经学为后代儒家的传承、演化及发展奠定了础石。

郑玄作为一位汉代经学的大师，不但精通今文，而且造诣古文。在经学的经典诠释、资料梳理、体系建构等方面，他是既有枢纽性又有关键性的重要人物之一。他的学问具有当时的学风上以今解古、引纬注经的特征。据此，他的世界观摆脱今文中的谶纬的数术式思路，进而走向关于经学、礼学、易学等的新儒家思路。在这个意义上，他的经学是从汉代经学转变到魏晋玄学的一个重要环节。

汉代中对世界的认识是围绕宇宙的本原及演化而设定天人关系的。这是与易学密切相关的，即按照《周易》中的卦爻象和卦爻辞的内在关系[①]，以卦变说解说其内在关系，从而找出某种象数的形上东西。当时的世界观基于按照董仲舒的天人感应说，通过卦气说、阴阳说、五行说、九宫说等来设立理论的基础。所谓卦气说作为汉代特有的社会意识的产物，反映着一种科学性的信念。它是通过八卦中所象征的阴阳、奇偶之数，以六十四卦说明关于二十四节气、七十二节候等的灾异现象。

本文注重郑玄的世界观及由此易学的思维方式。在汉代象数易学的脉络上，他的世界观基于解释五行天道观的易学思维，这就是一个怎么接近天体运行的周期性的秩序的问题。天体运行的周期性秩序关联于天地的结构、四时的变化、节气的循环等。为了究明它们的关系，他采用了象数的形式、阴阳的属性方式和五行的关系性原理。他通过把五行象数化的过程，揭示认识天道的一种纲领。特别是他以五行说解释《周易》中的天地之数和大衍之数，从而走向到一个数理的形上学水平。他的五行天道观可以说是一种易简的棱镜世界。易简作为郑玄发掘的用语，成为易的三个名称之一。它是主体对客观世界的认识论视角，即主体眺望对象世界的认识论视野和视线。他按照类比的思维及由此意象的论法来找出取象运数的方式，而通过五行生克的关系来说明天体运行的秩序，从而为汉代的世界图式提供了理论的一种通路。

## 二、类比思维中的意象和阴阳五行学说

首先，上古时代的思维方式是围绕宇宙本原的问题而展开的，特别是围绕对天以及天人关系的不同理解而论辩的。对它的各种理解和诠释归结到某种焦点，即注视或眺望世界的视野和视线，这就是天道观，又可为宇宙观或世界观的别称。先秦时代的各派哲学都依自己的天道观立论，天道的字面含义是天体运行和变化的秩序规律。天道的用语从世界必有其规则的认识下是可以使用的，它是按照关一年、十二月、四时、日月运行的交会和位置，并依据北斗星周天而转行建十二辰的循环方式。对天体秩序的认识就是有关循天数、应时辰等的，其中的焦点是宇宙万物的生成和演化的，包括人事的道理或规则，这传统的思维方式有类比的思维和由此喻象。

一般来说，概念的体系应该是根据对象或物象的原型、名称、范畴及它们的关系来界定。对象的原型在概念体系中通过名称和范畴来表达一定意思。概念与物象之间不只存在着单纯的一对一的关系。为了表达尚未形成概念的观念可以使用比喻或别的形

① 在解释《周易》中有三大难题，即卦爻象、卦爻辞及两者的关系。

象[①]。比喻的形象即喻象属于比喻物象的意象形态。例如《周易》揭示一列按卦象和卦爻辞的关系而阐明象数和义理的连续性过程，即观物取象、取象运数、极数通变、取象归类、立象尽意的过程。这就代表类比思维及意象的性格。

概念的原型与名称和范畴有着一些自然界中的联系性，如人世和自然之间的互相关联是通过阴阳和五行的媒体关系来安排并说明的。古人试图通过阴阳五行，把天文、地理、人文都纳入一个相互关联的、统一的时空间的宇宙图式中。他们特别把自然现象和社会现象联系起来，“方以类聚，物以群分”以做出推理，并建立一种自然界和人类社会同源同构的世界图式，来探索天地之理，摸索人间之事，甚至完备帝王之道。

首先，阴阳的用语来自古人对自然现象，尤其对天气和气候的认知，从而提高到一对事物生成、变化的过程中相互对立、相互联系的功能性概念和范畴。阴阳的概念基于自然界中的纯粹物质属性的物象，而就范畴来说，不仅包含作为阴阳二气的气象，而且含有内化了人的主观情意的意象。所以，阴阳属于类比的思维的一种，而具有喻象的性格。《国语·周语上》说：

> 夫天地之气，不失其序，若过其序，民乱之也。阳伏而不能出，阴迫而不能烝，于是有地震。今三川实震，是阳失其所而镇阴也。阳失而在阴，川源必塞，源塞，国必亡。

阴阳是指象征万事万物的属性的气象或形象。这就是把天气、气候等的自然现象适用于国家等的人事现象的。在意识的联想作用上，阴与阳不但被认识到天地万物的本性与动力，而且被意识到人文社会的本质与活力。就类比的思维来看，阴与阳构成一个既相反相成又相辅相成的整体。从全体和部分的关系来看，阴与阳好像是一个全体的两个部分，但是整个视野的高度上并不存在着阴和阳的两个部分，而存在着一个阴和阳既对立又统一的统合过程[②]。从意识次元上，阴和阳具有一个从外面性的形象扩充到内面性的意象的观念论范围。

而且，万事万物的特征可以分成五大类，即水、火、木、金、土的五材，称之为五行。这五种物质作为万物的基本要素或基本性质。它是对自然的现象、性质初步概括并总结人与自然的关系的产物。《尚书·洪范》说：

---

① 艾兰：《中国早期哲学思想中的本喻》，艾兰、汪涛、范毓周主编：《中国古代思维模式与阴阳五行说探源》，第63页。

② 葛瑞汉：《阴阳与关联思维的本质》，艾兰、汪涛、范毓周主编：《中国古代思维模式与阴阳五行说探源》，第1—57页。

五行：一曰水，二曰火，三曰木，四曰金，五曰土。水曰润下，火曰炎上，木曰曲直，金曰从革，土爰稼穑。润下作咸，炎上作苦，曲直作酸，从革作辛，稼穑作甘。

五行的次序进行着一列万物之间有相生和相克的循环性的可逆的过程。这里，五行就是从万物的形象中所感性地收容的一种意象，虽然基于物质性的东西，但是扩充到情感性的东西。如《国语·郑语》中引用西周末年周太史史伯所说："故先王以土与金木水火杂以成百物，是和五味调口。"这里强调五行是意象，就是说它们不是自然界纯粹的物象，而是人类从认识天地万物和人类社会中所使用的一些隐喻，从而成为通过象征、比喻等直觉思维所得到的哲学概念①。

从上述来看，作为意象的阴阳和五行之思维方式主要适用到设定自然现象和社会现象的关系。关于社会现象，特别是人们的德行、王朝的交替等，战国末年，邹衍用五行的相生和相胜（相克）来解释战国之前的社会变迁和历史演进。如他以"五行相胜"的观点说明天地万物变化的关系和规律，并以此说明人类社会的历史演进。他所提出的五德终始说就是以五行为五德，按照五行的相克而说明五德转移的顺序，所以他认为，社会历史的继承和发展是受着水火木金土五种力量支配的。在《七略》中，刘歆说：

邹子有终始五德，从所不胜。土德后，木德继之，金德次之，火德次之，水德次之。

在邹衍看来，每一个朝代都受一个五行之德的支配。朝代的更替是循着五行之德的次序而运行的，所以说："五德从所不胜，虞土，夏木，殷金，周火。"关于圣王的德行与五行之德的关系《吕氏春秋·有始览》如此说明：黄帝之时，土气旺盛，土色为黄，即以黄为贵。大禹之时，木气旺盛，木色为青，即以青为贵。商汤之时，金气旺盛，金色为白，即以白为贵。周文王之时，火气旺盛，火色为赤，即以赤为贵。而代替火的一定是水，水色为黑，即以黑为贵。

在五行中的某一德盛的时候，自然界就会有一种现象，那么把这种现象作为某一德盛的象征根据。这就是意象思维在历史领域的体现，从意象来看，天地万物和人类社会的联系就存在于阴阳五行的关系中。天有阴与阳二气，地有水、火、木、金、土的五材。所以，解释天地万物的生成变化时，不仅要看阴阳的强弱盛衰，还要看阴和阳的对

---

① 五行表达的就是天地人所共有的分类。如果说自然界中有水、火、木、金、土的五材，天时有岁、月、日、星辰、历数的五纪，那么人类社会就有貌、言、视、听、思的五事，个人就有寿、福、康宁、攸好德、考终命的五福。

立和统一，由阴阳所化生出的金、木、水、火、土的五行之相生和相克，以及阴阳和五行之间所存在的内面的转化和流行。

阴阳和五行是抽象地表象这结构的一种时空间的机制。阴阳是指对它们的某种不同属性，而五行则是指对它们的某种不同分类。任何一个具体的事物都具有一阴一阳的时间性，如阴中有阳，阳中有阴，阴和阳之间进行某种变化，即量的转换和质的变换。五行按照阴阳的性质，呈现为一切现象所存在着的样相。具体地说，五行之间进行的关系以一生一克的空间性为特征，即相生是阴和阳的统一，而相克则是阴和阴或阳和阳的对立，这种统一和对立的方式就是按一阴一阳的方式而决定的，从而呈现为五行之间相生并相克的样相。据此，阴阳和五行之间存在着同一事物中的性质和样相的联关性，即五行的性质是阴阳，阴阳的体现则是五行。

总之，世界的图式就是认为由阴阳二气和五行之气自化而生成的，都是自组织的，是全息性的，所以世界的存在是一个自自然然的存在。在这认识的过程中，人们通过阴阳五行说来进行对象的比附和拟人化，以弄清对世界的认识。类比思维中的意象就是把各种纷繁复杂的现象世界在思想上分类，是通过联想或隐喻，由表示同类意义的符号系连起阴阳和五行，也常常可以由阴阳和五行的内涵延伸贯穿起一连串的意义。因此，阴阳五行说中投射的意象，既具有关于客观事实的一定科学性，也具有关于主体视觉的一定信念性。

## 三、五行天道观和易简的棱镜世界

中国古代的世界的图式在传统的天命观基础上有一些天道观，如老子式的自然天道观、《易传》式的阴阳天道观、汉代的元气天道观等。传统的天命观就是商代及周代流行的世界观，把天人格化，以为至高至上神。这里，通过天命的方式而联系天意和民意，特别是把至上神和祖上神结合起来，以比附于君主的德治。这些天道观是人的意识从上帝的神道世界发达到天命的天道世界的。这种世界观特别被反映并发展到汉代学术和时代精神的一大潮流。

要了解郑玄之学术和思想，有必需的前提条件，这就是把握他的世界观。世界观作为理解世界的视线，基于对天道的认识。这就是如何接近于易观念而解释天体运行的秩序的原理。《周易》中包含着理解并把握变化世界的某种视角，称之为易。易观念有三个名，即变易、不易和易简。它们中特别值得注意的观念就是易简。这就是与郑玄对它的解释有关的。孔颖达《周易正义》卷首中揭示易之三名，仔细地介绍《易纬》的看法和郑玄的解释。它可以比喻为一种棱镜（prism），是投射世界的一种媒体。《周易》通过易的棱镜即易简的观点，构成一个对变化世界的关注焦点，这里投影主体与客体、人与自然的关系，甚至存在与价值的关系。

首先，《易传》对《易经》中的“易”之用语揭示“生生之谓易”的命题，作为“天地之大德”的生命力的属性，标志着一个阴阳盈虚或消息的生生不息过程。

据此，《易纬》对于这用语的含义说：“易者，易也，变易也，不易也。”（《易纬·乾凿度》）按照解释这个句话的内容，易有三个意义，即“易”的德、气、位。易的德作为生命的本原，是一个与生成万物的复杂多端过程有关的。易的气是天地、日月、阴阳、五行交叉流行的变化之气。易的位是天尊地卑、社会秩序等的永恒不变之位置。据此，《易纬》中的“易”用语基于天人之道，即是按天道运行而遵守社会法则的。

关于《易纬》的解释，孔颖达也介绍郑玄的易之三名。郑玄把易之三名分类为易简、变易、不易。特别是易简的意义具有新的境界，这就是他的独特之见。他的看法从经学的脉络上采用以传解经的易学方法论，就是通过《易传》解释《易经》的。他说：

> 故《系辞》云：“乾坤其易之蕴邪。”又云：“易之门户也。”又云：“夫乾，确然示人易矣。夫坤，隤然示人简矣。”“易则易知，简则易从。”此言其易简之法则也。

所谓易简是通过乾坤的出口而至易至简地眺望整个世界的方式。

> 又云：“为道也屡迁，变动不居，周流六虚，上下无常，刚柔相易，不可为典要，唯变所适。”此言顺时变易，出入移动者也。

所谓变易是按阴阳爻的位置而大化流行整个世界的方式。

> 又云：“天尊地卑，乾坤定矣。卑高以陈，贵贱位矣。动静有常，刚柔断矣。”此言其张设布列不易者也。据兹三义而说，《易》之道广矣大矣。（孔颖达，《周易正义》卷首）

所谓不易是按天下之理而持续整个世界的方式。

这里，要注意的是怎么接近易的观念的一个问题，是与主体理解整个世界的论点有关的。易简、变易、不易的观念就基于主体和世界的关系，解释易简就是新的接近方式，易的观念，就存在论来说，是指变易，就价值论来说，是指不易，那么，就认识论来说，则是指易简。易简是与《系辞传》中所解释的一些句话密切关联的，即“夫乾，天下之至健也，德行恒易以知险，夫坤，天下之至顺也，德行恒简以知阻”，“乾以易知，坤以简能，易则易知，简则易从”等等。就是说，天地中生成万物的过程就是通过乾与坤的卦象投射世界的。世界是把握天地中的各种各样现象的，就是人对自然界的认识的结果。乾和坤的象征卦象，就属性来说，是由阴阳二气的流行构成的，即阴和阳盈虚或消息的某种交感的产物。由此，天地的存在论结构是通过乾坤的象征而表现的，因此，人们通过乾和坤的卦象来理解并把握一切现象，从而为眺望自然界的高度提高到一个的认识论模式，进而为整个可持续性的人文世界高扬了价值论的境界。在这个意义上，《系辞传》说："易与天地准，故能弥纶天地之道。"

易简可以说是郑玄发掘的用语，含有一个注视世界的视线，即世界观，好像是投射世界的一种棱镜。他以"易简"的用语取代了《易纬》的"易"①。易简就是主体对客观世界的认识论视角。乾和坤及互相关系的媒体，就是人一以贯之把握世界的容易和简单的方式。所以，易简的方式是作为对世界的可持续性认识的，提高到郑玄的乾易坤简的看法。据此，易简的方式是主体眺望对象世界的，即观察、认知、理解世界的认识论视野和视线，因此构成一种棱镜世界。对世界的认识就是通过一列从归纳到演绎、从具象到抽象的分类化、类推化、形式化等的过程。易简的棱镜是把握世界的认识论方式。据此，郑玄的世界观是按照一个"易简"的棱镜，从而终于呈现为五行天道观，即以五行的关系说明天体运行的秩序。

## 四、卦气说和阴阳·五行的方位

哪个时代的思潮都是时代精神的产物。反映着汉代经学的思潮中，象数易学作为官方易学，以孟喜和京房为代表。其核心的内容之一是卦气说。卦气说是按照天文学知识，认识气候变化，通过《周易》的象数方式和阴阳五行学说，解释一些《月令》② 等的历书③，进而在支援关于灾异现象等的谶纬说下推断人事的吉凶。它既是了解历法的一种工具，又是把握天人关系的一种构架，从而为认识世界的思路提供了先验规定性的一种图式。

卦气说有五行的易数和运数的作用。这就是从五行的关系中导出一列相生并相克的关系，即一种意象的配合。它是按照《周易》天地之数和大衍之数，推理出五行中的生数和成数对应的一对关系，从而构成五行生克的数理。这五行的象数化过程终于提高到五行运数的原理④，从而适用于人们对天道的变化的认识。天道的变化在人事活动上

---

① 林忠军:《试析郑玄易学天道观》,《中国哲学史》第4期,第52—53页。

② 《礼记·月令》是从对自然规律的认识出发,制定如春生、夏长、秋收、冬藏的历法,究明如何顺应时令的方式而安排农事的生产活动,从而成为历法与政治密切关系的历政文化。这以司马迁的"天道之大经"为要旨。参考陈美东:《中国古代天文学思想》,第330—400页。

③ 关于历法的重视,汉武帝时推行太初历,从而成为古代历法的一大改革。

④ 按照五行的关系说明王朝兴衰及更替的问题基于战国时代的邹衍的学说,即终始五德观,如"始皇推终始五德之传,以为周得火德,秦代周德,从所不胜"(《史记·秦始皇本纪》)。

是具体的相对性的对象。统治者经纶天下是围绕自己的德行而注视天道的变化。如果统治者的德行出了问题，上天就按五行生克的方式而及时警示相应的征兆。那么，反过来他坚定信念，即可以通过自己的德行影响自然的变化。因为他可以通过正当或恰当的行为来阻止自然的异常现象，从而减小一些生活的弊害。天道不是客观的不变性的对象，而是由主观和客观的关系构成的流动性的对象。这五行天道观作为一种基于意象的视线的观点，从而为人文主义的趋向提供了人道的指针。

卦气说作为基于天道变化的原则的古代历法，通过《易纬》、郑玄等的发挥，从而为汉代的宇宙论提供了理论模式。孟喜、京房等把《月令》中的四季四方说和《说卦传》中的八卦方位说结合起来，通过阴阳的某种符号化和抽象化，从而奠定了世界图式的理论思维。因此，卦气说和天道观啮合在一起，这可以说是科学的因素和哲学的因素混同起来的，即通过观察、理解、分类、推理、抽象等的思考作用，即直观和演绎的结合，从而为人事的吉凶祸福提供了某种科学性的信念。卦气说按照一个日月盈虚或阴阳消息的过程，构成十二消息卦，据此统括自然界中四季、十二月、二十四气、七十二候的系统，从而最后用如月令的较固定的模式来表现出天道的原理。它根据《说卦传》的八卦方位说，把卦象与二十四节气（十二月）相配合，说明关于节气的变化的历法体系。《说卦传》说：

> 万物出乎震，震，东方也。齐乎巽，巽，东南也。……离也者，明也，万物皆相见，南方之卦也……乾，西北之卦也……坎者，水也，正北方之卦也……艮，东北之卦也，……

坎、震、离、兑位于北、东、南、西四方之正位，而艮、巽、坤、乾位于东北、东南、西南、西北四方之偏位。据此，孟喜揭示所谓四正卦作为四方之位，表示冬、春、夏、秋四时的节。

按照《说卦传》的八卦方位说，从如日月的天道运行①中导出一个阴阳二气消息的过程②，说明节气的循环周期性的变化现象。关于这个过程，值得注意的是卦气说中的十二辟卦。十二辟卦的顺序是复卦䷗（11 月，冬），临卦䷒（12 月，冬），泰卦䷊（1 月，春），大壮卦䷡（2 月，春），夬卦䷪（3 月，春），乾卦䷀（4 月，夏），姤卦䷫

① 天道观的特征是顺应天体运行的自然规律，安排人事的伦理秩序，这是与《周易·象传》的内容密切联系的，如《象传》解释剥卦，说“君子尚消息盈虚，天行也”，又解释丰卦，说：“日中则昃，月盈则食，天地盈虚，与时消息，而况于人乎？况于鬼神乎？”

② 卦气说具有一个孟喜、京房、《易纬》等的历史继承过程。关于卦气说的来源和性格，参考梁韦弦的《汉易卦气学研究》，第 2— 64 页。

（5月，夏），遁卦䷠（6月，夏），否卦䷋（7月，秋），观卦䷓（8月，秋），剥卦䷖（9月，秋），坤卦䷁（10月，冬）。这以一个逐渐增加阳气的过程比喻二十四节气的变化，据此呈现为由十一月冬至复卦一阳生至次年之十月小雪坤卦的十二个月时期。这十二辟卦作为十二月和春夏秋冬四时，代表着一年节气中的中气，呈现为阴阳二气消息盈虚的循环过程①。这个逐渐增加阳数的过程就是从卦象的样子中抽出阴阳的属性，把它们适用于节气的变化，这就是一个阴阳二气的抽象化过程。

《易纬》是围绕《周易》的观点而解释一些关于天道的变化的论点，如太易说、九宫说、八卦方位说、爻辰说等。它们大部分都是与卦气说的体例密切相关的。其中太易说是说明作为世界的本原的宇宙元气，九宫说是按卦气说而进行循环的一种形式，爻辰说是按照八卦与地支的对应关系，以六爻分配十二辰等。《易纬》注重天体运行中的前进和后退的阴阳固有的性质，按它们而找出来奇偶之数，进而把其数的变化导入于气的运动和变化。如阳气的变化具有一个一、七、九的过程，而阴气的变化则具有一个二、六、八的过程。这就是气的变化加以数的规定性。

既然阴阳二气的变化得到数的规定性，怎么能说明数的关系呢？关键是五行。如果阴阳二气是与气候变化的过程有关的，那么，五行是与其变化的功能有关的。关于阴阳的论点是易学的思维方式上接近象数、义理及两者关系的通路之一，特别是汉代的象数理论中的卦气说是通过阴阳二气来勾出世界图式的。阴阳的爻象是把阴阳的气象类比化或图像化的，那么，爻是阴阳的符号化，而气是阴阳的抽象化。所以，可以说，考察爻象和卦象相当于认识阴阳的气象。

卦气说反映汉代社会全部的意识形态。它是收容《月令》中的阴阳灾异说，按天人感应说而活用阴阳的盈虚或消息和五行生克的方式。它是与推演灾异、计算运数等的占筮活动有关的。它不但理解人事的前兆，而且预测人事的前途。这天人感应的原理从文献上源于《洪范》的“五事”与“庶征”的关系。人的五事出了问题就会五咎征。如果节令和气候失常，那么，出现与五行性质相关的各类妖异灾害。它是把天地之数的顺次与五行所居的方位相配合的，即是通过阴阳二气进行五行的各个样相和互相关系的。例如《易纬》按照卦气说，既推演灾异现象，又算理运数定命。前者是与天人感应说相关的，而后者则是与五行说相关的。它按照天道和人道的关系，把灾变或灾异的现象和运数的方式结合起来，进而在一个把它们适用于人类的生活的过程中终于导出整个演绎方法，即取象运数、观物取象、取象运数、极数通变、取象归类等的一串方法。整个方法就是按照阴阳二气，展开五行生克的整个布局的，不但究明万物的诸现象，而

① 金演宰：《汉代卦气论的易学性格与世界观——注重科学的信念的本领》，《儒教思想文化研究》第58辑，第239—272页。

且判定人事的吉凶祸福。

卦气说是通过人的主观规定，来把毫无联系的事物或情况联系在一起。这不是按自然规律而演示历法。它虽然借用五行的历法和运数的形式，但是推算、判定一些吉凶祸福的问题，甚至决断改朝换代的问题。如统治者按德性而统治的政治力，失道亡行，天命就会转移朝代更替。可以说，这就是一种科学性的信念①。例如郑玄解释卦气说中的剥卦的九月，说：

> 剥阴气上达，陨霜以降，寒气以杀，万物成刑。不至则太阴不强，霜不以时降，万物必有不成刑者，则有伤年之灾。(《易纬注·稽览图》)

他注重按阴阳二气消息而成的自然界及异常现象，用以说明国家的刑罚和社会的纲常伦理。

在汉代的易学上，《易纬》既是有关天文、地理、历史等的结晶体，又是反映汉代所特有的时代精神。《周易》既是宇宙或自然界的复制，又是人类社会的缩影，据此认为世界变易的基本法则就是阴阳二气的消长和五行之气的生克。结果是，从天文学等的自然科学的规律中找出自然哲学的纲领，特别是确立一种以阴阳五行为世界间架的思维体系。《易纬》以阴阳五行说为骨干，在董仲舒的天人感应说的影响下，吸收了汉代的元气说，从而总结出孟喜、京房等的卦气说。卦气说是从阴阳之爻象中找出奇偶之数，进而奇偶之数的变化解释阴阳消息或消长的过程。据此，汉代的哲学的特征之一是通过卦气说的原理，导出一个沟通自然界和人类社会的世界图式，如天人感应、天人同构、天人一体等。郑玄在孟喜、京房的易学影响下以卦气说、爻辰说、五行说等解说《周易》，从而为王弼的义理易学提供了方法论的先河之一②。

## 五、太易气化说和气形相随之变数

郑玄从解说《易纬》中的卦气说中勾出阴阳的象数变化，进而为世界观确立一个气化流行的理论模式。这个理论模式就是太易气化说，它是从易象和易数的基础上找出五行的关系的。郑玄所谓的象数就是指五行的象数，特别是五行的数就是指天地之数和大衍之数。水火金木土的五行的顺序，就生数来说，是一二三四五之数，而就成数来说，则是六七八九十之数。天地之气作为阳和阴，各相当于奇数和偶数。

① 这种科学性的信念，就消极的意义来说，有"伪科学(pseudo-science)"的性格，又而就积极的意义来说，有"原科学(proto-science)"的性格。参考李零：《中国方术正考》，第14页。

② 参考葛志毅：《郑玄研究论纲》，《湖南科技学院学报》第31卷第10期，第10—14页。

《周易》中的阴阳爻象的变化是用九和六的极数来表现的，据此，《易纬·乾凿度》说：

> 阳动而进，阴动而退，故阳以七、阴以八为象。易一阴一阳，合而为十五之谓道。阳变七之九，阴变八之六，亦合于十五，则象变之数，若之一也。

在爻象和爻数的关系上，从爻象到爻数的转换方式，即在九、六、七、八四个蓍数中，按一阴一阳而成变数，即七和八、九和六，阴数和阳数的总合就是十五。据此，郑玄注重卦中的爻变性，把爻数的变化转化为气的性质的变化。郑玄解释《易纬·乾凿度》说：

> 阳动而进，变七之九，象其气息也。阴动而退，变八之六，象其气消也。

七和九是阳数，用以表示阳气之动，就可变性来说，阳进则为七至九，从而表现为阳气的增加。而六和八则是阴数，用以表示阴气之动，就可变性来说，阴退则为八至六，从而表现为阴气的减小。据此，阴阳之爻象是以数的变化说明的，即九和六分别是表示阳爻和阴爻变化的极数，进而数的变化转化为气的变化，即一阴一阳消息的过程。

另一方面，《系辞传》说：

> 天数五，地数五，五位相得，而各有合。天数二十有五，地数三十，凡天地之数五十有五，此所以成变化而行鬼神也。

从天地之数来看，天数五和地数五具有各个五位，成为一个宇宙变化无穷的过程。这个过程按数的变化而成为天地之文，按极数而天下万物之象，所以《系辞传》说：

> 参伍以变，错综其数，通其变，遂成天地之文；极其数，遂定天下之象。非天下之至变，其孰能与于此？

因此，天地之数与五行有某种联关的①。据此，郑玄把《系辞传》的天地之数与《尚书·洪范》的五行观念结合起来，把天地之数的顺次与五行所居的方位相配合，所以天地之数分别具有了各自固有的方位。可以说，郑玄的天道观按照卦气说的原理，以五行

① 《礼记·月令》又以五行相生说相配七八九六五之数与一年四季，用以说明万物的生长变化。

为宇宙变化的原理，把天地之数与五行的方位关联起来，活用卦气说中的循环变化的过程。

在汉代的象数易学上，孟喜、京房等把五行学说引入一列解释《周易》中的数理的系统，如天地之数、大衍之数、参伍之数等，以后从《月令》的四季节候传统上把这数理的系统位于卦气说的形式。因此，五行学说与阴阳学说自然适用于宇宙万物生长和变化的模式。这就为理解天道的方式提供了某种基础。郑玄也把五行的生数和成数关联于天数和地数的五位。他说：

> 天数五，地数五，五位相得而各有合，天地之气各有五。五行次之，一曰水，天数也；……此五者阴无匹，阳无耦，故又合之。……二五阴阳各有合，然后气相得，施化行也。

这里五行所居的方位配合于天地之数，天地之数各个获得自己的方位，从而提高到天地生成之气的观念水平①。在这个意义上，“大衍之数五十，天地之数五十有五，以五行气通，凡五行减五，大衍又减一，故四十九也”。天地之数以五行所居方位分居四方，而五十有五之数即大衍之数。所以他说：

> 天一生水于北，地二生火于南，天三生木于东，地四生金于西，天五生土于中。阳无耦阴无配，未得相成。地六成水于北，与天一并；天七成火于南，与地二并；地八成木于东，与天三并；天九成金于西，与地四并；地十成土于中，与天五并也。大衍之数五十有五，五行各气并，气并而减五，惟有五十。以五十之数不可以为七八九六，卜筮之占以用之故，更减其一，故四十有九也。

他根据《系辞上》中的天地之数和五衍之数。这种解释从大衍之数上是五行之气生化万物的法则。其将筮法中的阴阳奇偶之数，推衍为五行之气的生数和成数。这就是把五行相生说纳入卦气说的结果。进而，郑玄把这观点适用于《易传》的精气说②。他说：

> 精气谓七八也，游魂谓九六也。七八木火之数也，九六金水之数。木火用事而物生，故曰：精气为物。金水用事而物变，故曰：游魂为变。精气谓之神游魂谓之鬼，土火生物，金水终物，二物变化，其情与天地相似，故无所差违之也。

① 高新民：《郑玄易学思想探论》，《陇东学院学报（社会科学版）》第 15 卷第 1 期，第 7 页。

② 《周易·系辞上》说：“精气为物，游魂为变，是故知鬼神之情状。”

这里，少阳少阴之数，即七八是精气，而老阳老阴之数，即九六则是游魂。他把一年四季的变化及方位与五行相生的顺序联系起来，并以五行之数的变化解释生死、鬼神等的生命之气。

郑玄以五行说解释《系辞上》中的大衍之数和天地之数的。此种解释，就易学说，认为天地之数和大衍之数是一致的，大衍之数来于天地之数。就哲学说，他以五行相生说为核心，通过易学的形式，构造了一个时空间架，作为万物生成的法则，而且这个时空间架又具有他通过数的规定性解释元气说。所以他说："二五阴阳各有合，然后气相得，施化行也。"他用五行的数来解释《易传》中的天地之数五十五和大衍之数五十，进而把大衍之数作为五行之气生化万物的法则，把阴阳奇偶之数推演为五行之气的生成之数①。

郑玄设定卦象和物象的关系，依据它们的关系揭示某种形上学的东西，从现代的意义上称之为意象。首先，《乾凿度》认为，太极作为元气，是混沌未分之原始状态，据此揭示太易、太初、太始、太素的概念以说明天地开辟的一系列过程，进而把天地的开辟视为一到七到九再到一的一个数变的过程。他认为，这个过程是气之变化的过程，如太易、太初、太始、太素相生化的过程。郑玄说：

> 立乾坤以天地之道，则是天地先乾坤生也。天有象可见，地有形可处，若先乾坤则是乃天地生乾坤。或云有形生于无形，则为反矣，如是则乾坤安从生焉？(《易纬·乾凿度》注)

天地是有形可见的现象，乾坤则是无形的形而上的卦象。按照"有生于无"的道家说法，后者应当生成前者，但其实前者先于后者。这里有一个形上学的前提条件，即乾坤的卦象以前本然有乾坤的原理性东西。这看法基于乾易坤简的可持续性取向，从而后来成为宋明时期的观念论的思维，如邵雍的"画之前的易"、朱熹的"太极之前的太极"等。

所谓天地之道就是通过乾坤的卦象表现天地的现象的，这里需要某种观念的东西，即意象，所以乾坤的卦象就是意象，意象依据物象。这就是属于逻辑学之一的类比推理或类比思维形态②。据此，郑玄说：

---

① 朱伯昆：《易学哲学史》第一卷，昆仑出版社，2005年，第218—220页。

② 朱伯昆主编：《周易知识通览》，齐鲁书社，1996年，第871—878页。

> 天地本无形而得有形，则有形生于无形矣。故《系辞》曰，形而上者谓之道。夫乾坤者，法天地之象质，然则有天地则有乾坤矣。(《易纬·乾凿度》注)

按照《易纬》的太易气化说，宇宙是由太易生出太初、太始、太素的过程。这过程具有由气到形到质的三个环节，即太初是气之始，太始是形之始，太素是质之始。这气化的方式分别相当于一、七、九。

天地怎么从无到有？为了解决这两个问题，郑玄说明对《易纬》提出的宇宙本原的概念和一个演化的过程。他说：

> 易，太易也。太易变而为一，谓变为太初也。一变而为七，谓变为太始也。七变而为九，谓变为太素也。乃复变为一。(《易纬·乾凿度》注)

按照太易气化说，在气化的过程中，易象的变化转化为易数的变化，即就天地之数来说，太初、太始、太素的分化相当于天数一、七、九的演化。一个易数的过程，即阳数逐渐增加而达到极端的，特别是从气变到形变的过程就是万物生成的演绎方式，这就是与卦气说中所呈现的节气之变化密切相关的。据此，对于“易变而为一”一句话，他说：“一主北方，气渐生之始，此则太初气之所生也。”对于“一变而为七”一句话，他说：“七主南方，阳气壮盛之始也，万物皆形见焉，此则太始气之所生者也。”对于“七变而为九”一句话，他说：“西方阳气所终，究之始也，此则太素气之所生也。”他说：

> 七在南方象火，九在西方象金，六在北方象水，八在东方象木。自太易至太素，气也，形也。既成四象，爻备于是，清轻上而为天，重浊下而为地，于是而开阖也。天地之与乾坤，气形之与质本，同时如表里耳。以有形生于无形，问此时之言，斯为之也。(《易纬·乾凿度》注)

这里，易数就是阴阳二气的奇偶之数。《易纬》的基本论点就是，数的化生是由易变为一、一变为七、七变为九、九复变为一的过程。在一、三、九的循环演化中，“此一则元气形见而未分者。夫阳气内动，周流终始，然后化生一之形气也”。从元气到形气的分化就是从阳的属性到阴的属性，即从一、七、九递变的气变过程到二、六、八递变的形变过程。

对《易纬·乾凿度》中的关于一、七、九易数的转化过程的一些句话①，他数的逻辑加以方位，五行的意象，进而按照卦气说的思维方式，阴阳本原之二气消息盈虚的变化，阐明宇宙的本原和演化。他说："七在南方象火，九在西方象金，六在北方象水，八在东方象木。"（《易纬·乾凿度》注）一和二是土，而六、七、八、九则是分别水、火、木、金。所以从阳数派生阴数，这就是气化的过程。因此，他对"易变而为一"一句话，他说："一主北方，气渐生之始，此则太初气之所生也。"是说，一作为北方的水，是太初之气生成的变化。对"一变而为七"一句话，他说："七主南方，阳气壮盛之始也，万物皆形见焉，此则太始气之所生者也。"是说，七作为南方的木，是太始之气生成的变化。他对"七变而为九"一句话，他说："西方阳气所终，究之始也，此则太素气之所生也。"是说，九作为北方的水，是太素之气生成的变化。在这个意义上，他说："九阳数也，言气变之终；二阴数也，言形变之始。则气与形相随此也。"（《易纬·乾凿度》注）郑玄的易学基于太易气化说。他按照气形相随的方式，说明易象和易数的关系，从而为后代完备了卦气说的形上学原则。气形相随的方式以气变和形变的关系说明易数的变化，从而为五行天道观提供了理论的基础。气变是阳数的变化，即奇数，而形变则是阴数的变化，即偶数。前者是一、七、九，而后者则是二、六、八。

据此，郑玄易学的思维模式就是从《易纬》宇宙观的路线上理解的。太易作为宇宙的本原，由它生出太初、太始、太素。它们的关系就是按照数理化的过程，把象的变化抽象化。他从卦象的演绎方式上找出数的逻辑，而按照数的变化，说明一系列宇宙的演化过程。这就是通过"易简"的一种棱镜（prism）世界来投射世界的产物。

总之，他把关于认识宇宙的问题与天道观紧密相关，认为把五行的关系投射天道观的原理。郑玄的天道观在于一个怎么接近天体运行的周期性的秩序的问题。天体运行的周期性的秩序关联于天地的结构、四时的变化、节气的循环等。为了究明它们的关系，象数的形式、阴阳的属性的方式和五行的关系的原理。首先，象数的形式就是把阴阳的爻象分为奇偶的数，而把它们安排于八卦的方位，与四时的运行结合起来的。天地之数中的生数和成数按照阴阳的范畴，区分为奇偶的数，而且把它们的次序安排于五行的方式，一对奇数和偶数的对比的关系，以安排于五行的样相。他以五行的关系把天地之数与天道的原理相配，用以说明与五数、五方有关的天体流行之规律。在郑玄看来，万物生成的顺序是按天地之数而成的。把五行相生的关系与天地之数融合起来，用以规定为万物生成的方式。万物生成的方式是按阴阳二气而运行的。具体地说，天地之数中的生数（一、二、三、四、五）和成数（六、七、八、九、十）适用于水、火、木、金、土的五行次序。天地之数配五行的次序，有生数和成数。前者是生万物之数，而后者则

① 萧洪恩：《易纬文化揭秘》，中国书店，2008年，第192—195页。

是成万物之数。

五行之间进行的关系以一生一克的空间性为特征，即相生是阴和阳的统一，而相克则是阴和阴或阳和阳的对立，这种统一和对立的方式就是按一阴一阳的方式而决定的，从而呈现为五行之间相生并相克的样相。据此，阴阳和五行之间存在着同一事物中的性质和样相的联关性，即五行的性质是阴阳，阴阳的体现则是五行。进而，他注视天地之数和大衍之数的关系上的生数和成数的关系，把五行的相生和相克的原理导入于它们的方式，说明节气变化的一个过程。这个过程中反映着天道变化的轨迹，即世界的统一秩序。据此，郑玄说明一对阴阳的范畴和由此呈现的五行的样相，接近于天道变化的先验性原理。据郑玄的这种世界观可以说称之为五行天道观。

## 六、结语

东亚文化圈的范式（paradigm）可以说是天人合一的普遍理念。天人合一的理念是世世代代构成了文化的原型（archetype）及精神气质（ethos）。实现天人合一的理念是，发挥创造的想象力，在大一统的意识下构成世界的视角，据此造成天下的秩序，从而为东亚的汉字文化圈成就了一种文明的突破。

在哲学的发展史中，郑玄的经学及易学担当了一串环节。郑玄的世界观是通过“易简”的一种棱镜（prism）来投射世界的产物，这就是如何解释易简的视线而解释天道的原理。易简作为郑玄发掘的用语，就是主体对客观世界的认识论视角。在《周易》中，天地生成万物的过程就是通过乾与坤的卦象投射世界的。据此，易简的方式蕴含着主体眺望对象世界的，即对观察、认知、理解世界的认识论视野和视线，因此构成一种棱镜世界。因此，易简的棱镜是把握世界的认识论方式。

易简的棱镜是投射世界的一种媒体，作出一个整个变化世界的关注焦点，从而提出了五行天道观的一个形上学展望。五行天道观就是以五行的关系说明天体运行的秩序。整个世界是按阴阳的范畴而分布五行的分类的。它是借助类比思维中的意象而能够被透彻地理解的。在方法论的方面上，五行天道观基于太易气化说，是按照气形相随的方式，以气变和形变的关系说明易象和易数的关系。这就是为五行天道观提供理论的基础，从而形成了中国传统思维的框架，又为东亚文化圈提供了自然哲学的原理。郑玄占有了易学史上划时代的重要地位。可以说，如果不把握他的易学，那么，不容易理解他的经学，而且不容易理解汉代的经学典型及以后儒家的纲要。

# 晚清学者的郑玄《尚书》学研究述评*

刘德州（江苏师范大学历史文化与旅游学院）

**摘　要**　作为两汉《尚书》学的集大成者，郑玄对后世的影响十分深远。晚清时期，世运学风相较之前有了显著的变化，今文经学、理学、汉宋兼综等思潮渐趋盛行。在此背景下，《尚书》学者对于郑玄《尚书》学的关注和研究也就有了新的特色。魏源、皮锡瑞等今文学家质疑郑玄《古文尚书》，辨正郑注；辨真派学者则否定郑注所云古文篇目；汉学家也一改乾嘉时期对郑学的一味尊信，或以宋学予以调和，或商榷具体经注。

**关键词**　晚清　郑玄　《尚书》　《古文尚书》

郑玄在《尚书》学领域著述颇丰，造诣极深。虽然其相关著作多已散佚，但作为两汉《尚书》学的集大成者，郑玄对后世的影响十分深远。尤其是乾嘉年间，汉学大兴，以江声、王鸣盛、段玉裁、孙星衍为代表的《尚书》学大师对郑玄都是极为推重。但晚清时期，世运学风相较之前有了显著的变化，乾嘉考据学家所提倡的治学理念与方法业已式微，今文经学、理学、汉宋兼综等思潮渐趋盛行。在此背景下，《尚书》学也有了新的内容，呈现出新的特色。换言之，《尚书》学作为晚清学术的重要领域，鲜明地体现了当时的时代特征。相应地，晚清《尚书》学者对于郑玄《尚书》学的关注和研究也就有了新的特色。本文拟从三个方面予以梳理，其间挂一漏万之处在所难免，尚祈方家指正。

## 一、今文学家对郑玄《尚书》学的研究

晚清今文学大师皮锡瑞曾说：

* 本文系国家社科基金青年项目“晚清《尚书》学研究”（14CZS003）阶段性成果。

国朝诸儒，昌明汉学，亦止许、郑古文。及孔广森专主《公羊》，始有今文之学。阳湖庄氏，乃推今《春秋》公羊义并及诸经，刘逢禄、宋翔凤、龚自珍、魏源继之，而三家《尚书》、三家《诗》皆能绍承绝学。凌曙、陈立师弟，陈寿祺、乔枞父子，各以心得，著为专书。二千余年之坠绪，得以复明，十四博士之师传，不至中绝，其有功于圣经甚大，实亦由治《公羊》《春秋》，渐通《诗》《书》《易》《礼》之今文义也。①

由此可见，清代今文经学的复兴虽由公羊学开始，但其影响却是全面的。自今文经学兴起后，有关《诗》《书》《易》《礼》诸经之研究皆有了新的方向。就《尚书》学而言，或者重视阐发《尚书》中的“微言大义”，或者主于辑考《今文尚书》经说，或者质疑、考辨汉代《古文尚书》，凡此种种，皆与今文经学之大背景息息相关，而迥异于其他《尚书》学流派。其中与郑玄《尚书》学关系较为紧密的当属魏源、皮锡瑞二人。

（一）魏源质疑郑玄《古文尚书》

魏源曾观点鲜明地发表自己的经学主张：“且夫文质再世而必复，天道三微而成一著。今日复古之要，由诂训、声音以进于东京典章制度，此齐一变至鲁也；由典章、制度以进于西汉微言大义，贯经术、故事、文章于一，此鲁一变至道也。”② 这一主张落实到《尚书》学上就变成了：“夫黜东晋梅赜之伪，以返于马、郑古文本，此齐一变至鲁也；知并辨马、郑古文说之臆造无师授，以返于伏生、欧阳、夏侯及马迁孔安国问故之学，此鲁一变至道也。”③ 可见魏源治《尚书》，最根本的还是要返归西汉。

在《书古微序》中，魏源分五个方面来说明马、郑本《尚书》非真孔安国本，马、郑之说非真孔安国说，其具体内容是：

第一，马、郑《古文尚书》源自杜林所得漆书《古文尚书》④，但“考漆书竹简，每简一行，每行二十五字或二十二字。若四十五篇之《书》漆书于简，则其竹简必且盈车。乃谓仅止一卷，遭乱挟持不离，不足欺三尺孺子”。

第二，孔安国未曾为《古文尚书》创新解，东汉古文说皆阴袭今文。“东汉古文力排今文之本而自有其漆书之本，力排今文之说而自有其师说，则必此佚十六篇者卓然皆有师说，而后可以压倒今文，何以今文无之者，古文亦无师说乎？十六篇既无师说，则

① ［清］皮锡瑞：《经学通论·书经通论》，中华书局，1954 年，第 97—98 页。

② ［清］魏源：《古微堂外集》卷一《两汉经师今古文家法考叙》，《魏源全集》第 12 册，岳麓书社，2004 年，第 137 页。

③ ［清］魏源：《书古微·例言上》，《魏源全集》第 2 册，第 1—2 页。

④ 《后汉书·杜林传》云：“（林）得漆书《古文尚书》一卷，常宝爱之，虽遭艰困，握持不离身。出以示宏等曰：‘林流离兵乱，常恐斯经将绝，何意东海卫子、济南徐生复能传之！’”又《后汉书·儒林传》云：“扶风杜林传《古文尚书》，林同郡贾逵为之作训，马融作传，郑玄注解，由是《古文尚书》遂显于世。”

其二十九篇之师说，既不出于今文，又出自何人？岂非阴袭其膏，阳改其面，而又反攻其背乎？”

第三，司马迁从孔安国问故，实得真古文之传，但马、郑之说无一不与司马迁相反，“南辕北辙，诬圣师心，背理害道，不可胜数……上无师传，且皆反背师传”。

第四，东汉古文无师传，“马融不同于贾逵，贾逵不同于刘歆，郑玄又不同于马融……向壁虚造，随臆师心，不知传受于何人”。[①]

第五，杜林之本不言得自何所，其师说亦不言授自何人，其不可信显然可见。

魏源对东汉古文《尚书》的质疑主要在两点：来源不可信、师说不可信。但是从他字里行间仍可看出魏源是承认西汉《古文尚书》的存在和真实性的。他认为西汉时今古文《尚书》并存：“孔安国复得《古文尚书》四十五篇于孔壁，校今文多佚书十六篇。而安国从欧阳生受业，尝以今文读古文，又以古文考今文。司马迁亦尝从安国问故。是西汉今古文本即一家，大同小异，不过什一，初非判然二家也。”据此可见，魏源对孔壁得书之事还是承认的。梁启超曾说：“魏默深著《书古微》，提出《古文尚书》根本曾否存在之问题，是为阎百诗以后第二重公案，至今未决。”[②] 任公此言与史实稍有出入。

### （二）皮锡瑞辨正郑注

魏源的观点对皮锡瑞影响颇大，例如皮氏所言“今马、郑注解，犹存其略，而郑不同于马，马又不同于卫、贾。盖古文本无师授，所以人自为说，其说互异，多不可据”[③]，此说显然是袭自魏源[④]。皮氏对东汉《古文尚书》的攻击同样是言辞激烈，他明确指出不但伪古文可疑，即使马、郑古文亦不尽可信[⑤]。论及经说，皮锡瑞认为古文家为了与今文家对立，刻意创立新说：“古文家说《尚书》，务创新说，以别异于今文。”[⑥] 至于古文家创立新说之原因与过程，皮氏亦有推断：

> 孔安国《古文尚书》惟以今文正其文字，并无义说。其义说盖创自刘歆。歆于哀帝时，请立《古文尚书》，为诸儒所持。平帝时，王莽从之，卒立学。既立学，当有章句义说，盖皆歆为之。莽立六宗，建三公，歆作《三统历》，以为文王受命九年崩，武王十三年克殷，皆与《今文尚书》异，即其说也。《后汉·儒林

---

① 按刘逢禄就曾点破这一层意思，他说：“今文之师受远胜古文之凿空。”（见氏著《刘礼部集》卷九《诗古微序》，《续修四库全书》第1501册，第170页。）可惜刘氏未曾深言，更非专门针对《古文尚书》而发此论。

② 梁启超：《中国近三百年学术史》，朱维铮校注：《梁启超论清学史二种》，复旦大学出版社，1985年，第301页。

③ ［清］皮锡瑞：《经学通论·书经通论》，中华书局，1954年，第61页。

④ 可参见陈其泰、刘兰肖著：《魏源评传》，南京大学出版社，2005年，第236—238页。

⑤ ［清］皮锡瑞：《经学通论·书经通论》，中华书局，1954年，第93页。

⑥ ［清］皮锡瑞：《经学通论·书经通论》，中华书局，1954年，第66页。

传》云："杜林《古文尚书》，贾逵为之作《训》。"又云："卫宏从杜林受《古文尚书》，为作《训旨》。"是杜林止有定本，而无训义，卫、贾、马、郑相继成之。马、郑注《尚书》，多引《周礼》说虞、夏之制，或亦本于刘歆说也。①

皮锡瑞认为《古文尚书》之义说创自刘歆，经卫、贾、马、郑之相继努力而成，因此东汉诸儒之《古文尚书》义说皆承刘歆余绪，绝非传自孔安国。皮氏又云：

一代有一代之制度，未可据后王而强同之也；一代有一代之事实，尤未可凭胸臆而强易之也。伏生《大传》《太史公书》所载事实，大致不异，古来口授相传，本是如此。两汉今文，并尊师说；东汉古文，始有异义。所改制度，多本《周官》；所改事实，不知何本，大率采杂说、凭臆断，为宋、明人作俑。自此等说出，不仅唐虞三代之制度乱，并唐虞三代之事实亦乱。②

按此文题为"论《古文尚书》说变易唐虞三代之事实"，皮氏另有一文题为"论《古文尚书》说误以《周官》解唐虞之制"，在这两篇文章中，皮氏认为东汉古文家说《尚书》，或据《周官》杂说，或凭主观臆断，皆与史实不符。皮氏举证数十条来说明《古文尚书》说之荒谬。

此外，郑玄曾注《尚书大传》，为伏生之功臣，故历代辑《大传》者并郑注亦辑之。然而皮锡瑞对于郑注甚为不满，其《尚书大传疏正·自序》云：

郑君既注是书，自宜恪遵勿失，乃诋欧阳为蔽冒，信卫、贾为雅材，间下己意，比于笺《毛》；或易本文，同夫注《礼》。易"曰容"为"曰睿"，变"大交"为"南交"。《甘誓》六卿，解以周制，《尧典》八伯，义非虞官。帝者之服五章，天子之城九里，皆由泥古，不免献疑。近人并伏、郑为一谈，昧古今之殊旨。西庄之作《后案》，阿郑实多；朴园之考今文，诋伏尤妄。今将别汉司农之注，守秦博士之传。

又皮氏《书经通论》云：

郑君为《大传》作注，可谓伏生功臣，乃于虞传六宗、夏传三公、周传《多

① [清]皮锡瑞:《今文尚书考证·凡例》,中华书局,1989年,第4页。
② [清]皮锡瑞:《经学通论·书经通论》,中华书局,1954年,第67—68页。

> 士》之言郊遂，皆引《周礼》为说；又谓虞传“仪”当为“羲”，以傅合羲仲，《洪范》“容”当为“睿”，而改从古文。则郑君之于伏书，亦犹注《礼》笺《诗》，杂糅今古，而非笃守伏书者矣。[①]

盖皮氏所不满于郑注者，在于郑注违背《大传》，不信今文说，以古文说变乱《大传》。所以皮氏要辨正郑注，维护《大传》之原貌本意。有关皮锡瑞考辨伏、郑之异的情况，《续修四库全书总目提要》曾举十二证以说明之。不过这十二证并非全部针对郑玄《大传注》，也包括《尚书注》《周礼注》等，皆皮氏认为郑注未得《大传》真意，故历数其非而辨正之。

需要指出的是，皮锡瑞认为郑玄注《大传》多用古文乱之，此说与王引之的看法类似。王氏云：“《大传》所称，皆《今文尚书》，郑注《大传》所引，皆《古文尚书》。”[②] 但陈乔枞的观点却与二人恰恰相反。陈乔枞认为郑玄注《大传》全用《今文尚书》：“郑君注《尚书》虽从古文说，而《大传》之注实据今文家言，固于今文、古文各随家法而为之解，此郑学之所以为宏通也。”[③] 其意盖以为郑玄注《古文尚书》用古文说，注《大传》用今文说，郑玄亦刻意维持今古文家法。陈、皮二人皆治《今文尚书》，但观点如此歧异，这一方面说明两人并非党同妒真之流，另一方面也反映了清代学者复兴《尚书》今文学所面临的一个困境，即由于史料、证据的缺乏导致立说的不确定。相较而言，陈乔枞更多的是“自以为是”，他认为郑玄有家法观念，就说他的《大传注》全用今文，这不免有师心自用之嫌；而皮锡瑞则注重证据，虽然其考证不一定完全可靠，但毕竟可以成一家之言，所以应该比陈氏更进了一步，更加可信一些。

## 二、晚出古文辨真派对郑玄的质疑

东晋梅赜所上《古文尚书》，自南宋吴棫、朱熹始疑其伪，至清儒阎若璩著《尚书古文疏证》，学界多称定案，尤其经四库馆臣的论定，辨伪派在气势上取得了压倒性胜利。卫护梅本《古文尚书》的声音虽然不被重视，但却始终存在，尤其是在晚清，涌现出了一批有代表性的学者和著作。一个较为有趣的现象是，辨伪诸家多集中于清代中前期，而卫护诸家则多属晚清。究其原因，当与晚清时期理学复兴的带动、今文经学疑古学风及王懿荣上疏之刺激、阎惠之书广为流布有关。由于郑玄与《古文尚书》关系甚巨，晚清的辨真派对其关注亦较多。

---

① ［清］皮锡瑞：《经学通论 · 书经通论》，中华书局，1954 年，第 57 页。

② ［清］王引之：《经义述闻》卷三，江苏古籍出版社，2000 年，第 69 页。

③ ［清］陈乔枞：《今文尚书经说考》卷一下，《续修四库全书》第 49 册，第 117 页。

根据《汉书》《后汉书》等史料的记载，孔壁《古文尚书》相较于今文增多十六篇。据孔颖达《尚书正义》引郑玄注《书序》，此十六篇为《舜典》《汩作》《九共》《大禹谟》《益稷》《五子之歌》《胤征》《汤诰》《咸有一德》《典宝》《伊训》《肆命》《原命》《武成》《旅獒》《冏命》。这与晚出《古文尚书》在篇数、篇目上都有明显不同。阎若璩对此极为重视，《疏正》开篇第一条即就此而发。阎氏认为："只此篇数之不合，伪可知矣。"① 更有现代学者将此篇目之不同视作辨伪古文的逻辑基点②。但晚清辨真学者对此皆不予承认，其最常见的理由就是孔疏将此十六篇斥为张霸之徒所造伪书。如张谐之笃信孔疏，认为："郑氏喜纬，故亦信张霸伪书而不疑也。"③ 但张氏同时又说："自孔氏考定《古文尚书》，悉上送官，藏之书府。……其书之逸在民间者，即荀悦《汉纪》所谓'去圣久远，道义难明，而古之《尚书》，通人学者多尚好之'，故马扶风、郑北海皆于晚年获见《尚书》全经，如马氏之见《泰誓》，郑氏之见《周官》，亦皆有确证者也。"④ 显与前说矛盾。

针对惠栋认为"二十四篇增多之数，篇名具在，刘歆造《三统历》，班固作《律历志》，郑康成注《尚书序》，皆得引之"，张崇兰反驳说：

> 所谓篇名具在者，乃见于《正义》所斥之伪书，非有他据也。班《志》原本刘歆，所引有《伊训》《武成》《毕命》，郑注《书序》所引有《允征》《伊训》，其篇名有一出于见行古文之外者乎？况二十四篇之目并无《毕命》，惠氏改《冏命》以强合之，此何说也！⑤

按，班《志》、郑注所引诸篇篇目确见于现行古文，但其中语句则不同，实不可据此即断定晚出古文为真。此外，张氏认为刘向校书所见增多之十六篇，与孔疏所谓二十四篇伪书不可混为一谈："秘府所藏十六篇，何从见其即此二十四篇？孔冲远以此二十篇为伪书，未尝以秘府所藏为伪书也。"⑥ 此说配合毛奇龄二十五等于十六篇之说观之，亦能成其体系。

吴光耀重点反驳阎氏所谓的"根柢"，明确提出"马郑不注之逸书二十四篇，非孔壁书"，于此提出了一系列的发问，如"果为孔壁书，何以绝无师说？何以不尽与序

① ［清］阎若璩：《尚书古文疏证》，上海古籍出版社，2010 年，第 2 页。

② 姜广辉：《梅鷟〈尚书考异〉考辨方法的检讨——兼谈考辨〈古文尚书〉的逻辑基点》，《历史研究》2007 年第 5 期，第 95—118 页。

③ ［清］张谐之：《尚书古文辨惑》卷二十一，《四库未收书辑刊》第 3 辑第 5 册，第 550 页。

④ ［清］张谐之：《尚书古文辨惑》卷十七，《四库未收书辑刊》第 3 辑第 5 册，第 521 页。

⑤ ［清］张崇兰：《古文尚书私议》卷上，《四库未收书辑刊》第 2 辑第 5 册，第 693— 694 页。

⑥ ［清］张崇兰：《古文尚书私议》卷上，《四库未收书辑刊》第 2 辑第 5 册，第 696 页。

应？何以又以《武成》《咸有一德》为亡？何以马郑皆不注？何以不与马郑本并见唐时？何以亦不见《史记》《说文》?”因此怀疑“霸书之残缺者适得二十四篇”①。吴氏论二十四篇之伪，理由之一为郑玄未作注：

> 好注书莫如康成，诸经无不注矣。本传《古文尚书》，伏生《大传》今文家说也，则注之；谶纬诞书，则注之。……独不注此二十四篇，亦必以浅陋不足信也。②

按此说张崇兰已发之，张氏云：“郑氏三十四篇之注，散见《史记集解》及群经正义，何此诸篇之注绝不一见？郑于《书序》《大传》《中候》皆有注，若曾受此二十四篇，岂有不为作注之理？观郑无注，知非所受也。”③ 林春溥亦云：“今其书已亡，唯见于郑氏之注，郑注又亡，唯见于孔氏之疏。孔既据郑载其篇目，亦必据郑决其伪书，不然郑于纬候、伏《传》尚为之注，何反不注此二十四篇耶?”④

洪良品对此十六篇的考辨最为详细，他一方面将其斥为伪书，另一方面又将其与郑玄《尚书》学区分开来：

> 汉伪古文有二，其一为张霸百两篇……此其伪人无异辞，无待辨者也。乃有书非张霸，袭张霸之故智而为之者，孔疏斥为“张霸之徒伪造古文二十四篇”是也。彼其审定《汉志》，知为十六篇，又依《书序》釐为同序同卷，异序异卷，自以为无瑕可指矣。而岂知其前后歧出之间，往往龃龉而不合，请试言之：
>
> 《九共》九篇，既以同卷计，此依《书序》同序同卷例也，而《书序》《汩作》《九共》同序，《大禹》《皋陶谟》《益稷》同序，《伊训》《肆命》同序，亦当以同卷计，则篇数不得另算，除此数，篇数即不符，其伪一。
>
> 汉人初行民间伪《泰誓》，马融历引传记所述，知古文有真《泰誓》，而二十四篇无之。阎若璩知其如此，辄私补入，又与原目不合，其伪二。
>
> 《周礼·保氏》序官，疏引郑氏曾与赵商论《周官》师保之文，则古文有《周官》，郑已知之。二十四篇果为郑所注，何以无此一篇？其伪三。
>
> 二十四篇既云“足郑注”，其出于康成之后可知，何以郑注《书序·武成》云“建武之际亡”？注《缁衣》引“《尹吉》，《书序》以为《咸有一德》，今亡”，而

① ［清］吴光耀：《古文尚书正辞》卷六，《四库未收书辑刊》第二辑第5册，第385页。
② ［清］吴光耀：《古文尚书正辞》卷六，《四库未收书辑刊》第二辑第5册。
③ ［清］张崇兰：《古文尚书私议》卷上，《四库未收书辑刊》第二辑第5册，第695页。
④ ［清］林春溥：《开卷偶得》卷二，《丛书集成三编》第8册，第587页。

二十四篇有之，则非郑所述明矣。其伪四。

《九共》寥寥三语，见于《尚书大传》，至今存（原注：案伏生所见《九共》必止于此，若有全篇，晁错必受之为今文矣）。若煌煌九篇全文，岂有出而复亡之理？且《九共》数语，郑尚注之，九篇全文，郑果有注，何以不传一字？其伪五。[①]

严格来讲，晚清辨真学者对于郑玄所言二十四篇的质疑多未有太多新意，也无助于我们加深对郑玄《尚书》学的认识。与之相较，他们对郑玄在《古文尚书》传承史上地位的关注稍能给人以启发。对此问题关注较多的，当属洪良品。洪氏有云：

《古文尚书》自孔安国于送官外，私写一本，藏于家，子孙世世传之。至孔僖为东京名儒，校书东观，范史于其本传特著安国之传，而其子长彦复好章句，于安国传注当知宝重。季彦守古文家业，以授门徒，至数百人之多。故古文虽不立学官，而其支流嬗衍，当自绵绵弗绝，此范、冲于魏晋初犹得私淑其传也。古文在两汉间，西汉则有都尉朝以至桑钦之传，东汉则有孔僖父子以逮门徒之传，在史编踪迹明确如此，然要皆与马、郑所传无涉。彼徒据马郑以定古文者，皆未读两汉《儒林传》而究其原委者也。[②]

洪氏此说，实将马、郑二人排除在《古文尚书》的传承谱系之外，而突出东汉孔氏后裔。张崇兰亦突出强调孔僖之贡献[③]。按《后汉书·儒林传》云："孔僖，字仲和，鲁国鲁人也，自安国以下世传古文尚书。"又云："二子长彦、季彦……长彦好章句学，季彦守其家业。"不过，若确如洪氏所言，孔僖有门徒数百人传《古文尚书》，则此书于东汉何至于黯淡无光，甚至湮没无闻，这与实情显然不合。吴光耀则对此加以淡化，他说："孔氏所谓家业者，尚有严氏《春秋》及《礼经》，即子国一人，所传《古文尚书》外，尚有《今文尚书》《鲁诗》《毛诗》《古论语》《古孝经》《古礼经》《周官》，第曰传家业，安知指何经？第曰世传古文，安知指何人？"[④] 其说更显严谨。此外，洪良品也认识到，郑玄习古文的情况"有不可解者"，不得不也归为"康成所据者，必张

① ［清］洪良品：《古文尚书辨惑》卷三，《续修四库全书》第 50 册，第 263 页。

② ［清］洪良品：《古文尚书辨惑》卷一，《续修四库全书》第 50 册，第 253 页。

③ 张氏云："其时惟孔僖之世世相传，宜具五十八篇旧本，惜乎非时所贵，不显于世。"（《古文尚书私议》卷上，第 691 页。）

④ ［清］吴光耀：《古文尚书正辞》卷三，《四库未收书辑刊》第二辑第 5 册，第 276 页。

霸百两篇之文也"[①]。但为何这么长的时间内，只有郑玄习此伪书？又有什么直接证据？恐怕亦是想当然之词耳。

## 三、汉学家对郑玄经说的订补

晚清学者以考据学方法治《尚书》，声势已远不如前，但仍取得了一定的成绩，尤其是在文字训诂方面新意颇多，其中尤以俞樾、孙诒让、于鬯、何秋涛、俞正燮等人为著。在他们研治《尚书》的过程中，对郑玄《尚书》学亦多有关注。

（一）调和郑玄与宋儒之经说

清代四库馆臣认为汉儒、宋儒在《尚书》学领域的对立并不严重，所谓"宋儒解经，惟《易》《诗》《春秋》掊击汉学，其《尚书》《三礼》实不甚异同"[②]。但此说并不表明汉、宋《尚书》学的差异不存在。陈亮为郑伯熊《书说》作序云："余闻诸张横渠曰：《尚书》最难看，难得胸臆如此之大，若只解文义则不难。自孔安国以下为之解者，殆百余家，随文释义，人有取焉，凡帝王之所以纲理世变者，盖未知其何如也。"[③]这显然是不太认可汉唐学者治《尚书》只简单地随文释义的做法，归根结底还是训诂与义理之争。至于乾嘉年间汉学大兴之后，这种差异更是显著，以江、王、段、孙为代表的汉学大师，绝口不引宋儒之说。但晚清时期汉宋兼综的主张渐为学者所接受，前人对此多已注意及之[④]。在此背景下，晚清一批有志汉学的《尚书》学者能够摒弃门户之见，承认汉宋双方的价值，对于郑注与宋儒经说兼收并蓄。

朱骏声本属乾嘉遗老，因得享高寿，至咸丰年间尚存。他于道光癸巳年（1833）撰成《尚书古注便读》，自称"古注不专从郑，虽宋人说弗废，实事求是，颇有折衷"[⑤]。其孙朱师辙说："先大父生当嘉道之际，研小学，兼通群经。见《尚书》家传户诵者蔡沈《集传》，未能明真伪之本，通训诂之原。注疏既尊崇伪孔，诸家多倏重辨伪，欲求原流明晰，繁简适置，便于学子研议者，渺不可得。乃博采汉训，间及宋说，钩玄撷要，溯本凿源。"[⑥]"不专从郑""间及宋说"正表明了朱骏声研治《尚书》的宗旨所在，他以汉学为本，补以宋儒之说，是不同于乾嘉汉学家之处。不过，书中并未涉

---

① ［清］洪良品：《古文尚书辨惑》卷二，《四库未收书辑刊》第二辑第5册，第260页。

② 《四库全书总目》卷十四，中华书局，1965年，第113页。

③ ［清］朱彝尊：《经义考》卷八十，《四部备要》第十二册，中华书局，1989年，第447页。

④ 如民国年间即有学者指出："道咸以来，儒者多知义理、考据二者不可偏废，于是兼综汉宋学者不乏其人。"（徐世昌等：《清儒学案》卷一百八十《心巢学案》，中华书局，2008年，第6945页。）钱穆也说："道咸以下，则汉宋兼采之说渐盛。"（钱穆：《中国近三百年学术史》，商务印书馆，1997年，第1页。）甚至有学者说："晚清时期，汉宋兼采逐渐成为学术主流。"（刘凤强：《〈清儒学案〉研究》，光明日报出版社，2013年，第257页。）

⑤ ［清］朱骏声：《尚书古注便读》卷首《凡例》，《四库未收书辑刊》第六辑第2册，第6页。

⑥ 朱师辙：《尚书古注便读跋》，载朱骏声《尚书古注便读》卷首，第5页。

及宋儒义理之学，只是在训诂、名物方面有所增补。

又如徐灝，本为学海堂诸生，服膺高邮王父子，著有《通介堂经说》三十七卷，为其补正高邮王氏父子之心得。在该书中，徐氏以“曰若稽古”为例，说明马郑之解未确，蔡传得之，认为“近人讲汉学者，不复理会宋注，其实尽有是处，不宜存门户之见也”①。类似之例尚多。

笔者并不认为以汉宋兼综的态度来治经就一定优于坚守门户者，汉宋双方各擅胜场，合之未必两美，离之未必两伤。不过，宋学除了在义理学上的长处之外，在训诂、名物方面亦有可称道之处，以此与汉学相比较，也可以更全面地理解相关经典，这一点我们要承认晚清学者的贡献。

（二）具体经说之商榷

对于郑玄《尚书》经说的具体问题，晚清汉学家也提出了一些不同看法，庶亦能补正郑说。如于鬯论“西旅献獒”云：

> 又案“獒”字据陆“释”引马云“作豪，酋豪也”，孔《义》引郑云“獒读为豪，西戎无君，名强大有政者为酋豪，国人遣其酋豪献见于周”。近《尚书》家皆以为孔壁真古文本作豪，故马郑皆从之。其事或当然。但以豪为酋豪，酋豪既是强大有政者，则宜酋豪遣国人来献见，何以反为国人所遣？且即国人遣其酋豪献见于周，而谓之曰“西旅献豪”，文实无义，转不如《传》存作“獒”之本，而解作大犬，犹成义也。②

于氏认为，郑玄之解释不但与情理不符，且于文法亦不通，反不如孔传之顺畅。于氏随即又说，如本作“豪”，当以兽名解之，其说或更合理一些。

又如俞樾论《洛诰》“伻来来”云：

> 《传》曰：“言公前已定宅，遣使来，来视我以所卜之美常吉之居。”《正义》曰：“来来，重文。上来言使来，下来为视我卜也。”郑云：“伻来来者，使二人也。”与孔意异。樾谨按，来来重文，殊不可解，如《正义》所说，则下来字赘矣。至郑义亦有未安，倘使者三人，岂当叠三来字乎？疑上来字为木字，下来字乃赉之假字。③

---

① ［清］徐灝：《通介堂经说》卷九《尚书一》，《续修四库全书》第177册，第85页。

② ［清］于鬯：《香草校书》卷七，中华书局，1984年，第128页。

③ ［清］俞樾：《群经平议》卷六，《续修四库全书》第178册，第88页。

郑玄对此句的解释，确实稍嫌穿凿。俞氏所驳有理，不过他所提出的新说亦只是无根据的猜测，恐亦不足以服人。

统观上述晚清诸家对郑玄《尚书》学的关注，皆不是以之为对象的专门研究，而是在自己的著作中间或有所关涉。虽然如此，他们的一些观点还是值得后世重视的。由于年代悬隔，文献不足征，郑玄《尚书》学的很多问题在后世有很多争论。相关的探讨是可以加深我们的认识的，即使是负面的批评和质疑，我们也应予以关注，所谓兼听则明是也。对于其中的门户之见，我们自应摒弃；但其中那些能自圆其说的质疑，乃至合理的推测，都是今天研究郑玄《尚书》学所不应回避的。

# 郑玄对《诗经·豳风·七月》的解读之价值

焦绪霞（青岛大学文学院）

**摘 要** 《诗经》作为儒家重要经典之一，它的阐释和研究始终处于极其重要的地位。在经学时代，毛、郑、孔说诗系统尤其郑玄笺诗影响甚巨。郑玄认为《豳风·七月》中包含有“天地阴阳观念”与“养老敬老”以及由此引申出来的“勤政爱民”等礼乐教化思想，颇具深度与厚度。郑玄笺诗值得重新审视。

**关键词** 郑玄 经学 豳风·七月

汉灵帝中平五年（188）冬十月，黄巾军攻破北海郡，62岁的郑玄与门人数百人迁于崂山[①]，于不其山（今铁骑山）建康成书院，授徒讲学，今仍可见明正德七年（1512）重建的书院遗迹。传说有四海八方学子先后万人聚于此地，为一时之盛。在这里，郑玄完成了《诗经》《尚书》《论语》的注释[②]，并留下了“康成书带”的传说，流传甚广。唐陆龟蒙曾有《书带草赋》咏之。

彼碧者草，云书带名，先儒既没，后代还生。有味非甘，莫共三山芝校；无香可媚，难将九畹兰争。叨词林畔种，在经苑中荣。翠影临波，恐被芙蓉见鄙；贞姿傍砌，愁为芍药相轻。……当《琴操》发伯牙山水之情，值儒编动凿齿《阳秋》之思，敢曰求友，宁忘慕义。吴娃楫上，空羡苔滋；魏主帷中，惟通蕙气。或乃兰荣越徼，薰茂周原；幽搜莫及，兴咏徒存。此则对仲举萧疏之室，处子山摇落之园，不识深宫，岂是曾为帝女？非侵远道，谁言能忆王孙？徒爱其敛疏烟、披晓露，弱可揽结，匀能布濩，萧萧而不计荣枯，漠漠而何干好恶。金灯照灼，尚惊秦帝之焚；粉蝶留连，真谓羽陵之蠹。尔乃高超篱菊，瑞许阶蓂；我则惟亲志士，每

① 龚道耕：《郑君年谱》，《国文学会学刊》1926年第1期，第17页。
② 耿天勤：《论郑玄的学术成就》，《郑玄研究文集》，齐鲁书社，1999年，第11页。

聚流萤。岂便离蒿莱于隙地，希杜若于遥汀。倘遇翰林主人之一顾，庶长保于青青。①

本文旨在回顾前儒胸怀，以在如何承继经典，继续前儒使命上汲取一些启示。

《毛诗笺》是郑玄留给《诗经》研究史的瑰宝。《诗经》作为六经之一，在文化史上拥有极高的地位，而《毛诗》又被认为是《诗经》最早的注本，为《毛诗》做注的《毛诗笺》是郑玄众多著述中完整保存至今的四部著作之一，习称《郑笺》。《郑笺》具有多方面的成就，简要地说，一是对诗义的理解较为深刻和符合原意，二是花大力气描述诗歌的文学特性，三是在文字、音韵、训诂、博物等方面取得了相当的成就。《毛诗笺》的成就明显优于其他各家，具有相当高的参考价值。王承略老师说："郑玄笔下作为毛诗附庸，借用以助成或修订毛义的三家经说，其精华已被郑玄如数捋取，不再有社会需要，终于相继消亡了。"②《郑笺》一出，本来流行的"鲁""齐""韩"三家诗先后亡佚，《毛诗》独行于世，可见其巨大魅力。也可以说，不读《郑笺》，不能明诗。《豳风·七月》是《诗经》中的重要篇目，被誉为我国农事诗的源头，但是正如围绕《诗经》各篇作品展开的多样阐释一样，关于《七月》的阐释众说纷纭。

梳理了《豳风·七月》众多的研究文章之后，发现至今在此问题上还有极大的争议：如周建忠、胡彦撰文指出，这是一首奴隶之歌③。从郭沫若、陈子展、余冠英、程俊英各位先生而来，持续近 100 年的一条阐释线索依然如故。但也有回归古注，回到传统经学阐释体系中寻求资源的一脉，如钱锺书、李山、亓晴等，其阐释风格与《郑笺》承接得很好。回到郑玄，也许能找到更好的答案。郑玄喜欢以礼笺诗，把《诗经》阐释纳入中华礼文化的视野，使其意蕴深厚，令人信服。清代阮元刊刻《十三经注疏》时，依然标举古注，《诗经》部分特录《毛传》《郑笺》《孔疏》，作为读书人研读《诗经》的最基本依据。

郑玄在《周礼》注中对《豳风·七月》"一诗兼三体"的说法④，体现《七月》本即具有极高的精神层次。孔颖达疏讲《七月》时接着郑注往下说，指出其题旨在于"民之大命在温与饱"⑤。诗中衣食为一篇之大纲，正是周公陈先王之法的根本精神所聚，体现了周民族朴厚、勤劳、乐天知命、积极、惜时、重生的性格。

---

① 简宗梧、李时铭主编：《全唐赋》，里仁书局，2011 年，第 4250 页。

② 王承略：《郑玄与今古文经学》，山东文艺出版社，2004 年，第 81 页。

③ 周建忠、胡彦：《江海学刊》2013 年第 5 期。

④ 褚斌杰：《诗经与楚辞》，北京大学出版社，2002 年，第 50 页。

⑤ 《十三经注疏》（上），上海古籍出版社，1997 年，第 389 页。

## 一、郑玄对《豳风·七月》的三个关节点的笺注

在《诗经》的阐释史中，由于时代文化变迁，或者受外来文化影响，《豳风·七月》的有关问题更是众说纷纭。关于其主旨基本有三种说法并行：一为“周公陈诗说”，认为《七月》是周公“陈述先公风化之所由”的一首诗。二为“农奴悲歌说”，认为《七月》是一首农奴咏唱一年到头的劳动生活的悲歌。三为“调和”说，认为先有农奴悲歌，后有周公以其陈诗于成王，此说以褚斌杰先生为代表，影响深远。他认为：“《七月》非一时之作，它的胚胎出于西周农奴之手，而最后定型则完成于春秋时期周王朝的乐官。”①《七月》主旨该如何定位，请让我们看一下郑玄在几个关节点上的说法。

1. 关于“无衣无褐，何以卒岁”

《七月》开篇：“七月流火，九月授衣。一之日觱发，二之日栗烈。无衣无褐，何以卒岁？”《毛传》曰：“九月霜始降，妇功成，可以授冬衣矣。”《郑笺》曰：“此二正之月，人之贵者无衣，贱者无褐，将何以终岁乎？故八月则当绩也。”② 郑玄从人之贵贱来分别关注他们的衣服，贵者穿衣，贱者着褐。褐，郑玄解为“毛布”，古时的毛布很粗劣，大概穿起来不太舒适，贱者贫者穿这种衣服。但是，在七月大火星向下落，秋风将要吹起的时节，接着就是寒冬腊月。无论贵者贱者，都要有衣服御冬。所以，七月流火，九月就该授衣了。郑玄说：七月秋风起，为不耽误御冬，八月就该纺织了。那么，“七月流火，九月授衣”则是豳地周之先公先王“教民周备”的内容，意即教民做好准备，以度寒冬。孔颖达则忠实地疏解郑义。即使非常喜欢疑古的朱熹《诗集传》亦曰：“此章首言暑退将寒，故九月而授衣以御之。盖十一月以后，风气日寒，不如是则无以卒岁也。”③ 那么，“无衣无褐，何以卒岁”只是对“九月授衣”之缘由的急切并充满情味的说明，体现了“衣服”一端对民生的重要性，语气中些许怜悯和仁慈。从毛亨到郑玄，再到孔颖达，以至于朱熹，在“授衣”这个问题上保持了高度的一致，说明郑玄之深刻处。他以当时最大儒学家的功底揣摩古经，得到了赞誉。《诗经》时代曾有“授衣”之礼，在古豳地，周人早期社会中，执行授衣制度，也即“授衣礼”。著名历史学家郭沫若先生早在1944所写的《由周代农事诗论到周代社会》说：

“授衣”两个字，也很重要。古代对于农民应该有一定的制服，就如像现今发

---

① 褚斌杰：《〈诗经〉与楚辞》，北京大学出版社，2002年，第51页。

② 《十三经注疏》（上），上海古籍出版社，1997年，第389页。

③ ［宋］朱熹注，赵长征点校：《诗集传》，中华书局，2011年，第118页。

军服一样。到了“九月”（农历七月），是应该发寒衣的时候了。[①]

“发军服”的比喻很形象。古代生产生活的集体操作性很强，并不是一家一户的个体生产。诗中的打猎、祭祀等都说明了当时生活的集体性质。在今天的少数民族地区，我们还看到统一的衣服规制，从颜色到款式以及装饰品的不同，体现人的身份等级。郭沫若以历史家的求实精神追随了古注，承认古代“授衣”制度，这是其高明之处。郭沫若曾经受教于曾深刻影响康有为的四川大儒廖平的弟子，对《诗经》应有深刻的把握。由于“授衣”在懂得古礼的人们那里，是不需要详细解释的，所以郑玄只是点到为止。《郑笺》曰：“此二正之月，人之贵者无衣，贱者无褐，将何以终岁乎？是故八月则当绩也。”然后再无浮词。

然而接受史中往往充满了诡谲的味道。当革命理论兴起，反封建浪潮涌动的时候，以郑玄为代表的古老阐释受到挑战。南昌起义失败之后，郭沫若写作《中国古代社会研究》时首次推翻古说：

> 这诗描写当时的农夫周年四季一天到晚都没有休息的时候。男的呢种田筑圃，女的呢养蚕织布。栽种出来的成果呢献给公家，而自己吃的只是一些瓠瓜苦菜。养织出来的成果呢是替“公子”做衣裳，而自己多是“无衣无褐”。[②]

新中国成立后，古代经典受到广泛质疑，经学家受到冷落。郭沫若的“新解”广受赞誉。蓝菊荪说：“这明明是老农在岁腊残冬无衣无被中的呻吟。”[③] 现在多本文学史依然与蓝说如出一辙，把授衣的“理由”径直理解为无衣的“事实”，实属断章取义。于是，一条农民“冬天没有衣服穿”的线索赫然在目，经学已经严重式微了。因此认为农奴自己“无衣无褐”，却仍要“我朱孔阳，为公子裳”。从诗中发现的只能是“西周初期阶级对立的社会本质，会更加真切地感受到农奴的不幸和哀苦”[④]。这种解读占据了主流。在很长的一段时间之内，学者们对《毛传》《郑笺》等古注的大量说法采取了无视和怀疑的态度。在《七月》这里，无视郑玄说诗观点，目的在于找到农奴“无衣”的事实，找到古代社会剥削的实证。这种倾向直到20世纪90年代末的文学史写作还继续受到影响，如袁行霈先生主编的《中国文学史》，稍晚如郁贤皓主编的《中国古

① 郭沫若：《青铜时代》，中国人民大学出版社，2009年，第86页。
② 转引自蓝菊荪：《诗经国风今译》，四川人民出版社，1982年，第14页。
③ 蓝菊荪：《诗经国风今译》，四川人民出版社，1982年，第427页。
④ 蓝菊荪：《诗经国风今译》，四川人民出版社，1982年，第52页。

代文学作品选》对《七月》的理解等等①。

然而，当代也有承续毛郑孔说诗系统者在。如李山《诗经选》《诗经与中国文化》等，王丽娟《〈豳风·七月〉中蕴藏陇东民俗发微》引用郑玄注来说明古豳地鲜明的畜牧文化特色②，并认可郑玄注的理解。有学者认为：孔颖达《正义》之“民之大命在温与饱，八章所言皆论衣服饮食。首章为其总要，余章广而成之”析论最精。将衣食作为一篇之大纲，正是周公陈先王之法的根本精神所聚，诗中体现了周民族朴厚、勤劳、乐天知命以及积极、惜时、重生的性格③。因为孔疏在此忠实疏解了郑笺，所以认可孔颖达几乎等同于认可郑玄。可惜愈演愈烈的疑古思潮令这种好古倾向长期没有地位。古代权威文献是在历次学术辩难和时间的残酷淘洗之后存在下来并广泛传播的，如郑玄“笺诗”。自六朝至清代诸多学者的《诗经》研究有不少沿袭其传统，故此《郑笺》值得关注。

2. 关于“女心伤悲，殆及公子同归”

《七月》第二章：

> 七月流火，九月授衣。春日载阳，有鸣仓庚。女执懿筐，遵彼微行，爰求柔桑。春日迟迟，采蘩祁祁。女心伤悲，殆及公子同归。

郑《笺》承《毛传》“春女悲，秋士悲，感其物化也”，进一步解释说：

> 春，女感阳气而思男，秋，士感阴气而思女，是其物化，所以悲也。悲则始有与公子同归之志，欲嫁焉。女感事苦而生此志，是为豳风。

“殆”，训为“始”。此说从男女阴阳讲起，四时春秋，物气感人。刘勰有“物色之动，心亦摇焉”，古代感兴文化发达，故说诗沁人心脾。朱熹《诗集传》：“公子，豳公之子也……治蚕之女，感时而伤悲，盖是时公子犹娶于国中，而贵家大族联姻公室者，亦无不力于蚕桑之务，故其许嫁之女，预以将及公子同归，而远其父母为悲也。”此说皆为婚礼而言。首章讲衣服之重要，为授衣之礼。而接着讲婚姻男女大事。按照郑玄的意思，女子为什么悲伤呢？因为春风一吹，春情顿生，花开花落，让女子们不由得想到趁二八年华，嫁个如意郎君。按现在的理解，出嫁这件事情高兴还来不及呢，为何还

① 郁贤皓主编:《中国古代文学作品选》,高等教育出版社,2010年。

② 王丽娟:《〈豳风·七月〉中蕴藏陇东民俗发微》,《黑河学院学报》2013年第5期。

③ 胡晓明:《灵根与情种——先秦文学思想研究》,百花洲文艺出版社,1994年。

“感事苦”呢？郑玄是经学大师，同时又是心理学大师，因此对男女心理把握很深。钱锺书先生《管锥编》评《七月》：“苟从毛、郑之解，则吾国咏伤春之词章者，莫古于斯。”① 这里有一段周振甫、钱锺书二先生就《管锥编》此条展开讨论的故事极为有趣，引在下面。

周：“春日迟迟，采蘩祁祁，女心伤悲，殆及公子同归。”余冠英先生注：“是说怕被公子强迫带回家去。”本书引《笺》“始有与公子同归之志，欲嫁焉”。女与公子地位悬殊，“欲嫁”之说与今日读者之理解抵触，以“伤悲”为“思男”，亦同样抵触。此处是否可先批《传》《笺》之误，然后转入《正义》言时令感人之说亦有可取，与下文相贯。

钱：此意兄前次阅稿时已言之，弟非饰非拒谏也，以余公之解乃“张茂先我所不解”也。“怕被迫……”殆如《三笑》中之王老虎抢亲耶？诗中无有也。“殆”可通“惮”耶？古之小学经传未见也。“地位悬殊”则不“欲嫁”耶？封建时代女贱而得入高门，婢妾而为后妃者，史不绝书，戏曲小说不绝写，至今世乡间女郎欲嫁都市高干者尚比比也。郑、孔之注未必当，但谓之不切实际不可也。余解欲抬贵劳动妇女，用心甚美，然不啻欲抬高王安石、李贽而称之为“法家”矣。下文又曰“为公子裳”“为公子裘”，则此女虽“怕”而终“被迫”乎？其见曹植《美女篇》，便知采桑女郎正亦名贵也。②

周先生“‘欲嫁’之说与今日读者之理解抵触，以‘伤悲’为‘思男’，亦同样抵触”中“今日读者之理解”受到了时兴文化的影响，不顾古注的内在逻辑，望文生义。在说诗目的上为我所用，缺乏学理。故钱先生反驳不遗余力，在间杂诙谐的文字中表示了对毛、郑义的承续。尤其“‘殆’可通‘惮’耶？古之小学经传未见也”，以其深厚的小学功力去反驳“今日读者之理解”，就更具说服力。钱先生《围城》写得好，对男女爱情心理的描摹令世人倾倒，所以他能明了郑玄说诗的诗情画意和真正的人文思想。《诗经》之所以流传千古，盖因其风情独具。这里郑玄比毛传解释得更加详细，特别点到春天是女子思嫁的季节。按照《周礼》，春天确为婚嫁之时，所以本章重在叙述美丽的春天正是姑娘出嫁的最好季节。《诗经》是上古礼文化尤其是周礼文化的一部形象说明。毛、郑、孔那里，女子只是春情一片，难怪钱锺书先生发出如此深长的赞叹。在今人眼中，经学家仿佛是冷漠无情、失去生活热情的老学究，其实不然。与宋儒、清儒不同，前述郑玄《诗经》研究的一大贡献就是：对诗义的理解较为深刻和符合原意，花大力气描述诗的文学特性。郑玄虽为经学家，但是他讲诗不呆滞，很有文学眼光。春天女子思男，秋天男子思女，春女悲，秋士悲。这是古老的智慧，所以古礼顺应天时人

① 钱锺书：《管锥编》（第一册），中华书局，1979 年，第 131 页。
② 周振甫：《〈管锥编〉审读意见——附钱锺书先生批注》，国学网。

心，在春天举行婚礼，或者在春天举行大会男女的活动。在桑间濮上，流水芳草，男男女女秉蕑执兰，自由恋爱。郑玄之“悲则始有与公子同归之志，欲嫁焉”正中肯綮。思嫁的文学作品在文学史上俯拾皆是，《古诗十九首》之《冉冉孤生竹》说：“思君令人老，轩车来何迟。伤彼惠兰花，含英扬光辉。过时而不采，将随秋草萎。”古诗直面人的欲望，且写得风情万种而含蓄蕴藉。

如果不能读懂其中韵味，那就真的不懂风情了。如郭沫若：

> 女子好象还有别的一种公事，就是在春日艳阳的时候，公子们春情发动了，那就不免要遭一番蹂躏了。①

郭说根据历史主义寻求阶级差别与剥削压迫的需要，硬是把儒学大师充满温情和风情的解读变成了光天化日之下的恐怖事件。著名《诗经》研究专家褚斌杰先生认为：“《七月》是可用于迎寒暑节气、祈年、祭蜡的乐歌。那么，怎可想象在这庄严神圣的时刻能够演唱‘充满农奴血泪的悲歌’。”② 所以认为应该理解为：“春天为婚嫁时，采桑女将随公子同嫁，远离父母，故而伤悲。”将“殆”讲为“害怕”，害怕出嫁远离父母而悲伤，用了朱熹的看法，大意也离郑玄之说不远。经学大师同时也是心理学大师，此章所以风情独具，即在于两千多年前诗人对男女微妙心理的关注和揭示，在于它揭示了人与大地阴阳之气相感通的宇宙意识，很契合诗中抒情主人公的心理，契合全诗的情感逻辑。

3. 关于“采荼薪樗，食我农夫”

《七月》第六章有：

> 六月食郁及薁，七月亨葵及菽。八月剥枣，十月获稻。为此春酒，以介眉寿。七月食瓜，八月断壶，九月叔苴，采荼薪樗。食我农夫。

《郑笺》云：“干荼之菜，恶木之薪，亦所以助男养农夫之具也。”孔颖达为其疏解：“樗，难堪为薪，故云恶木。……荼以为菜，樗以为薪，各从所宜而立文耳。”③ 苦菜本苦，但是也可以助养口体。恶木之薪指的是“樗”，臭椿树，民间认为，臭椿树成长特快，而味道难闻，所以一般不用来做柴火，但是实在需要，也可以把饭煮熟。记得小时候经常看到村里的臭椿树长得很粗，虽然味道不好，但是椿树开花时节，倒是火红

---

① 转引自蓝菊荪：《诗经国风今译》，四川人民出版社，1982 年，第 15 页。

② 褚斌杰：《〈诗经〉与楚辞》，北京大学出版社，2002 年，第 51 页。

③ 《十三经注疏》(上)，上海古籍出版社，1997 年，第 391 页。

一片，煞是好看。郑玄认为，农夫采苦菜、砍臭椿树为柴薪，办饭以养身体。诗中既形容生活之苦，又兼叙民情风俗。春天，苦菜遍地，其味虽苦，而农夫不弃，此为普天下农人生活。苦则苦矣，然而依然坚守，并存着改善的努力。在上位者遍观民情，明了其稼穑艰难，亦为之动容。朱东润先生在民国时期写有《国风出于民间论质疑》，中有：

> 或据六章“采荼薪樗，食我农夫”；七章“嗟我农夫”之我，皆为农夫自我，因目为农歌，非也。①

也即是说，此诗的作者不是一般的农夫，而是有地位的豳公。《孔丛子》记：“孔子读诗及小雅，喟然而叹曰：‘……于《七月》见豳公之所以造周也。’”豳公造周，历尽艰苦，经之营之，文献记得清楚。周民族是一个农业民族，特别重视农业。周族祖先就是后稷，而后稷是一位农业领袖，后世把他神话为“农神”。周族贵族始终记取祖先的神圣使命，延续了一个农业民族的事业，所以作为后稷的后裔，豳公极其重视农业。武王死后，由于成王年幼，周公用它教诫成王，可证《七月》品第极高，绝不出于胼手胝足的民间。孔子去古未远，他从《七月》中看到了豳公如何关注农人，如何对一年到头农人的劳动生活细说端详，如何对农人的苦辛发出深沉的怜悯，对其勤劳进行赞美，也能深刻了解豳公缔造周族事业而做的艰苦努力。郑玄也接续了孔子的事业，为他所传授的《诗经》做了一个很好的说明。

以上三个关节点中，郑玄要言不烦，基本按照古诗传授的脉络，加以发挥和证明，给出稳妥的解释。我们又可以借助孔颖达的疏解对郑玄解诗理解得更加透彻。

## 二、郑玄笺诗的价值

《大学》说“大学之道，在明明德，在亲民，在止于至善”，受此启发，我们的教学和研究还在于发现经典之中引人向善的力量，并忠实地传达之。“经学阐释”主要是阐发诗歌的美刺讽谏意义以及诗中“经夫妇、成孝敬、厚人伦、美教化、移风俗”的政教价值。郑玄以礼笺诗的目的和效果也在此。如郑玄所撰《诗谱·豳谱》曰：

> 成王之时，周公避流言之难，出居东都二年……后成王迎之反之，摄政，致太平。其出入也，一德不回，纯似于公刘、太王之所为。太师大述其志，主意于豳公之事，故别其诗以为豳国变风焉。②

---

① 朱东润:《国风出于民间论质疑》,《武大文哲季刊》1935年第五卷第1期。

② 转引自梁锡锋:《郑玄以礼笺诗研究》,学苑出版社,2005年,第75页。

具体以礼笺诗的例子暂举如下。如末章“二之日凿冰冲冲，三之日纳于凌阴。四之日其蚤，献羔祭韭”，郑笺：“古者，日在北陆而藏冰，西陆朝觌而出之。祭司寒而藏之，献羔而启之。其出之也，朝之禄位，宾食丧祭，于是乎用之。《月令》：‘仲春，天子乃献羔开冰先荐寝庙。’”这里，以郑玄对《周礼》的极高造诣，讲解《七月》中的开冰藏冰礼仪。因此，《七月》又不能简单视为今天意义上的农事诗。郑玄“一诗兼三体”的概括，正说明《七月》是一首周人生活风情诗，又是周人庙堂雅诗，同时又是向神灵祈祷的神圣诗，正所谓“风雅颂”一诗兼有三体。祈祷之中，勤苦之情溢于言表，正是生民祈祷的理由，并表达了希望安享虽则勤苦但也快乐宁静而有序的生活的良好愿望。无论贵为天子还是平民百姓，如果忘却“勤勉”一义，将会一事无成。20世纪80年代之后，有学者否定《七月》等作品反映了“劳动人民的反抗意识”之说，强调从当时实际的社会背景来理解《诗经》。基本上主张回到古代，尊重古注。有学者认为，郑玄注经由其他“以礼笺诗”的主导倾向掺入了深厚的用世思想。诗中作者怀有对自身命运的清醒的认知，在天地之间顺应日月运行的规律，在一年四季十二月的阴阳变换中，或者备尝艰辛，或者深尝风雨花鸟给予他们的节候之感，源于自然赐予的快乐充满全诗，这就是周人的乐天精神和精进意识。他们在描述那些草木萌发、仓庚鸣叫、蟋蟀行藏、瓜桃李子枣，以及凿冰冲冲、杀羊割韭的时候，是对自己生活的一种认同，包含了对艰苦的接受，更包含了过上美好生活的愿望以及坚强人格的历练。郑玄对此皆从礼乐文化作注。类似这样的劝农书在历史上不绝如缕。乾隆年间山东临朐人马益著所作《改良绘图日用杂字》可作为《七月》的注脚①。本书流行于山东地区，笔者手中有一本，属80年前城阴城孙学魁所抄之书。书的封面记：“城阴城小书房”，大概孙学魁是一位私塾先生。其中“若不好上过，如何能这般？生财由大道，勤人不肯闲”，堪为点题之句。它突出一个“勤”字，道出人生最根本的意义。二者同样地教人从勤苦中得到报酬和幸福。而《七月》绝不可只当作劝农书看，按郑玄之意，它是“豳风”，是“豳雅”“豳颂”，诗中恰是充满了田园风光、反省体悟以及颂美之情。郑玄生当乱世，以著述为务，不屑仕进，他在《戒子书》中说：“但念述先圣之原意，思整百家之不齐。”他把自己注疏群经看作是对孔子事业的继续。郑玄弟子仿《论语》作《郑志》，是把郑玄看作一位伟大的儒学家。确实，在继春秋之后又一次礼崩乐坏的东汉时期，郑玄以注经的方式希望重建礼制，重建社会秩序。虽然偶也有过度诠释的嫌疑，但是其心可嘉，故此，郑玄注诗以及整个郑玄研究的确需要进一步加大重视程度，以显示我们对先贤的尊敬以及对其精神的传承。

---

① ［清］马益著：《改良绘图日用杂字》，民国高密城阴城孙学魁钞本。

# 郑玄《周礼注》天道观探考

周淑萍（陕西师范大学文学院）

**摘　要**　郑玄一生注书百余万言，礼学是其专长，《周礼》是其注经的重心。郑玄重视《周礼》，重振礼制以重建秩序而救治汉末乱世是其旨趣所在，因此注释《周礼》，除详细考释名物典制、校勘文本外，也将政治、经济、法律等主张和见解融入其中。受汉代天人感应、阴阳五行等思想观念的影响，加之《周礼》本身也有浓厚的阴阳五行思想，郑玄注释《周礼》，往往将政治、经济等主张系于其天道观之下。从《周礼注》可见，郑玄所论之天，有自然之天、神灵之天、法天、尊天、戡天之义。郑玄不仅认为有神灵之天，而且天上众神还有层级分明的秩序，其中五帝是五行之精化生而来，缘此，五帝各自居于与五行相应的方所。显然，在汉代神学观念盛行之时，郑玄同样深深浸润其中，因此虽然郑玄调整三礼次序，以《周礼》为先，世俗政治生活占据了郑玄礼学的主导地位，在一定程度上淡化了古代宗教，但清晰可见的古代宗教印迹仍然在《周礼注》中明显存在。

**关键词**　郑玄《周礼注》　自然之天　神灵之天　法天与戡天

郑玄整百家之不齐，是中国历史上一位具有重要贡献的学者。他对儒家经典的精审注释，确立了他在中国学术史上的重要地位。郑玄一生注书百余万言，但最为重视的是《三礼》。在遭遇禁锢的十四年里，除讲学授徒之外，他将主要精力用于注释《三礼》，并用礼学知识与礼学思想注释其他典籍。以礼注经成为郑玄典籍注释的重要特征，所以礼是郑学、郑学是礼已是学界共识，“然统康成一生著述以论之，《三礼》实为专长”①。当然，众所周知，“郑玄注《三礼》之前，并无《三礼》学的概念，自郑玄兼注《周礼》《仪礼》《礼记》，始‘通为《三礼》焉’，而此后始有所谓有《三礼》之学”②。

---

① ［清］唐晏：《两汉三国学案》，中华书局，1986 年，第 319 页。
② 杨天宇：《郑玄三礼注研究》，天津人民出版社，2007 年，第 57 页。

《周礼》《仪礼》《礼记》三部礼书，卷帙浩大，内容丰富。在三部礼书中，郑玄最重视《周礼》，《周礼》不仅是他注经的重心，也是他注礼的核心。郑玄注《三礼》的先后次序是：《周礼》《礼记》《仪礼》，以《周礼》为先。郑玄如此重视《周礼》，实是出于其重建礼制而救治乱世的热情。郑玄认定礼是治国之本，希望振兴礼乐，挽救汉末乱世，而在《三礼》当中，只有《周礼》，条理井然，本身就是一幅王者建国之蓝图。郑玄相信《周礼》就是“周公致太平之迹”，因此对于期望重振礼制以重建秩序的郑玄而言，《周礼》最符合他借注释经典以表达救世的思想。

由于郑玄注释《周礼》，重振礼制以重建秩序是其旨趣所在，所以除了详细考释《周礼》当中的文字、音韵、名物训诂、典制、文本校勘外，也不时发表关于政治、经济、法律等方面的见解。众所周知，天人感应、阴阳五行是汉代盛行的思想观念，人们将王朝的更替、个人的福祸、自然的变幻等都系于天道之下。生活在这样的时代，加之《周礼》本身就有浓厚的阴阳五行思想，所以郑玄注释《周礼》，不可避免，要对《周礼》中的天道观加以注释，当然他自己的天道观也注入其中。

先秦时期，人们对于天道的认识复杂多样，商周时天道观自是有所不同，春秋战国时天道观也异于前代。即使同一时代的人，对于天道的认识，也有差异，比如孟子、荀子，孟子所言之天有主宰之天、命运之天、伦理之天、自然之天诸内涵；而荀子所言之天，则主要指自然之天，即日月代序、四时更替、寒暑轮换、草长莺飞之自然。

至汉代，人们所言之天，又不同于前人。即便同属儒家阵营，董仲舒的天道观也异于孔、孟、荀。董仲舒所论之天，有主宰之天、自然之天、伦理之天之义。而董仲舒所论自然之天，又非荀子所言自然之天，因为董仲舒所论自然之天实是结构之天，所谓天有十端：天、地、阴、阳、五行、人。“天地之气，合而为一，分为阴阳，判为四时，列为五行。”① 虽然董仲舒认为天是人间主宰，但其所言“‘天’一方面固然是主宰，是‘大君’，但同时既是因素（十中之一），又是结构整体自身。最后一点实际上处在更重要的地位，这正是董的‘天志’不同于先秦墨家仅是人格神的‘天志’的地方”②。

除此而外，宇宙生成也是汉代学人关注的重点。郑玄注《周易》以及《易纬》，宇宙生成就是其关注的重要方面。关于宇宙生成，纬书《周易乾凿度》有言：“有太易，有太初，有太始，有太素。太易者，未见气也；太初者，气之始也；太始者，形之始也；太素者，质之始也。”

郑玄在其下注云：“太易之始，漠然无气可见者。太初者，气寒温始生也。太始，

---

① 苏舆撰，钟哲点校：《春秋繁露义证》，中华书局，1992年，第362页。

② 李泽厚：《中国古代思想史论》，天津社会科学院出版社，2003年，第138页。

有兆始萌也。太素者，质始形也。诸所为物，皆成苞裹，元未分别。”① 认为太易，是宇宙之始，混然无气可见；太初是“元气之所本始”，已有寒温之分；太始，是“天象形见之所本始”，已有征兆可见；太素是“地质之所本始”，已有形状可辨。从郑玄的解释看，他认为天地万物是有形的，有形的天地万物起源于无形，而宇宙、天地万物之生成，则是元气变化的结果。气清轻者上变为天，重浊者下变为地。元气变化的过程可以用数字来表示，一、七、九三个数是阳变，也是气变，二、六、八是阴变，也是形变。形变来自气变。天是经历一、七、九数之变而成，地是经历二、六、八数之变而成。这就是天地生成的过程。无论是清气上扬变为天，还是浊气下沉而成地，都经历了由太易到太初、太始、太素几个阶段，即经历了从混然无物到有气、有形、有质的过程。在郑玄看来，天地生成是气变的结果，而气变的动力则来内部，“物自生也”。万物生成则是天地合气、阴阳交感和合而已。由上可见，郑玄并不认为宇宙生成、天地形成以及万物化生有高高在上的神在主宰，他从充满神学迷信的谶纬之说中发展出了理性的思想，这是其难能可贵之处。

由于《周礼》主要内容是儒家关于国家理想官制的设置，因此郑玄在此所论天道内容，与他注《周易》以及《易纬》有所不同，宇宙生成不是他注解时讨论的重点。郑玄在《周礼注》中所言之天主要有自然之天、神灵之天、法天尊天与戡天之义。详述如下：

## 一、自然之天

在郑玄看来，人类所处广漠天宇本是一自然存在。日月星辰、昼夜交替、四季轮换、万物生息，都是此自然之天的不同面向，所谓“天产者动物，谓六牲之属；地产者植物，谓九谷之属”②。

郑玄认为自然之天有其客观特质，其特质可以为人们所认识。以运行的时间而论，天地四时日月星辰就有其固定“度数”，此度数为三百六十。他说：“六官之属三百六十，象天地四时日月星辰之度数，天道备焉。”③《周礼》设置六官之属三百六十，就是法天之数。在郑玄此解之下，孔疏云：“依《周髀》《七曜》，皆云周天三百六十五度四分度之一，举全数，亦得云三百六十也。言地则与天配合四时，言周天亦是地之数。十二月亦是周天之数。日，日行一度；月，日行十三度十九分度之七。日月所行，亦在周天之数。星辰，谓二十八宿十二次，亦在周天数内，皆不离三百六十五度四分度之一

① ［汉］郑玄注：《周易乾凿度注》卷下，文渊阁《四库全书》影印本，53 册，第 874 页。
② ［清］阮元校刻：《十三经注疏·周礼注疏》卷十八《春官·大宗伯》，中华书局，1980 年影印本，第 763 页。
③ ［清］阮元校刻：《十三经注疏·周礼注疏》卷三《天官·小宰》，中华书局，1980 年影印本，第 653 页。

耳。天地四时日月星辰之度数，所从言之异耳。”① 孔颖达指出，郑玄此说并非妄言，《周髀》《七曜》可以为据。

阴阳是中国古代哲学含义极为广泛的一对范畴。最初的意义并不复杂，也没有神秘性，只是对自然现象的简单描绘，有太阳，晴天，就是阳；没有太阳，乌云密布，就是阴；面对日光的一面称阳，背对太阳的一面称阴；太阳照到就是阳，太阳没有照到就是阴。西周末期，阴阳被提升为天地之间的气，阴阳之气被理解为万物构成的原初物质。阳气的特点是由下向上蒸腾，阴气的特点由上向下压迫。万物生成与变化都是因为阴阳交感以及阴阳的屈伸消长。春秋战国，阴阳被用来解释一切自然现象，并被高度抽象，广泛应用于称谓事物的属性，凡动的、温暖的、在上的、刚健的、明亮的、仁慈的都称阳，与之相反，凡静的、寒冷的、在下的、柔顺的、晦暗的、刑杀的都称阴。人们认为任何事物都有两面性，阴阳就是对立的一对，因此人类行为与世界万物都可以用阴阳来区分，男阳女阴，父阳母阴，君阳臣阴，上阳下阴，达阳穷阴（官运亨通是阳，无法施展抱负是阴），言阳默阴（爱说话、开朗为阳，沉默不语、内向就是阴），君子为阳，小人为阴；乐器当中，竹管为阳，铜管为阴，等等，不一而足。如此一来，阴阳就与人事、政治等等社会现象相连。秦汉时期，阴阳学说与天文、历算、医学、农学等结合，促进了各学科的发展。在汉代，阴阳说对思想意识形态的影响广泛，成为儒学、经学、谶纬等的重要内容，班固认为董仲舒之所以为汉代儒宗，就是因为董仲舒把阴阳观念纳入儒学体系，董仲舒用阴阳说来解释天人感应、君权神授，认为君臣、夫妇、父子等等都体现了阴阳的法则。

郑玄完全接受了汉代阴阳说，也有自己的发挥。郑玄认为阴阳之气的和合交感是宇宙形成、万物化生的根本原因，而阴阳二气对立相争的属性，使得它们始终处在此消彼长的交替循环之中。阴阳之气所以始终处于此消彼长的交替循环之中，是因为阴阳二气具有相互包含、相互隐伏的特点，即阴中潜藏着阳，阳中潜藏着阴。因为物极必反，阳气极盛时，它衰弱的历程也就开始了，而此时潜伏其中的阴气就开始生长，随着时间的推移，阴气渐长，阳气渐消。阳气渐消，则阴气极盛；同理，阴气极盛时，它衰弱历程也开始了，此时潜伏其中的阳气开始生长，随着时间的推移，阴气渐消，阳气极盛。这样就实现了阴阳二气的交替循环，而阴阳二气的交替循环无始无终、永不停止。正是阴阳二气的交替循环促成了天地之间的昼夜交替、四季转换、万物生长收藏等变化。

因为相信阴阳是自然界的基本法则，所以在《周礼注》中，郑玄运用其阴阳说做注解的地方很多。日食、月食，古人以为是灾，视为不祥，故有救日、救月之礼，但是郑玄却以为日食、月食是阴阳相胜之变，未至为灾。《周礼·秋官·庭氏》言：

---

① ［清］阮元校刻：《十三经注疏·周礼注疏》卷三《天官·小宰》，中华书局，1980年影印本，第653页。

庭氏掌射国中之夭鸟。若不见其鸟兽，即以救日之弓与救月之矢射之。

郑玄注曰：

玄谓日月之食，阴阳相胜之变也。

孔颖达申发郑玄之意：

“玄谓日月之食，阴阳相胜之变也”者，日之食，晦朔之间，月之食惟在于望。日食是阴胜阳，月食是阳胜阴，未至为灾，故云阴阳相胜之变也。①

可见，郑玄认为阴阳是自然之天的自然法则，日食、月食也是阴阳的此消彼长，无关神意。

在汉代，人们还将阴阳与五行结合用以解释宇宙秩序。五行，是中国哲学的重要范畴。五行观念最早见于《尚书·洪范》，但其义实指金、木、水、火、土五材。战国邹衍用五行相生、相胜之说解释政治变化、王朝更替，使五行具备了道德和政治的意义，赋予了五行神秘性。到汉代，经过汉代思想家的改造，五行有了新的内涵，“经过汉代思想家的整合，五行的思想内容丰富而深刻，具体地表现为：一方面继承了春秋以来的五行生克关系、五行与四时、四方的配合，并在此基础上又配以干支、天文星宿等。……另一方面，在原来五行生克关系的基础上提出了五行的生、壮、老、囚、死五个不同阶段或五行间相互生扶和制约的关系”②。

郑玄显然非常服膺这一五行观念，并且时时运于经典注释，注解《周礼》，也不例外。如《春官·占梦》有言：

占梦掌其岁时观天地之会，辨阴阳之气。

就此，郑玄注曰：

其岁时，今岁四时也。天地之会，建厌所处之日辰。阴阳之气，休王前后。

① [清]阮元校刻：《十三经注疏·周礼注疏》卷三十七《秋官·庭氏》，中华书局，1980年影印本，第889页。
② 姜广辉：《中国经学思想史》第二卷，中国社会科学出版社，2003年，第302页。

郑玄在这里所言“休王前后”，就是用汉代五行观念。孔颖达对此有明确疏解。

> 云“阴阳之气，休王前后”者，案《春秋纬》云：“王者休，王所胜者死，相所胜者囚。”假令春之三月木王，水生木，水休。木胜土，土死。木王，火相王，所生者相。相所胜者囚，火胜金，春三月金囚。以此推之，火王、金王、水王义可知。观此建厌所在，辨阴阳之气，以知吉凶也。①

阴阳之气此消彼长，其运行次序却不外五行之序。又如《春官·龟人》：

> 龟人掌六龟之属，各有名物。天龟曰灵属，地龟曰绎属，东龟曰果属，西龟曰雷属，南龟曰猎属，北龟曰若属。各以其方之色，与其体，辨之。

《周礼》提出了六龟，且明确要求六龟要“各以其方之色”相配。“各以其方之色”何所指？郑玄注曰：

> 色，谓天龟玄，地龟黄，东龟青，西龟白，南龟赤，北龟黑。②

郑玄在此处对各方之色的注解，无疑采用了五行与五方之色相配合的观念。郑玄以此作注，说明在他看来，自然万物，貌似无序，实有天序，此天序由五行相生相克决定。而五行本身无神意、无意志、无目的。

综上，郑玄所指自然之天，既是日月星辰、昼夜交替、四季轮换、万物生息之自然，也有是阴阳之法则、五行之次序的自然，这与孔子、孟子、荀子所言自然之天明显不同，而是汉代天道观的明显体现。

## 二、神灵之天

虽然郑玄认为宇宙的生成、万物化生都是天地合气，自然形成。然而，我们又看到郑玄天道思想还有另一面，就是他相信天地之间有神灵存在。

人类思想意识的形成经历了一个漫长的历史岁月。在人类的童年时代，人们认识自己、人类社会以及自然界的方式往往都是借助形象思维，在不能做出现实说明的领域，就用神话和幻想来解释，这一点，中华民族也不例外。他们相信灵魂不死、万物有灵，

---

① ［清］阮元校刻：《十三经注疏·周礼注疏》卷二十五《春官·占梦》，中华书局，1980年影印本，第807页。

② ［清］阮元校刻：《十三经注疏·周礼注疏》卷二十四《春官·龟人》，中华书局，1980年影印本，第804页。

天、地、日、月、风、雨、雷、电、山、川、水、火等各有神主。出于感激与恐惧，先民都极其虔诚地祭祀这些神灵。汉字当中，有不少以“示”作偏旁的字，这些字都与古文的祭祀活动有关。这些祭祀活动的仪式在儒家三部礼书当中有比较详细的记载。进入汉代，由于谶纬思潮兴起，宗教有神论在社会上非常流行。

郑玄本人生活在谶纬流行的时代，少年时代就开始研究纬学，精通天文、占候、风角、隐术等。在注“三礼”之前，先整理了纬书。纬书的宗教有神论无疑对郑玄的有神论产生了至关重要的影响。受阴阳谶纬论影响，郑玄的天神论主要有两个部分，一是“六天说”，一是“五精感生说”。①

“六天说”，是郑玄的天地人神系统。汉代以前，人们所说的天只有一个，可是汉代谶纬兴起之后，人们认为天有六天。纬书认为天上的紫微宫是天帝之室，北辰（北极星），即耀瑰宝，就是天帝。在太微宫有五个星位，就是五方天帝所在。五方天帝就是白帝、青帝、黑帝、赤帝、黄帝。这五方天帝是由金、木、水、火、土五行精气之神形成。人间帝王和朝代并不是人类自己行为的结果，而是由五帝轮流感应而生，因此也称为“感生帝”。如尧是赤帝所感生，舜是黄帝所感生，禹是白帝所感生，汤是黑帝所感生，周文王是苍帝所感生。

郑玄将谶纬的“六天”说与《礼记·月令》相结合，建构起他自己的天地人神系统。他认为天上有一个至上帝，名叫天皇大帝耀魄宝。至上帝耀魄宝有五位天帝辅佐。这五位天帝分别是：东方苍帝灵威仰，南方赤帝赤熛怒，中央黄帝含枢纽，西方白帝白招拒，北方黑帝汁光纪。至上帝加上这五位天帝，就是所谓“六天”。五方天帝以其精感生了五人帝：太昊是苍帝感生，炎帝由赤帝感生，人帝黄帝由以天帝黄帝含枢纽感生，少昊由白帝感生，颛顼由黑帝感生。五位人帝手下有五官，分别是句芒、祝融、后土、蓐收、玄冥。这五官死后也变为神。人们在祭祀五方天帝时，由五方天帝感生的五位人帝一起配食，五人帝则由各自所属的五官配食。所谓配食，就是配享、合祭。也就是说，人们在祭祀五方天帝时，还要同时祭祀每位天帝感生的人帝以及人帝下属之官。总而言之，天帝们接受下民祭拜时，并不孤独，会有五人帝及其下属配享；而能够配享各位天帝的人帝当然非等闲之辈，因为他们是人神。将郑玄的上述天帝人神系统列为一图，具体如下：

① 参见耿天勤：《郑玄志》，山东人民出版社，2009 年，第 187 页。

| 至上帝 | 五精之帝 | 五精之君 | 五官 |
| --- | --- | --- | --- |
| 耀魄宝 | 苍帝灵威仰 | 太昊 | 句芒 |
| | 赤帝赤熛怒 | 炎帝 | 祝融 |
| | 黄帝含枢纽 | 黄帝 | 后土 |
| | 白帝白招拒 | 少昊 | 蓐收 |
| | 黑帝汁光纪 | 颛顼 | 玄冥 |

郑玄相信天帝人神就是这样一个层次分明的系统，因此他用这样的神学观念去注释《周礼》。《春官·大宗伯》曰：

以玉作六器，以礼天地四方：以苍璧礼天，以黄琮礼地，以青圭礼东方，以赤璋礼南方，以白琥礼西方，以玄璜礼北方。

对此，郑玄注曰：

此礼天以冬至，谓天皇大帝，在北极者也。礼地以夏至，谓神在昆仑者也。礼东方以立春，谓苍精之帝，而太昊、句芒食焉。礼南方以立夏，谓赤精之帝，而炎帝、祝融食焉。礼西方以立秋，谓自精之帝，而少昊、蓐收食焉。礼北方以立冬，谓黑精之帝，而颛顼、玄冥食焉。①

《周礼》在此处并没有指出天地四方之神的名字，也没有说明祭祀的时间与配享的神灵。郑玄在解释此段文字时，就把他的天帝人神系统加入其中。依其所言，冬至祭天，因为天皇大帝在北极；夏至祭地，因为地神在昆仑；立春祭东方苍帝，太昊与句芒配享；立夏祭南方之神赤帝，炎帝、祝融配享。立秋祭西方之神白帝，少昊、蓐收配享；立冬祭北方之神黑之帝，颛项、玄冥配享。《春官·小宗伯·五帝》有语：

兆五帝于四郊，四望、四类亦如之。

就此，郑玄注曰：

兆，为坛之营域。五帝，苍曰灵威仰，太昊食焉；赤曰赤熛怒，炎帝食焉；黄曰含枢纽，黄帝食焉；白曰白招拒，少昊食焉；黑曰汁光纪，颛项食焉。黄帝亦于

① [清]阮元校刻：《十三经注疏·周礼注疏》卷十八《春官·大宗伯》，中华书局，1980年影印本，第762页。

南郊。①

《周礼》于此也没有点明五帝之名，郑玄明确注为苍帝灵威仰，赤帝赤熛怒，黄帝含枢纽，白帝白招拒，黑帝汁光纪。

无疑，从《周礼注》中，我们看到，郑玄不仅认为有神灵之天，而且天上众神还有一个层级分明的秩序，其中五帝则是五行之精化生而来，缘此五帝各自居于与五行相应的方所。显然，在汉代神学观念盛行之时，郑玄亦深深浸润其中，未能超越其上。

## 三、法天、尊天与戡天

古人讨论天道，其终极目的是要解决人自身所面临的种种问题。因此论天，必然论人，天人之道成为人类永恒主题。同样，天人之道也是郑玄非常关注的问题。

郑玄认为无论是自然之天，还是神灵之天，都对人世有主宰作用。《春官·大宗伯》有言：

以天产作阴德，以中礼防之；以地产作阳德，以和乐防之。

郑众注曰：

阴德，谓男女之情，天性生而自然者。……情性隐而不露，故谓之阴德。阳德，谓分地利以致富。富者之失，不骄奢则吝啬，故以和乐防之。乐所以涤荡邪秽，道人之正性者也。一说地产谓土地之性各异，若齐性舒缓，楚性急悍，则以和乐防其失，令无失德，乐所以移风易俗者也，此皆露见于外，故谓之阳德。阳德、阴德不失其正，则民和而物各得其理，故曰以谐万民，以致百物。②

郑众认为阴德指男女之情性，因为男女之情性“隐而不露”，故有此称；阳德则指“分地利以致富”，即根据不同土地的不同特性，耕作以时，收获财富；郑众还提供了另一种说法，认为阳德是指不同地域人的性格，如齐国人与楚国的性格就不同，因为不同地域人的性格差异显露于外，故称阳德。郑玄不同意郑众的看法，他说：

玄谓……阴德，阴气在人者。……阳德，阳气在人者。③

---

① ［清］阮元校刻：《十三经注疏·周礼注疏》卷十九《春官·小宗伯》，中华书局，1980 年影印本，第 766 页。
② ［清］阮元校刻：《十三经注疏·周礼注疏》卷十八《春官·大宗伯》，中华书局，1980 年影印本，第 763 页。
③ ［清］阮元校刻：《十三经注疏·周礼注疏》卷十九《春官·小宗伯》，中华书局，1980 年影印本，第 763 页。

郑玄认为，所谓阴德与阳德，乃是人生成之时所受之气的阴阳之分而成，有阴气，故有阴德，有阳气，故有阳德，阴阳之气变化万端，造就了人们先天不同品性。郑玄明确说："天者，统理万物。"① 阴阳之气是构成人的物质始基，阴阳之气的品性决定了人的先天品性，这是人无法摆脱的宿命。

既然天对人世有主宰作用，如何与天相处？

郑玄主张人们当法天、尊天而行。在他看来，《周礼》所设六官，就是法天之意。而各官具体的职掌以及管理的器物、牲畜，也都是顺应天道，"牛属司徒，土也。鸡属宗伯，木也。犬属司寇，金也。羊属司马，火也"②。（前人对此多有讨论，在此不再赘论）不仅官制法天，婚制亦当法天。《地官·媒氏》有言：

> 令男三十而娶，女二十而嫁。

即男子三十岁必须娶妻，女子二十岁必须出嫁。制定这一礼规的原因，郑众的解释是：

> 男女之情，天性生而自然者。过时则奔随，先时则血气未定，圣人为制其中，令民三十而娶，女二十而嫁，以防其淫洪，令无失德。③

郑众认为规定"男三十而娶，女二十而嫁"，主要考虑人的生理状况以及道德操守。而郑玄的解释则是：

> 二三者，天地相承覆之数也。《易》曰"参天两地而奇数"焉。④

在郑玄看来，之所以古人定"男三十而娶，女二十而嫁"，是与天地之数相匹配。孔颖达点明郑玄之意："'二三者天地相承覆之数也'者，比二十女，三十男，法天地相承覆之数也。"

郑玄主张人们的日常饮食也当顺天而行。《天官·庖人》言：

> 凡用禽献，春行羔豚，膳膏香；夏行腒鱐，膳膏臊；秋行犊麛，膳膏腥，冬行鲜羽，膳膏膻。

---

① ［清］阮元校刻：《十三经注疏·周礼注疏》卷一《天官·冢宰》，中华书局，1980年影印本，第639页。
② ［清］阮元校刻：《十三经注疏·周礼注疏》卷四《天官·庖人》，中华书局，1980年影印本，第661页。
③ ［清］阮元校刻：《十三经注疏·周礼注疏》卷十八《春官·大宗伯》，中华书局，1980年影印本，第763页。
④ ［清］阮元校刻：《十三经注疏·周礼注疏》卷十四《地官·媒氏》，中华书局，1980年影印本，第733页。

对于其中的膏臊、膏腥、羔豚、腒鱐、犊麛等，郑司农、杜子春有不同意见，“郑司农云：‘膏香，牛脂也，以牛脂和之。腒，干雉。鱐，干鱼。膏臊，豕膏也，以豕膏和之。’杜子春云：‘膏臊，犬膏。膏腥，豕膏也。鲜，鱼也。羽，雁也。膏膻，羊脂也。’”① 郑玄与二人持不同意见，他的解释是：

> 玄谓膏腥，鸡膏也。羔豚，物生而肥。犊与麛，物成而充。腒、鱐，暵热而干。鱼、雁，水涸而性定。此八物者，得四时之气尤盛，为人食之弗胜，是以用休废之脂膏煎和膳之。②

郑玄认为郑司农与杜子春的解释都不正确，并进一步指出，此八物由于得四时盛气，所以人食之难以消化，故用“休废之脂膏煎和膳之”以中和而助其消化。郑玄还说：

> 玄谓天产者动物，谓六牲之属；地产者植物，谓九谷之属。阴德，阴气在人者。阴气虚，纯之则劣，故食动物，作之使动，过则伤性，制中礼以节之。阳德，阳气在人者。阳气盈，纯之刚躁，故食植物，作之使静，过则伤性，制和乐以节之。如是然后阴阳平，情性和，而能育其类。③

郑玄指出，人的食物资源，诸如六牲、九谷等都来源于自然之天，而人自身也因阴阳之气而成，所以需取食动物、植物，满足身体的需要，阳气盛者取食植物以去其躁而归于静，阴气盛者取食动物以去其虚而助其动。虽然郑玄的解释并不符合医学原理，不过我们很清楚，郑玄作此解释，是表明人的日常生活要顺应自然。

郑玄强调，为了表达对于上天的敬意，“礼神者必象其类”，之所以要“以苍璧礼天，以黄琮礼地，以青圭礼东方，以赤璋礼南方，以白琥礼西方，以玄璜礼北方”，是因为“璧圜，象天；琮八方，象地；圭锐，象春物初生；半圭曰璋，象夏物半死；琥猛象秋严；半璧日璜，象冬闭藏，地上无物，唯天半见”④。

虽然郑玄主张要法天、顺天、尊天，但是对于自然之天，郑玄并不认为要惟天是从，而是强调人应当发挥自身主观能动性，以人参天，也可以与天相争。如《秋官·司寇》：

> 柞氏，掌攻草木及林麓，夏日至，令刊阳木而火之；冬日至，令剥阴木而水

① ［清］阮元校刻：《十三经注疏·周礼注疏》卷四《天官·庖人》，中华书局，1980年影印本，第661页。
② ［清］阮元校刻：《十三经注疏·周礼注疏》卷四《天官·庖人》，中华书局，1980年影印本，第661页。
③ ［清］阮元校刻：《十三经注疏·周礼注疏》卷十八《春官·大宗伯》，中华书局，1980年影印本，第763页。
④ ［清］阮元校刻：《十三经注疏·周礼注疏》卷十八《春官·大宗伯》，中华书局，1980年影印本，第762页。

之。若欲其化也，则春秋变其水火。

就此，郑玄注曰：

> 刊、剥互言耳，皆谓斫去次地之皮，生山南为阳木，生山北为阴木。火之，水之，则使其肄不生。……化犹生也，谓时以种谷也，变其水火者，乃所火则水之，所水则火之，则其土和美。[1]

郑玄指出，农业生产，土壤的品质决定了收获的丰歉，但人们可以通过自己的努力，改良土质，使土地变得肥美，其方法就是“春秋变其水火”。即夏至以后，砍掉山南面的草木并用火焚烧，秋季再用水浸渍焚烧过的地方；冬至以后，砍伐山北面的草木并用水浸泡，春天把这些浸泡过的草木焚烧，如此，即可改变土壤的肥力。

可见，郑玄既强调要尊天、法天、顺天，但也反对屈从于天，戡天、胜天也是郑玄天道观的重要内涵。

## 四、结语

郑玄《周礼注》中所论之天，有自然之天、神灵之天、尊天、法天、戡天之义。郑玄所指自然之天，既是日月星辰、昼夜交替、四季轮换、万物生息之自然，也是有阴阳之法则、五行之次序的自然，这与孔子、孟子所言自然之天明显不同，也与荀子所言自然之天有异，而是汉代天道观的特别体现。对于自然之天，郑玄主张法天之道，顺天而行，但必要时也须以人参天、与天相争，故也有戡天之义；郑玄不仅认为有神灵之天，而且天上众神还有一个层级分明的秩序，其中五帝则是五行之精化生而来，缘此五帝各自居于与五行相应的方所。显然，在汉代神学观念盛行之时，郑玄亦深深浸润其中。对于神灵之天，郑玄强调要尊天礼神。由于郑玄以《周礼》为先，调整了三礼次序，使中国礼学由“专讲典礼仪式及日常礼节的礼学，转化为讲述社会政治制度的礼学”[2]，虽然世俗政治生活占据了郑玄礼学的主导地位，在一定程度上淡化了古代宗教，但清晰可见的古代宗教印迹仍然在《周礼注》中明显存在。

---

① ［清］阮元校刻：《十三经注疏·周礼注疏》卷三十七《秋官·司寇下》，中华书局，1980年影印本，第888页。

② 姜广辉：《中国经学思想史》，中国社会科学出版社，2003年，第230页。

# 郑玄三礼学成就述略*

丁　鼎（中国孔子研究院；山东师范大学齐鲁文化研究院）

**摘　要**　郑玄是汉代经学史上一位集大成式的经学家。郑玄经学的一个显著特点就是以“礼”为宗。所谓以“礼”为宗，就是以“三礼学”贯通其他诸经。“三礼学”是郑玄经学的精华和重点所在。郑玄礼学的一个重要特点是不仅特别重视三礼在整个经学系统中的地位，而且将其他经义也纳入礼学的阐释系统。郑玄礼学的一个重要特点是非常重视和尊崇《周礼》，把《周礼》提升到其礼学阐释系统的中心地位。在“三礼”之中，郑玄首推《周礼》，确立了《周礼》《仪礼》《礼记》的三礼顺序，此举极大地提高了《周礼》的学术地位。在《仪礼》研究领域，郑玄摒弃门户之见，会通今、古文，择优而从，整理出一部权威的《仪礼》十七篇定本，并为其做注。郑玄《仪礼注》是汉代注释《仪礼》的典范著作，注释内容甚为丰富，注释方法也非常完备。郑玄的《礼记注》在学术史占有承前启后的重要地位。郑玄的《礼记注》，博综兼采，择善而从，而行文简明晓畅，要言不烦，又多真知灼见。从而使《小戴礼记》大行于世，甚至到曹魏时期被列于学官，设博士，正式进入儒家经典的行列。

**关键词**　郑玄　三礼学　《周礼》　《仪礼》　《礼记》

郑玄是汉代经学史上一位集大成式的经学家，是汉代最大的“通儒”。所谓“通”者，一方面是说郑玄兼通“五经”，不专守一艺，遍注群经；另一方面是说他兼通今、古文经学，对今、古文经学进行了融会贯通和整合。据《后汉书》本传记载，郑玄早年赴京入太学师事第五元先研习今文经学，后又师从东郡张恭祖和扶风马融两位名师研习古文经学①。他综合今、古，遍注群经，集两汉经学之大成，为两汉学术做出了划时代的贡献。郑玄的经学成就以礼学最为突出，在礼学研究领域取得了划时代的成就。

---

* 基金项目：本文为教育部基地重大项目《汉魏齐鲁经学史》（批准号：12JJD750001）的阶段性成果。

① 范晔:《后汉书》卷三十五《郑玄列传》,中华书局,1965 年,第 1207 页。

郑玄经学的一个显著特点就是以“礼”为宗。所谓以“礼”为宗，就是以“三礼学”贯通其他诸经。

“三礼学”是郑玄经学的精华和重点所在。郑玄《周官注》师承于著名古文经学家马融；而其《仪礼注》则兼采今、古文之说；注《礼记》则是其文心独断的创新性撰作。此前，《周礼》《仪礼》与《礼记》三部礼书各自成书，分别相传，而郑玄将这三部礼书融会贯通，形成“三礼之学”。

郑玄以《周礼》为中心的三礼之学对后世礼学产生了深远影响，为后世礼学奠定了坚实的基础。故唐代经学家孔颖达说：“礼是郑学。”①

郑玄的“三礼”学研究可谓集两汉礼学之大成。清代学者陈澧高度评价说：“孔冲远云‘礼是郑学’。《月令》《明堂位》《杂记》疏皆有此语，不知出于孔冲远，抑更有所出？考两《汉书·儒林传》以《易》《书》《诗》《春秋》名家者多，而《礼》家独少。《释文·序录》汉儒自郑君外，注《周礼》及《仪礼·丧服》者惟马融，注《礼记》者惟卢植。郑君尽注三礼发挥旁通，遂使三礼之书合为一家之学。故直断之曰‘礼是郑学’也。”②

清人戴震则说：“郑康成之学，尽在三礼注，当与春秋三传并重。”③ 张舜徽对郑玄的礼学著述亦有很高的评价：“三礼之名，虽始于马、卢，实确立于郑氏。三礼之学，前此虽有师说，至郑氏而集大成。其后王肃之徒，颇好立异，终莫能与之抗。故晋宋六朝间，《周易》《春秋左氏传》南北异师，而三礼则同遵郑氏。自尔以降，更无异论。”④从上述著名学者对郑玄三礼学的高度评价足以看出郑玄对于汉魏时期礼学的传承所做出的巨大贡献。

郑玄礼学的一个重要特点是他不仅特别重视三礼在整个经学系统中的地位，而且将其他经义也纳入礼学的阐释系统。正如清儒皮锡瑞所说：“郑学最精者三《礼》。其注《易》，亦据《礼》以证《易》义广大，无所不包。”⑤

甚至可以说，郑玄是我国古代学术史上素称显学的三礼学的最主要的奠基人，为三礼学的形成和发展做出了奠基性的集大成式的贡献。有鉴于此，笔者拟在本文中对郑玄在三礼学领域的学术成就做出概括性的简要论述。

---

① 孔颖达:《礼记正义》,影印《十三经注疏》本,中华书局,1980年,第1550页。

② 陈澧:《东塾读书记》卷十五,清光绪刻本。

③ 段玉裁:《戴东原先生年谱》,载《戴震集》,上海古籍出版社,1980年,488页。

④ 张舜徽:《郑学丛著》,齐鲁书社,1984年,第51页。

⑤ 皮锡瑞:《经学通论》,中华书局,1954年,第21页。

## 一、郑玄对《周礼》学的重大贡献

《周礼》原名《周官》，是先秦儒家学者编著的一部理想化的政典，分述各级官职及其相关的典章制度。《周礼》一书虽然不见于先秦文献的记述，但综合现代学术界的研究，基本上可以认定《周礼》一书大约成书于东周春秋时期。

《周礼》(《周官》)一书虽然可能编纂于东周春秋时期，但一直不见于传世的先秦文献的记述，直到西汉初年才见称于世。如司马迁《史记·鲁周公世家》和《史记·封禅书》均称引过《周官》一书，但西汉前期其他学者几乎无人提及或关注此书，可见当时此书流传不广，影响不大。直到刘歆于西汉晚期受命校理皇家图书时从秘府中发现此书，并对其大加推崇，才逐步引起社会的重视。王莽当政时，刘歆奏请将《周礼》立于学官。而王莽也非常看重《周礼》一书，甚至依照《周礼》的政治设计进行施政改革。于是在刘歆的推动和王莽的扶持下，《周礼》(《周官》)这部本来不在儒家经典之列的书大行于世，甚至被提升到“经”的序列。

虽然王莽政权被推翻后，新莽时期设立的包括《周礼》在内的古文经博士也被废弃了，但新莽朝廷的大力推行、博士的讲授以及生员的学习和传习，为《周礼》学的迅速发展打下了坚实的基础。东汉早期著名的《周礼》学专家主要有杜子春、郑兴、郑众父子、贾徽、贾逵父子和卫宏、马融等人。

《后汉书·儒林列传》记载：“马融作《周官传》，授郑玄，玄作《周官注》。”① 此前，《周礼》《仪礼》《礼记》三种礼学经典都是分别传授，各有师承。《后汉书·马融传》记载，马融即已开始为三礼作注，郑玄则沿着其老师马融的学术道路，进一步遍注三《礼》，亦即“通为三《礼》”。此后，便形成了“三礼”之学。黄侃曾在《礼学略说》中认为：“郑氏以前未有兼注‘三礼’者，故舍郑无所宗也。”② 按黄氏之说并不准确，因为《后汉书·马融列传》明言早在郑玄之前，马融即已遍注“三礼”③。只是马氏之三礼注后来失传了而已。

郑玄礼学的一个重要特点是突出提升了《周礼》在其礼学阐释系统中的地位。本来，在汉代经学中，“五经”中的《礼经》是指《仪礼》，《周礼》不在“五经”之数。由于郑玄非常重视和尊崇《周礼》，因而便将《周礼》提升到其礼学阐释系统的中心地位。《礼记·礼器》云：“经礼三百，曲礼三千。其致一也。”郑玄注曰：“经礼谓《周

---

① 范晔:《后汉书》卷七十九下《儒林列传》,中华书局,1965年,第2579页。

② 黄侃:《礼学略说》,载于陈其泰、郭伟川、周少川主编《二十世纪中国礼学研究论集》,学苑出版社,1998年,第16页。

③ 范晔:《后汉书》卷六十上《马融列传》,中华书局,1965年,第1972页。

礼》六篇，其官有三百六十。曲从事也。事礼谓今《礼》（指《仪礼》）也。”① 可见在郑玄的心目中，《周礼》为“经礼”，《仪礼》只是“曲礼”，亦即《周礼》的地位高于《仪礼》。此外，郑玄不仅把《周礼》与《仪礼》和《礼记》并列为“三礼”，而且在“三礼”之中，首推《周礼》，独树一帜地把《周礼》排在了“三礼”之首，确立了《周礼》《仪礼》《礼记》的三礼顺序，此举极大地提高了《周礼》的学术地位。

郑玄《周礼》之学能够达到集前人之大成的高度，与他破除今古门户之见、转益多师、博采众家之长有着密切关系。

贾公彦《序周礼废兴》所引郑玄《序》自谓：“玄窃观二三君子之文章，顾省竹帛之浮辞，其所变易，灼然如晦之见明；其所弥缝，奄然如合符复析。斯可谓雅达广揽者也。然犹有参错，同事相违。则就其原文字之声类，考训诂，捃秘逸。谓二郑者，同宗之大儒，明理于典籍，觕识皇祖大经《周官》之义，存古字，发疑正读，亦信多善，徒寡且约，用不显传于世。今赞而辨之，庶成此家世所训也。”② 由此可见郑玄的《周礼》之学，并不仅仅是对张恭祖和马融学术成果简单的传承，而是综揽前儒，博综兼采的结果。郑玄曾在其《戒子书》中自谓其治经宗旨为：“但念述先圣之原意，思整百家之不齐。”③ 应该说郑玄三礼学确实达到了“整百家之不齐”的高度。

郑玄还在当时的今、古文经学之争中捍卫了《周礼》的地位。自刘歆始，今文经学派与古文经学派就不断地发生矛盾和摩擦。由于《周礼》一书原本不在儒家经典之列，而刘歆却建议将其立于学官，因而招致了今文学派的强烈反对。于是《周礼》便与《左传》《毛诗》一起成为今、古文经学之争的焦点问题。郑玄博通今古文经学，他接受了刘歆关于《周礼》乃“周公致太平之迹”的观点。郑玄认为：“周公居摄而作六典之职，谓之《周礼》。”④ 他既然认定《周礼》一书为周公所制作，于是便不遗余力地研究发扬《周礼》之学。贾公彦《序周礼废兴》记载：“林孝存以为武帝知《周官》末世渎乱不验之书，故作《十论》《七难》以排弃之；何休亦以为六国阴谋之书。唯有郑玄遍览群经，知《周礼》者乃周公致大平之迹，故能答林硕之《论》《难》，使《周礼》义得条通。故郑氏《传》曰：玄以为括囊大典，网罗众家，是以《周礼》大行后王之法。”⑤ 按文中所谓“林孝存”与“林硕”为同一人（林，或作“临”）。林硕，字孝存。面对林孝存、何休等今文经学家对《周礼》的猛烈攻讦，郑玄挺身而出，力排众议，对林、何等人的辩难进行了回击，为《周礼》一书进行了辩护，从而巩固了

① 孔颖达：《礼记正义》，影印《十三经注疏》本，中华书局，1980 年，第 1435 页。
② 贾公彦：《周礼注疏》卷首《序周礼废兴》引郑玄《序》，影印《十三经注疏》本，中华书局，1980 年，第 636 页。
③ 范晔：《后汉书》卷三十五《郑玄列传》，中华书局，1965 年，第 1209 页。
④ 贾公彦：《周礼注疏》卷一《天字冢宰》，影印《十三经注疏》本，中华书局，1980 年，第 639 页。
⑤ 贾公彦：《周礼注疏》卷首《序周礼废兴》，影印《十三经注疏》本，中华书局，1980 年，第 636 页。

《周礼》的地位。与此同时，郑玄还为《周礼》作注，使《周礼》“义得条通”。郑玄的《周礼注》对两汉今、古文经学进行全面的整合，独成“郑学”。范晔于《后汉书·郑玄列传》论赞说：“郑玄括囊大典，网罗众家，删裁繁诬，刊改漏失，自是学者略知所归。”① 范晔的论赞是符合历史实际的。

郑玄的《周礼注》是迄今保存下来的最早的《周礼》注本，是后世《周礼》学研究最基础、最重要的文献资料。郑玄的《周礼注》具有重要的学术价值，因而被后世许多学者奉为《周礼》研究的圭臬。

如果说刘向、刘歆父子是《周礼》学的发起者和开创者；杜子春是两汉之际《周礼》学传承的关键人物，那么郑玄则是《周礼》学的集大之成者。

## 二、郑玄的《仪礼》学成就

两汉时期《仪礼》虽然贵为五经之一，在汉代经学文献体系中的地位本来高于《周礼》和《礼记》。不过，值得注意的是《周礼》和《礼记》虽不在五经之列，但在两汉时期，学术界对《周礼》和《礼记》的研究热度却高于对《仪礼》的研究。尤其是东汉时期，整个《仪礼》学呈现衰微之势。在这种学术背景下，郑玄的《仪礼注》以其博综古今、广洽精详的特点横空出世，成为两汉《仪礼》学的集大成之作，也为后世的《仪礼》奠定了坚实的基础。

西汉诸家传授《仪礼》均只有师授而无注解。东汉马融始为《仪礼》作注，惜早亡佚。马融的弟子郑玄又为《仪礼》全书作《注》。由于郑玄是一位兼通今古文家法的经学家，因而他在给《仪礼》作《注》时，对《仪礼》原文也作了一番整理的工作。他把今古文两种本子拿来互相参校，每逢两个本子文字不同时，他便择善而从，或采今文，或采古文。不唯如此，郑玄在改定经文时还严格注明其改定的依据，若改用今文之字则必注明古文该字作某；若改用古文之字则必注明今文该字作某。经过郑玄杂采今古文并为之作《注》的《仪礼》，就是今传本《仪礼》。所以今传本《仪礼》实际是一部今、古文相混合的《仪礼》。此后，郑注所整理的《仪礼》十七篇就成为《仪礼》的定本，一直流传到现在。

郑玄《仪礼注》是目前我们所知流传至今的最早的全面注释《仪礼》的专著，代表了汉代《仪礼》研究的最高水平。作为汉代注释《仪礼》的典范著作，郑玄《仪礼注》注释内容甚为丰富，注释方法也非常完备。郑玄《仪礼注》所传承和创造的校勘、训诂条例、方法，为后世历代《仪礼》学者所继承和发展，对后世《仪礼》学产生了重大而深远的影响。

---

① 范晔:《后汉书》卷三十五《郑玄列传》,中华书局,1965年,第1212页。

约略说来，郑玄《仪礼注》主要有如下几方面的特点：

（1）会通今、古文，并择优从之。《四库全书总目》卷二十《仪礼注疏》提要云："二戴尊卑吉凶杂乱，故郑不从之也。其经文亦有二本。高堂生所传者，谓之今文。鲁恭王坏孔子宅，得亡《仪礼》五十六篇，其字皆以篆书之，谓之古文。玄注参用二本。其从今文而不从古文者，则今文大书，古文附注……从古文而不从今文者，则古文大书，今文附注。"①

（2）郑玄《仪礼注》校勘态度非常严谨，对经文之讹脱衍倒处皆只在注释中一一加以标注，而绝不妄行删改。这种谨慎的态度使后世读者得以领略古代多种不同的《仪礼》版本情况。

（3）郑玄注解《仪礼》各篇经文时，或权衡本经前后文，或参校他书，或证以汉代风俗以为佐证，或引前人之说，对古代礼制、礼义、名物加以诠解，力求详备完善。无文献可征时，则据上下经文，断以己意，力求准确客观。

（4）郑玄《仪礼注》言简意赅，不枝不蔓，注释非常精当，要言不烦。据统计，《仪礼》经文共计 56115 字，而郑玄注文总计只有 79810 字。注文仅比经文多出两万多字。其中《少牢馈食礼》经文计 2979 字，注文仅 2787 字；《有司》经文计 4790 字，注文仅 3456 字。这两篇注文的字数竟然比经文还少！准此可见《仪礼注》之简约。

正是由于以上这些特点，使郑玄《仪礼注》一书问世后，很快风靡学界，取代了其他注本，成为通行至今的《仪礼》权威注本。

郑玄《仪礼注》行世后，大小戴及庆氏三家之学便衰亡了。汉魏之际，形成了郑学独盛的局面。唐代贾公彦编纂《仪礼注疏》，所依据的古注就是郑玄的《仪礼注》。直到今天，郑玄的《仪礼注》仍然是研究《仪礼》最重要最权威的参考文献。

## 三、郑玄《礼记注》的学术贡献

郑玄《礼记注》是东汉时期最重要的《礼记》学著作。《后汉书·儒林列传》记载："（郑）玄本习《小戴礼》，后以古经校之，取其义长者，故为郑氏学。玄又注小戴所传《礼记》四十九篇，通为三《礼》焉。"②《隋书·经籍志》记载："汉末马融，遂传小戴之学。融又定《月令》一篇、《明堂位》一篇、《乐记》一篇，合四十九篇。而郑玄受业于融，又为之注。今《周官》六篇、古经十七篇、《小戴记》四十九篇，凡三种。唯《郑注》立于国学，其余并多散亡，又无师说。"③《礼记》原为解说《仪礼》

---

① 永瑢等：《四库全书总目》卷二十，中华书局，1965 年，第 158 页。

② 范晔：《后汉书》卷七十九下《儒林列传》，中华书局，1965 年，第 2579 页。

③ 魏征等：《隋书》卷三二《经籍志一》，中华书局，1973 年，第 925—926 页。

的资料汇编，后经东汉礼学大师马融及其弟子郑玄，使它摆脱了从属于《仪礼》的地位。其中郑玄的《礼记注》影响最大。郑玄校注《礼记》时，将当时流传的《礼记》的各种版本互相参校，择善而从，成为后出转精的善本，不仅为学者所传习，而且也使《礼记》流行于世。

郑玄《礼记注》博综兼采，取百家之长，成一家之言，诚为《礼记》学的典范之作。郑玄《礼记注》有着多方面的学术贡献。

首先，创建了较为完备的训诂体例，在训诂学方面取得了很高的成就。钱大昕在《经籍纂诂·序》中说："有文字而后有训诂，有训诂而后有义理。训诂者，义理之所由出，非别有义理出乎训诂之外者也。"① 可见，包括训诂学在内的小学，是经学研究的基础。郑玄的《礼记注》标志着中国传统训诂学已经发展到了一个成熟的阶段。有学者通过分析郑玄《礼记注》中训诂内容、术语和方法，进而归纳出了郑玄《礼记注》在训诂学方面的三点成就：创建和完善了完备的训诂体例；建立了先进的语言观；科学的训诂方法。从中不难发现，中国传统训诂学的学科体系，至郑玄而大备②。

其次，对保存古文献发挥了重要作用。郑玄在注解《礼记》的过程中，对于不同版本中存在的经文异文并没有简单舍弃，而是将其详尽、准确地标注清楚。据李云光《三礼郑氏学发凡》统计，郑玄在《礼记》中保存了多达二百零六条的异文③。面对不同的异文，郑玄不是妄下结论，勘定某一条经文而舍弃异文，而是对异文加以详细标注，让读者择善而从。无疑，郑玄《三礼注》保存下来的这些异文具有极其重要的学术价值，为后人研究《礼记》提供了极为重要的参考资料。

郑玄的《礼记注》在学术史上占有承前启后的重要地位。郑玄的《礼记注》，摒除门户之见，博综兼采，择善而从，而行文简明晓畅，要言不烦，又多真知灼见，从而使《小戴礼记》大行于世，影响很快超过戴德所选编的《大戴礼记》。值得注意的是，《礼记》在汉代本是附属于《仪礼》的一些资料汇编。但自郑玄作注后，《礼记》的地位大幅度提升，到东汉末年，即与《仪礼》《周礼》鼎足而三，蔚为显学。至曹魏时又第一次被立于学官，设博士。《礼记》在经学中这种地位的变化，实由郑玄《礼记注》的推阐所致。郑玄对于《礼记》的传承起到了承前启后的重要作用。承前者，郑玄网罗自二戴《礼记》成书以来流传的各种本子并对其进行参校而成《礼记注》，形成了今天所见《礼记》的定本。正是因为包括《礼记注》在内的诸经注成果，郑玄才成为集大成者。经学在该时期达到了"小统一时代"。《礼记》在经学史上的地位自此开始提高，

---

① 钱大昕:《经籍纂诂·序》,中华书局,1982年。

② 马君花:《论郑玄〈礼记注〉在训诂学史上的成就》,宁夏大学2005年硕士学位论文。

③ 李云光:《三礼郑氏学发凡》,台湾嘉新水泥公司文化基金会,1966年。

曹魏时期第一次被列于学官，设博士。据王锷《东汉以来〈礼记〉的流传》一文考订，东汉末年，传习郑氏之学者，有赵商、冷刚、张逸、孙皓、刘炎、炅模、田琼、王瓒、焦氏、崇精、王权、鲍遗、任厥、泛阁、崇翱、刘德、陈铄、桓翱等一十七人，可见郑玄学说在三国时期之影响①。南北朝时期，虽然国家分裂为南北二朝，在经学上也分为“南学”“北学”，但南学与北学在三礼学方面却“同遵于郑氏”，而且北朝格外注重对《礼记》的研究。到了唐代，孔颖达与诸儒撰定《五经正义》之时，将《礼记》编入五经之列。于是《礼记》以官方的名义被升格为“五经”之一，取代了《仪礼》在五经中的地位。孔颖达《礼记正义》正是采用郑玄注本为底本。而郑玄《礼记注》至今仍是最权威的《礼记》学著作。

① 王锷:《东汉以来〈礼记〉的流传》,《井冈山大学学报》2010 年第 5 期,第 127 页。

# 由《礼记·檀弓上》"不诚于伯高"的理解说郑玄注的价值

## ——兼谈《孔子家语》的相关问题

宁镇疆（上海大学古代文明研究中心）

## 一

《礼记·檀弓上》："伯高之丧，孔氏之使者未至，冉子摄束帛乘马而将之。孔子曰：'异哉，徒使我不诚于伯高。'"

关于"不诚于伯高"，王引之述其父念孙说，以郑注有"礼所以副忠信也，忠信而无，礼何传乎?"且证以类书《白孔六帖》《太平御览》者，认为《礼记》当初应作"诚礼"，且主"诚礼"应为"成礼"①，此为考据学上一个著名例子。王氏此处主《礼记》本有"礼"字，且《礼记》之"诚礼"应作"成礼"解，这都非常正确。但对于前一字，虽然《白孔六帖》《太平御览》都作"诚"，而此字在郑玄的时代是否亦作"诚"，其实非常可商。另外，值得注意的是，虽然后来学者也多注意到了王氏的新见，但晚近的《礼记》训解之作却无一例外地还是将此处"不诚于伯高"之"诚"就字面解为"诚信""诚意"②，说明学者对王氏"成礼"之新见的准确含义并没有真正理解，所以有必要对其做进一步申说。

---

① 王引之:《经义述闻》,江苏古籍出版社,2000年,第322—323页。下引王说,俱出此书。

② 参见王梦鸥:《礼记今注今译》,新世界出版社,2011年,第52页;王文锦:《礼记译解》,中华书局,2001年,第74页;钱玄、钱兴奇等注译:《礼记》,岳麓书社,2001年,第73页;杨天宇:《礼记译注》,上海古籍出版社,2004年,第69页;吕友仁、吕咏梅:《礼记全译、孝经全译》,贵州人民出版社,2009年,第90页;陈戍国:《礼记校注》,岳麓书社,2004年,第40页;其中前二书及吕、陈二著都于注释中提到王氏"成礼"之新见(陈书肯定王氏之新见,但由于不涉翻译,故无从判断)。

王氏之所以认为郑玄所见亦作“诚”，缘于其对此处郑注的看法。王氏指“郑以诚为忠信”，因此说郑注的意思就是“不忠信礼于伯高”，故斥郑说“颇为不词”。今按，王氏于此对郑注的理解明显有误，关键一点，是他对郑注作如此断句：“礼所以副忠信也，忠信而无，礼何传乎？”即以“忠信而无”为句，“礼”字属下读①。这么断句是大有问题的，王氏大概将“忠信而无”之“而”理解成假设连词了。其实依郑注文义，“礼所以……”云云者，重点是落在“礼”，而非“忠信”，所以应该在“无”“礼”之间断作：“礼所以副忠信也，忠信而无礼，何传乎？”② 王氏“忠信而无”的断句，强调的是“忠信”，而“忠信而无礼”的断句，则强调“礼”，两种断句的不同，必然导致对郑注的理解大相径庭。王氏断句错误验之古书中的类似辞例应该说是很明显的。考郑注“礼所以副忠信也”，明显是在讨论行礼过程中外在仪节与内心的关系，或者说形式与内容的关系，而依礼书文例，“副”字云云者，只能是强调内在情感也需依赖一定的外在“仪节”来实现，或“内容”也需要依赖一定的“形式”来实现，质言之，外在的“仪节”“形式”才是强调的重点③。《白虎通·丧服》云：“丧礼必制衰麻何？以副意也。服以饰情，情貌相配，中外相应。故吉凶不同服，歌哭不同声。所以表中诚也。”此处“副意”与郑注的“副忠信”义同，所谓“丧礼必制衰麻”“吉凶不同服”，其重在强调外在形式、仪节是很明显的。《白虎通·崩薨》又云：“赠襚，何谓也？赠之为言称也，玩好曰赠；襚之为言遗也，衣被曰襚。知死者则赠襚，所以助生送死，追恩重终，副至意也。”④ “赠襚”虽然是外在形式，但也是表达“追恩重终”之情即“副至意”的必要载体，其表述之侧重，同样是清楚的。《汉书·礼乐志》亦谓：“哀有哭踊之节，乐有歌舞之容，正人足以副其诚，邪人足以防其失。”颜注：“副，称也。”即指外在的“哭踊之节”“歌舞之容”应该与内心之“诚”相称。“正人足以副其诚，邪人足以防其失”，“副其诚”云云与郑注此处之“副忠信”直可互训，而“足以”一语，同样彰显了这些外在仪节的重要性。盖礼有质文，二者相协，方称完备：《礼记·礼器》所谓“先王之立礼也，有本有文”是也。夫子“礼云礼云”“乐云乐云”之叹，系针对重仪文而轻内容而发；而此处郑注则系着眼于另一方面：如果仅有内容而没有形式，礼同样是难以为继的。《礼记·檀弓上》载：“弁人有其母死而孺子泣者，孔子曰：

---

① 下文王氏说到正义对郑注的解释时，还专门对正义引郑注之“忠信而无礼”进行纠正：“旧本‘无’下有‘礼’字，乃后人不知句读而妄加之，今据上下文义删。”今按，《仪礼·聘礼》“币美，则没礼”贾疏恰引及《檀弓》伯高之丧章及郑注，而贾疏所见郑注明有“礼”字，王氏为迁就己说而擅改郑注，是不足为训的。

② 今之北京大学出版社所出整理本《礼记正义》即作如此断句（北京大学出版社，1999 年，第 201 页），则是。

③ 辞例上，此与今之所谓“名副其实”或“名不副实”的成语相类：二者所侧重和强调的，仍是外在的“名”要如何与“实”相称的问题，而不是要求“实”要如何如何的问题。

④ 《白虎通·瑞贽》篇：“臣见君所以有贽何？……王者缘臣子心以为之制，差其尊卑，以副其意也”，“朋友之际，五常之道，有通财之义，……故财币者所以副至意也。”所谓“副其意”“副至意”，义例均同。

‘哀则哀矣，而难为继也。夫礼，为可传也，为可继也，故哭踊有节。’”“礼”之所以能“可传”“可继”，不正是因为有了“哭踊有节”这样的仪文、操习吗？此处《礼记》之“可传”及“哭踊有节”，可以说是郑注应作“忠信而无礼，何传乎”断句的最好例证。鉴于夫子“礼云礼云”之叹，故不免使学者每论礼之文、质关系时，习惯性地总强调后者。其实夫子文、质相胜之论（“文胜质则史，质胜文则野”），已明道拘于一偏之弊，故文、质兼备方能得夫子礼学之真髓。又，《仪礼·聘礼》“币美，则没礼”，郑注：“币，人所造成，以自覆币，谓束帛也。爱之斯欲衣食也，君子之情也，是以享用币，所以副忠信。美之，则是主于币，而礼之本意不见也。”观郑注可知，就形式与内容之关系而言，此处所言则是与伯高之丧章相反的情况：如果过于强调形式（“币美”），则礼敬之意反失①。郑注“是以享用币，所以副忠信”云云，与《檀弓》此章注“礼所以副忠信”义例皆同，说明其为郑君之典型表述方式，但侧重形式还是内容，则需随文就义，不可胶柱鼓瑟，执着于一也。综而论之，郑注的“礼所以副忠信也”，只能是强调作为“忠信”的必要载体，外在仪节的“礼”，同样是不可缺少的。所以下文句读断作“忠信而无礼，何传乎”就顺理成章：仅仅心怀忠信，而不借助一定的仪节，礼敬之意也是无法传达出去的。《礼记·礼器》说礼是“无本不正，无文不行”，所谓“无文不行”，正与此处郑注“忠信而无礼，何传乎”义同，正义解“何传乎”为“不可传行”，庶几得之。此处郑注既然是强调“礼”而非“忠信”，则上述王氏的批评岂不陷于凿空乎？

其实，要明白郑注是侧重于仪节的强调而非忠信，“成礼”一词的意涵是另一个非常关键的证据。上文提到，王氏主此处“诚礼”本当为“成礼”，谓冉有“是使孔子不得成礼于伯高也”，这是非常正确的。但王氏主要把功夫用在了“诚”“成”互通之证上，而对于“成礼”之义则没有申说。今按，“成礼”或曰“礼成”乃先秦礼仪场合中惯用之语，主要指仪文周到、质文兼备或有始有终，没有缺失。《春秋繁露·玉杯》所谓：“质文两备，然后其礼成。”即属此义。《礼记·聘义》云：“聘射之礼，至大礼也。质明而始行事，日几中而后礼成，非强有力者弗能行也。”这是讲“聘射之礼”简直可说是“力气活”，只有“强有力者”才能保证从天刚亮到接近中午这样一套完整行礼程序的完成，即“礼成”（或曰“成礼”，下文即云“以成礼节”）。《礼记·乡饮酒义》谓：“祭荐，祭酒，敬礼也。哜肺，尝礼也。啐酒，成礼也。”所谓“啐酒，成礼”，即谓从“祭荐”至此方“成”主人献胙之“礼”②；又，《仪礼·士冠礼》：“乃醴宾，以壹献之礼。”郑注：“献、酢、酬，宾、主人各二爵而礼成。”也就是说，“壹献之礼”

① 贾疏云：“若更美，则主意于财美而礼不见，故没礼也。”

② 参王夫之：《礼记章句》，岳麓书社，2011年，第1521页。

要仪节完备即“礼成”，必须具备献、酢、酬这样三个步骤。王国维还曾以《诗经·小雅·瓠叶》为例说明“壹献之礼”的完整过程：“首章云‘酌言尝之’，此泛言也；次章则云‘酌言献之’；三章云‘酌言酢之’；四章云‘酌言酬之’。古人饮酒之礼，主人献宾，宾酢主人，人人酬宾，献酢酬一爵而礼成。”① 亦用“礼成”指仪节完整。《礼记·曾子问》：“曾子问曰：‘大夫之祭，鼎俎既陈，笾豆既设，不得成礼，废者几？’”此谓大夫之祭，虽祭器、祭品俱陈，但却最终没有举行祭祀，礼仪未行，即所谓“不得成礼”。丧礼方面，《礼记·檀弓下》云：“卒哭曰成事，是日也，以吉祭易丧祭。”丧、吉祭以“卒哭”作分界，也意味着到“卒哭”时，完整的丧礼方才完成，故曰“成事”，实际也是“成礼”。礼书中于礼节的这种求“全”责“备”，有时还以人体喻之，《礼记·礼器》所谓“礼也者，犹体也。体不备，君子谓之不成人”。“成人”与“成礼”良可互参。正因为“成礼”有仪文周到、有始有终之义，所以“成礼”又可谓“终礼”，《礼记·曾子问》：“曾子问曰：‘诸侯旅见天子，入门，不得终礼，废者几？’……”“曾子问曰：‘诸侯相见，揖让入门，不得终礼，废者几？’……”所谓“不得终礼”与前“不得成礼”义同，即礼数不够完备之义。验之史实，如《左传·僖公三十三年》：“齐国庄子来聘，自郊劳至于赠贿，礼成而加之以敏。”“礼成”亦即“成礼”，杜注：“迎来曰郊劳，送去曰赠贿”，也就是说，从迎来的“郊劳”到送往的“赠宥”，是为聘礼的完整仪节，因此至“赠贿”方可谓“礼成”，正义还专门引《聘礼》仪节以申杜注，尤可证。《左传·桓公十八年》“来修旧好，礼成而不反”，此本针对鲁桓公死于齐而言，所谓“礼成而不反”，即指桓公如齐修好之仪节已经完成，却没有返鲁。《史记·绛侯周勃世家》载，文帝赴细柳劳周亚夫军，亚夫军约法严明，军容齐整，故而亚夫见文帝曰：“介胄之士不拜，请以军礼见。”文帝也只好“改容式车”，最后文帝“成礼而去”，此处之“成礼”显然也是指“劳军”之礼的完成。

了解了“成礼”一词之意涵，我们再来看《礼记》伯高之丧一事。关于伯高之死，《檀弓上》紧接着“伯高之丧”章的，是“伯高死于卫，赴于孔子”章，此章详记孔子闻伯高之死后对于“哭诸”何处的议论。依丧事礼俗，既“哭”之后，还应该去死者家“吊问”，这样才能仪文周到，谓之“成礼”。从“伯高之丧”章“孔氏之使者未至”的情节来看，孔子随后也应该是有“吊问”之安排的。不意在孔氏使者到来之前，冉求自作主张“摄束帛乘马”而越俎代庖，实在是好心办坏事，这就无形中使孔子于伯高之丧这件事情上无法做到仪节完备，即所谓未能“成礼”，所以才有孔子的牢骚：

① 参王国维:《东山杂记》卷一:“诗纪制度风俗”,收入《王国维学术随笔》,社会科学文献出版社,2002 年,第 10 页。

“徒使我不成礼于伯高”①。今天看起来此事也许无足轻重，但对于守礼极严的孔子来说，这种外在仪文上的小节也是马虎不得的。《礼记·檀弓上》还记载：“孔子之卫，遇旧馆人之丧，入而哭之哀。出，使子贡说骖而赙之。子贡曰：‘于门人之丧，未有所说骖，说骖于旧馆，无乃已重乎？’夫子曰：‘予乡者入而哭之，遇于一哀而出涕。予恶夫涕之无从也。小子行之。’”哭得哀而出涕，说明内心之悲，但如果不辅之以合适的外在形式，在孔子看来也是不太正常的。“恶夫涕之无从”与此处孔子斤斤于小节之未周，可以互为参照。另外，关于《礼记》之“诚”本作“成礼”，系着眼于仪节，非关“诚信”，其实冉求的“将之”一词也是很好的证据。“将之”一词，王夫之解为“将命”，即“奉命”，晚近学者多从之②。杨天宇先生则把“将”释为“致”，因此谓“将之”即“致吊”，隐有行礼之意③。笔者认为杨说显更胜。还可以进一步补充的证据是，礼书中“将之”一词，往往与“礼”相伴生。《礼记·乡饮酒义》：“仁义接，宾主有事，俎豆有数曰圣，圣立而将之以敬曰礼。”“将之以敬曰礼”，“将之”与“礼”明显关联。前引《礼记·檀弓上》“孔子之卫，遇旧馆人之丧”章，亦见《孔子家语·曲礼子夏问》，“涕之无从”，《家语》作“涕而无以将之”，但意思都是一样的：孔子讨厌痛哭流涕却没有一定的礼物作赗赙。即不只要有内心的情感，还要辅以外在的仪节。因此，无论是《礼记》的“无从”，还是《家语》的“将之”，都是针对“礼”的，《家语》此处的“将之”也侧面说明它是非常有来历的。《礼记·王制》：“天子赐诸侯乐，则以柷将之，赐伯、子、男乐，则以鼗将之”，郑君解“将”为“执以致命”，解“柷”“鼗”为“所以节乐”。“执以致命”比较模糊，但既然“柷”“鼗”能够“节乐”，显然应该遵循一定的礼数。同样，《孔子家语·冠颂》还提道“行冠事必于祖庙，以祼享之礼以将之”，又是“将之”与“礼”伴生。《左传·襄公九年》载季武子的话与之类似：“君冠，必以祼享之礼行之。”虽未用“将之”，但仍主于“礼”则是相同的。再者，《孟子·万章下》：“……以君命将之，再拜稽首而受。其后廪人继粟，庖人继肉，不以君命将之。”其中的“将之”，一般都讲成“送给”④，其实不够准确，而应该理解为有着国君赐命之礼排场的赏赐，也就是说，这里的“将之”仍是与“礼”

① 不难设想，虽然冉求越俎代庖替孔子做这件事，但于丧主之家他也要声明为孔子而来。如果没有“使者未至”这样的事，也许别人都相信了冉子确为孔子之使，因此孔子仪节也是周到的。但问题是在孔子已经派出使节的情况下，冉求却抢先一步行吊，这就让孔子非常尴尬。正义说：“冉有代孔子行吊，是非孔子忠信，虚有吊礼。”其实夫子真正责怪于冉求的，并非彰显了自己的不“忠信”，而是冉求的多此一举，让夫子自己之使者不能卒事，因此就是夫子仪节失周，不能“成礼”，这对于守礼极严的孔子来说，无疑是非常难堪的。

② 王夫之：《礼记章句》，第160页。王梦鸥、王文锦、吕友仁等均采此说，分别参见《礼记今注今译》第52页、《礼记译解》第74页、《礼记全译·孝经全译》第90页。

③ 参杨天宇：《礼记译注》，第68页。

④ 杨伯峻：《孟子译注》，中华书局，1960年，第246页。

如影随形的。这么多“将之”的出场都与“礼”有关，对于“伯高之丧”章的“诚”本作“成礼”，无疑也是有力的佐证。

既然“不成礼”的意思是讲仪文未备，礼节不周，这不就与郑注“礼所以副忠信也，忠信而无礼，何传乎”完全契合了吗？这说明，郑注“忠信而无礼”的注解及断句，对于孔子“不成礼”于伯高一事，可以说是非常准确的。郑君遍注三礼，于古礼细节当极谙熟，所谓“礼是郑学”，的确非虚言也，于此即可见一斑。这也提醒我们，阅读《礼记》《仪礼》这些涉礼文献，做文字训诂时，必须要理解相关的古礼背景。因此，上述王氏说郑注解“诚”为“忠信”，并说郑注的意思是“不忠信礼于伯高”，就是明显的误读，进而他对郑注“颇为不词”的评价也是错误的。不过，王氏对郑注的误读，当是受了正义的影响。正义解郑注云：“忠信由心，礼在外貌。若内无忠信，礼何所施。”可以看出正义之说的侧重点也是在“忠信”，而非“礼”，这与王说正同。“礼何所施”云云，恐怕正误导了王氏的断句。正义还说：“故云‘忠信而无礼’，谓无忠信也。”明明是“忠信而无礼”，怎么能说成是“无忠信”呢？正义的解释无疑是有严重问题的。它最后的结论是“故云空使我不得诚信行礼于伯高”，所谓“不得诚信行礼于伯高”明显是王氏“不忠信礼于伯高”之说的源头。我们上文提到，虽然王氏正确指出了《檀弓》此章本应作“成礼”，而且后来学者也多注意到了王氏的新见，但晚近的《礼记》训解之作依然还是将此处“不诚于伯高”之“诚”就字面解为“诚信”“诚意”，恐怕还是凸显了正义之说的巨大影响。

还应指出的是，王氏据白帖等类书及郑注，主《檀弓》此章本作“诚礼”，而且认为：“自唐石经始脱‘礼’字，而各本皆沿其误”，但是《仪礼·聘礼》“币美，则没礼”贾疏引《檀弓》此章仍作“不诚于伯高”，亦无“礼”字，这说明此字之脱失恐怕是很早的事，并非始自唐石经。或者说唐时《礼记》本就有别本存在：《五经正义》所据为无“礼”字之本，而类书所据则又系另一面貌。另外，王氏通过“诚”“成”互通之例，证明此处当解作“不成礼”，最后这个结论无疑非常正确，但《檀弓》此章本来面貌是否即作“不诚礼”，恐怕也是有问题的。如前所述，王氏指郑注解“诚”为“忠信”，并误解郑注的意思为“不忠信礼于伯高”，但我们上面既已证明郑注的意思本来是说孔子“不成礼”，与王说其实并不矛盾，既如此，郑君所见完全有可能本就作“不成礼”，因为郑注毕竟是径就“不成礼”作解，而没有别作校勘。

## 二

上述《檀弓》一章还见于今本《家语·曲礼子贡问》篇，有意思的是，《家语》即作“不成礼于伯高”，与郑注及王氏之意见正合，由于牵扯到《家语》辨伪的相关话题，这同样有待重新讨论。撰《家语疏证》，主《家语》系伪书的孙志祖说此处《家语》"改作不成礼，非"[①]，今按，孙氏毫无证据，且囿于"伪书"成见，罔顾礼制，显误。王念孙在论证今本《檀弓》误脱"礼"字时，证据除了白帖、御览等类书，也提到了《家语》，这表明王氏对《家语》的记载也是重视的，但对于《家语》之"不成礼"与己说同，王氏并没有对《家语》表现出多少欣赏，而是说："故《家语》改'诚'为'成'"，原王氏之意，《家语》还是据《檀弓》而来，只不过"改"对了而已。也就是说，他并不承认此处《家语》记载的原创性，王氏此见明显受到了《家语》"伪书"说的影响[②]。另外，关于伯高卒一事，《礼记·檀弓上》为前后相次的两章，而《家语》则为一章，他们之间的分合，也是《家语》辨伪学者关注的焦点。今为讨论方便计，将两书所载具列如下，以资比较：

《礼记·檀弓上》："伯高之丧，孔氏之使者未至，冉子摄束帛、乘马而将之。孔子曰：'异哉！徒使我不诚于伯高。'"

"伯高死于卫，赴于孔子。孔子曰：'吾恶乎哭诸？兄弟，吾哭诸庙；父之友，吾哭诸庙门之外；师，吾哭诸寝；朋友，吾哭诸寝门之外；所知，吾哭诸野。于野，则已疏；于寝，则已重。夫由赐也见我，吾哭诸赐氏。'遂命子贡为之主，曰：'为尔哭也。来者，拜之；知伯高而来者，勿拜也。'"

《孔子家语·曲礼子贡问》："伯高死于卫，赴于孔子。子曰：'吾恶乎哭诸，兄弟，吾哭诸庙；父之友，吾哭诸庙门之外；师，吾哭之寝；朋友，吾哭之寝门之外；所知，吾哭之诸野。今于野则已疏，于寝则已重，夫由赐也而见我，吾哭于赐氏。'遂命子贡为之主．曰：'为尔哭也，来者汝拜之。知伯高而来者，汝勿拜。'既哭，使子张往吊焉。未至，冉求在卫，摄束帛乘马而以将之。孔子闻之曰：'异哉！徒使我不成礼于伯高者，是冉求也。'"

比较可以看出，《檀弓上》的后一章基本对应《家语》前半部分，而《家语》"既哭"以下，又基本上相当于《檀弓上》之前章，只不过多出"使子张往吊"的情节。

---

① 孙志祖:《家语疏证》卷六,《续修四库全书》第931册,上海古籍出版社,2002年,第252页。

② 《经义述闻》于"不诚于伯高"下一条"哲人其萎"条中,专门提到"王肃作《家语》",其于《家语》之态度可见一斑。另外,《经义述闻》卷十四考《礼记·王制》"圭璧金璋"条,王氏正确指出"金"当为"宗"之讹,本字当为"琮",而且又引《家语·刑政》"圭璋璧琮"为证,此为《家语》优于《礼记》之又一例。此处王氏倒没有说《家语》之真系后人"改"的对。一方面认为《家语》系王肃伪作,但另一方面又不得不经常面对《家语》明显优于他书的地方,这也是诸如孙志祖等《家语》辨伪学者经常面临的"麻烦事"。

清陈士珂为了使读者能够看出《礼记》与《家语》的对应关系，还专门把《礼记》两章的次序按照《家语》的样子进行了颠倒[①]。关于两书的关系，范家相说《家语》：“合《檀弓》两节为一节，加子张往吊以连贯之。”[②] 孙志祖谓：“《礼记·檀弓》云‘孔氏之使者未至’，此即造一‘使子张往吊’事，可谓杜撰。”[③] 范、孙都以《礼记》为本，认为《家语》之一章系捏合《檀弓》两章而来，同样不承认《家语》的原创性[④]。实际上，《礼记》与《家语》互见重出之处甚多，而这种互见关系还每每表现为《礼记》为多章，而《家语》则合为一章的情况，故此种情况在两书的互见关系中就非常具有代表性。上述范、孙等辨《家语》之伪的学者，于此均主《家语》据《礼记》捏合、连缀，此为他们辨伪方法的常见逻辑。因此，我们不妨以伯高之丧一事为案例，尝试观察在“互见”关系中两书的材料来源问题。

首先，细读今传宋本王肃注《家语》，王氏作注的很重要一项工作就是同时进行文本校勘。因为《家语》之内容与他书互见重出甚多，而《家语》与他书之间词句之差异因此亦往往而在，所以王肃在注中经常进行语词的勘校：或辨《家语》之讹，或明他书之误，其中还尤以前者为多，其审慎持正可见一斑。关于这一点，孙志祖《家语疏证》一书倒是能平心静气地一一列出。如果说此处《家语》之“成礼”出自王肃之手，那就是率尔改字，这与其不厌其烦地在注中进行校勘而非擅改正文就判若两人，这是无法让人信服的。我们上文已提到，依郑注，郑君所见本极有可能本就作“不成礼”，与后来的唐本不同，如果说《家语》之“不成礼”即袭之而来，那说明这种“袭”之发生也是很早的，极有可能远在王肃之前，那就更不可能是王肃改的了。如果《家语》之“不成礼”非袭本来作“不成礼”的《礼记》，那就更说明它有独立的来源，无论哪种情况，都说明《家语》面貌的形成是很早的。因此，《家语》的“不成礼”绝非据《礼记》的“不诚礼”而改，认为《家语》仅仅是“改”得好，非有独立来源，实际上是囿于“伪书”说的成见，先入为主。一有风吹草动便动辄往王肃“作伪”方向去想，其实已陷入一种偏执。

另外，如上文所言，《家语》相对《礼记》，多出了“使子张往吊”的情节，辨伪学者如上述范、孙二氏，均主王肃妄造以连属《礼记》的两章，其实并没有什么证据。相反，依礼制及史实，孔子倒确实是要派使者去的。我们上文已辨明，所谓“不成

---

① 陈士珂：《孔子家语疏证》，上海书店，1987 年，第 271—272 页。

② 范家相：《家语证伪》，《续修四库全书》第 931 册，上海古籍出版社，2002 年，第 176 页。范氏所据本《家语》同于《礼记》，作“不诚于伯高”，非。

③ 孙志祖：《家语疏证》，第 252 页。

④ 邬可晶博士亦主《家语》一章系捏合《礼记》两章而来，且于“不成礼”亦附和孙志祖改窜之见，显未见王念孙之说，参邬氏《〈孔子家语〉成书时代及性质问题的再研究》，复旦大学 2011 年度博士论文，第 196 页。

礼”，即指孔子于伯高之丧一事上仪文未周，因此，从仪节周到的角度考虑，孔子也是应该派人去吊问的，此为礼之常情。从上下文语境的角度看，《礼记》的“孔氏之使者未至”，也不能理解为孔子不派使者，而应该是“派了还没有到”。冉求在没有得到孔子授意的情况下，就径直替孔子做了这件事，更从一个侧面说明此处吊问之礼乃人情之常。王夫之认为冉求“亿孔子之必赙而先贷为之”①，所谓“亿孔子之必赙”，正说明此为时人都知晓的仪节。《礼记·檀弓上》云：“死而不吊者三：畏、厌、溺。”所谓“畏、厌、溺”，而伯高之死均不属于这些情况，故自应属当吊之列。当然，这里的吊问也不用出自孔子本人，只需要派使者去就行了。不过，从“成礼”的角度上讲，这里的吊问者一定要是出自孔子本人之使。既然孔子遣使吊问自属当然，我们对于《家语》之“使子张往吊”的情节就不能率尔讥其生造。毕竟，如果没有《家语》一书，虽然《礼记》提及了“使者”，但对于“使者”为谁，任何其他文献都无载。尤其是，《家语》的“既哭，使子张往吊；未至，冉求在卫……”时序及情节均极明晰，而《礼记》则比较模糊，但依礼俗及情理推之，《家语》所载又非常合理。所以，我们与其说《家语》的“详细”为造作，还不如说《礼记》的“简略”系对本来完整的材料进行了概述，似更为合理，而《礼记》概述的叙事风格，于其行文的语气和口吻上就看得更清楚了。

从史实的角度讲，无论是《礼记》的作两章，还是《家语》的为一章，夫子关于“哭诸”何处的议论与冉求的越俎代庖，应该是时序相隔不久的两件事，但请注意：《礼记》述说这样时序很近的事，语气和口吻却是有着细微的不同：“伯高死于卫”章，写法是直叙原委，给人的感觉是离实景状态很近，尤其是人物对话的场景感也非常强，但“伯高之丧”章就不是这样，给人的感觉似乎是时过境迁之后对故事的概述或转述：像“伯高之丧”之于“伯高死于卫”，概述的意味就很明显，不是那么具体；另外，同是孔门弟子，“伯高死于卫”章，称“子贡”（赐）系其字，而“伯高之丧”章于冉求却称“冉子”，尊称的意味是很明显的。这种对孔门弟子称呼的不同，其实同样可以支持“直叙”与“转述”的差异。此外，“孔氏之使者未至”称“孔氏”而非“孔子”，也是有着明显概述或转述的意味。时序相距很近的两件事，竟然在叙述方式上有这么大的差异，这同样是不太正常的。再者，对于伯高之丧一事，从时序上说孔子是先“哭”然后再遣使吊问，但在《礼记》中，却是“使者”章在前，而“哭”章在后，这也是不太合理的。辨伪学者对于《礼记》《家语》间的差异，总习惯说《家语》的一章系根据《礼记》进行捏合，如果真是这样，《家语》的编者既要将《礼记》时序颠倒的两章次序理顺，又要将两章的行文语气改成一律，还要把冉求之摄与孔子之使的时序及情节

① 王夫之:《礼记章句》,第160页。

拿捏得很好，尤其还要对“不成礼”有如此准确的体悟，这只能说明《家语》的编者对史实极为熟悉或他所面对的材料更为原始和真实。但说到对史实的熟悉，连郑君都对伯高不太了解（所谓“未闻何国人”），且也未具“使者”名姓，那就说明不太可能是郑玄以后的人所为；而如果是《家语》编者面对的材料更为原始和真实，那就明显不是据《礼记》而来，而是另外有独立来源的。无论如何，所谓《家语》据《礼记》捏合的说法都是不大站得住脚的，我们认为《家语》的面貌才更为原始，《礼记》两章的处理当系简编朽烂导致前后脱节，尤其是后一部分开头又光秃秃全无背景，而要把后一部分的事情原委交代清楚，就必须撮述或概述相关背景，这才是冉求之摄章必欲从“伯高之丧”事说起，而且叙事语气与口吻与另一章大不同的真正原因。

综上所论，我们认为关于伯高之丧一事，真实情况应该与传统《家语》辨伪学者所主张的正好相反：《家语》所载才是故事原貌，《礼记》作两章处理，其实源于简编朽断后的重新整理，因此才致两章之间在语气、文风上有明显差异。这种情况对我们思考他处《家语》与《礼记》的“互见”及分合关系也应该是颇具启发意义的。

【补记之一】复旦大学出土文献与古文字研究中心邬可晶博士后来出版其博士论文时，用了不小的篇幅对本文作专门回应①。可晶博士既不同意高邮王氏父子的校读，也不同意本文《家语》“成礼”才系本貌的意见，今两文俱在，有兴趣的读者将两文合观，自会有清醒的判断。笔者在此只想指出可晶博士误解拙文，但同时又是两文分歧至关重要的一点，那就是郑注的“何传乎”。首先应该指出，可晶博士也认为王氏把郑注断作“忠信而无，礼何传乎”有误，笔者最初读到此处时疑惑反而更重了：既然同意拙文的断句，那还有什么可讨论的呢？再者，可晶博士也同意拙文关于郑注“礼所以副忠信者……”是强调“礼”，即外在的“仪节”，然则，为何还会对郑注有不同理解呢？关键在于可晶博士将“何传乎”的主语理解为“忠信”，而且说“没有问题”，但这恰恰是大有问题的。看过拙文的读者不难发现，拙文通篇讨论郑注所涉及的主要问题是礼的“形式”与“内容”之关系。郑注“礼所以副忠信者……”是强调“礼”的“形式”性的一面，换句话说，哪怕你有再多的热忱，没有一定的“形式”，你的好意也是“传达”不出去的。准此，“何传乎”的主语其实应该是行礼的人，而“何传”其实应该理解为“怎么传”：如果一点“仪节”都没有，行礼者怎么表达礼敬之意呢？正是由于昧于这一点，所以可晶博士一则指鄙意以“礼”为“何传乎”的主语，但又指笔者说无法传达出去的是“礼敬之意”，因此说拙文“随文释义”。这其实都是对拙文有意

① 参见邬可晶：《〈孔子家语〉成书考》，中西书局，2015年，第269—277页。邬氏此文最初发表于《第四届复旦大学出土文献与古文字研究中心与韩国延世大学人文学研究院学术交流会论文集》，2015年3月28日。

无意的误读。需要特别指出的是，伯高章此处郑君本系随手作注，且语言简略，如果真要按现代汉语语法的各种成分严格落实，就必须回到完整的语境和场景。可晶博士说“何传乎”的“主语承上一句而省”，没错，此处主语“省”则“省”矣，但是否是“承上一句而省”呢？所谓“承上”的一句就是“礼所以副忠信也”，翻译成今天的话就是“礼是用来承载或者说要和忠信匹配（即‘副’）的”，既与“忠信”相对，这里的“礼”显然只强调形式的一面，而且“礼所以……”云云者，诚如拙文所指出的，强调的是“礼”，即形式，并非“忠信”。换句话说，如果此句“忠信”是主语，是强调的重点，依郑君文例，他应该说“忠信所以……”而事实上却是“礼所以……”故“忠信”非为此句主语可谓至为显豁。接下来郑注即云：“忠信而无礼，何传乎？”翻译成今天的话就是：“如果徒有忠信没有礼的形式，怎么传达忠信之意呢？”这么翻译的话其实主语也是省略了的，而依文意显然其主语应该是行礼之人，而不可能是可晶博士理解的“忠信”。由此来看，郑注此处的前后两句，其主语已悄然转换，并非只有一个主语，郐文笼统地说“承上一句而省”，是不准确的。按照可晶博士的理解，如果将“忠信”讲成主语，似乎此句就可翻译成：“忠信如果没有礼，怎么传？”这貌似就是以“忠信”为主语了，但果真如此吗？如果“传”的主语是“忠信”，那就是“忠信”自己在“传”了，请问不需要人吗？当然，从纯粹的古汉语语法来看，“何传乎”之“何”还可以理解为疑问代词作宾语，宾语前置。如果是这样的话，该句的意思就是“传什么”，但主语同样应该是“人”，而不可能是“忠信”，否则，“忠信传什么”就甚为不辞，而且也无法找到宾语：总不能说“忠信传礼”吧？无论如何，说此句的主语是“忠信”都是明显有违古汉语语法常识的。

笔者还想指出的是，可晶博士讨论“何传乎”的施事主语，唯独没有提到拙文所举《礼记·檀弓上》中的一条关键证据：“弁人有其母死而孺子泣者，孔子曰：‘哀则哀矣，而难为继也。夫礼，为可传也，为可继也，故哭踊有节。’”此则材料之所以重要，因为其中的“夫礼，为可传也”亦言“可传”，这是我们理解郑注此章“何传乎”最为接近的辞例。孺子丧母而泣，孔子以为哀悲当然是应该的，但“为可传也，为可继也”，也就是要具有“可操作性”，就必须“哭踊有节”，明显也是强调“仪节”。孔子“为可传也，为可继也”言论的背景是，如果遭父母丧而哀悲过度，那就是“毁瘠”，反而是不对的（《礼记》之《曲礼上》《杂记下》及《家语·曲礼子夏问》都有专门论述）。就字面意义上看，“夫礼，为可传也，为可继也”，似乎“礼”（包括“形式”与“内容”）就是“可传”“可继”的主语，但孔子此处的所谓的“可传”，尤其是“可继”，特别是“哭踊有节”为谁考虑呢？显然是孺子：丧母当然应该哀悲，但也需要“哭踊有节”这样的“形式”来节制，否则呼天抢地、哀悲过度，乃至“毁瘠”（严重者甚至搭上性命），使得丧礼进行不下去，不正是难以为“继”的吗？综而言之，“可传”是说孺子需要一定的仪节来表达哀悲，也就是“怎么传”的问题；“可继”是说要有一定的仪节来节制哀悲，这样才能使丧礼得以进行下去，即拙文强调的“成礼”。它们一来都强调“仪节”，即拙文所一再申明的“形式”；二来又都是为“人”即孺子设计——分别解决“怎么传”和“可持续”的问题，由此反观伯高章郑注的“忠信而无礼，何传乎?”该作何理解，不就是很清楚的吗？顺便说一句，可晶博士回应之文用了绝大部分篇幅维护《礼记》“不诚于伯高”的表述，而对于《家语》之“不成礼”这样明显不同的异文，只是轻描淡写且不乏推测性地引孙志祖之说以为据（参邬著第275页，倒数第3段），这种工作重心的倾斜很难说是客观的。其实，只要细读拙文所举礼书及史书中“成礼”的记载，就可知道，《家语》“不成礼”这样的异文是绝不应该作如此草率处理的。

【补记之二】关于本文主张的《礼记·檀弓上》“不诚礼于伯高”原文应为“不成礼于伯高”，后来同济大学中文系徐渊博士有文《论孔子“不成礼”于伯高——从礼制解读〈礼记·檀弓上〉“伯高之丧”章》（刊于《儒学与古今中西问题》，复旦大学上海儒学院编，北京三联书店2016年12月出版）对此续有申说。徐氏此文专从礼学特别是士丧礼仪节角度论证“不成礼”的可靠性，在礼制考证上，对拙文有不少补苴，有兴趣的读者可以参看。需要说明的是，徐氏撰此文时尚是复旦大学出土文献与古文字研究中心的博士生。

# 论郑玄、孔颖达与朱熹对《中庸》诠释的异同*

张培高　吴祖刚（西南石油大学马克思主义学院）

**摘　要**　虽然朱子对《中庸》的解释受到郑玄、孔颖达的影响，但与之相比有着明显的不同。这一不同可以概括为四个方面：其一，理论建构模式的不同。郑玄、孔颖达的理论建构模式是宇宙生成论，而朱子的则是本体宇宙论。其二，对“性”的解释不同。既存在性有善有恶论、性三品论与性二元论的差异，又存在对人性与物性看法的不同。其三，对内圣外王的解释不同。虽然郑玄、孔颖达也认为君主和士人必须做到由内圣到外王，但他们不仅侧重强调了外王的一面，而且侧重强调了内圣外王的主体主要为君主。朱子则不同，不仅侧重强调内圣的一面，而且认为内圣外王的主体主要是士人，这是宋代士人“担当”精神的体现。其四，对道统的强调不同。虽说郑玄、孔颖达“以昭明圣祖之德”的解释也有道统的意思在，但这一意识不是很明显。朱子则明确建构了一个由尧舜禹开始直至二程的道统谱序，并认为道统的内容是“人心惟危，道心惟微，惟精惟一，允执厥中”。同时，认为这一道统能够对抗佛老。总之，朱子与郑玄、孔颖达对《中庸》解释的差异，其实就是汉唐经学背景下与宋学背景下对《中庸》解释的差异。

**关键词**　《中庸》　郑玄　孔颖达　朱熹　本体宇宙论　内圣外王

朱熹的《中庸章句》《大学章句》《论语集注》和《孟子集注》，是对《四书》的经典解释，而《中庸章句》是其中理论性最强的著作。朱子此作是以二程的《中庸》诠释为基础，又吸收了郑玄、孔颖达、周敦颐、张载及二程门人对《中庸》的相关研究，并对他们的思想综合创新撰写而成的，故而可说朱子是宋代《中庸》学的集大成

* 基金项目：中国博士后基金项目“北宋《四书》学研究”（2015M582562）、国家社科基金一般项目“两宋《中庸》学及其现代价值研究”（15BZX061）的阶段性成果。本文在写作过程中得到李存山先生、乐爱国先生的指教，深致谢忱！本文的修改稿刊于《西南民族大学学报》2016 年第 4 期。

者。就以郑玄、孔颖达而言，尽管他们没有对《中庸》进行专门研究，但《礼记注·中庸》和《礼记正义·中庸》是目前所能见到较早的《中庸》诠释文本，而且他们的诠释对宋人产生了重要影响，同时他们是汉唐经学的代表人物，故而把他们的诠释与朱熹做比较，既能够揭示他们的诠释对理学家所产生的影响，又能够揭示三人的解释异同，还能够揭示汉学背景下的《中庸》学与宋学背景下的《中庸》学之同异。

## 一、"万物无不以气生"与"天下之物，皆实理之所为"

《中庸》引孔子之言说："鬼神之为德，其盛矣乎！视之而弗见，听之而弗闻，体物而不可遗。"这里所说的鬼神显然是指宗教意义上的鬼神，因为《中庸》紧接着说："使天下之人齐明盛服，以承祭祀，洋洋乎如在其上，如在其左右。"这分明讲的是祭礼。而郑玄和孔颖达对此的解释则与《中庸》有较大的不同，他们以《易传》之"知鬼神之情状"解释之。郑玄说："体，犹生也。可，犹所也。不使有所遗，言万物无不以鬼神之气生也。"又说："鬼神，从天地者也。《易》曰：'故知鬼神之情状，与天地相似。'"[①]孔颖达也说："此鬼神即与《易·系辞》云：'是故知鬼神之情状，与天地相似'，以能生万物也。"[②] 在此，鬼神不仅仅具有宗教上的意义，而且具有哲学上的意义，即鬼神为阴阳之气。虽然《中庸》也讲"血气"（"凡有血气者，莫不尊亲"），但这与《论语》的"血气方刚"之"血气"的含义相同，是指人与动物的生命内在基础和本质，并无万物之本原的含义，而从郑玄、孔颖达所说的"鬼神之气"已经是指万物本原的阴阳之气了。郑、孔之所以会以阴阳之气释鬼神，这与他们的宇宙论、易学思想有密切关系。

郑玄的宇宙论主要体现在他的易学思想中，而他的易学思想的一个重要特点就是以五行之数的变化解释生死和鬼神[③]，如他在解释"是故知鬼神之情状"时说："精气谓七八也，游魂谓九六也。七八木火之数也，九六金水之数。木火用事而物生，故曰精气为物。金水用事而物变，故曰游魂为变。精气谓之神，游魂谓之鬼。木火生物，金水终物，二物变化，其情与天地相似，故无所差违之也。"[④] 这里的"七八"指少阳少阴之数，为木火，居东南，为阳气（精气），主生；"九六"指老阳老阴之数，为金水，居西北，为阴气，主终。在此他将七八九六之数与五行相生的顺序联系起来，认为生命的生息与四季的变化是一致的。这一思想为孔颖达所继承。孔颖达在《礼记正义·中庸》

---

① 孔颖达:《礼记正义·中庸》卷六十,上海古籍出版社,2008 年,第 2004、2040 页。

② 孔颖达:《礼记正义·中庸》卷六十,上海古籍出版社,2008 年,第 2004、2005 页。

③ 朱伯崑:《易学哲学史》,昆仑出版社,2005 年,第 222 页。

④ 李道平:《周易集解纂疏》,中华书局,1994 年,第 555 页。

中说："此鬼神是阴阳七八九六之鬼神，生成万物者。"① 孔颖达赞成郑玄的说法，也认为万物源于阴阳之二气。由此亦可知，孔颖达的宇宙论、易学思想与郑玄有一致之处。实际上，就以孔颖达的易学思想而言，《周易正义》的一个重要特点就是扬弃了王弼派的贵无贱有之思想，将汉易中的元气说、阴阳二气说重新肯定下来②，故而孔颖达在《礼记正义·中庸》中会有"天道阴阳，生成万物"③ 之说。

总之，他们在解释《中庸》时，援用了"阴阳—五行—万物"的宇宙论生化模式，而这一模式《中庸》是没有的。他们的解释对后人产生了重要影响，如尽管张载与二程对理气关系的解释不同，但他们均以阴阳之气解释鬼神，张载说："鬼神者，二气之良能也。"④ 二程说："鬼神者，造化之迹也。"⑤ 对此，朱子说："程子、张子更以阴阳造化为说，则其意又广，而天地万物之屈伸往来，皆在其中矣。"⑥ 张子、二程的解释为朱子吸收⑦。不仅如此，在万物的生成上，理学家也以阴阳五行生化模式论之，如朱子说："天以阴阳五行生化万物。"⑧ 当然，朱子与郑玄、孔颖达的不同是很明显的：在郑玄、孔颖达的体系中，阴阳是最高的概念；而在朱子的体系中，理是形而上者，气是形而下者，"太极，形而上之道也；阴阳，形而下之器也"⑨，"太极理也"⑩，故而朱子在《中庸章句》中说："天下之物，皆实理之所为，故必得是理，然后有是物。"⑪ 在此，朱子就强调了"理本气末"及"理在事先"的思想。实际上，他们之间的不同是理论架构模式之差异的反映：郑玄、孔颖达的主要是"宇宙生成论"建构模式，而朱子的则是"本体宇宙论"⑫ 建构模式。

## 二、性有善有恶论、性三品论与性二元论

"性"是《中庸》的重要范畴，《中庸》云："天命之谓性"，但此性是善是恶，《中庸》未明言，且后人对此的解释不一。郑玄的解释是："天命，谓天所命生人者也，是谓性命。木神则仁，金神则义，火神则礼，水神则信，土神则智。《孝经说》曰：

① 孔颖达：《礼记正义·中庸》卷六十，上海古籍出版社，2008年，第2042页。
② 朱伯崑：《易学哲学史》，昆仑出版社，2005年，第437页。
③ 孔颖达：《礼记正义·中庸》卷六十，上海古籍出版社，2008年，第2042页。
④ 张载：《正蒙·太和》，《张载集》，中华书局，1978年，第9页。
⑤ 卫湜：《礼记集说》卷一百二十八，文渊阁四库本。
⑥ 朱熹：《四书或问·中庸或问上》，《朱子全书》第六册，上海古籍出版社，2004年，第578页。
⑦ 朱熹：《四书章句集注》，中华书局，1986年，第25页。
⑧ 朱熹：《四书章句集注》，中华书局，1986年，第17页。
⑨ 朱熹：《太极图说解》，《周敦颐集》，中华书局，2009年，第3页。
⑩ 黎靖德：《朱子语类》卷九十四，中华书局，1986年，第2374页。
⑪ 朱熹：《四书章句集注》，中华书局，1986年，第34页。
⑫ 李存山：《中国传统哲学纲要》，中国社会科学出版社，2008年，第15页。

‘性者生之质，命，人所禀受度也。’”① 在此，郑玄认为人生而禀有五常之性。但能否以此说郑玄就是主张“性善论”呢？这得从他的《礼记注·中庸》的全文来看。他在注《中庸》之“变则化”时说：“变，改恶为善也。变之久，则化而性善也。”在此，他认为所谓“变”就是“改恶为善”，经过长久的教化，则能“化而性善”。这也就是说，人虽有善，但亦有恶。综合观之，可以认为郑玄把此“性”作“有善有恶”解，正如张岱年先生所说：“郑玄亦主性有善有恶。”②

与郑玄相比，孔颖达的看法则有不同，他主张性三品说。他说：“案《左传》云‘天有六气，降而生五行’，至于含生之类，皆感五行矣。唯人独禀秀气，故《礼运》云‘人者，五行之秀气’。被色而生，既有五常仁、义、礼、智、信……但感五行，在人为五常，得其清气，备者则为圣人，得其浊气，简者则为愚人。降圣以下，愚人以上，所禀或多或少，不可言一，故分为九等。孔子云‘唯上知与下愚不移’二者之外，逐物移矣。故《论语》云‘性相近，习相远也’，亦据中人七等也。”③ 在此，孔颖达认为人因禀气之清浊、多少之不同，人性可分为九等。这是性三品说的发展，与东汉荀悦的“性九品”说有相近之处。他以禀气之清浊、多少论性的思想对宋儒的“气质之性”说产生了影响。

朱子的解释与他们相比异远远大于同。朱子说：“性，即理也。天以阴阳五行化生万物，气以成形，而理亦赋焉，犹命令也。于是人物之生，因各得其所赋之理，以为健顺五常之德，所谓性也。……性道虽同，而气禀或异，故不能无过不及之差。”④ 朱子认为五常之性人皆生而禀有，因气之异，故人与人之间有不同。而且认为人性与物性在本质上是一致的（“人物之生，因各得其所赋之理”，“人物之性，亦我之性，但以所赋形气不同而有异耳”⑤），之所以有不一致亦因气禀之异。在此，虽说朱子对“天命之谓性”解释与郑玄和孔颖达有一致之处，郑玄认为人生而禀有五常之性，孔颖达认为除下愚外人皆禀有五常之性，且人人之间的不同因气禀之异。但不同之处更为明显：

第一，对五常之性的论证模式不同。虽然郑、孔对人性的看法不同，但两人论性的思路是一致的，即他们皆从“阴阳五行”的宇宙生化模式上进行论证的。郑玄、孔颖达认为五常之性源自五行，而五行源自阴阳，这就意味着五常并非阴阳本身或其属性，而是阴阳的产物。朱子的论证则不同。朱子认为有理则有气，而五常之性即是理，这就意味着五常与理是二而一的关系。所以说郑玄、孔颖达的论证虽然也是遵循天人合一的

---

① 孔颖达：《礼记正义·中庸》卷六十，上海古籍出版社，2008年，第1987—1988页。

② 张岱年：《中国哲学大纲》，中国社会科学出版社，1982年，第204页。

③ 孔颖达：《礼记正义·中庸》卷六十，上海古籍出版社，2008年，第1988页。

④ 朱熹：《四书章句集注》，第17页。

⑤ 朱熹：《四书章句集注》，第33页。

思路，但他们对人性的论证主要从宇宙生成论上进行论证的，而朱熹则上升到了本体宇宙论的高度。

第二，对人性与物性关系的解释不同。先秦儒家如孟子极力反对把人性与物性等同，他说："生之谓性也，……然而犬之性犹牛之性，牛之性犹人之性与?"（《孟子·告子上》）。郑玄、孔颖达虽没有明确强调人性与物性的不同，但他们在解释"天命之谓性"时明确认为此性是指人性，郑玄说："天命，谓天所命生人者也，是谓性命"，孔颖达说："天本无体，亦无言语之命，但人感自然而生，有贤愚吉凶，若天之付命遣使之然，故云'天命'"①，而且孔在解释"尽其性""尽人之性"和"尽物之性"时把人性与物性分开讲，"既尽其性，则能尽其人与万物之性……既能尽人性，则能尽万物之性"②，故综合观之，可以认为在郑玄、孔颖达看来，人性与物性是不同的。然而朱子则认为人性与物性在本质上是一样的，之所以有不同因禀气之异，正所谓"人物之性，亦我之性，但以所赋形气不同而有异耳"。朱子之所以会如此认为，受到张载与二程的影响。张载说："性者万物之一源，非有我之得私也。"③ 二程也说："万物皆有性，此五常性也。"④ 至于张载、二程为什么会如此主张，应是受到佛教的影响⑤。

第三，对善恶来源的看法不同。郑玄认为人性有善有恶。孔颖达则认为下愚全为恶，圣人全为善，其余人因禀气之清浊、多少之不同而有善恶。这就是说，除圣人外，其余的天生皆有恶。朱子与他们皆有不同，认为人性可以分为两种：一是天地之性，一是气质之性。天地之性是人的本然之性，是纯善的，正所谓"性，即理也"；气质之性是指理坠在气质之中，有善有恶的，正所谓"性道虽同，而气禀或异，故不能无过不及之差"。人之本性既然皆善，那这就为"复性"提供了最为基本的保证，而郑玄的性有善有恶论和孔颖达的性三品论则无此功能。

## 三、"用中为常道"与"中庸者，无过不及而平常之理"

中庸是儒家哲学的基本观念。中庸一词最早见于《论语·雍也》："中庸之为德也，其至矣乎！民鲜久矣。"《中庸》论述尤详，如引述孔子之言说："君子中庸，小人反中庸"，又说："执其两端，用其中于民。"中庸一词由"庸"和"中"两个字构成，虽

① 孔颖达：《礼记正义·中庸》卷六十，上海古籍出版社，2008年，第1988页。

② 孔颖达：《礼记正义·中庸》卷六十，上海古籍出版社，2008年，第2024页。

③ 张载：《正蒙·诚明篇》，《张载集》，第21页。

④ 程颢、程颐：《程氏遗书》卷九，《二程集》，中华书局，2004年，第105页。

⑤ 李存山先生指出："关于纯善之性泛在于人与万物的思想，本与孟子认为人之性善不同于犬、牛之性的思想相反对，但新儒家普遍持泛性善论的观点，即认为人与万物皆具纯善之性，其区别是由气质的昏明清浊引起的，这可能与唐代高僧湛然以真如缘起论为根据而论证'无情有性'的思想有较密切的关系。"见氏著：《气论与仁学》，中州古籍出版社，2009年，第522页。

然我们能够据《中庸》之“执其两端，用其中于民”而认为“中庸”就是“用中”，但毕竟《中庸》没有明确说“庸”即为“用”。郑玄、孔颖达则给“中庸”一词做了明确的解释：一、庸为用，故中庸为用中（“名曰《中庸》者，以其记中和之为用也。庸，用也”）；二、庸为常，故中庸即是用中为常道（“庸，常也。用中为常道也”①）。从文献上说，他们的解释都是有依据的。以“用”释“庸”，先秦的文献已有之，如《庄子·齐物论》云：“庸也者，用也”；以“常”释“庸”，《尔雅·释诂》云：“庸，常也。”郑玄的解说是对以前观点的综合，后为孔颖达所继承。那何谓“中”，他们的解释与《中庸》一致，也是从道德论与方法论上加以阐发的。就以方法论而言，郑玄说：“两端，过与不及也。用其中于民，贤与不肖皆行之也。”孔颖达也说：“知者过之，愚者不及。言舜能执持愚知两端，用其中道于民，使愚知具能行之。”②

郑玄、孔颖达对中庸一词的解释对后人的影响很大，如二程也把“庸”解释为“常”（“庸只是常”③），也把“中”解释“无过与不及”（“盖中之为义，以过不及而立名”④）和“不偏”（“中者只是不偏，偏则不是中”⑤），就这一解释来看，与郑玄、孔颖达基本一致。当然也不同处。二程进一步把“常”解释为“不易”。二程说：“不偏之谓中，不易之谓庸。中者天下之正道，庸者天下之定理。”⑥虽说“常”本就含有“不易”之意，但二程之所以把“常”解释为“不易”，仍然有其特别用意，即在于他们要强调中庸作为自然规律、实践原则和至德的普遍必然性和永恒性。如以自然规律言，大程说：“中之理至矣。独阴不生，独阳不生。偏则为禽兽，为夷狄，中则为人。中则不偏，常则不易，惟中不足以尽之，故曰中庸。”⑦小程也说：“天地之化，虽然廓然无穷，然而阴阳之度，日月寒暑昼夜之变，莫不有常，此道之所以为中庸。”⑧又如以至德言，大程说：“‘极高明而道中庸’，非二事。中庸，天理也。天理固高明，不极乎高明，不足道中庸。中庸乃高明之极。”⑨虽说朱熹对“中庸”一词的解释与郑玄、孔颖达、二程相比有一致之处，朱子说：“中者，不偏不倚，无过不及之名。”但也有不同处，朱子说：“庸，平常也。”⑩那“平常”与“常”“不易”之间有何异同？对此，朱子有解释。

---

① 孔颖达：《礼记正义·中庸》卷六十，上海古籍出版社，2008年，第1988、1990页。
② 孔颖达：《礼记正义·中庸》卷六十，上海古籍出版社，2008年，第1992页。
③ 《程氏遗书》卷十五《二程集》，第160页。
④ 《与吕大临论中书》，《二程集》，第606页。
⑤ 《程氏遗书》卷十五《二程集》，第160页。
⑥ 《程氏遗书》卷七《二程集》，第100页。
⑦ 《程氏遗书》卷十一《二程集》，第122页。
⑧ 《程氏遗书》卷十五《二程集》，第160页。
⑨ 《程氏外书》卷三《二程集》，第367页。
⑩ 朱熹：《四书章句集注》，第17页。

曰："庸字之义，程子以不易言之，而子以为平常，何也？"曰："唯其平常，故可常而不可易。若惊世骇俗之事，则可暂而不得为常矣。二说虽殊其致一也。但谓之不易，则必至于久而后见，不若谓之平常，则直验于今之无所诡异，而其常久而不可易者可兼举也。"……曰："然则所为平常，将不为浅近苟且之云乎？"曰："不然也，所谓平常亦曰事理之当然，而无所诡异云尔，是固非有甚高难行之事，而亦岂同流合污之谓哉！既曰当然，则自君臣父子日用之常，推而至于尧舜之禅授，汤武之放伐，其变无穷，亦无适而非平常矣。"①

朱熹认为平常、常与不易从根本上说并没有实质的区别，但若把"庸"解释为平常，不仅能兼顾"常"和"不易"之意，更关键的还能把之所以"常"和"不易"的原因揭示出来。其关键在于平常切实的东西才能在实践中常久和不易，这就是说诡异高难的东西无法长久。要之，朱子所要强调的是从人伦日用处追求高明的境界，正如《中庸》所谓的"行远必自尔，登高必自卑"。虽然郑玄、孔颖达也说"庸，犹常也。言德常行也，言常谨也"②，但朱子与他们相比，不仅更加明确强调了儒家的道德伦常，而且更加明确强调了平常切实的修养工夫。换言之，郑玄、孔颖达所说的"常行""常谨"泛指一切言行，并无特别之处。

## 四、"慎其独居"与"遏人欲于将萌"

慎独是《中庸》的一个重要修养方法。《中庸》说："是故君子戒慎乎其所不睹，恐惧乎其所不闻。莫见乎隐，莫显乎微，故君子慎其独也。"此处的慎独是何意呢？是指专注内心，还是指谨慎独处或是指其他，《中庸》没有明确解释③，而郑玄、孔颖达则对慎独做了明确解释。郑玄说："慎独者，慎其闲居之所为。"孔颖达说："以其隐微之处，恐其罪恶彰显，故君子之人，恒慎其独居。言虽曰独居，能谨慎守道。"④郑玄、孔颖达把"独"解释为"闲居""独居"，因此慎独是指在"闲居"或"独居"时要谨慎。

郑玄、孔颖达对慎独的解释对宋人产生了影响，如张载说："人有是心在隐微，必乘间而见，故君子虽处幽独，防亦不懈。"（《正蒙·诚明》）又如朱熹说："戒慎恐惧乎其所不睹不闻，是从见闻处戒慎恐惧到那不睹不闻处。这不睹不闻处是工夫尽头。所以

---

① 朱熹：《四书或问·中庸或问》（上），《朱子全书》第六册，上海古籍出版社，2004年，第549页。

② 孔颖达：《礼记正义·中庸》卷六十，上海古籍出版社，2008年，第1999页。

③ 现代不少学者根据《郭店竹简》和帛书《五行》而认为《中庸》所讲的"慎独"是指"内心的专一"。梁涛：《郭店竹简与思孟学派》，中国人民大学出版社，2008年，第292、299页。

④ 孔颖达：《礼记正义·中庸》卷六十，上海古籍出版社，2008年，第1988、1989页。

慎独，则是专指独处而言。”① 这里所说“幽独”“独处”与郑玄、孔颖达所说的“闲居”“独居”是一致的。不过，需要指出的是，虽然理学家对慎独之“独”的解释受到郑玄、孔颖达的影响，但对慎独的解释，理学家与他们相比则有较大的不同，即郑玄、孔颖达侧重强调独处时的外在言行，而理学家则着重强调独处时的内心状态，如张载言“人有是心在隐微，必乘间而见，故君子虽处幽独，防亦不懈”，又如朱子说“慎独是已思虑，已有些小事，已接物了”②。不仅如此，朱子对慎独之“独”的解释也有不同于郑、孔之处。在《中庸章句》中，朱熹对慎独之“独”的解释是“独者，人所不知而己所独知之地也”，因此所谓慎独是指“言幽暗之中，细微之事，迹虽未形而几则已动，人虽不知而己独知之，则是天下之事无有着见明显而过于此者。是以君子既常戒惧，而于此尤加谨焉，所以遏人欲于将萌，而不使其潜滋暗长于隐微之中，以至离道之远也”③。如此，“独”的含义就广泛多了，无论是在独处时，还是在众人之中，皆要治心，而其关键在于“遏人欲于将萌”。朱子还认为慎独虽说是已发的工夫，但这一工夫也“惟精底工夫”，他说：“谨独既专就已发上说……莫见乎隐莫显乎微，故君子必谨其独。……此又就中有一念萌动处，虽至隐微，人所不知而己所独知，尤当致谨，如一片止水中间忽有一点动处，此最紧要著工夫处。”又说：“慎独，则于善恶之几，察之愈精愈密，便是惟精底工夫。”（《朱子语类》卷六十二）由上可知，虽然朱子对慎独之“独”的解释受到郑玄、孔颖达的影响，但两相对照不同之处是很明显的：郑玄、孔颖达着重强调一个人独处时的外在言行；而朱子则着重强调无论独处与否都必须“察善恶之几”，指向的是内在的心灵。

## 五、“诚者，天性也”与“诚者，天理之本然”

虽说“诚”之概念起源甚早，但从哲学史上看，第一次详细而系统地讨论“诚”的，非《中庸》莫属。正如张岱年先生所说：“《中庸》对诚的言论较详。应该肯定，以诚为基本范畴的是《中庸》。”④“诚”，按传统的解释，有“诚实”“诚信”“真实”之意，如《说文解字》：“诚，信也。从言，成声。”不过，在《中庸》中，“诚”之含义则要丰富得多，既指客观的真实存在（“诚者，天之道”），又指真诚、诚实（“夫微之显，诚之不可揜，如此夫”），还指修养工夫（“诚者，非自成己而已也”）、人道之根本（“诚之者，人之道”，“君子诚之为贵”）和最高的境界（“诚者，不勉而中，不思而得”）等。郑玄、孔颖达对“诚”的解释与《中庸》基本一致，并无特别之处。如孔颖

① 黎靖德：《朱子语类》卷六十二，中华书局，1986年，第1501页。
② 黎靖德：《朱子语类》卷六十二，中华书局，1986年，第1503页。
③ 朱熹：《四书章句集注》，第18页。
④ 张岱年：《张岱年全集》第四卷，河北人民出版社，1996年，第555页。

达解释“诚之不可揜”时说：“言鬼神诚信，不可揜蔽。”① 在此，孔颖达强调了“诚”之“诚信”的含义。又如在解释“诚者，天之道；诚之者，人之道”时，郑玄说：“诚者，天性也。诚之者，学而诚之者也。因诚身说有大至诚。”孔颖达说：“至诚之道，天之性也，则人当学其至诚之性。是上天之道，不为而诚，不思而得，若天之性有生杀，信著四时，是‘天之道’。”② 在此，他们不仅强调了天道的真实，而且强调了“诚之”为人道之根本。朱子对“诚”的解释，与他们相比，有相同的一面，但不同之处也非常明显。

首先，就同而言，可从三个方面说：第一，与郑玄、孔颖达一样，朱子也把“诚”作“诚信”解，朱子说：“诚……亦诚悫也。由汉以来，专以诚悫言诚。……《中庸》……亦有言诚悫为诚处。”③ 第二，孔颖达还以“实”解“诚”（“诚者，实也”④），朱子也把“诚”作“实”解（“诚者，实而已矣”⑤）。第三，郑玄、孔颖达认为诚是天道的特点（“诚者，天性也”），圣人与天道同一（“圣人性合于天道自然”⑥），其他人要努力地做到诚，朱子也如此认为：“诚者，真实无妄之谓，天理之本然也。诚之者，未能真实无妄，而欲其真实无妄之谓，人事之当然也……圣人之德，浑然天理……则亦天之道也。”⑦

其次，他们的不同是非常明显的：第一，朱子把“诚”作为“天理”的根本特点，正所谓“诚者，真实无妄之谓，天理之本然也”。所谓“天理之本然”就是指天理本有的特点，而天理在朱子的体系中最高的概念，这就是说朱子已经把“诚”作为最高本体的根本属性了。由此可见，虽然郑玄、孔颖达也强调“诚”是“天性”，但他们所说的“天”是指阴阳，而不是指天理，所以说朱子已经从本体宇宙论的高度对传统意义上的“诚”进行了论证。第二，朱子进而把“诚”等同于“理”和“太极”，他说：“诚是实然之理，鬼神亦是实理。若无这理，则便无鬼神，无万物，都无所该载了。”又说：“诚是实理，自然不假修为者也。……诚，只是万物具足，无所亏欠。”⑧ 在朱子的体系中，“理”与“太极”是一个等同的概念（“总天地万物之理，便是太极。”《语类》卷九十四），所以“诚”也就是“太极”。他说：“诚者，至实而无妄之谓，天所

① 孔颖达：《礼记正义·中庸》卷六十，上海古籍出版社，2008 年，第 2004 页。
② 孔颖达：《礼记正义·中庸》卷六十，上海古籍出版社，2008 年，第 2020、2021 页。
③ 黎靖德：《朱子语类》卷六，中华书局，1986 年，第 102 页。
④ 孔颖达：《春秋左传正义》卷二十一，北京大学出版社，1999 年，第 578 页。
⑤ 朱熹：《四书或问·中庸或问下》，第 594 页。
⑥ 孔颖达：《礼记正义·中庸》卷六十，上海古籍出版社，2008 年，第 2020 页。
⑦ 朱熹：《四书章句集注》，第 31 页。
⑧ 黎靖德：《朱子语类》卷六十三、六十四，中华书局，1986 年，第 1550、1563 页。

赋、物所受之正理也。……诚即所谓太极也。"① 朱子的这一解释，在郑玄、孔颖达的体系中是不可能有的。第三，朱子认为圣人之所以是"诚者"乃在于"浑然天理、真实无妄""初无人欲之私以病之"②，常人则不然"以气质之偏、口鼻耳目四支（肢）之好得以蔽之，而私欲生焉"③"未能真实无妄"，因而对"诚之者"来说必须"欲其真实无妄之谓，人事之当然也"。由此可见，郑玄、孔颖达在解释圣人与天道同一时并未以"天理人欲"论之，而朱子则认为圣人与天道的同一在于"浑然天理""无人欲之私"。这一不同，就决定他们对"诚"之"实"与"诚"之"信"的看法不同。郑玄、孔颖达并未区别这两者的关系，而朱子则认为这两者有很大的不同："实"为本然状态，"信"是后天工夫。他说："诚是自然底实，信是人做底实。故曰：'诚者，天之道。'这是圣人之信。若众人之信，只可唤做信，未可唤做诚。"④ 朱熹的弟子陈淳也说："诚于忠信极相近，须有分别，诚是就自然之理上形容此一字，忠信是就人用工夫上说。"⑤ 第四，朱熹之所以要以"真实无妄"释"诚"除了照顾训诂的根据及受到周敦颐、张载和二程的影响⑥外，还在于他以"诚"作为反对佛教的关键依据。他认为佛教之所以有出世的主张是由其世界观决定的，故而对佛教的批评必须从其根本处入手。他说："今之辟佛者，皆以义利辨之，此是第二义。……佛以空为见，其见已错，所以都错，义利又何足以为辨。"⑦ 又说："只如'天命之谓性'，释氏便不识了，便遽说是空觉。吾儒说底是实理，看他便错了。他云：'不染一尘，不舍一法'，既'不染一尘'，却如何'不舍一法'……吾儒只认为得一个诚实道理，诚便是万善骨子。"⑧ 朱子认为儒释的根本差别在于一虚一实，所以批评佛教的关键在于批其"空观"。两相对照，郑玄、孔颖达对"诚"的论述并未与反对佛教联系起来。

## 六、"有忠信者重其禄也"与"待之以诚而养之厚"

《中庸》曰："忠信重禄，所以劝士也。"此处重禄的实施者显然是指君主，但忠信的主体则不明显，既可以理解为君主，又可以理解为臣子。郑玄、孔颖达的解释是后者。郑玄说："忠信重禄，有忠信者重其禄也。"⑨ 孔颖达对此虽没有解释，但他并未反

---

① 周敦颐:《周敦颐集》,中华书局,2009 年,第 13 页。
② 朱熹:《四书或问·中庸或问下》,第 592 页。
③ 朱熹:《四书或问·中庸或问下》,第 592 页。
④ 黎靖德:《朱子语类》卷六,中华书局,1985 年,第 103 页。
⑤ 陈淳:《北溪字义》,中华书局,1983 年,第 32 页。
⑥ 张培高:《论关于宋代理学家对"诚"的不同诠释》,《中州学刊》2013 年第 6 期,第 111—112 页。
⑦ 黎靖德:《朱子语类》卷一百二十六,中华书局,1986 年,第 3040 页。
⑧ 黎靖德:《朱子语类》卷一百二十六,中华书局,1986 年,第 3017 页。
⑨ 孔颖达:《礼记正义·中庸》卷六十,上海古籍出版社,2008 年,第 2018 页。

对郑玄的解释，而且他在解释“体群臣则士之报礼重”时说：“群臣虽贱，而君厚接纳之，则臣感君恩，故为君死于患难，是‘报礼重’也。”[①] 故而可说郑玄、孔颖达的观点是一致的，皆强调君主的绝对权力。他们的这一观念还体现在对《中庸》其他方面的解释。如郑玄在解释“唯天下之至诚”段时说：“尽性者，谓顺理之，使不失其所也。赞，助也；育，生也。助天地之化生，谓圣人受命在王位，致太平。”此处，郑玄所强调的“圣人”其实就是居于王位的君主。又如孔颖达在解释“致中和”时说：“致，至也。位，正也。育，生长也。言人君所能，至极中和，使阴阳不错，则天地得其正位焉，生成得理，故万物其养育焉。”[②] 在此，孔颖达强调了君主“至极中和”而“万物得其养育”。据上述可知，他们对“内圣外王”主体的强调明显偏向“君主”，这就把普通士人排除在外了，正如学者所说：“这样的论述（孔对‘致中和’的解释）只对人君等天赋异禀的‘圣人’开放，一般人是没有这样的管道参与其事的。”[③]

与郑玄、孔颖达相比，朱熹的解释则有很大的不同。朱子对“忠信重禄”的解释是：“忠信重禄，谓待之以诚而养之厚，盖以身体之，而知其所赖乎上者如此也。”[④] 在此，“忠信”的主体就变成了君主，即君主对臣子要讲“诚”。君主为何要如此？原因有二：其一，君主若能以诚待臣，必然会给士人丰厚的利禄，如此，士人就不必为生计而忙碌，故而能够尽心尽力为朝廷、国家做贡献，朱子说：“尽其诚而恤其私，则士无仰事俯育之累，而乐趋事功，故忠信重禄，所以为劝士之道也。”[⑤] 其二，以诚待臣就是尊贤、求贤之道，如此，君臣之间才能够相互信任，从而成就丰功伟业，朱子说：“夫劳于求贤而逸于得人，任则不疑，而疑则不任，此古之圣君贤相，所以诚意交孚、两尽其道而有以其成正大光明之业也。”[⑥] 所谓“两尽其道”不仅指君臣相互信任，而且指君臣各尽其道。就以臣而言，不仅要“趋事功”，而且要“以道事君”[⑦]。由此可知，虽然朱熹与郑玄、孔颖达一样也强调尊君，但在君臣关系上，朱熹并非一味地强调君主的绝对权力，而是既强调“以道事君”，又强调君臣“诚意交孚、两尽其道”。这里便含有“道统”高于“政统”、君臣共治的观念。以前者言之，这一观念孔子已有之（“以道事君，不可则止。”《论语·先进》）。以后者言之，这是宋代朝廷和宋代新儒家独有的观念。到了宋代，士已经成为建设社会秩序极为重要的力量，士与君主共治天

① 孔颖达：《礼记正义·中庸》卷六十，上海古籍出版社，2008年，第2017页。

② 孔颖达：《礼记正义·中庸》卷六十，上海古籍出版社，2008年，第1990页。

③ 杨儒宾：《〈中庸〉怎样变成了圣经》，载吴震主编：《宋代新儒学的精神世界——以朱子学为中心》，华东师范大学出版社，2009年，第496页。

④ 朱熹：《四书章句集注》，第30页。

⑤ 朱熹：《四书或问·中庸或问下》，第588页。

⑥ 朱熹：《四书或问·中庸或问下》，第589页。

⑦ 朱熹：《四书或问·中庸或问下》，第587页。

下，这是士人与朝廷的共识。在朝廷方面，如宋太宗说："天下广大，卿等与朕共理。"[①] 在士人方面，如范仲淹说："先王建官，共理天下。"[②] 胡瑗说："人君所以共位、治天下者，君子也。""夫臣者，国家之倚毘，君所赖以安者也。"[③] 正基于此，胡瑗对"忠信重禄"做出了与郑玄、孔颖达大不同的解释，"'忠信重禄者'，既推忠信以待人，又副之以重禄"[④]。胡瑗的解释为吕大临和杨时所吸收，吕大临说："待之以忠信，养之以重禄，此士所以愿立乎其朝矣。"杨时也说："遇之不以忠信，养之不以重禄，则士不得志，有窭贫之忧，尚何劝之有。"[⑤] 朱子在综合上述思想的基础上，从而提出了"待之以诚而养之厚""以道事君"及君臣"诚意交孚、两尽其道"的思想。而朱子的这一思想与郑玄、孔颖达侧重强调君主的绝对权力及主要强调君主的责任有很大的不同。

## 七、"以其记中和之为用也"与"人心惟危，道心惟微"

郑玄、孔颖达认为子思作《中庸》在于"名曰《中庸》者，以其记中和之为用也。庸，用也。孔子之孙子思伋作之，以昭明圣祖之德"[⑥]。在此，他们解释了《中庸》的主旨（"以其记中和之为用也"）及子思作《中庸》的原因（"以昭明圣祖之德"）。虽如此，但他们的"道统"意识不是很明显。而且从他们对"致中和"的解释来看，虽然也强调内圣外王，但侧重强调后者（外王），且认为主体主要是君主，正如孔颖达所说："致，至也。位，正也。育，生长也。言人君所能，至极中和，使阴阳不错，则天地得其正位焉，生成得理，故万物其养育焉。"朱熹的解释则有较大的不同。朱子认为子思作《中庸》原因在于"忧道学之失其传而作"，进而提出了"道统"概念以及建构一个始自尧、舜、禹，然后至文、武、周公，再至孔子、子思、孟子，直至二程的传承谱序。朱熹认为这一道统所传授的内容是"人心惟危，道心惟微，惟精惟一，允执厥中"。实际上，朱子认为"道学"的内容就是以"道心"治"人心"，如此人的行为就随时能达到"中"。朱子还认为《中庸》之书及"道学"的内容具有对抗佛老的作用，他说："异端之说日新月盛，以至于老佛之徒出，则弥近理而大乱真矣。然而幸尚此书之不泯，故程夫子兄弟者出，得有所考，以续夫千载不传之绪，得有所据，以斥夫二家似是之非。"[⑦] 与此相对应，朱子故而对"致中和"做了这样的解释："自戒惧而约之，以至于至静之中，无少偏倚，而其守不失，则极其中，而天地位矣。自慎独而精之，以

① 李焘:《续资治通鉴长编》卷二六。
② 范仲淹:《范仲淹全集》,四川大学出版社,2007年,第202页。
③ 胡瑗:《周易口义》卷五,文渊阁四库本。
④ 卫湜:《礼记集说》卷一百三十一,文渊阁四库本。
⑤ 卫湜:《礼记集说》卷一百三十一。
⑥ 孔颖达:《礼记正义·中庸》卷六十,上海古籍出版社,2008年,第1987页。
⑦ 朱熹:《中庸章句序》,《四书章句集注》,第15页。

至于应物之处，无少差缪，而无适不然，则极其和而万物育矣。盖天地万物本吾一体，吾之心正，则天地之心亦正矣，吾之气顺则天地之气亦顺矣。”① 在朱子看来，“致中和”的实质在于“天地万物本吾一体，吾之心正，则天地之心亦正”，在此不仅强调了“内圣外王”，而且对此的强调是由“吾之心”出发的，同时行为的主体不限于君主，而是扩展到一切士人。这是宋代士人“敢为天下先”担当精神的体现。总之，郑玄、孔颖达的解释不仅道统意识不明确，而且对“内圣”的强调也不足，朱子却相反。

## 八、结语

综上所述，虽然朱子对《中庸》的解释受到郑玄、孔颖达的影响，但与之相比有着明显的不同，我们从七个方面进行了分析，不过这些方面的不同又可以概括为四个方面：其一，理论建构模式的不同。郑玄、孔颖达的理论建构模式是宇宙生成论，而朱子的则是本体宇宙论。其二，对“性”的解释不同。既存在性有善有恶论、性三品论与性二元论的差异，又存在对人性与物性看法的不同。其三，对内圣外王的解释不同。虽然郑玄、孔颖达也认为君主和士人必须做到由内圣到外王，但他们不仅侧重强调了外王的一面，而且侧重强调了内圣外王的主体主要为君主。朱子则不同，不仅侧重强调内圣的一面，而且认为内圣外王的主体主要是士人，这是宋代士人“担当”精神的体现。其四，对道统的强调不同。虽说郑玄、孔颖达“以昭明圣祖之德”的解释也有道统的意思在，但这一意识不是很明显。朱子则明确建构了一个由尧舜禹开始直至二程的道统谱序，并认为道统的内容是“人心惟危，道心惟微，惟精惟一，允执厥中”。同时，认为这一道统能够对抗佛老。总之，朱子与郑玄、孔颖达对《中庸》解释的差异，其实就是汉唐经学背景下与宋学背景下对《中庸》解释的差异。

① 朱熹：《四书章句集注》，第18页。

# 作为语言学家的郑玄

## ——以三礼注的读如为中心

申杬哲（韩国首尔大学中文系）

**摘　要**　本文的目的在于，将汉代经学家郑玄，以一名语言学家的角度重新进行审视，并探讨其成果。作者将读如的方式以“与直音法相同”“以俗语·经典里使用的语汇标音”“先训释后确定读音”来进行考察。在其作用部分提出了：“提供读音”“确定字义”“把握假借字”这三点。由此可见，郑玄是一位通儒、语言学家，其读如显示了他作为一名语言学家的贡献，并对以后小学的发展影响深远。

**关键词**　郑玄　语言学家　三礼注　读如

### 一、绪论

本文的目的在于，将汉代经学家郑玄，以一名语言学家的角度重新进行审视，并探讨其成果。

郑玄（127—200）作为一位训诂学家、通儒，根据《后汉书·郑玄传》所载：“凡玄所注《周易》《尚书》《毛诗》《仪礼》《礼记》《论语》《孝经》《尚书大传》《中候》《乾象历》，又著《天文七政论》《鲁礼禘祫义》《六艺论》《毛诗谱》《驳许慎五经异义》《答临孝存周礼难》，凡百余万言。”① 与许慎齐名，可谓汉代经学、训诂学家的代表人物。郑玄作为汉代经学之集大成者，整理古籍，博采众长。然而在《后汉书》中以“玄质于辞训，通人颇讥其繁”② 来评价其人，忽视了郑玄作为一名语言学家的贡献。语言学即小学，从属于经学、哲学的范畴。但其说明的内容则是启发理解经义，语言学的成就不容小觑。本文将以其代表作——三礼注里的“读如”为中心，探讨其语言学方面的成就。

---

① ［刘宋］范晔撰：《后汉书》卷三十五《张曹郑列传第二十五》，中华书局，2003 年，第 1212 页。

② ［刘宋］范晔撰：《后汉书》卷三十五《张曹郑列传第二十五》，中华书局，2003 年，第 1212 页。

## 二、三礼注里读如的说明方式

郑玄所注的《周礼》《仪礼》《礼记》，统称“三礼注”。三礼注可以帮助我们进一步理解三礼的内容。本章将举例分析“读如”并进行说明，以探讨“读如”的作用。

（一）何为读如？

在反切出现之前，人们用读如表音，主要形式是“甲读如乙”。这里甲乙是同音关系，但有时甲乙却非同音。这种情况下，意思是“甲应该发乙的声音”。这种方式和许慎《说文解字》的“读若”类似①，属于注音方式中的譬况法，可比一般的譬况法直接地标注读音的方式②。

下面我们来比较一下“读如”和直音法。如果“读如”所指的音价和“音某”的“某”一样，那么“读如”和“音某”的方式则基本没有差异。但“音某”的直音法提示的所注文字的读音方式，的确比“读如”更直观。“读如”属于譬况法，主要说明的是读音的情况，有时甚至直接提示所注文字的读音。除此之外，在音义关系方面也存在差异，“音某”可以以同义的汉字来表音，比如《史记·高祖本纪》中的“汉王跳”，徐广注：“音逃。”③ 这二者就是通假的关系。“读如”可能比“音某”比较随便注音。对此还有另外一种说法，“读如”和“音某”有时间上的先后关系，即在“读如”之前没有以“音某”来注音的方法，这一点可以从三礼注里没有“音某”这种音注方式可以得知。而且郑玄可能以“读如”的方式来表现出“音某”的说明方式。这一部分我将在2.2“读如”的说明方式一章再做具体解释。

（二）读如的说明方式

1. 与直音法相同

主要以“甲读如乙”的形式，只单纯地提示字音，没有其他附加说明，和“音某”在实质上并没有差异。例如：

《礼记·少仪》：“羞濡鱼者进尾，冬右腴，夏右鳍，祭膴。”郑玄注：“膴读如冔。”④

---

① 如、若，互训关系。参考[清]王引之撰、李花蕾校点：《经传释词》，上海古籍出版社，2016年，卷七“如”（第143页）：“《广雅》曰：如，若也。常语。”卷七“若”（第148页）：“《考工记·梓人》注曰：若，如也。常语。”

② 与《春秋公羊传·庄公二十八年》何休注“伐”的譬况法比较一下。李学勤主编：《十三经注疏整理本》，北京大学出版社，2000年，《春秋公羊传·庄公二十八年》，第207页：“《春秋》伐者为客，伐者为主。”何休注：“伐人者为客，读伐长言之，齐人语也。见伐者为主，读伐短言之，齐人语也。”

③ [前汉]司马迁撰：《史记》卷八《高祖本纪第八》，中华书局，2003年，第374页。

④ 李学勤主编：《十三经注疏整理本》《礼记正义·少仪》，北京大学出版社，2000年，第1212页。

上述例子的意思是，“膴”有两个读音，其中一个和“冔”音类似，这里郑玄用声调一样的字来说明意义。《经典释文》反映了郑玄的观点并提示音注①。郑玄的“读如冔”，在《经典释文》作“音冔”。“冔”是“冠”的本义②，这里借用了“冔”的读音。这种状况下，“读如”和直音法并没有差异。

在这条原则下，有了对于一个错误的部分来校订。例如：

《礼记·月令》：“其器圜以闳。”郑玄注：“闳读如纮。”③

根据上面的说明方式来看，郑玄的说法可以翻译为“闳，音纮”，“闳”的读音就是“纮”。愚按，“闳”“纮”没有读音的差异。按照《广韵》，“闳”“纮”都在耕韵④，上古音也没有差异⑤。因此段玉裁怀疑这条注解有误，他改“读如”的“如”成“为”，即“读为”之训释用法⑥。其实该句之中“闳”的意思就是“纮”。郑玄曰：“纮谓中宽，象土含物。”这就是将“圜以闳”中“闳”解释为“纮”。如只是音注的话，这种解释在这里并不需要。这个例子可以使我们进一步了解读如的作用。

2. 以俗语、经典里使用的语汇标音

不仅如此，还可以以当时的俗语、诸经典里使用的语汇来标注读如的表音，例如：

《周礼·夏官·序官》“挈壶氏”。郑玄注：“挈读如絜发之絜。”⑦

这个例子里，郑玄提出“絜发之絜”，限定“絜”的音义来解释“挈”的读音。根据贾公彦疏，“絜发”的意思是“结发”⑧。所以郑玄采用“结”的音义来解释。可是《经典释文》又举了另一个“又音”，陆德明认为，这个例子采用“结”的音义或者“絜”

---

① ［唐］陆德明撰、黄焯断句：《经典释文》，中华书局，1983年，第194页：“膴，旧火吴反，依注音冔，况甫反。徐况纡反。”

② 李学勤主编：《十三经注疏整理本》《仪礼注疏·士冠礼》，北京大学出版社，2000年，第63页：“周弁，殷冔，夏收。”郑玄注：“冔名出于幠。幠，覆也。言所以自覆饰也。”

③ 李学勤主编：《十三经注疏整理本》《礼记正义·月令》，北京大学出版社，2000年，第605页。

④ 周祖谟著：《广韵校本》下平声卷二·十三耕韵，中华书局，2004年，第190页。

⑤ 依据郑张尚芳的上古音体系，两个字都为 * ɡʷrɯɯŋ。郑张尚芳著：《上古音系》（第二版），上海教育出版社，2013年，第335页。

⑥ 李学勤主编：《十三经注疏整理本》《礼记正义》，北京大学出版社，2000年，第605页，注5曰：“段玉裁校本改‘为’。”

⑦ 李学勤主编：《十三经注疏整理本》《周礼注疏·夏官》，北京大学出版社，2000年，第879页。

⑧ 贾公彦疏：“释曰……郑读挈如絜发之絜者，诗云‘总角之宴’，毛传云：‘总角，结发’。此郑依毛传，絜即结之义也。”愚按，《诗·卫风·氓》：“总角之宴，言笑晏晏。”李学勤主编：《十三经注疏整理本》《毛诗正义》，北京大学出版社，2000年，第275页。

的本义都可以①。

除此之外还有一个方式，就是以民间常用的表达来用于读如，例如：

《周礼·秋官·序官》“萍氏”。郑玄注：“读如小子言平之平。”②

根据贾公彦疏，“小子言平”就是汉代日常生活中常用的一种表达③。郑玄以民间熟悉的词汇来解释比较难读的字。

另外还有以其他经典里著名的句子来提示读音的方式，例如：

《仪礼·士冠礼》：“缁布冠缺项，青组缨属于缺。”郑玄注：“缺读如有頍者弁之頍。”④

郑玄引用的部分就是《诗·小雅·頍弁》中的“有頍者弁”⑤ 在“缺”字的读音中，有“頍”音，意思就是“古代用以束发固冠的一种发饰”，即“頍”的意思⑥。一般的情况下，不知道“缺”有“頍”音。所以郑玄以“頍”字的音义来解释“缺”字。

3. 先训释后确定读音

除上述几种说明方式外，还有先训释后确定读音的例子，这和《说文解字》的表音方式一样⑦。例如：

《礼记·檀弓上》：“布幕，卫也。縿幕，鲁也。”郑玄注：“縿，缣也。縿读如绡。”⑧

在这个例子里，郑玄将“縿”字加以训释，以“绡”来标注“縿”的读音。这就是以

① [唐]陆德明撰、黄焯断句:《经典释文》,中华书局,1983 年,第 126 页:“挈,刘苦结反,一音结,又户结反。”愚按,又音就是“挈”字的本义。

② 李学勤主编:《十三经注疏整理本》《周礼注疏·秋官》,北京大学出版社,2000 年。

③ 贾公彦疏:“云读如小子言平之平者,俗读,取音同。”李学勤主编:《十三经注疏整理本》《周礼注疏·秋官》,北京大学出版社,2000 年,第 1049 页。

④ 李学勤主编:《十三经注疏整理本》《仪礼注疏·士冠礼》,北京大学出版社,2000 年,第 27 页。

⑤ 李学勤主编:《十三经注疏整理本》《毛诗正义》,北京大学出版社,2000 年,第 1015 页。

⑥ 参考《汉语大词典》【缺 2 项】:“古代用以固冠的一种发饰。”中国汉语大词典编辑委员会:《汉语大词典》,汉语大词典出版社,2012 年,第 12231 页。

⑦ 《说文解字》提示该篆文的训释,分析篆文结构,有的时候确定读音。比如:《说文解字·玉部》“璹”:“玉器也。从玉𠷎声。读若淑。”其中“读若淑”就确定读音。[后汉]许慎撰,[清]段玉裁注:《说文解字注·玉部》,上海古籍出版社,1981,第 15 页。

⑧ 李学勤主编:《十三经注疏整理本》《礼记正义》,北京大学出版社,2000 年,第 211 页。

读如确定读音。其实，“縿”与“绡”是种类相似的物件①，没有“缣也”，可以提“绡”说明“縿”的音义。但这个例子的意义在于以同义字来训释，以同音字来表音。郑玄对于学术的精致周密亦如此。

## 三、三礼注里读如的作用

三礼注里读如的作用为：提供读音、确定字义，把握假借字。

### （一）提供读音

在反切以前，表音方式大多以譬况法来直接表示读音②。虽然读如没有反切那样分析音节，但是提供汉字的读音就是掌握汉字知识的重要部分，不能忽视。在韵书尚未出现，人们还未重视音义的情况下，郑玄就已着眼于读音，可以说与许慎等人是奠基语言学的先驱者。

### （二）确定字义

在中国训诂学中，训释的功能在于解释生字，或者确定多音多义字中的恰当音义。上述的几个例子都是如此，因为通过音声变化可以反映该字的意义变化。郑玄的读如也借助了这种通过音义关系来提示读如的方式，确定经典里多种变化的字义。继承郑玄的研究成果并进行进一步发展的就是南北朝音义研究，陆德明所著《经典释文》为其集大成。

### （三）把握假借字

读如的例子中有一个表音后提出该字为“假借字”的说明③。把握假借字，对以后关于“因声求义”的原则研究奠定了重要基础。例如：《经传释词》卷五中的“其”字，王引之将其分为三种④，其中有一种来自《礼记·檀弓上》“何居”郑玄注：“居，读如姬姓之姬，齐鲁之间，语助也。”⑤ 通过这个例子，我们可以知道郑玄的读如对于虚词的研究做出了巨大的贡献。

## 四、结论

本文通过对“读如”的考察，以及其作用，来探讨郑玄作为一名语言学家的一些

---

① 《汉语大词典》“縿 2”：“缣帛。”（第 13531 页）“绡 1”：“薄的生丝织品；轻纱。”（第 13387 页）

② 关于譬况法，参考 2.1 注 2《春秋公羊传》何休注。

③ 李学勤主编：《十三经注疏整理本》《礼记正义·儒行》，北京大学出版社，2000 年，第 1849 页：“虽危，起居竟信其志，犹将不忘百姓之病也。”郑玄注：“信读如屈伸之伸。假借字也。”

④ ［清］王引之撰、李花蕾校点：《经传释词》，上海古籍出版社，2016 年，卷五“其”条：“其，指事之词也，常语也。”（第 105 页）“其，音记，语助也。”（第 111 页）“其，音姬，问词之助也。”（第 111 页）

⑤ 李学勤主编：《十三经注疏整理本》《礼记正义》，北京大学出版社，2000，第 194 页，“如”作“为”，注 1 曰：“‘为’，闽、监、毛本、岳本、嘉靖本、卫氏集说同，考文引古本、足利本作‘如’。”

成就。作者将读如的方式以“与直音法相同”“以俗语·经典里使用的语汇标音”“先训释后确定读音”来进行考察。在其作用部分提出了：“提供读音”“确定字义”“把握假借字”这三点。由此可见，郑玄是一位通儒、语言学家，其读如显示了他作为一名语言学家的贡献，并对以后小学的发展影响深远。为了进一步分析郑玄作为语言学家的成就，还要分析“破字”等，考虑到篇幅有限，不能在此悉数详尽，敬请各位老师批评指正。

# 郑玄对礼学的崇尚与实践

耿天勤（山东师范大学历史与社会发展学院）

**摘　要**　郑玄遍注群经，尤重“三礼”。他专精礼学，“三礼注”之外，他还撰写了一些其他礼学杂著，并以礼注《易》，以礼笺《诗》。他造次颠沛，非礼不动，履而行之，其礼学理论不仅在当时有很高的声望，而且对后世有很深的影响。

**关键词**　郑玄　三礼　三礼注　以礼注《易》　以礼律己

郑玄是东汉末年集大成的经学大师，他一生遍注儒家经典。《周礼注》《仪礼注》《礼记注》是他经注的代表作。自他为三部礼学著作作注，始有“三礼”之称，三部礼书之注也就称“三礼注”。此外，他还撰写其他礼学著作，以礼注释其他经典，并解决了许多现实社会中有关礼的问题。

## 一、遍注群经，尤重“三礼”

郑玄年轻时曾任乡佐，好学不倦，受到时任北海相杜密赏识，被送入太学深造，后又从师于马融，在回归故里之后不久，遭第二次“党锢”之祸。于是他便在教授弟子之余，开始注经。在被禁锢的14年期间，他首先为《周礼》作注，接着注《仪礼》，又注《礼记》。

在朝廷解除党禁后的十多年间，他先后在不其山、黉山讲学注经[①]。他先注《古文尚书》，又给《毛诗传》作笺，还为《论语》作注[②]。

汉献帝初平二年（191），黄巾军攻占青州，郑玄避难徐州南城山[③]，在一个石室内完成了《孝经注》[④]。

---

① 不其山、黉山：分别在今山东省青岛市即墨东南和淄博市临淄区境内。

② [宋]李昉等编：《文苑英华》卷七百六十六刘子玄议引《郑君自序》。

③ 南城山：在今山东省临沂市平邑县魏庄乡境内。

④ [北宋]乐史编：《太平寰宇记》卷二十三《沂州・费县》，《丛书集成初编》本，商务印书馆，1939年。

汉献帝建安五年（200），在官渡之战前夕，袁绍令其子袁谭遣使逼玄随军。不得已，载病到元城。在这里，郑玄完成了《周易注》[①]。

郑玄还曾为《孟子》作注，《隋书》《旧唐书》之《经籍志》皆有著录，因此书已佚，不知何时所注。

郑玄还曾注《春秋左氏传》，但将未完稿送给了服虔。《世说新语·文学》载："郑玄欲注《春秋传》，尚未成，时行与服子慎遇，宿客舍。先未相识，服在外车上与人说己注《传》意，玄听之良久，多与己同。玄就车与语曰：'吾久欲注，尚未了。听君向言，多与吾同，今当尽以所注与君。'遂为《服氏注》。"郑玄曾为《左传》作注当为可信，故今《春秋传服氏注》也应有郑玄注在内。

东汉时，"五经"之外，已把《论语》《孝经》列入经书，称为"七经"。唐代，又把"三礼"和《春秋左氏传》《春秋公羊传》《春秋穀梁传》等所谓《春秋》"三传"，以及《尔雅》也列入经书，故有"十二经"之称。宋代，将《孟子》也列入经书，于是有了"十三经"。除《公羊传》《穀梁传》和《尔雅》之外，其余十部经书，郑玄皆曾作注，故称"郑玄遍注群经"。

郑玄为"三礼"作注，是在遍习儒家经典的基础上进行的。早年在太学读书时，他先从第五元先学习《京氏易》《公羊春秋》，又从张恭祖学习《周官》《仪礼》《礼记》《左氏春秋》《韩诗》《古文尚书》。"五经"之外，《论语》《孝经》，在汉代是幼学必读之书，郑玄早已精通。在进入关中之后，又在著名学者马融门下七年，"自篇籍之奥，无不精研"。[②] 马融特别授郑玄《费氏易》《周官经》，于是郑玄精通诸经，成为经学名家。

郑玄对儒家经典最重视"三礼"，也最精通"三礼"。当他在关中完成学业，辞别马融东归时，融有"礼乐皆东"之叹。

郑玄学成东归，很多儒生慕名而来，拜他为师。但因家贫，他于是"假田播殖"，又"客耕东莱"，[③] 即向富家借田，令弟耕种，以养双亲；又到东莱之地，一面种田，一面讲学。在这期间，郑玄主要对纬书作注。

郑玄遭党锢被禁之后，主要集中精力注释"三礼"。在郑玄所注群经中，"三礼注"用时最多，用力最深。清代王鸣盛说："《自序》言'遭党锢，逃难注《礼》'。则'逃难'者，则指'杜门'，非又出游。合之《戒子书》'坐党锢十四年'，则是康成注经，'三礼'居首，阅十四年乃成，用力最深也。"[④]

---

① ［宋］李昉等编：《文苑英华》卷七百六十六刘子玄议引《郑君自序》。

② ［晋］袁宏：《后汉纪》卷二十九，天津古籍出版社，1987 年校注本。

③ ［南朝宋］范晔：《后汉书》卷三十五《郑玄列传》，中华书局点校本，1965 年，第 1207 页。

④ ［清］王鸣盛：《蛾术篇》卷五十八《郑氏著述》，商务印书馆，1958 年。

郑玄首为《周礼》作注。《周礼》，原名《周官》，亦称《周官经》。分为《天官》《地官》《春官》《夏官》《秋官》《冬官》6篇。郑玄很重视此书，将其置“三礼”首位，并相信为周公所作，所记乃周制。他在《周礼·天官冢宰·序官》“惟王建国”下注曰：“周公居摄而作‘六典’之职，谓之《周礼》，营邑于土中，七年致政成王，以此《礼》授之，使居洛邑治天下。”东汉时期，由于杜子春、郑兴、郑众、贾逵、卫宏、马融、卢植等学者为之训诂解说，遂大兴于世。郑玄在上述学者注释的基础上作注。他较多地引用了杜子春、郑兴、郑众三家注释，并加以己见，对前人的成果有继承，有发展，可谓集诸儒之大成。

郑玄注《周礼》之后，又注《仪礼》。《仪礼》，或单称《礼》。最初由孔子据三代之礼编定。后经秦火。汉初，高堂生传《礼》17篇。宣帝时，后苍明《礼》学，传戴德、戴圣和庆普，于是《礼》有三家，分别称大戴、小戴和庆氏之学，皆立于学官。郑玄本习《小戴礼》，又以《礼》古经校之，然后作注，这是对《小戴礼》的第一次系统注释。

郑玄注《仪礼》之后，还为《礼记》作注。《礼记》是一部礼学文献汇编。从战国至西汉初，儒家学者在学《礼》的过程中撰写了不少被称为“记”的短论，专治《礼》学的经师就以此作为他们讲论和传习的资料。内容驳杂。西汉，戴德从“记”中选若干篇，又杂取其他有关著作，共85篇，编成一集以授徒，后人称为《大戴礼记》。戴圣取49篇，编成一集，后人称《小戴礼记》。东汉，马融、卢植又对《小戴礼记》做过增删编订。郑玄为马、卢定本《小戴礼记》作注，但篇目排列采用刘向《别录》的次序。

郑玄“三礼注”继承了汉代古文经学家的训诂传统，重视名物训释。如《周礼·天官·膳夫》：“膳夫掌王之食饮膳羞，以养王及后、世子。”郑注：“食，饭也。饮，酒浆也。膳，牲肉也。羞，有滋味者。”

郑玄“三礼注”还正读音，校误字，并重视解释经的文句，使简奥之经文，茫昧之古制，赖郑注而明。如《礼记·王制》：“天子社稷皆大牢，诸侯社稷皆少牢，大夫、士宗庙之祭，有田则祭，无田则荐。”郑注：“有田者既祭又荐新。祭以首时，荐以仲月。士荐牲用特豚，大夫以上用羔，所谓‘羔豚而祭，百官皆足。’《诗》曰：‘四之日其蚤，献羔祭韭。’”《王制》仅言“有田者”之祭礼，郑玄又补足荐新之礼。郑注提纲挈领，简明扼要。故四库馆臣评论说：“玄于‘三礼’之学本为专门，故所释特精。”① 这是很中肯的评价。

郑玄解释经文，形式多样。或引其他经传以释此经，有明引者，有暗引者，还有简

① 《四库全书总目》卷十九《经部》十九《礼类一》“周礼注疏”条，中华书局，1965年，第149页。

约经文作为注释者。或以今况古，即引汉制、汉俗以释古制、古义，还有以汉代的俗字、俗语、方言等释经字、经义者。他还多引杜子春、郑兴、郑众等汉代经学家之注以解经。如《周礼·天官·小宰》："掌邦之六典、八法、八则之贰，以逆邦国、都鄙、官府之治。"郑注："逆，迎受之。郑司农云：'贰，副也。'"有时，在引上述经学家注解后，又以"玄谓"的形式表示不同的看法，或从，或不从，或增成其义。如《地官·里宰》："以岁时合耦于耡，以治稼穑。"郑注："《考工记》曰：'耜广五寸，二耜为耦。'此言两人相助耦而耕也。郑司农云：'耡读为藉。'杜子春云：'耡读为助，谓相佐助也。'玄谓：耡者，里宰治处也，若今街弹之室。于此合耦，使相佐助，因放而为名。"此注中，郑玄破郑司农之说，而从杜子春说，而又以杜子春说于义不足，故增成其义。

《周礼》有故书、今书。郑玄为之作注，以故书为主，兼采今书。凡从今书，则于注中存故书异文；若不言故书、今书，则故书原文。

《仪礼》有今文、古文。郑玄为之作注，兼采今古，择善而从。若采今文经，则于注内存古文经之异文；若采古文经，则于注内存今文经之异文。唐代贾公彦为之作疏时指出："《仪礼》之内，或从今，或从古，皆逐义强者从之。若二字俱合义者，则互换见之。"① 注《礼记》同《仪礼》。当时，《礼记》有数种本子，郑玄皆择善而从，并于注中存其异文。

郑玄"三礼注"博综今古，兼采异说，为经学统一奠定基础。条分缕析，弄清源流，对我们阅读"三礼"提供了参考。正如皮锡瑞在《经学通论》中所说："郑于礼学最精，而有功于礼经最大。"②

## 二、撰写众多礼学杂著

郑玄在"三礼注"之外，还撰写了不少礼学杂著，今列举如下。

### （一）《鲁礼禘祫义》

亦称《鲁礼禘祫志》，简称《禘祫志》，是专门论述禘祫之礼的著作。原书已佚。清人王谟、袁钧、孔广林、马国翰、黄奭等皆有辑本，各为1卷。分别见《汉魏遗书钞》《郑氏佚书》《通德遗书所见录》《玉函山房辑佚书》《高密遗书》等。

何谓"禘祫"？《说文·示部》："禘，禘祭也。周礼曰五岁一禘。"又："祫，大合祭先祖亲疏远近也。周礼三岁一祫。"郑玄根据《春秋》记载，指出鲁国君三年丧毕，

---

① 《仪礼·士冠礼》"布席于门中，臬(加门旁)西阈外西面"疏，中华书局影印本，第946页。

② ［清］皮锡瑞：《经学通论》三《三礼》"论郑注三礼有功于圣经甚大注极精妙并不失之于繁"，中华书局，1954年，第7页。

行祫祭于太祖庙，明年行禘祭于各庙；三年后再行祫祭。如是更迭进行，所谓“五年再殷祭”“三年祫，五年禘”。鲁行天子礼，故天子礼同。

关于禘祫之礼，礼家历来有争论，郑玄阐明了自己的观点。

（二）《三礼目录》

《三礼目录》是郑玄对“三礼”的篇目解题，包括《周礼目录》《仪礼目录》《礼记目录》。《隋书·经籍志》《旧唐书·经籍志》《新唐书·艺文志》等皆有著录，作1卷。《宋史·艺文志》始不著录，当在宋代亡佚。其佚文散见于《经典释文》和“三礼”之注疏各篇题目之下。清代学者从事辑佚的，有王谟、袁钧、孔广林、臧庸、黄奭等，辑本各为1卷。

《三礼目录》包含着郑玄对“三礼”诸篇的深刻见解。《周礼目录》对各篇篇目进行解释。如《天官冢宰第一》云：“象天所立之官。冢，大也。宰者，官也。天者，统领万物。天子立冢宰，使掌邦治，亦所以总御众官，使不失职。不言司者，太宰总御众官，不主一官之事也。”这是郑玄对《周礼·天官冢宰》的见解。

《仪礼目录》说明每篇为何礼，在五礼中属哪一礼。如《乡饮酒礼第四》云：“诸侯之乡大夫三年大比，将献贤者、能者于其君，以礼宾之，与之饮酒之礼。乡饮酒于五礼属嘉礼。”这是郑玄对《乡饮酒礼》一篇的见解。解题中保存了大戴、小戴《礼》和刘向《别录》中关于《仪礼》的篇次，对研究汉代《仪礼》大戴、小戴之学及《别录》的著录，有参考价值。

《礼记目录》解释各篇篇名的由来。如《学记第十八》云：“名曰《学记》者，以其记人学教之义。此于《别录》属《通论》。”这对于了解《礼记》各篇篇名的意义、要旨、内容，都有重要参考价值。其中刘向《别录》关于《礼记》各篇的分类，可了解《别录》的分类。

《三礼目录》是郑玄完成“三礼注”后单独撰写的。它由《序》和篇目解释组成，既有郑玄对“三礼”的看法，也包含了郑玄的礼学思想。他在《礼序》中说：“礼者，体也，履也。统之于心曰体，践而行之曰履。”“体之为圣，履之为贤。”这是他对礼的理解。他还叙述周公制礼和后世礼的社会地位。从《三礼目录》还可以看出郑玄以《周礼》为中心的观点。如《周礼目录》强调《周官》是天子治国的官正之法。各篇均言天子立某官，使掌某职，并在《冬官考工记目录》中说：“古周礼六篇者，天子所专秉以治天下，诸侯不得用焉。”

（三）《答临孝存周礼难》

郑玄作《周礼注》，认为《周礼》是周公致太平之书，是周天子的官制，而临（亦作林）孝存（名硕。）以为“《周官》，末世渎乱不验之书，故作《十论七难》，以排弃之”，[①] 郑玄遂答其论难而著此书。撰写时间，当在撰《周礼注》时，即在遭党锢之祸被禁锢期间。

此书《后汉书》本传有载，然《隋书·经籍志》未著录，当在唐前亡佚。清代从事辑佚的学者袁钧、孔广林、黄奭、王仁俊等有辑本，各为1卷。

从佚文来看，临孝存的《十论七难》，今唯存“一难”。郑玄“十论”之答已无征，“七难”之答尚存五条，仅是片段。其内容可证明郑玄博通于《礼》，对研究《周礼》及郑玄的经学思想均有参考价值。

（四）《礼议》

据《新唐书·艺文志》，有郑玄注《礼议》20卷。已佚。按：《旧唐书·经籍志》载：“《礼义》二十卷，戴圣等撰。”此书当有郑玄所注，后人遂将其归郑玄，故《新唐书》有此说。

（五）《三礼图》

《三礼图》，《隋书·经籍志》著录：“《三礼图》九卷，郑玄及后汉阮谌等撰。”据推测，郑玄注“三礼”并为之作图，阮谌又在郑玄基础上予以修订，后佚。清马国翰考聂崇义《三礼图》所引，又从他书搜采，辑为一卷。

今《三礼图》内，有《冕服图》《后服图》《冠冕图》《宫室图》等。实际上只有文字，无图。每类又分若干名物。如《冕服图》下有大裘之服、鷩冕、毳冕、玄冕、爵弁服等。所存文字是对古代名物的说明，对研究古代名物很有价值。

（六）《丧服变除》

《丧服变除》，《旧唐书·经籍志》《新唐书·艺文志》均作1卷，是专门说明丧服制度的，是郑玄又一部礼学专著。

丧礼是礼学的重要组成部分，也是礼学研究的重要内容，一向受到礼学家的重视。郑玄精通“三礼”，对丧服的研究也极为重视。今存《丧服变除》佚文不足十条，内容是说明不同身份的人如何服丧，对了解古代丧礼有一定参考价值。

（七）《丧服经传注》

据《隋书·经籍志》著录，1卷，《释文叙录》认为，此书乃“三礼注”中之一篇而“别行于世”。又据《旧唐书·经籍志》著录，有《丧服记注》1卷，《新唐书·艺文志》同。与此当为一书。《宋史·艺文志》已不见著录，当在宋代亡佚。清人袁钧、孔广林、马国翰、黄奭等有辑本。

（八）《丧服谱注》

《丧服谱注》，《隋书·经籍志》著录，1卷。清马国翰《玉函山房辑佚书》辑有

① ［唐］贾公彦：《序周礼废兴》，《周礼正义·序》，《十三经注疏》影印本，中华书局，第6365页。

《丧服变除注》，于《序》中谈到此书，云："疑即《唐志》之《变除》，盖因大戴之书而申明之，或其书中衍为图谱。"

## 三、以礼注释他经

郑玄精通"三礼"，精心为"三礼"作注，故能在为其他经书作注时，能随时用礼学进行解释。今据《周易注》《毛诗传笺》举例说明。

（一）以礼注《易》

郑玄以礼注《易》，主要是将《周易》中的某些含有礼义的卦爻辞予以发挥。

如《咸》："咸，亨，利贞，取女吉。"郑注："咸，感也。艮为山，兑为泽。山气下，泽气上，二气通而相应，以生万物，故曰咸也。其于人也，嘉会礼通，和顺于义，干事能正。三十之男，有此三德，以下二十之女，正而相亲说，取之则吉也。"① 郑玄在对《咸》卦卦辞进行解释之后，联系自然界山、泽二气，通而相应，以生万物；再进一步发挥，讲到人类社会，"嘉会礼通，和顺于义，干事能正"，男女以礼婚配，"正而相亲说，取之则吉"。

又如《丰》："初九，遇其妃主，虽旬无咎。"郑注："嘉耦曰妃。初修礼上朝四，四以匹敌恩泽待之，虽留十日，不为咎。正以十日者，朝聘之礼，止于主国以为限。聘礼毕，归大礼，曰旬而稍。旬之外为稍，久留非常。"郑玄以诸侯朝聘之礼解释《丰》卦之"初九爻"辞。

郑玄以"礼"注《易》，还将一些原来不含礼义的卦爻辞赋予其礼义。

如《旅》："初六，旅琐琐，断其所取灾。"郑注："琐琐，犹小小也。爻体艮，艮，小石，小小之象。三为聘客。初与二，其介也。介当以笃实之人为之，而用小人琐琐然。客，主人为言不能辞，曰非礼；不能对，曰非礼。每皆不能以礼行之，则其所以得罪。"《旅》卦"初六"之爻辞并不含礼之义，郑玄认为指古代聘礼中的"介"。古代诸侯朝聘天子，卿为使者，大夫为介。他认为"介当以笃实之人为之，而用小人琐琐然"，在外交场合辞对非礼，"每不能以礼行之，则其所以得罪"，即会影响朝聘对方的关系。经过郑玄的解释，《旅》之"初六"爻有了礼的含义。

郑玄就是这样由卦象引申出"礼"的内容，并用"礼"对卦爻辞加以解释。这些注释主要见于《周易》上下经，其中包括《泰》《同人》《豫》《观》《坎》《咸》《损》《萃》《困》《鼎》《震》《归妹》《丰》《旅》《既济》及《系辞》《象传》《序卦》等注释。

郑玄注《易》所涉及的礼，有婚礼、祭礼、宾礼、刑礼等。以婚礼注《易》，如以

① ［清］袁钧：《郑氏佚书》，清光绪十四年（1888）刊本。下同。

《周礼·地官·媒氏》“中春之月，令会男女”注《泰》“六五”爻；又如以“令男三十而娶，女二十而嫁”注《咸》卦、注《大过》“九二”。

以祭礼注《易》，如注《豫·象》曰：“上帝，天帝也。王者功成作乐，以文得之者作籥舞，以武得之者作万舞，各充其德而为制。祀天地以配祖考者，使与天同飨其功也。故《孝经》云：‘郊祀后稷以配天，宗祀文王于明堂以配上帝，是也。’”

以宾礼注《易》，如以《仪礼·乡饮酒礼》注《观》“盥而不荐”曰：“诸侯贡士于天子，卿大夫贡士于其君，必以礼宾之。惟主人观而献宾，宾盥而酢主人，设荐俎则弟也。”

以刑礼注《易》，如以《周礼·秋官·掌囚》注和《司桓氏》注《鼎》“九四”曰：“糁谓之柬。震为竹，竹萌曰笥。笋者，柬之为菜也，是八珍之食。臣下旷官，失君之美道，当刑之于屋中。”

郑玄以礼注《易》，引之有据，《易》中涉及古礼之处，皆能详尽，并能发明其义，为同时代《易》学家所不及。皮锡瑞指出：“郑学最精者，‘三礼’。其注《易》亦据礼以证，《易》义广大，无所不包。据礼证《易》，以视阴阳术数，实远胜之。”①

（二）以“礼”笺《诗》

郑玄撰有《毛诗传笺》，以“礼”笺诗是一特点。郑玄以礼笺诗主要是为解释《诗经》中的言礼之诗。

以笺小序为例。如《小雅·出车》。毛传：“《出车》，劳还率也。”郑笺：“遣将率及戍役，同歌同时，欲其同心也；反而劳之，异歌异日，殊尊卑也。《礼记》曰‘赐君子小人不同日’，此其义也。”

又如《商颂·长发》。毛传：“《长发》，大禘也。”郑笺：“大禘，郊祭天也。《礼记》曰‘王者禘其祖之所自出，以其祖配之’，是也。”

郑玄笺这两首诗之序，都引用《礼记》之文说明其中之礼。

清代包世荣撰《毛诗礼徵》一书，对此予以详细论述。今以其在《自序》中举出的两例，并据正文内容进行分析。

◇例1：《召南·采苹》。

毛传：“《采苹》：大夫妻能循法度也。能循法度，则可以承先祖共祭祀矣。”郑笺：“女子十年不出姆教，婉娩听从，执麻枲，治丝茧，织纴，组紃，学女事，以共衣服，观于祭祀，纳酒浆、笾豆、菹醢礼，相助奠，十有五而笄，二十而嫁。此言能循法度者，今既嫁为大夫妻，能循其为女之时所学、所观之事，以为法度。”

① ［清］皮锡瑞：《经学通论·易经》“论郑荀虞三家之义郑据礼以证易学者可以推补不必推补爻辰”，中华书局，1954年，第21页。

《正义》认为，“此谓已嫁为大夫妻，能循其为女时事也。经所陈在父母之家作教成之祭”。包氏认为，郑玄破毛礼女为“教成之祭”。据《礼》，父礼将行之，女母荐无祭事。

◇例2：《邶风·绿衣》。

毛传：“《绿衣》，卫庄姜伤己也。妾上僭，夫人失位，而作是诗也。”郑笺：“绿，当为褖。故作褖，转作绿，字之误也。庄姜，庄公夫人，齐女，姓姜氏。妾上僭者，谓公子州吁之母辟而州吁骄。”

毛氏曰：“《绿衣》破毛绿间色为褖衣。据礼，女子既嫁，公私服无绿色，诸侯夫人二翟。祭服之下以鞠衣，黄，为上；展衣，白，次之；褖衣，黑，又次之。众妾贵者视卿，贱者视大夫，务以等次其服。州吁母贱，当服褖。黄里者，言以上衣之色，里又次。又礼，妇人衣裳不殊色。黄裳者，言黑衣而黄其裳，夫人入御于君，于礼服褖。庄姜当夕，而君而不见答，故即所服以起兴，遂以见妾上僭，乱则必至。司晨阶厉，灭礼伤度，国无与立。”

包氏指出：“如是之属，皆以礼说《诗》，立意高远。”

郑玄还以礼释诗句，举例如下：

《邶风·静女》“自牧归荑”笺云：“茅，洁白之物也。自牧田归，荑其信美而异者，可以供祭祀。”

《小雅·楚茨》“或剥或亨，或肆或将”笺云：“祭祀之礼，各有其事。有解剥其皮者，有煮熟之者，有肆其骨体于俎者，有奉特而进之者。”

《大雅·旱麓》“清酒既载”笺云：“祭祀之事，先为清酒，其次择牲。”

《鲁颂·閟宫》“秋而载尝，夏而楅衡。”笺云：“秋将尝祭，于夏则养牲。”

以上几条，皆为以祭祀之礼解诗，此类甚多。台湾学者李云光在其所著《三礼郑氏学发凡》中说：“凡郑氏之其他著作中，亦莫不有论礼之言。但以现存之《毛诗笺》言之，据他书以言礼者不计，仅引据《三礼》以释《诗》者，凡百二十有一条。”

## 四、以礼律己，服务现实

东汉最高统治者倡导礼仪，躬行实践，又为地方长吏、士族儒宗人物所激扬，遂形成尊崇礼制的社会风气。

唐代孔颖达在《礼记正义》中指出：“礼是郑学。”[①] 郑玄尽注“三礼”，是礼学大家，作为儒宗一派的人物，在社会上有很高的威望。

汉灵帝光和元年（178），发生日食。中郎将卢植上封事谏曰：“修礼者，应征有道

① ［唐］孔颖达：《礼记·月令》疏，《十三经注疏》影印本，中华书局，第1352页。

之人，若郑玄之徒，陈明《洪范》，禳服灾咎。”[①] 当时，郑玄正在被禁锢之中，而朝廷大员上封事，举“修礼者”，唯独提郑玄，并称之为“有道之人”[②]，可见其威望之高。

他以礼律己，很重视礼的实行，说：“礼也者，体也，履也。统之于心曰体，践而行之曰履。”据袁宏《后汉纪》卷29《献帝纪》载：“玄身长八尺，修眉明目，造次颠沛，非礼不动。黄巾贼数万人经玄庐，皆为之拜，高密一县，不被抄掠。”此事《后汉书》本传亦载，可能有些夸张，但郑玄动遵礼法，“非礼不动”，威望高，影响大，当不虚。

郑玄为当时“儒生所仰，群士楷式”[③]，所以当权者接连不断地征辟他出去做官，但他皆未就职。《抱朴子・移民篇》载：“献帝时，郑康成州辟举贤良、方正、秀才，公府十四辟，皆不就。”这和当时的士风、名节有一定的关系。更重要的原因，是他早已抱定“述先圣之元意，思整百家之不齐”[④] 的志向，其志在于学问而不在政治。

郑玄不仅为“三礼”作注，且履而行之，还为朝廷制礼。《通典》卷六十七《礼二十七・嘉十二》所载“皇后敬父母议”就是他针对礼仪制度在具体执行中存在的问题提出的解决建议。全文如下：

> 后汉献帝皇后父屯骑校尉不其亭侯伏完朝贺公廷，完拜如众臣。及皇后往离宫，后拜如子礼。三公八座议：或以为皇后天下之母也，完虽后父，不可令后独拜于朝；或以为当交拜，令后存人子之道，完不废人臣之义；又子尊不加于父母，虽为天王后，犹曰吾季姜，欲令完犹行父法，后专奉子礼，公私之朝，后当独拜；或以为皇后至尊，父亦至亲，交拜则父子无别，完拜则伤子道，后拜则损至尊，欲令公朝者完拜如众臣，于公宫后拜如子。

不知四者何是正礼？郑玄议曰：

> 四者不同，抑有由焉。天子所不臣者三：其一，后之父母也。天子尚不臣，况于臣乎？《春秋》：鲁隐公二年，纪裂繻来逆女。冬，伯姬归于纪。又，桓公八年，祭公来，遂逆王后于纪。九年，纪季姜归于京师。或言逆女，或言逆王后，盖义有所见也。女虽嫁为邻国夫人，其尊无以加于父母；嫁于天子者，此虽已女，成言曰

---

① 《后汉书》卷六十四《卢植列传》，中华书局，1965 年，第 2113 页。

② 《周礼正义序・序周礼废兴》，《十三经注疏》影印本，中华书局，第 635 页。

③ 《后汉书》卷七十《郑太列传》，中华书局，1965 年，第 2257 页。

④ 《后汉书》卷三十五《郑玄列传》，中华书局，1965 年，第 1207 页。

王后，明当时之尊，得加父母也。纪季姜归于京师，更称其字者，得行礼而戒之，其尊安可加父母耳？今不其亭侯在京师，礼事出入，宜从臣礼；若后适离宫，及归宁父母，从子礼。

汉献帝皇后与其父在公廷和离宫如何行礼，三公八座存在争议，共提出四点意见。朝廷请教精通礼的郑玄，郑玄经过一番有理有据的分析，根据《春秋经》的记载，阐明了自己的观点：皇后之父在京师，宜从臣礼；皇后适离宫，从子礼。从而解决了朝廷的争议。

《通典》卷七十一《礼三十一·嘉十六》还载郑玄《春夏封诸侯议》，曰：

据《祭统》云："古者，于禘发爵赐服，于尝出田邑令。"封诸侯则违古，且土地皆庆尝之事。汉家故事：丞相始拜，皆封为列侯，其在秋冬者，先赐爵关内侯，俟春而后封国祭统，尝出田邑。先师或以为秋尝时邑人皆田，或以为削黜田邑于此时也。

郑玄关于礼的注释、论述影响深远。其说不仅为学者所宗，且朝廷议论，皆竞相引以为据。《孝经注并序》题下邢昺疏云："魏晋朝贤辩论时事，郑氏诸注，无不撮引。"①当时朝廷礼仪、典章，亦多据郑义而设。如魏明帝景初元年六月"群公更奏定七庙之制"，所谓"周后稷、文、武庙祧之礼"②，实据郑说。又如关于嫡长子服丧之礼，亦用郑说③。至晋代遇到这类问题，也是按照郑玄的观点处理的。如《晋书·康献褚皇后传》："太常殷融议依郑玄义，卫将军裒在宫廷则尽臣敬，太后归宁之日，自如家人之礼。"《通典·礼二十七》："东晋博士徐禅依郑玄议曰：'臣闻成均之法，导以忠孝，历代同之。故郑玄议，王庭正君臣之礼，私觌全父子之亲，是大顺之道。'"原注："庾翼《答何充书》曰：'郑君之言，适合情理。'"从这些朝廷议礼之取决来看，可见郑玄"三礼"之学影响之大。正如清代陈澧在《东塾读书记》卷十五所云："郑君为处士，而牧伯讨贼，则引以为重，三公八座议礼，则问以取决，千古处士所未有也。"

---

① [清]陈澧：《东塾读书记》卷十三《郑学》，三联书店，1998年。

② 参见[唐]杜佑：《通典》卷四十七《礼七·吉六》，"十通"本，浙江古籍出版社，1988年。

③ 参见[唐]杜佑：《通典》卷八十八《礼四十八·凶十》，浙江古籍出版社，1988年。

# 郑玄《春秋》学著述略说

窦秀艳（青岛大学文学院）

**摘　要**　郑玄是东汉著名学者，学贯古今，编注群经，著书六十余种，然大多散佚不存，前人对于郑玄的研究多集中于存世的《三礼注》及《毛诗笺》，近些年来对散佚的《周易》《论语》《尚书》等的研究也逐渐增多，而对于郑玄《春秋》学研究，还很不够。据史志目录著录，郑玄关于《春秋》学著述7种，均为著作类，未有注释之作，也未有完整传世者，目前只有《箴膏肓》《起废疾》《发墨守》三书共存有80余条佚文。本文将考察郑玄有关《春秋》学著述的数量及著录情况，探讨《箴膏肓》等书辑佚、研究的大致情况，希望能对郑玄《春秋》学研究、郑玄经学研究提供有益的线索。

郑玄（127—200），字康成，东汉著名学者，今古文经学集大成者。《后汉书》本传载“郑玄括囊大典，网罗众家”，著述数十种，“《周易》《尚书》《毛诗》《仪礼》《礼记》《论语》《孝经》《尚书大传》《中候》《乾象历》，又著《天文七政论》《鲁礼禘祫义》《六艺论》《毛诗谱》《驳许慎〈五经异义〉》《答临孝存〈周礼难〉》，凡百余万字”，“删裁繁诬，刊改漏失，自是学者略知所归”。清人王鸣盛《蛾术篇》中曾列郑氏群书表，总计著书64种282卷；杨天宇先生《郑玄著述考》考郑玄著述共54种，其中注类31种（经注15种、纬注10种、杂注6种）、著作类23种。

郑玄集两汉经师之大成，“士抱不其之书，户习司农之说”，尤其是《毛诗笺》《三礼注》，两千年来传授不绝，沾溉无穷。可惜的是，郑玄在《易》学、《尚书》学、《春秋》学、《论语》《孝经》等研究成果，隋唐以后，大多散逸不存，或仅见于史志目录著录，或一鳞半爪，散见古人著述征引之中，赖后人辑佚而略具规模。郑玄关于《春秋》学研究成果亦复如此，本文试对郑玄有关《春秋》三传研究成果的存佚情况进行梳理，或可为郑学研究有所裨益。

## 一、郑玄与《春秋》学

与《诗》学、《礼》学、《易》学相比，郑玄在《春秋》学方面也颇有造诣，曾受教于当时《春秋》学大家。据《后汉书》本传，郑玄“遂造太学受业，师事京兆第五元先，始通《京氏易》《公羊春秋》《三统历》《九章算术》。又从东郡张恭祖受《周官》《礼记》《左氏春秋》《韩诗》《古文尚书》。以山东无足问者，乃西入关，因涿郡卢植，事扶风马融”。郑玄于《公羊传》《春秋左氏传》，受学于《公羊》学大家第五元先和《春秋》学大家张恭祖，后来“山东无足问者”，西入关拜师的马融，“为世通儒”，精于《春秋三传》，更著《三传异同说》，为《春秋》学集大成之作。由此可见，郑玄于《春秋》学有坚实的基础，正如皮锡瑞在《六艺论疏证序》所言“郑君始师京兆，早通今学，晚受东郡，兼采古文。是故郑学宏通”。

郑玄治经为古文家路数，何休是两汉今文学派殿军人物，就《春秋》学诸多问题，二人曾有辩答交锋，据郑玄本传记载：“及党事起，乃与同郡孙嵩等四十余人俱被禁锢，遂隐修经业，杜门不出。时任城何休好《公羊》学，遂著《公羊墨守》《左氏膏肓》《穀梁废疾》。玄乃发《墨守》，针《膏肓》，起《废疾》。”何休是汉末《公羊》学研究大家，十七年门户不出，作《春秋公羊解诂》，成《公羊》学集大成之作，“与其师博士羊弼，追述李育意以难二传，作《公羊墨守》《左氏膏肓》《穀梁废疾》”（何休本传），郑玄针锋相对，指出《公羊》亦有失误，维护《左传》《穀梁》的经学地位。“休见而叹曰：‘康成入吾室，操吾矛，以伐我乎！’”（郑玄本传）可见，郑玄戳中了何休学的要害。郑玄本传还记载，“初，中兴之后，范升、陈元、李育、贾逵之徒争论古今学，后马融答北地太守刘瓌及玄答何休，义据通深，由是古学遂明。”可见，除了著述之外，二人尚有直接的学术对话，在论辩的结果是以郑玄为首的古文经学派取得了胜利。

据史料载，郑玄亦曾着力于《春秋》学研究。《孝经疏序》引《六艺论》叙《春秋》曰“玄又为之注”，《唐会要》亦载宋均《诗纬论序》云：“我先师北海郑司农《春秋》《孝经》唯有评论。”由载《春秋纬注》云：“为《春秋》《孝经》略说。”《世说新语·文学》篇也记载了这样一个故事：“郑玄欲注《春秋传》，尚未成，时行与服子慎遇，宿客舍，先未相识，服在列车上与人说己注《传》意，玄听之良久，每与己同，玄就车与语曰：‘吾久欲注，尚未了，听君向言，多与吾同，今当尽以所注与君。’遂为服氏注。”此故事未有他证，但也间接表明，郑玄于《左传》亦曾着意研究，在一些问题上与左氏学研究专家服虔认识相同，《后汉书》本传载服虔《春秋左氏传解》或为此书。服氏与郑玄一样，曾对何休《春秋》学展开论战，据本传及隋唐史志记载，服氏著《春秋左传膏肓释痾》驳《左氏膏肓》、著《汉议驳》驳何休《春秋汉议》之六十条，皆“与郑氏恉意合”，清儒尊崇汉学，“六经师服郑”，也是把郑玄、服虔并称。清人袁钧辑有《春秋传服氏注》，称“郑于《春秋传》虽未有成书，而服氏书出于郑，即郑学也。容有小异，大指盖不殊矣……存服所以存郑也”。把服氏注收入《郑氏佚书》，等同于郑玄之成果。

## 二、郑玄《春秋》学著述考略

郑玄有关《春秋》学著作的著录主要见于隋唐宋史志及公私目录，大致有如下七种：

1.《春秋十二公名》一卷，亡

《隋志》于梁简文帝“《春秋左传例苑》十九卷”之下注曰“《春秋十二公名》一卷，郑玄撰，亡”。朱彝尊《经义考》“《春秋十二公名》，《七录》一卷，佚”，则此书隋时已经亡佚，其附于《例苑》下，盖与之性质相同，该书也未见他书称引。

2.《春秋左氏分野》一卷，亡

《隋志》于“《春秋左传例苑》十九卷”下注曰“《春秋左氏分野》一卷，郑玄撰，亡”。

朱彝尊《经义考》：“郑玄《春秋左氏分野》，《七录》一卷，佚。”

3.《驳何氏汉议》二卷，亡

此书隋时尚存，《隋志·春秋类》两录，前曰：“《驳何氏汉议》二卷，郑玄撰。”后文“《驳何氏汉议》二卷”注“郑玄撰，梁有《汉议驳》二卷，服虔撰，亡”。《旧唐书·经籍志》“何休《春秋汉议》十一卷，何休撰、郑玄驳、麋信注”。《新唐书·艺文志》何休“《春秋汉议》十卷，麋信注、郑玄驳”。藤原佐世《日本国见在书目录》著录“《春秋汉议》十卷，何休撰”“《驳何氏汉议》九卷，郑玄撰”。诸家著录卷帙不同，惟《隋志》著录二卷，盖为单行之本，两《唐志》及《见在目》所录，应为合钞流行之本。郑珍《书目》云：“按《汉议》即《后汉书·儒林传》称‘何休以《春秋》驳汉事六百余条，妙得《公羊》本意’者也。康成之驳久亡，唐已前书亦无一称引者。”姚振宗《后志》以为《隋志》所载2卷，当是郑玄本书，而两《唐志》所载11卷本，“是连何氏本文，又附以麋信之注，郑氏既驳其文，又驳其《序》，是可知何氏书有自撰《序录》一卷在后也”。由此可见，何休《汉议》原为十卷，且有《汉议序》一卷，《隋志》著录郑玄《驳》二卷，盖单行之本；两《唐志》卷帙不同，为有无《序》文之别。郑玄《驳》唐时已附何氏《汉议》行世，《见在目》著录之玄《驳》九卷本，也应该是附何氏书之本，可能无《驳序》。

4.《驳何氏汉议序》一卷，亡

《隋志》“《驳何氏汉议序》一卷”，《经义考》“《驳何氏汉议叙》，《隋志》一卷，佚。王晢曰：‘郑康成不为章句，特缘何氏兴辞，曲为二传解纷，不顾圣人大旨。’”

5.《箴左氏膏肓》，散佚

《旧唐志》“《春秋左氏膏肓》十卷，何休撰、郑玄箴”，《新唐志》“何休《左氏膏肓》十卷，郑玄箴”，则郑氏《箴》附何氏书行。陈振孙《直斋书录解题·春秋类》：“《左氏膏肓》十卷。何休著《公羊墨守》等三书，郑康成作《鍼膏肓》《起废疾》《发墨守》以排之，休见之曰：‘康成入吾室，操吾矛，以伐我乎?’今其书多不存，惟范宁《穀梁集解》载休之说，而郑君释之，当是所谓《起废疾》者。今此书并存二家之言，意亦后人所录。《馆阁书目》阙第七卷，今本亦止阙宣公，而于第六卷分文十六年以后为第七卷，当并合之。其十卷止于昭公，亦阙定、哀，固非全书也。而错误殆未可读，未有他本可正。”陈氏所见“《左氏膏肓》十卷”当为何休撰、郑氏箴本。由上述三书著录亦可推，《隋志》之“《左氏膏肓》十卷，何休撰”、《日本国见在书目录》著录“《左氏膏肓》十卷，何休撰”，皆当为何氏、郑氏合行之本。又据《崇文总目》载：“《左氏膏肓》九卷，汉司空掾何休始撰，筈贾逵事，因记左氏所短，遂颇流布，学者称之，后更删补为定。今每事左方，辄附郑康成之学，因引郑说，窜寄何氏之书。今残逸，第七卷亡。”袁钧《郑氏佚书序》“窃意陈氏所见尚是《崇文总目》少一卷之本，特传写讹错，又阙宣公耳”。

6.《发墨守》，散佚

《旧唐志》“《春秋公羊墨守》二卷，何休撰、郑玄发”，《新唐志》“何氏《墨守》一卷，郑玄发”，据陈氏《直斋书录解题》，宋时《发墨守》已不存。《隋志》“《春秋公羊墨守》十四卷，何休撰”，《通志》同。至于《旧唐志》著录二卷，袁钧认为“盖郑以休攻击《左》《穀》已甚，故于《箴》《释》二书特详，若《墨守》之发，不过开休之蔽，非必与《公羊》为难，其所论说较少，后来为郑学者，郑所不说，便不复载，故十四卷仅存二卷，此后渐就放佚”。

7.《起废疾》，散佚

《隋志》“《春秋穀梁废疾》三卷，何休、郑玄释、张靖（成）箴”，《旧唐志》“《春秋穀梁废疾》三卷，何休作、郑玄释、张靖成箴”，《新唐志》“《穀梁废疾》三卷，郑玄释、张靖成”，可见，《春秋穀梁废疾》当为何休、郑玄、张靖成三书合行之本。然《隋志》又有“《春秋穀梁废疾》三卷，何休撰”，似何休书又单独别行。据《四库提要》称：“其卷目之见《隋书·经籍志》者有《左氏膏肓》十卷、《穀梁废疾》三卷、《公羊墨守》十四卷，皆注何休撰，而又别出《穀梁废疾》三卷，注云郑元释、张靖笺，似郑氏所释，与休原本隋以前本自别行，至《旧唐书·经籍志》所载《膏肓》《废疾》二书，卷数并同，特《墨守》作二卷，为稍异，其下并注郑元箴、郑元发、郑元释云云，则已与何休书合而为一。”

## 三、郑玄《春秋》学著述辑佚概说

清代辑佚学兴盛，学者们宗仰汉学，更为重视汉人经书佚注的辑佚，在近500种辑佚成果中，“其于汉注用力最深，而于郑玄注用力尤深”。也可以说，清代辑佚家们的辑佚活动主要是围绕郑学展开的。关于郑玄著述的辑佚，自宋至清末民国时期，共有29位学者从四部群籍中辑得郑玄散佚著述47种，分别收在58种丛书之中。

郑玄《春秋十二公名》《春秋左氏分野》《驳何氏汉议》及《叙》早已散佚，又未见前人征引，无可掇拾。《箴膏肓》《起废疾》《发墨守》亦已散亡，什不存一，深埋于唐宋人注疏、类书征引之中，宋时便有了辑佚之作，至清辑佚者有六家，三书共辑佚文89条，一万余字，虽零圭断璧，庶几郑氏《春秋》学略具于斯。今对诸家辑佚情况，略做考察，绍介如下。

1.《四库全书》辑本

《四库全书》收入《箴膏肓》一卷、《发墨守》一卷、《起废疾》一卷，《四库全书总目提要》交代了三书著述缘起、流传经历、卷数分合等情况，并介绍了三书的辑者、各书条目内容，“此本凡《箴膏肓》二十余条、《起废疾》四十余条、《发墨守》四条，盖从诸书所引掇拾成编者，相传以为王应麟所辑，不知其何所据也”。《总目提要》列举了三书的大致条目数，使我们了解了清初三书存在情况。关于辑者，《总目提要》只是说“相传以为王应鳞所辑”，看来四库馆臣也不知谁人所辑。王谟《汉魏遗书钞》称“此本凡《箴膏肓》二十余条、《起废疾》四十余条、《墨守》四条，盖后人抄撮而为之，较宋本又残阙矣”。王氏认为三书辑于宋时，宋以后人又有补充。袁钧为三书《序》云“世所传本《箴膏肓》二十三条，《起废疾》三十八条，《发墨守》四条，或称王伯厚辑，要是惠栋辈托名，非其实也”。指出了三书具体条目数，并认为是惠栋等托名王应鳞所辑，此说亦缺乏证据。

《四库》本三书佚文共65条，从《箴膏肓》所辑看，前15条暗循《左传》十二公顺序排列，15条至23条顺序比较乱，似为“后人抄撮”掺入。四库所辑条目比较简略，先《传》文，次“何休曰”，次“箴曰”。其中三条仅有郑玄《箴》文，无《膏肓》之文，如第17条“天子郊以夏正上旬之日，鲁之卜三正下旬之日”、第19条“楚鬻拳同姓，有不去之恩”、21条“鲁郊当卜祀日月尔，不当卜可祀与否”。

《四库》本是辑佚较早的本子，所辑条目不贪多，较实事求是，开了清代诸家辑佚郑氏《春秋》著述的先路，为诸家辑佚提供线索，奠定了基础。

2. 孔广林辑本

孔广林（1746—约1814），山东曲阜人，字丛伯，孔子第69代孙，其祖父孔传铎袭封衍圣公。父孔继汾，乾隆进士，经学家，著有《阙里文献考》100卷、《孔子家仪》

14 卷等。其弟孔广森，清代著名学者，师从清代著名学者戴震、姚鼐，十九岁登进士第，经史小学，无不深研，尤精于《春秋学》和礼学，热衷于郑学研究，“尽心慕康成”，名其书斋为“佚郑堂”。孔广林自幼好学，潜心学术，专攻郑学，阮元盛赞“海内治经之人，无其专勤”，著述有《温经楼游戏翰墨》20 卷、《通德遗书所见录》72 卷等。

孔广林是清代辑佚郑玄佚著较早的学者，无意仕途，二十余岁便开始辑佚郑玄著作，叶德辉称清代“至有专嗜汉郑氏学者，元和惠栋开山于前，曲阜孔广林《通德遗书》接轸于后”。

乾隆三十九年（1774）便完成《郑志》的辑佚工作，名为《北海经学七录》，由古俊楼刊刻，是书较袁钧《郑氏佚书》初刻四种早二十余年。其后三十年间，孔氏辑佚工作持续不断，至嘉庆十八年（1813），孔氏所辑郑玄佚书全部完成，共十八种（附《叙录》一种）七十二卷，收入《通德遗书所见录》中，所辑仅比《郑氏佚书》少二种，即《尚书五行传注》《尚书说略注》（《郑记》《春秋服氏注》除外）。《所见录》今有光绪十六年山东书局刻本，《山东文献集成》据以重印。

孔氏所辑三书，《箴膏肓》36 条，《起废疾》45 条，《发墨守》5 条，共 86 条。孔氏辑佚条目多，佚文排比也较有次序，按十二公顺序，先《传》文、次何休、次郑玄，表明佚文出处，间有文字校勘，无《箴》文者，以“广林谓”驳何休而补郑说，大致分四个层次，类例清晰。以《箴膏肓》为例，孔氏辑 36 条，其中有“广林谓”10 条，因无《箴》文，而引经据典驳何休以卫郑玄。如：

《桓二年传》：“命大子曰仇，弟曰成师，始兆乱矣。”

休谓：“《左氏》后有兴亡由立名善恶，引后稷名弃以难。”见本传正义。

广林谓：“祸衅由人气所感召，师服之说理未必无，故借以戒穆侯，使豫知防，非谓吉凶必由名作也。正义云：‘太子与桓叔虽并因战为名，而所附意异。缘名求义，则太子多仇怨，而成师有徒众。穆侯立名未必先生此意，但宠爱少子，于时已著。师服知桓叔将盛，故推出此理，解其名，以为讽谏，欲使强干弱枝耳。人臣规谏，若无端绪，冯何致言以申己志？非谓人之立名必将有验。’此足以补郑氏之箴。”

此条四库、王复、王谟未辑，黄奭与孔氏同，袁氏辑此条《膏肓》文、《箴》文皆注“阙”，而“阙”下“考证曰”之文与孔氏“休谓”“广林谓”同。可见，袁氏赞同孔氏所辑，但又采取了审慎的态度，以注文方式呈现。孔氏之“休谓”是据孔颖达《左传正义》“而何休谓：左氏后有兴亡，由立名善恶。引后稷名弃，为《膏肓》，以难左氏，非也”，是对《正义》的合理解读而后辑出，并非空穴来风。

在清代辑佚郑玄《春秋》学著作的五家之中，孔氏早于袁氏、黄奭二家，而与王谟、王复大概同时，但所辑与两王氏不同，显而易见。今诸家辑本以袁氏所辑材料最完备、佚文排比最具条理，然而通过比较，我们发现，袁氏更多地借鉴了孔氏辑佚成果。如无“箴”文的十条，孔氏皆以“广林谓”，疏通经传，驳斥何休，补充郑说，通过比较可以看出，袁氏赞同“广林谓”，并据孔意辑有《膏肓》文，以“考证曰”作了注释。又，袁氏辑《起废疾》48条，其中4条直接注明“据孔氏辑补”。

3. 袁钧《郑氏佚书》本

袁钧（1751—1805），字秉国，一字陶轩，浙江鄞县人，乾隆时拔贡，嘉庆举人。工诗文，专治郑学，其辑佚郑玄著述当完成于乾隆六十年（1795）。据袁钧《郑氏佚书自序》称：“钧自行束脩，喜读其书，每思网罗写定，卒卒罕暇。今游德清，寓故人嘉定李君赓芸县斋，宴坐无事，借用自娱。李君好古贤者，与我同志，援出藏籍，用助搜采。于是取诸经义疏及他所书征引，参之往旧所有辑本，辨析讹谬，补正阙失，并齐其不齐者，以次收合，成是编焉。……乾隆六十年岁在旃蒙单阏日南至鄞袁钧叙。”袁氏“游德清”，当是李赓芸于乾隆五十五年（1790）中进士后，知孝丰，旋即改任德清之际，约1793年左右。在这期间，袁氏开始全力辑佚郑玄佚著，并得到李赓芸的大力支持，同时对“往旧所有辑本”做了一番“辨析讹谬，补正缺失”的工作，前后所辑合为《郑氏佚书》全帙，其《自序》作于乾隆六十年（1795），可见，《郑氏佚书》大致完成于这两三年间。

俞樾《郑氏佚书序》：“鄞县袁陶轩先生乃用王伯厚辑郑氏《周易注》之例，网罗放矢，得郑氏佚书二十三种，其手自写定者四种：曰《易注》、曰《尚书注》、曰《尚书中候注》、曰《诗谱》，其曾孙烺已刻而行之矣。其未写定者尚有一十九种，曰《尚书大传注》、曰《尚书五行传注》、曰《尚书略说注》、曰《三礼目录》、曰《丧服变除》、曰《鲁礼禘祫义》、曰《答临硕难礼》、曰《箴膏肓》、曰《释废疾》、曰《发墨守》、曰《春秋服氏注》、曰《孝经注》、曰《论语注》、曰《孔子弟子目录》、曰《驳五经异义》、曰《六艺论》、曰《郑志》、曰《郑记》、曰《郑君纪年》。”实际袁氏所辑共22种附《郑君纪年》一种，79卷，相对于其他郑学辑佚成果，袁氏所辑最为完备。叶德辉《书林清话·辑刻古书不始于王应麟》称：“至有专嗜汉郑氏学者，元和惠栋开山于前，曲阜孔广林《通德遗书》接轸于后，而黄奭复有《高密遗书》之辑，皆不如袁钧《郑氏佚书》晚出之详。”其郑学辑佚成就也是在诸家之上。《郑氏佚书》有光绪戊子杭州书局刻本。

袁氏辑《箴膏肓》36条，比四库本多13条，《起废疾》48条，其中据孔氏补辑4条，《发墨守》5条，袁氏共辑郑氏三书89条。异文安排皆有条理次序，“今采摭群籍，一例编收，先载传文，次载何说，次载郑说。何、郑二说不具者，存其目，注明阙字，依公类次各一卷”。

以《箴膏肓》为例，所辑按《左传》十二公顺序，依次为《左传》《膏肓》《箴膏肓》，皆定个排列，并以小字注明出处，出自《左传》注、疏，则曰“本注”“本疏”，后有袁氏“考证曰”，双行小字。条理分明，次序井然。袁氏所辑与其他五家相比，比较全面、完备，并对所辑佚文出处、文字讹脱衍倒等现象作了校勘考证，如“《九年传》曹大子来朝，宾之以上卿，礼也”条，在“《箴》”文中，袁氏较四家多辑了“苏云：誓于天子，下君一等，未誓，继子男并是降下，其君甯是安居父位”句，并于其后“考证曰：郑引苏云者，苏宽之说，前‘士踰月’，箴疏谓是苏宽称古礼，如此故知之”，补充说明了辑入“苏宽”语的缘由。又，《庄公·元年传》，五家皆无《膏肓》文，袁氏“《膏肓》当筑夫人宫下，群公子宫上。《公羊》以为筑宫于外，非礼也；《左氏》以为筑宫于外，礼也”。并“考证曰：《曲礼》疏引何休云云，下引郑说云云者，当即《膏肓》之文，其末当有‘于义左氏为短’六字，引文不具尔”。明所辑是据《曲礼》疏补入。

学术规律，前修未密，后出转精，袁氏生当清代辑佚高峰时期，这一时期，辑佚方法、佚文排比都已经科学规范，严整有序，从所有佚文条目比较看，袁氏所辑较《四库》、孔氏、王复、王谟等更加完备、科学、全面、深入。袁氏辑佚质量高出众家的原因还在于，袁氏所辑并非简单地辑出异文、注明出处，而是参考不同版本，进行了校勘，颇下了一番考证功夫，每条都能做到言之有据，析之入理。

4. 王谟《汉魏遗书钞》本

王谟（1731—1817），字仁圃，江西金溪县人，乾隆四十三年进士（1778），“不欲为令，请改学职，选授建昌府学教授”。王谟“好博览考证，雅慕郑迪功、马端临之学”，是清代著名辑佚学家、考证学家，著述有《江西考古录》《豫章十代文献略》《增订汉魏丛书》《汉魏遗书钞》等。

王谟于乾隆四十五年（1780）到建昌府学就任，在其后的三十余年时间里，在教授之余，殚精竭虑于江西地方文献整理研究，全力从事《汉魏丛书》《汉魏遗书钞》的增订、辑佚工作。王谟对郑玄佚著的辑佚成果收入《汉魏遗书钞》。嘉庆四年《汉魏遗书钞·经类》已经完成，在刊刻时书版遭火灾焚灭。由此推算，《汉魏遗书钞·经翼》的辑佚工作大致始于乾隆四十五年，至嘉庆三年（1798）左右完成，与袁钧辑佚郑玄三书的时间差不多，而比孔广林稍晚。《汉魏遗书钞·经翼》最后刻成于嘉庆十六年（1811）。

今《汉魏遗书钞》著录：《左氏膏肓》何休撰、郑玄箴、泰和郭綎光校，30 条；《穀梁废疾》何休撰、郑玄释、万载周淑德校，40 条；《公羊墨守》何休撰、郑玄发、丰城吕统律校，7 条。“仍各为一卷”，三书共辑 77 条。

王谟辑佚郑氏佚书起步较早，佚文编排也是按照十二公顺序，依次为《传》《膏肓》《箴膏肓》的次序，《传》文较诸家详细，偶有不同，所辑佚文多不注明出处，条目也叫简略。

5. 王复、武亿辑校本

王复（1747—1797），字秋塍，浙江秀水人，国子监贡生，深得毕沅赏识，荐为举人，历任鄢陵、临漳、武陟、偃师知县，廉能有政声，卒于偃师任上。

武亿（1745—1799），字虚谷，河南偃师人，乾隆四十五年（1780）进士，官博山令，清代乾嘉时期著名经学家、考据学家、金石家，著述等身，有《群经义证》《读经考异》《三礼义证》《偃师金石录》等。

王复与武亿、赵希璜、钱坫等皆受知于朱筠。乾隆六十年（1795）至嘉庆二年（1797），时王复官偃师县令，已经辑佚《箴膏肓》一卷、《发墨守》一卷、《起废疾》一卷、《驳五经异义》一卷补遗一卷、《郑志》三卷补遗一卷，是年武亿回到偃师，九月王复病世。武亿为王复较其所辑郑氏遗书五种，武亿《授堂文钞·偃师县知县王君行实辑略》云："君既病，尚辑刻康成氏遗书《驳五经异义》《箴膏肓》《起废疾》《发墨守》《郑志》共若干卷，比是书成，君瞑不及视矣。"（《授堂文钞》卷八，丛书集成本）同年冬，刊刻王复辑本，后孙星衍将此书板合入《问经堂丛书》并为之序。王复辑《箴膏肓》三书又收入《后知不足斋丛书第一函·郑氏遗书》《艺海珠尘金集（甲集）》《反约篇》《榕园丛书甲集》《食旧堂丛书》《丛书集成初编·史地类》等丛书中。

关于王复、武亿所辑校之三书，具体情况，我们知之甚少，据孙星衍嘉庆四年《序》："曩在史馆校中祕书，所钞存不知何时人集录，吾友王大令复及武故令亿互加考校，注明所采原书，又加增补，雕版行世，曾属予为之序，久而未成，已而王、武两君相继徂谢，以板存予所，乃为叙其梗概，以报死友云。"从孙《序》可知，王复辑佚是在《四库》本基础上完成，武亿作了考证、校订工作。今王复辑《箴膏肓》32 条、《起废疾》42 条、《发墨守》5 条，共 79 条，比《四库》本多 14 条。武亿"考校"之文，以"案"（或作"按"）语形式，或补佚文材料出处，或表明王复对《四库》"原本"条目进行了调整，或明王氏所辑于"原本"详略不同、王复补充"原本"漏辑等。

6. 黄奭《通德堂经解》本

黄奭（1809—1853），字右原，生于江苏甘泉一个富甲两淮的盐商世家，少年励学，师从著名汉学家江藩，亦精于汉学，尤服膺郑氏之学。黄奭少年肄业安定书院，后以赀入为刑部郎中，道光十二年（1832）以顺天府尹吴杰举荐，得赐举人。道光十八年（1838）丁父忧，辞官返乡，从此绝意仕途，专职从事辑佚活动，直至咸丰三年（1853）去世。黄奭辑佚活动开始较早，所辑郑玄佚著最早收入《高密遗书》（又称《汉学堂经解》），据阮元《高密遗书序》："右原以门下晚学生来谒，已亥（道光十九年，1839）后屡问学，予见其所言，四库诸书大略皆能言之，于汉学知其专于郑高密一家，元元本本，有《高密遗书》之辑。……稿本有已刻者：《六执论》《周易注》《尚书注》《大传注》《毛诗》《箴膏肓》《释废疾》《发墨守》《丧服变除》《驳五经异义》《答临孝存周礼难》《三礼目录》《鲁礼禘祫义》《论语注》《郑志》《郑记》等为《高密遗书》十数帙，其《尚书义问》等书，及《纬书》未刻者，尚十数帙，其稿皆巾箱小本，细书狭行，朱墨纷杂，偶得一条即加注贴签，且写且校，其有他人已先辑者，与自所辑者，亦各自有分别，吾于是慨然高密之学矣。”此序作于道光二十三年（1843），此时《高密遗书》已经刊刻，有16种。黄奭辑佚成果主要收在《汉学堂丛书》之中，民国时王鉴、秦更年补修补刊本更名《黄奭逸书考》，收书286种，其中郑氏佚书28种。

黄奭辑《箴膏肓》37条，《起废疾》45条，《发墨守》6条。在众家辑佚成果中，黄奭所辑最晚，比较而言，黄奭所辑充分借鉴了袁钧、孔广林、王谟、王复的辑佚成果，取舍四人，而袭用袁氏较多，总的来看，无多大发明。

黄奭辑佚起步较晚，在嘉道时期，辑佚高潮期已过，而且这一时期域外汉籍尚未回舶，敦煌遗书尚未发现，此时辑佚几乎到了竭泽而渔、应辑尽辑的地步，但黄奭仍然钻进故纸堆，甘愿坐冷板凳，日事搜讨，“游泳乎中正之途，泛滥于百家之说”，尚能辑集佚书近300种，取得了令人瞩目的成就，把“惠派”的辑佚事推到巅峰状态，黄奭的治学精神还是值得肯定的。

经过六家蒐求挖掘，郑玄《春秋》学成果略尽于斯，由此可以窥见郑玄《春秋》学思想精髓之一斑，这些辑佚成果也是全面研究郑玄经学思想不可或缺的重要材料。通过对六家辑佚成果的梳理我们发现，诸家辑佚材料还仅局限于《诗正义》《三礼正义》《三传正义》等，增补辑佚尚有很大的空间；六家辑佚成果各自为是，散乱无序。因此，加强对子史、类书、日韩汉籍、出土文献等资料的辑佚工作，比勘六家辑佚成果，整理出确凿可信的、详尽科学的佚文成果，是目前郑玄《春秋》学研究工作重点。也就是说，研究郑玄《春秋》学，必须从辑佚材料入手。

关于郑玄《春秋》著述辑佚的还有王仁俊和龙璋两家：

王仁俊辑《春秋公羊郑氏义》一卷、《春秋左传郑氏义》一卷，收入《玉函山房辑佚书续编三种·附录一》（《十三经汉注四十种辑佚书》）。虽作两卷，共四条并出处、注文230余字，如“《春秋公羊郑氏义》后汉郑元撰。‘争罪曰狱，争财曰讼’，《周礼》曰：‘狱讼者听而断之。’《慧琳音义》二十三。俊案：《音义》引《周礼》曰云云，又引郑玄注《公羊》云云，此郑注《周礼》用《公羊》者，今据辑”。“《春秋左传郑氏义》后汉郑玄撰。庄公二十二年，饮桓公酒者，桓公至敬仲之家，而敬仲饮之酒也。时桓公馆敬仲，若哀公馆孔子之类。昭公四年，西陆朝觌，谓立夏之时，《周礼》夏班冰是也。十三年，郑伯，男也。此郑伯男者，非男畿，乃谓子男也。俊案：右见王氏复所辑《郑志》，今辑以为《左氏》义。”

民国学者龙璋辑尚辑有“《公羊》一卷”，收入《小学蒐佚下编补》，未见。

对郑玄、何休关于《春秋三传》论争著述疏证、研究的还有刘逢禄、皮锡瑞今文学派两家。

刘逢禄：《穀梁废疾申何》《箴膏肓评》《发墨守评》。

刘逢禄（1776—1829），字申受，号申甫，江苏武进人，嘉庆十九年进士，乾嘉时期著名学者，精于《公羊》学，与其外祖父庄存与、舅父庄述祖皆为今文学派代表人物，常州学派宗师。刘氏立足于今文经学立场，维护何休公羊学，作《穀梁废疾申何》《箴膏肓评》《发墨守评》向古文经学派、郑学发起冲击。在《穀梁废疾申何序》中云：“何君生古文盛行之日，廓开众说，整齐传义，传经之功，时罕其匹。余宝持笃信，谓晋唐以来之非何氏者，皆不得其门，不升其堂者也。康成兼治三传，故于经不精，今所存《发墨守》，可指说者，惟一条，然多牵引《左氏》。其于董生、胡母生之书，研之未深，概可想见，而何君称为入室操矛，宏奖之风，斯异于专己党同者哉！余初为‘何氏释例’，专明墨守之学，因析其条例，以申何氏之未著及他说之可兼者，非敢云弥缝匡救，营卫益谨，自信于何氏绳墨少所出入云尔。”（《皇清经解》本）

皮锡瑞：《箴膏肓疏证》《起废疾疏证》《发墨守疏证》。

皮锡瑞（1850—1908），字鹿门，湖南善化（今长沙市）人，举人出身，清末著名经学家，因仰慕西汉伏之《尚书》学，名居所“师伏堂”。皮氏今文经学造诣颇深，然主张解经当实事求是，不应抱有成见，认为“今古文皆有师承，不可偏废”，对各家持论公允，所著《经学历史》《经学通论》皆为学人治经学之门径。皮氏早年治《尚书》学，中年治学重点转向郑学，陆续著有《郑志疏证》《郑记考证》《圣证论补评》《六艺论疏证》《鲁礼禘祫义疏证》《孝经郑注疏证》《驳五经异义疏证》《答临孝存周礼难疏证》，收入《师伏堂丛书》《皮氏经学丛书》；晚年著《箴膏肓疏证》《起废疾疏证》《发墨守疏证》，光绪二十五年己亥（1899）湖南思贤书局刊行。

孔广林、袁钧、王谟、王复、黄奭等治学是古文经学家的路数，他们以无限景仰之情辑佚郑玄佚著，全心维护郑学的权威，以孔广林表现更为突出。刘逢禄为今文学派大家，一代宗师，对何休《公羊》学研究也开一代新风。皮锡瑞精于今文学、郑学研究，无门户之见，持论公允。因此，要深入、全面研究郑玄《春秋》学，对两派经学家的研究成果进行对比研究也是一条重要的路径。

# 从家法师法看郑学的综合特征

王承略（山东大学儒学高等研究院）

**摘　要**　清代学者对郑学的评价，大致可以分为五种代表性的意见。只有把郑学放在两汉经学总体发展的背景下，才能客观准确地加以评价。清王鸣盛、阮元关于师法家法的认识值得肯定。客观地说，师法与家法是前汉、后汉对经师授受经典的不同说法，在本质上并没有严格的区别。郑氏家法，就是郑玄的解经方法和经学体系。将郑玄的通学与何休的专门之学做一比较，两人的识见高低判然有别。

**关键词**　两汉经学　郑玄　家法师法

两汉今文、古文经学，由西汉时的并行不悖，到两汉之交的剧烈冲突，到冲突中开启的优劣比较，到最终的综合融汇，走的是一条波澜壮阔的曲折之路。对于这一过程，自清以来，研究者达成了一般性的共识，但涉及人物、事件、史实、规律的评价，往往有所分歧。又由于对家法、师法的存在状态和理解上的不同，导致很多困惑纠缠不清。郑玄分明是两汉经学发展规律的精准把握者，分明是今古文之争良好归宿的创造者，分明是两汉经学的集成者，分明是魏晋以下至于清代经学研究最重要的影响者，对于他的经学体系的认识和评价，涉及学术思想史的诸多方面，而于经学史的研究关系尤剧。本文拟从家法师法的角度，分析郑学的综合特征，以期对郑学的研究有所裨益。

## 一、清代学者对郑学的评价

纵观清代学者对郑学的评价，大致可以区分为五种代表性的意见。

第一，认为郑玄兼通众经，集两汉经学之大成。以朱彝尊、阮元、杭世骏为代表。朱彝尊《曝书亭集》卷第六十《郑康成不当罢从祀议》曰：

西汉学士，大都专治一经。兼经者，自韩婴、申培、后苍、孟卿、胶东庸生、瑕丘江翁而外，盖寥寥也。至东汉，而兼者渐多。郑康成出，凡《易》《书》《诗》

《周官》《仪礼》《礼记》《论语》《孝经》无不为之注释，而又六艺、七政有论，《毛诗》有谱，禘祫有议，许慎《五经异议》有驳，临孝存《周礼》有难，何休之《墨守》《膏肓》《废疾》或发，或针，或起。可谓集诸儒之大成，而大有功于经学者。①

阮元《诂经精舍文集》卷一《六朝经术流派论》曰：

两汉经学最重师法，各家流派，具详于班范史传，而郑君康成集其大成。②

杭世骏《道古堂全集·文集四·尚书后案序》曰：

两汉儒林各有师承，守家法者兢兢不敢踰尺寸，未有兼综六艺博学而详说之者。北海郑氏生于微言既绝之后，独能窥寻四代之制度，虞夏商周之传，伏生述之，郑氏能言之也。③

第二，认为郑玄综理古今，择善而从，有所宗主，檃栝多家，即所谓郑氏家法，以王鸣盛、顾广圻、庄述祖、陈澧、陈乔枞、陶方琦等为代表。

王鸣盛《蛾术编》卷四曰：

汉儒说经，各有家法，一人专一经，一经专一师，郑则兼通众经，会合众师，择善而从，不守家法，在郑自宜然，盖其人生于汉季，其学博而且精，自七十子以下，集其大成而裁断之，自汉至唐千余年，天下所共宗仰。④

顾广圻《思适斋集》卷六论《毛诗传笺》曰：

夫《传》也者，全是古文家法。《笺》也者，或用今文诗破《传》，或用今文他经说以破《传》，或又用古文他经说以破《传》，此自是郑氏家法，不专主古文，亦不专主今文。⑤

① 朱彝尊：《曝书亭集》卷六十（景印文渊阁四库全书集部二五七别集类），台湾商务印书馆，1986年。
② 阮元辑：《文选楼丛书》（三），广陵书社，2011年，第1249页。
③ 杭世骏：《杭世骏集·道古堂文集卷四》，浙江古籍出版社，2015年，第43页。
④ 王鸣盛：《蛾术编》卷四，上海书店出版社，2012年，第68页。
⑤ 顾广圻：《思适斋集》（《续修四库全书》1491集部别集类），上海古籍出版社，2002年，第52、53页。

庄述祖《珍艺宧文钞》卷五《郑氏家法序》曰：

郑君独博稽六艺之文，为之注述，剖析众说，兼综百家，略揃误文，推广遗义，揆厥源委，典礼以行。晋范武子传授生徒，专以郑氏家法。故蔚宗删东观书，以郑君与张纯、曹褒合传。①

陈澧《东塾读书记》卷十五《郑学》曰：

《尚书注》虽已佚，焦里堂辑《禹贡注》而释之云：郑注一本于班氏《地理志》，间有不合者，必别据《地说》等书，明言所以易之之义，注虽残阙，尚可考而知也。然则郑君注《周礼》《仪礼》《论语》《尚书》，皆与笺《诗》之法无异，有宗主亦有不同，此郑氏家法也。何邵公墨守之学，有宗主而无不同。许叔重异义之学，有不同而无宗主。惟郑氏家法，兼其所长，无偏无弊也。②

陈乔枞《今文尚书经说考》卷十六曰：

郑君承杜、卫、贾、马之后，古学已明，爰集诸家之说，网罗散佚，故于《尚书注》取今文、古文，各择其善而从之。然今文之学，《尚书》所赖以传者，其说终不可废，故郑君于伏生《大传》亦为之注。③

陶方琦《汉孳室文钞》卷三：

郑虽后从马融受费氏古文之学，然昔人著说，择善而从，往哲师承，动有家法，即郑君爻辰之义亦本京氏。④

第三，认为郑学渊深博通，宜墨守尊宗，以王鸣盛、郑珍、俞樾、曹元弼为代表。王鸣盛《十七史商榷》序曰：

抑治经岂特不敢驳经而已经文艰奥难通，若于古传注凭已意择取融贯，犹未免

① 庄述祖：《珍艺宧文钞》卷五（《续修四库全书》1475集部别集类），上海古籍出版社，2002年，第90页。
② 陈澧：《东塾读书记》卷十五，上海古籍出版社，2012年，第254页。
③ 陈乔枞：《今文尚书经说考》卷十六（《续修四库全书》49经部书类），上海古籍出版社，2002年，第503页。
④ 陶方琦：《汉孳室文钞》卷三（《清代诗文集汇编》758册），上海古籍出版社，2010年，第113页。

于僭越。但当墨守汉人家法，定从一师，而不敢他徙。①

其序褚寅亮《仪礼管见》曰：

学问之道，首识字，次穷经，次考史。然史学不必有所专主，而字学、经学则必定其所宗。文字宜宗许叔重，经义宜宗郑康成。此金科玉条，断然不可改移者也……夫说经必有所专主，此汉经师所谓家法。②

郑珍《仪礼私笺》郑知同后序曰：

余之墨守康成，往往一言一事，或思之数日不识所谓者，始亦讶其不合，迨熟玩得之，觉涣然冰释，切合经恉，都无瑕衅。然后知世之据以诋斥康成者，皆偏驳曲见。③

俞樾《春在堂杂文》六编卷七曰：

说经之文，多宗古义，即诗赋亦古体居多，非欲求异时流，盖不敢失许、郑两先师之家法，而盭文达建立精舍之本心也。④

曹元弼序张锡恭《丧服郑氏学》曰：

君与余治经一宗郑君，盖郑学博极渊深，穷理尽性，至中至正，永无流弊，世宗宪皇帝谕曰“郑康成醇粹深通”。大哉，皇帝万世定论。学者非郑，即乱经贼道之渐。今日非圣无法、背逆君亲、荡灭礼教、糜烂生民之祸，实自破坏郑学为之厉阶也。⑤

第四，认为郑玄兼综众家，败坏家法师法，予以否定，以李兆洛、康有为、廖平为代表。

---

① 王鸣盛:《十七史商榷》序,上海书店出版社,2005年,第2页。

② 褚寅亮:《仪礼管见》序(《丛书集成初编》),中华书局,1985年,第1页。

③ 郑珍:《仪礼私笺》后续,同治五年秋七月成山唐氏刻本。

④ 俞樾:《春在堂杂文》六编卷七《近代中国史料丛刊》,台湾文海出版社,1969年,第1(B)、2(A)页。

⑤ 张锡恭:《丧服郑氏学》曹元弼序,上海书店出版社,2017年,第4页。

李兆洛序张金吾《两汉五经博士考》曰：

今之所谓汉学者，独奉一康成氏焉耳。而不知康成氏者，汉学之大贼也。西汉经师，大抵各为一说，不能相通。就其不相通，而各适于道也。此正圣人微言大义，殊途同归之所存也。康成兼治众家，而必求通之。于是望文穿凿，惟凭私臆，以为两全，徒成两败。此正徐防所谓轻侮道术者也。①

康有为《新学伪经考》卷十曰：

张禹既受《鲁论》，又受《齐论》，择善而从，号曰《张侯论》，乱《鲁》《齐》之家法矣。郑康成就《鲁论》考之《齐》《古》，为之注焉，又乱今古之家法矣。②

廖平《知圣篇》卷上曰：

飨礼与乡人饮酒礼节，隆杀不同。郑明知汉时所行乡人饮酒礼仪节简，为欲实《周礼》乡字之说，亦遂以为真乡党所行之礼。李氏但诋其破坏家法，不知即以专家论郑君，于《周礼》《仪礼》已多不能通，又何论其于今古相乱之旁失。考郑于各经大纲，虽多不得本旨，旧颇称其细节。如官室、衣服、仪节，实为精密，然大端已误，细节殊无足取。且进而考其细节，亦多因强附《周礼》而误。余学专欲自明，不喜攻人，但郑君空负盛名，实多巨误，后生以之为天人，望洋而叹，莫敢考索，故由郑学入手者，如入迷途，久而迂谬成习，以所注之书，无一明通之条，后人读之如饮迷药。为后贤祛疑起见，偶一言之，以示其例耳。③

第五，认为郑玄兼综众家，虽然败坏家法师法，但功过参半，以皮锡瑞为代表。皮锡瑞《经学历史·经学中衰时代》曰：

汉学重在颛门，郑君杂糅今古，近人议其败坏家法。

郑君博学多师，今古文道通为一，见当时两家相攻击，意欲参合其学，自成一

① 张金吾：《两汉五经博士考》序（《后知不足斋丛书》第三函），凤凰出版社，2010年，第2858页。

② 康有为：《新学伪经考》卷十，中华书局，2012年，第227页。

③ 廖平：《知圣篇》（《廖平全集》第一册），上海古籍出版社，2015年，第220页。

家之言。虽以古学为宗，亦兼采今学，以附益其义。学者苦其时家法繁杂，见郑君闳通博大，无所不包，众论翕然归之，不复舍此趋彼。于是郑《易注》行，而施、孟、梁丘、京之《易》不行矣；郑《书注》行，而欧阳、大小夏侯之《书》不行矣；郑《诗笺》行，而鲁、齐、韩之《诗》不行矣；郑《礼注》行而大、小戴之《礼》不行矣；郑《论语注》行。而齐、鲁《论语》不行矣。重以鼎足分争，经籍道息，汉学衰废，不能尽咎郑君，而郑采今古文，不复分别，使两汉家法亡不可考，则亦不能无失。①

其《师伏堂骈文二种》师伏堂骈文之二卷一曰：

汉代绵邈家法，沦胥许、郑。……汉学有博士所职，有壁经所传，或绍颛门，或名通学。许、郑文虽崇古，学实兼通。②

其《驳五经异义疏证》卷八曰：

汉儒颛门家法之严，郑君是通学，非颛门。③

其《经学历史·经学中衰时代》又曰：

郑君杂糅今古，使颛门学尽亡。然颛门学既亡，又赖郑注，得略考见今古之学。若无郑注，学者欲治汉学，更无从措手矣。此功过得失互见，而不可概论者也。郑君徒党偏天下，即经学论，可谓小统一时代。④

## 二、从汉代经学的走向看郑学的特色和家法师法问题

清人对郑玄的评价，一般着眼于郑玄综理众经，兼取今文、古文的实践，但所得结论却不同。有以此为集大成之举者，有以此即郑学特色者，有以此为变乱家法师法者。尤其是清代的今文经学者，以为西汉的今文经学上承七十子之学，由于古文经学的冲击，使得今文经学相继衰落，他们不甚考虑汉代今文经学衰落的自身的学理因素，而对

① 皮锡瑞:《经学历史》(《皮锡瑞全集》第六册),中华书局,2015年,第49页。
② 皮锡瑞:《师伏堂骈文》卷一(《皮锡瑞全集》第四册),中华书局,2015年,第47页。
③ 皮锡瑞:《驳五经异义疏证》卷八(《皮锡瑞全集》第四册),中华书局,2015年,第242页。
④ 皮锡瑞:《经学历史》(《皮锡瑞全集》第六册),中华书局,2015年,第50页。

古文经学怀有一定程度的偏见，郑玄以古文为主、兼及今文的做法，当然也引起了他们的不满，给予了不同程度的否认。要想客观准确评价郑学，实际上离不开对两汉经学总体发展走向的认识。

按，两汉经学有其自身的发展走向，这些走向是符合一定规律的。两汉经学的发展走向之一，经解由简趋繁又由繁趋简。从汉初到王莽，随着经学的不断演进和僵化，五经的章句、说解越来越烦琐；从王莽到汉末，受古文经学风的影响，今文经学自觉地进行了一定的自我改造，五经的章句、说解又趋于由繁而简。郑玄解经总的特点是简明扼要，有时注释的字数甚至少于经文，就是这一规律作用的结果。

两汉经学的发展走向之二，儒者由通一经到多经兼通。前汉儒者大都只能通一经，通数经者极为少见；后汉儒者大都遍治群经，尤其古文经学、谶纬兴起以后，今、古文兼治的同时又精研谶纬，成为一时的风尚。郑玄博通五经，今文、古文兼修，研究、注释谶纬，皆当时学风使之然。

两汉经学的发展走向之三，今古文经学由对立趋于融通。古文经学在西汉初期、中期，虽已初兴并有所发展，但流传仅限于民间，其与立于官学的今文经学之间，一时尚未出现直接和表面的对立、斗争。西汉末到东汉初，古文经谋求立于学官，威胁到今文经学的利益，二者之间的矛盾趋于激化和表面化。同时，谶纬的异军突起，使得经学的纷争更加复杂化。从东汉章帝开始，古文经学为了自身的发展，不得不利用谶纬、附会谶纬，又在与今文经不断进行优劣比较的过程中，加深了二者之间的联系和相互影响，结果在东汉后期，古文、今文、谶纬逐渐熔为一炉，学者兼收并蓄，择善而从，开创了所谓的通学时代。实际上，自刘歆、王莽就已开始了今、古文融合的趋势，历经贾逵、许慎，已具有通学的全部特征。郑玄所为，乃在于顺乎学术发展潮流，而把今古文融合推向极致。

两汉经学的发展走向之四，家法师法由明晰趋于消亡。西汉时期，今文经学授受源流分明可辨，对家法、师法较为重视，但同时也已存在改变家法、师法、不专一家的情况；古文经学兴起以后，虽号为私学，但其地位与今文经学相比，越来越无轩轾之别；在古文经学影响下，尤其在今古文合流的大潮中，今文经学逐渐丧失了独尊的优势，经本失去了权威，说解没有了家法，有关文本的争论和家法的校定，从而也就贯穿了东汉的始终。郑玄治经，既然融汇古今，择善而从，时代风尚如此，自不必信守家法师法。

关于家法师法，是经学研究史上的一个重要课题。研究者各有表述，不无分歧和对立。在此，我基本赞同清代学者王鸣盛、阮元的观点。

王鸣盛《十七史商榷》卷二十七曰：

> 汉人重师法如此。又称家法，谓守其一家之法，即师法也。……盖前汉多言师

法，而后汉多言家法。不改师法，则能修家法矣。①

阮元《王西庄先生全集序》曰：

夫汉人治经，首重家法。家法亦称师法。前汉多言师法，后汉多言家法。②

师法之师，指授业老师，有时特指亲授给自己经学的老师。师法之法，是把授业老师传授的内容固定下来，赋予法则的权威性，其实质是授业老师的核心学说。

前汉继秦代而来，秦火灭经，当时之人不得不以整理保存经典为先务。此时贵在师传，训诂句读等皆由师口授。若不从师，则无从写录，因此前汉讲究师法。《汉书·儒林传》详细记载各经的传授系统，即便多至九传，也能朗若列眉，有条不紊。说明西汉时师法的传承是客观存在的。

汉初经师传授经学，先由口授，数传之后，句读义训等互有歧异，乃分为各家。家法之家，是专门名家、学术派别之意，即独特的学统宗派。其分立学派的根据，就是家法之法，即研治授受某经而能成为一家之言的思想、原则、观点等经说体系。

如，田王孙之《易》，传授给施雠、梁丘贺、孟喜。梁丘贺之《易》，传授给其子梁丘临。孟喜之《易》，传授给翟牧、白光等人。田王孙——孟喜——翟牧之间，依次以师法相授受。田王孙——梁丘贺——梁丘临之间，依次亦以师法相授受。施雠、梁丘贺、孟喜三人虽同师田王孙，但从孟喜改师法的情况看，三人的学术已不相同，于是分为三家，就形成了三个同中有异的学术派别，那么梁丘临、翟牧之间，就需要以家法相别。然而，就田王孙《易》学体系而言，既是施雠、梁丘贺、孟喜所接受的师法，也是此三人分立宗派的家法。同一梁丘临之《易》学，对翟牧而言是家法不同，对梁丘临的弟子而言，是师法相授。本是一个学说，由于指向的对象不同，就有了家法、师法的不同称谓。

到了后汉，经义说解灿然具备，著述繁夥，名家众多，支派林立，儒者研习经典不再笃守一经一师，而大都遍治群经，师授系统盘根错节，难以究诘，于是转言家法，少言师法。《后汉书》载贾逵“兼通五家《穀梁》之说”，张玄“兼通《颜氏春秋》数家家法”。虽则称家法，实际上何尝不也是师法。所谓兼通，要么是直接受学，要么是间接接受，总之必有师承。《后汉书·儒林列传》旨在撮录通经名家之人，对于各经的传授系统语焉不详，或根本不予留意，形成与《汉书·儒林传》完全不同的叙述方式，

① 王鸣盛：《十七史商榷》卷二十七，上海书店出版社，2005年，第190、191页。

② 阮元：《揅经室二集》卷七《文选楼丛书》，广陵书社，2011年，第322页。

是由东汉学者往往传承多家、而非专守一师的实际情况决定的。

所以，师法与家法，是前汉、后汉对经师授受经典的不同说法，在本质上并没有严格的区别。二者应该是并时的，不必非要区分谁为源，谁为流。家法的家言“专门名家”，师法的师言“一代宗师”，皆是地位尊贵或成就突出者之谓，皆有经义的增补、修订、发挥、演绎之功，视为一体，未尝不可。

## 三、郑氏家法

《后汉书·郑玄列传》曰：

> 自秦焚《六经》，圣文埃灭。汉兴，诸儒颇修艺文；及东京，学者亦各名家。而守文之徒，滞固所禀，异端纷纭，互相诡激，遂令经有数家，家有数说，章句多者或乃百余万言，学徒劳而少功，后生疑而莫正。郑玄括囊大典，网罗众家，删裁繁诬，刊改漏失，自是学者略知所归。王父豫章君每考先儒经训，而长于玄，常以为仲尼之门不能过也。及传授生徒，并专以郑氏家法云。①

所谓郑氏家法，就是郑玄的解经方法和经学体系。郑玄遍注群经，兼治古文、今文，建立了一个顺应时代潮流的经学体系。前人考察郑玄的解经特点，主要关注三个方面：

第一，从内容上说，郑玄解经，以训诂和名物制度的解释为中心，并注重义理的概括和阐释。

第二，从学风上说，郑玄解经，打破了家法的樊篱和学派的界限，对今古文博综众说，择善而从。郑玄采用今文《京氏易》的方法注古文《费氏易》，用今文三家《诗》说注解古文《毛诗》，引今文《公羊春秋》《欧阳尚书》注解古文《周礼》等，表现了一种网罗众家、舍短取长的弘通气象。事实证明，郑玄不拘家法、贯通古今的态度，是合理、正确的。正是因为学风方法上的贯通，才使郑玄成为两汉今古文经学名副其实的集大成者。

第三，从体式上说，郑玄注经，崇尚简明扼要的文风，做到要言不烦。郑玄尚简的文风，是对两汉冗长的解经体系的一种解放，是郑学吸引众多信徒的一个重要方面。南北朝、隋唐义疏之学，又走向了尚繁的老路，但很快又被宋儒挽回。清儒的著作除极少数外，也大都力求简明。可见，郑玄尚简的文风，在经学史上影响之深远。

以上这三个方面，是郑玄解经的主要特色，此外的重要特色尚有：

---

① 范晔:《后汉书》卷三十五,中华书局,1970年,第1212、1213页。

1. 校勘经本

郑玄注经，总是先校勘，后注释。两汉把儒学定于一尊，但一直未能把五经的经本定于一尊。当时所传五经中的任何一种版本，都不具有权威性。汉明帝朝有人主张挖吕不韦墓，表现出要把经本定于一尊的迫切性和不择手段；灵帝朝有人贿赂兰台的藏书吏偷改官府的藏本，以与自家所藏相符，更表现出经本不能定于一尊而导致的严重混乱。到了蔡邕，受诏正定五经文字，刻立石经，他也只能取一经的某家经本做底本，而保留他家经本的异文，无法做到择善而从，定于一尊。朝廷竭尽全力、挖空心思而不能做好的事情，到了郑玄却取得了巨大的进展。郑玄在他力所能及的范围内，努力斟酌异同，综合古今，确定新版本。郑学的广泛传播，带动了他所定经本的传播。今天我们读的《周易》、《论语》、“三礼”、《诗经》的版本，应该都是郑玄所定。从这一点上说，郑玄最终完成了汉朝廷未了的心愿，最终把经本定于一尊。郑玄所定的经本，随着郑学的传播，随着今文十四博士之学的消亡，遂成为独家之传。

2. 注重总论

两汉学者把五经作为一个整体，撰写了较多的五经总论性质的著作。刘向撰有《五经通义》和《五经要义》；刘歆《七略》中的《辑略》，包含了六艺的总论；程曾著五经通难百余篇；刘辅作《五经论》；樊儵定五经异说；汉章帝亲自主持白虎观会议，讨论五经同异，诸儒上白虎议奏一百余篇；许慎作《五经异义》，刘表作《五经章句后定》，张遐作《五经通义》，等等。把五经作为一个整体来研究，是汉代经学特别是东汉经学的发展趋势，至郑玄更加重视总论性的研究，撰写了《六艺论》和《驳许慎五经异义》。

郑玄把群经作为一个整体来研究，所以他在注经时特别注意两点。一是广泛地引经注经，增强经注的权威性；二是消弭诸经之间的矛盾，把群经视为有机的整体，他的做法，往往是立足《周礼》，铺展“三代异物”说。

3. 引纬注经

东汉的皇帝崇尚谶纬，礼仪、官制、五经同异往往以谶纬为断，使得谶纬的地位比五经还要高，在这种形势下，儒者学习谶纬也就蔚然成风。郑玄年轻时就师从陈球学习谶纬，中年时师从马融也参与讲习谶纬，所以在郑玄的经学体系里，谶纬占有重要的地位。郑玄用谶纬对五经的来源作神话的解释，说明他深信谶纬；郑玄注《论语》，摒斥谶纬中孔子的妖异形象，又说明他对谶纬有所选择。总之，郑玄注谶纬，并引谶纬注经，是时代的风尚，不可视为郑学独有的弊病。朱彝尊《曝书亭集》卷六十、陈澧《东塾读书记》卷十五，都指出谶纬也有醇驳之分，郑玄对谶纬的摭取，只是其中较醇正有价值的部分。何况当时朝廷依谶纬定典礼，朝廷尚且执行谶纬中的制度，郑玄用谶纬注经就是自然而然的事了。

4. 破字改字

破字是指用本字说明假借字。改字是指纠正典籍流传过程中的误字。五经的经文存在大量的同音假借现象，也存在着一定数量的误字，如果不对假借字和误字加以解释，而根据字面的意思来理解经文，就会扞格难通。郑玄有鉴于此，所以在经典阐释中，十分注意破字和改字。

就其破字而言，郑玄有时指明本字，有时指明借字。就其改字而言，清陈启源《毛诗稽古编》卷二十六，有一篇《郑笺破字同异》，将郑《笺》改字区分为七种情况：①有据当时读本未尝改者，②有古字音义本相通者，③改其字而不改其义者，④所改之字义虽小异而不甚相远者，⑤改之而有补于文义者，⑥改之而无妨于文义者，⑦改所不必改而文义反迂者。总的来看，对郑玄破字改字肯定居多。古籍中多假借字、讹字是事实，郑玄致力于破字、改字，是训诂的正确途径，应当值得充分肯定。当然对于他破字过勇而导致的一些失误，我们也要善于发现，加以纠正。

5. 关注现实

郑玄身处东汉后期昏乱之世，外戚、宦官专权，大批善人在党锢之祸中被诛杀，官场十分险恶，所以郑玄屡经朝廷征辟，一概不仕，既是全身避祸的表现，也是对黑暗官场的决绝和批判。

但郑玄不出仕，并不说明他对现实政治漠不关心。他与陶谦等人联名推荐朱儁为太师；他打发儿子益恩率家丁赴难，营救孔融；蔡邕死后，他感叹再没有人能够讨论本朝的史事，都表明他对现实政治的极端关注。学术本来就是为政治服务的，汉代经学与政治一直就是两位一体，密不可分，郑玄即便想做一种纯学术的经典研究，也不符合经学固有的精神。作为他学术体系核心的《礼》学的创立，与汉末礼坏俗败有密切的关系。毫无疑问，郑玄有一种力矫时弊、针砭现实的使命感和责任感。

郑玄希望加强中央集权，维护天子的权威和地位，反对割据势力，强调地方要以顺道侍奉君主。针对善类荼炭的悲惨现状，郑玄疾呼实现贤人政治。

郑玄的政治主张，还有为政刚柔相济、不轻易赦宥、恢复肉刑、力倡孝道，等等。郑玄为当权者谋划了许多行之有效的政治方略，并在礼制建设方面卓有创见，即便不能行于当世，但在后代得到了广泛的认同。既做一代博学大儒，又在治学中关注现实政治和国计民生，郑玄身体力行的人生道路，为后世有道义感的知识分子树立了榜样。

最后，我们将郑玄与何休做一比较，以见郑氏家法与专门之学的不同。何休比郑玄小两岁，是同时代人。二人皆好学深思，不乐为官，又身陷党禁，人生的道路相似；二人皆好谶纬、历算，有共同的兴趣。但何休走的是笃守专门之学的路数，他用了十七年的时间，写成《春秋公羊解诂》，对两汉的《公羊》学作了最后的总结。这在当时和经学史上，都是极有意义的，毕竟《公羊》之学在两汉最为显赫，确实值得重视和总结。

然而，何休专注《公羊》，而蔑视《左氏》《穀梁》，写了《公羊墨守》《左氏膏肓》《穀梁废疾》三书。意思是说《春秋》三传之中，只有《公羊传》义理深远，无懈可击，像墨翟守城那样牢不可破；《左氏》《穀梁》，皆义理乖谬，违背《春秋》之旨，像病入膏肓和残废之人那样，已不可救药。在何休眼里，《春秋》三传尚且画若鸿沟，其他经典自不待言。如此保守着今文经学的阵地，无视两汉经学发展的规律，即便也取得了卓越的成就，但却没有郑学那样闳通的气象，两人的识见高低判然有别。郑玄针对何休的三种书，写了《发墨守》《箴膏肓》《释废疾》，专门纠发《公羊传》的问题，驳斥何休对《左传》和《穀梁传》的曲说，在论战中引经据典，又往往直接以《春秋》大义还击何休，以其人之道还治其人之身，最终让何休口服心服。这次争论是两汉今古文之争最后的一次，是发生在今文专家与通学之间的、与功名利禄不挂钩的、纯学术性质的一次争论。这次论战的意义，在于宣告了今、古文之争的结束。此后，以融合今古文于一体的通学，遂成为学术的主流。郑玄通过论战，为他的学术的推广和普及，铺平了道路。当然，郑学有立说讹误、牵强附会、求之过深、持论偏颇等弊病，需要对他的《毛诗传笺》、三《礼》注进行经解是非的综合清理，这是另外的课题，在此就不多说了。

# 会通今古文的郑玄《论语注》

唐明贵（聊城大学政治与公共管理学院）

**摘　要**　郑玄在注释《论语》过程中，“以古学为宗”，不仅注重对字词的音义注解和校勘，而且注重对名物制度的训解；同时也“兼采今学以附益其义”，不仅引用公羊说及阴阳说以解《论》，而且注重经世致用思想的阐发，自成一家之言，成为会通今古学以释《论》的代表作，在《论语》学史上占有重要的地位。

**关键词**　郑玄　论语　注释　今古文

郑玄（127—200），字康成，北海高密（今山东高密西南）人，东汉末期著名经学大师。他先师从第五元先，通《京氏易》《公羊春秋》《三统历》《九章算术》，继师张恭祖，受《周官》《左氏春秋》《韩诗》《古文尚书》。而后游学于周秦之都，往来幽、并、兖、豫之域十余年，遍学诸儒。最后，又拜师扶风马融。虽未亲承謦欬，但郑玄日夜寻诵，未尝怠倦，三年后学成返归。此时他已精通今古文诸经，成一通儒矣。返回山东后，郑玄见社会政治黑暗，仕途可畏，遂一面客耕东莱，一面教授学生。由于受“党锢”事件的牵连，他曾长达十七年杜门不出，沈潜于经典之中。见当时学界今古文相攻击，意欲参合其学，自成一家之言。于是括囊大典，网罗众家，遍注群经，著书立说，凡百余万言。其中涉及《论语》的著作就有《论语注》《论语释义》《古文论语注》和《论语孔子弟子目录》等。宋翔凤《论语师法表》云：《隋书·经籍志》著录“《论语注》十卷，郑玄注，《经典叙录》同。《隋志》又言梁有《古文论语》，郑玄注，亡。盖阮孝绪所著录，郑无别注古文，其所注《论》，即用古文，别题《古文论语》”，则郑玄《论语注》与《古文论语注》实同书而异名。又《旧唐书·经籍志》著录《论语》十卷，郑玄注；《论语释义》十卷，郑玄注。而《新唐书·艺文志》却著录《论语》，郑玄注十卷，又注《论语释义》一卷，分《注》与《释义》为二，疑《释义》即郑之《论语叙》，故《新志》作一卷，其《旧志》云十卷者，字之误也。又二《志》有郑玄《论语孔子弟子目录》，今略见《史记集解》中，不过由于该书仅是一些人物名字籍贯的罗列，研究价值不大。所以本节仅对虽已亡佚，但有后人辑录和出土文献佐证的《论语注》予以探讨。

《论语注》是郑玄晚年之作。据《文苑英华》卷七六六引自序说："遭党锢之事，逃难注《礼》。党锢事解，注《古文尚书》《毛诗》《论语》。为袁谭所逼，来至元城，乃注《周易》。"可见，《论语注》成书于以三《礼》为中心的学问体系完成之后。

由于郑玄博学多识，贯通今古，故其注经，"虽以古学为宗，亦兼采今学以附益其义"①。因此，其注具有明显的会通特色。这在《论语注》中体现得也很充分。

## 一、重训诂

古文经学最明显的学术特色就是训诂，"诂训者，诂者，古也。古今异言，通之使人知也。训者，道也。道物之形貌以告人也"，故"训诂者，通古今之异辞，辨物之形貌，则解释之义尽归于此"②。它不仅包括对字词的音义注解和校勘，而且包括对名物制度的训解。

首先，重视版本校勘。郑玄在注释时面临的首要问题就是整合《论语》版本，对此，前人多有记载。何晏《论语集解序》曰："汉末，大司农郑玄就《鲁论》篇章，考之《齐》《古》，以为之注。"皇侃疏曰："郑康成又就《鲁论》篇章，及考校《齐》《古》二《论》，亦注于《张论》也。"③ 陆德明《经典释文·序录》则说："郑玄就《鲁论》张、包、周之篇章，考之《齐》《古》，为之注焉。"④《隋书·经籍志》确指郑玄"以《张侯论》为本，参考《齐论》《古论》而为之注"。邢昺疏曰："就《鲁论》篇章，谓二十篇也。复考校之以《齐论》《古论》，择其善者而为之注。"⑤ 前贤所说虽不尽同，但都离不开汉初的《鲁论》《齐论》《古论》以及在此基础上形成的《张侯论》。宋翔凤《师法表》云，《张侯论》"合《齐》《鲁》两家之学，特其篇章与《鲁论》同，故多以《张论》为《鲁论》。后汉熹平石经，即用《张论》"⑥。因此，我们可以说，郑玄《论语注》在版本问题上主要还是依据《鲁论》《齐论》《古论》展开的，这也可以从敦煌吐鲁番出土的唐写本《论语郑氏注》所保存的郑注中得到证明。唐写本《论语郑氏注》残卷中有些篇题之下赫然写有"孔氏本，郑氏注"六字，也可证明郑玄只是以《古论》读正《鲁论》。20 世纪在敦煌、吐鲁番出土了唐写本《论语

① ［清］皮锡瑞：《经学历史·经学中衰时代》，中华书局，1959 年，第 149 页。

② ［唐］孔颖达等：《诗经·周南·关雎》疏，《十三经注疏》本，上海古籍出版社，1997 年，第 269 页。

③ ［梁］皇侃：《论语义疏·论语序》，《儒藏·精华编·四书类论语属》，北京大学出版社，2005 年，第 17 页。

④ ［唐］陆德明：《经典释文·序录》，上海古籍出版社，1985 年，第 61 页。

⑤ ［宋］邢昺：《论语注疏·论语序》，《儒藏·精华编·四书类论语属》，北京大学出版社，2005 年，第 6 页。

⑥ ［清］刘宝楠：《论语正义》，中华书局，1990 年，第 780 页。

郑氏注》。在这些出土文献中，有些篇题之下赫然写有“孔氏本，郑氏注”六字，如吐鲁番阿斯塔那三六三号墓八\一号写本《八佾》篇、《里仁》篇、《公冶苌》篇；吐鲁番阿斯塔那一八四号墓一二\一（b）∽一二\六（b）号写本《雍也》篇；伯希和二五一〇号写本《太伯》篇、《子罕》篇、《乡党》篇，篇题下都有这六个字。另日本龙谷大学藏吐鲁番写本《宪问》篇残卷篇题下标有“孔氏本”三字，其注亦郑注也。这种标法颇令人费解。罗振玉先生认为：“今此卷明著‘孔氏本’，一若所注为古《论》者；而考其篇次，则《太伯》第八，《子罕》第九，《乡党》第十，固明明同鲁《论》，知何《叙》、皇注为可信。顾孔训世既不传，此卷乃题孔本，初不可晓。且陆氏《经典释文》亦言，郑校周之本以齐古读正，凡五十事，与何、皇说略同。乃反复考之，《释文》所举郑氏校正诸字，则皆改鲁从古，无一从齐者，始悟此卷所谓‘孔氏本’者，乃据孔氏古《论》改正张侯鲁《论》；而何、皇诸家谓考校齐、鲁者，盖张禹本受鲁《论》，兼讲齐说，善者从之（见《集解序》）。郑君既注于张《论》，则不异兼采齐《论》，其实固仅据古以正鲁也。此卷写官漫题孔本，虽不免小疏，然因此而得知其实，亦可喜矣。”①

王国维先生就此认为，郑玄《论语注》篇章全从《鲁论》，字句全从《古论》即“孔安国本”，后者是称郑注《论语》为“孔氏本”的原因。他在《书〈论语郑氏注〉残卷后》中说：

> 郑氏所据本固为自《鲁论》出之《张侯论》，及以《古论》校之，则篇章虽仍鲁旧，而字句全从古文。《释文》虽云郑以《齐》《古》正读凡五十事，然其所引廿四事及此本所存三事，皆以《古》正《鲁》，无以《齐》正《鲁》者，知郑但以《古》校《鲁》，未以《齐》校《鲁》也。又，郑于礼经，或从古文改今文，或以今文改古文，而正《论语》读五十事中，所存二十七事，皆以《古》改《鲁》，无以《鲁》改《古》者。故郑注《论语》以其篇章言，则为《鲁论》；以其字句言，实同孔本。虽郑氏容别有以《齐》校《鲁》之本，然此本及陆氏《释文》所见者，故明明以《古》校《鲁》之本，非以《齐》《古》校《鲁》之本也。后汉以后，《张侯论》盛行，而《齐》《鲁》皆微。石经所刊《鲁论》，虽不知为谁氏之本，而其校记，但列盍、毛、包、周异同，不复云齐。盍、毛虽无考，然包、周则固张氏之学也。疑当时《齐论》已罕传习，何氏“考之《齐》《古》”之说，或因《古论》而牵连及之也。今将释文及此本所著以《古》改《鲁》之条。

① 罗振玉：《〈论语〉郑注〈述而〉至〈乡党〉残卷跋》，见郑学檬、郑炳林编：《中国敦煌学百年文库·文献卷》第二册，甘肃文化出版社，1999年，第2页。

罗列如左，可以知其题孔氏本之故矣。①

由上可见，郑注在版本问题上多以《古》改《鲁》事，而无以《齐》改《鲁》事。今将《释文》及唐写本《论语郑氏注》所存以《古》改《鲁》之条，罗列如下：

《学而篇》“传不”下，郑注云：“鲁读传为专，今从古。”

《公冶长篇》“崔子”下，郑注云：“鲁读崔为高，今从古。”

《述而篇》“无诲”下，郑注云：“鲁读为悔字，今从古。”

《述而篇》“学易”下，郑注云：“鲁读易为亦，今从古。”

《述而篇》“正唯”下，郑注云：“鲁读正为诚，今从古。”

《述而篇》“荡荡”下，郑注云：“鲁读坦荡为坦汤，今从古。”

《子罕篇》“冕”下，郑本作弁，云：“鲁读弁为免，今从古。”

《乡党篇》“下如”下，郑注云：“鲁读下为趋，今从古。”

《乡党篇》“瓜祭”下，郑注云：“鲁读瓜为必，今从古。”

《乡党篇》“人傩”下，郑注云：“鲁读为献，今从古。”

《乡党篇》“赐生”下，郑注云：“鲁读生为牲，今从古。”

《乡党篇》“车中不内顾”下，郑注云：“鲁读车中内顾，今从古。”

《先进篇》“仍旧”下，郑注云：“鲁读仍为仁，今从古。”

《先进篇》“而归”下，郑本作馈，馈，酒食也。鲁读馈为归，今从古。

《颜渊篇》“以折”下，郑注云：“鲁读折为制，今从古。”

《卫灵公篇》“行小慧”下，郑注云：“鲁读慧为惠，今从古。”

《季氏篇》“躁”下，郑注云：“鲁读躁为傲，今从古。”

《阳货篇》“归孔子”下，郑本作馈，鲁读为归，今从古。

《阳货篇》“廉”下，郑注云：“鲁读廉为贬，今从古。”

《阳货篇》“天何言哉”下，郑注云：“鲁读天为夫，今从古。”

《阳货篇》“而窒”下，郑注云：“鲁读窒为室，今从古。”

《微子篇》“已而已而，今之从政者殆而”下，郑注云：“鲁读期斯已矣，今之从政者殆，今从古。”

《尧曰篇》“孔子曰：‘不知命，无以为君子也’”下，郑注云：“鲁读无此章，今从古。”

以上出自《经典释文》。

《子罕篇》：弁衣裳者。注：鲁读弁为免，今从古。

---

① 王国维：《书〈论语郑氏注〉残卷后》，《观堂集林》第一册，中华书局，1959年，第169—174页。

《子罕篇》：沽之哉沽之哉。注：鲁读沽之哉不重，今从古也。

《子罕篇》：不为酒困。注：鲁读困为魁，今从古。

以上出郑注残卷。

以上二十七条中，除一条重复外，共得二十六条，已超过陆德明“郑玄校《鲁论》以《齐论》《古论》，读正凡五十事”中的“五十事”的半数。

这26条注释，具有同一个特点，就是统一使用了“鲁读某为某，今从古”句式，此一训诂术语的使用，“不仅保留了大量的异读异文，而且体现了郑玄的版本选择观念，郑玄首创了从古正鲁的术语后，无疑也在一定程度上丰富了训诂术语体系”①。

其次，重视字词校勘。在郑玄看来，“读先王典法，必正言其音，然后义全”②。因此，在《论语注》中，他运用了两种注音体例，以求得对经典得正确音读。一是用“读为”“读曰”破其假借。如《八佾篇》“从之，纯如也”下，郑玄注云：“从，读曰纵。纵之，谓既揍八音皆作。”③ 从为假借字，纵为本字，理解经文当按本字。《子罕篇》“选与之言”下，郑注云：“选，读为诠，诠，言之善者。”④ 诠假借为选，理解时应回归本字。《子张篇》“信而后劳其民，未信，则以为厉己也”下，郑注云：“厉读为赖，恃赖也。”⑤《经典释文·春秋公羊音义·僖公十五年》“伐厉”下：“如字，旧音赖。”⑥ 可知厉、赖字通音同。

二是用“当为”“字之误”定其形音之误。如《子罕篇》“今也纯，俭”下，郑玄注云：“纯当为缁，古之缁字以才为声，此缁谓黑缯也。”⑦《雍也篇》“与之粟九百”下，郑注云：“九百者，九百釜，为□。岁班禄，人食三釜，中士食十八人米五□，□□仕十月，禄太多，非其数。□字之误也。”⑧

再次，注重字词训诂。为求得《论语》之确义，郑玄在《论语注》中还运用了声训、义训两种训解词义的方法。

一是因声求义。所谓因声求义，是利用词与词之间声音相同或相近的关系来解释词义的一种方式。郑玄在《论语注》中也运用了这样的释词手段。如《八佾篇》“文献不足故也”下，郑注云：“献，犹贤也。”⑨ 献，从犬，鬳（yàn）声。“犬”代表进献之

① 王嘉琦、李玉平:《郑玄〈论语注〉训诂术语系考论》,《唐山师范学院学报》2014年第6期,第15页。
② [魏]何晏:《论语集解》,《儒藏·精华编·四书类论语属》,北京大学出版社,2005年,第26页。
③ 王素:《唐写本论语郑氏注及其研究》,文物出版社,1991年,第22页。
④ 王素:《唐写本论语郑氏注及其研究》,文物出版社,1991年,第108页。
⑤ [唐]陆德明:《经典释文》,上海古籍出版社,1985年,第1389页。
⑥ [唐]陆德明:《经典释文》,上海古籍出版社,1985年,第1227页。
⑦ 王素:《唐写本论语郑氏注及其研究》,文物出版社,1991年,第104页。
⑧ 王素:《唐写本论语郑氏注及其研究》,文物出版社,1991年,第57页。
⑨ [魏]何晏:《论语集解》,《儒藏·精华编·四书类论语属》,北京大学出版社,2005年,第8页。

物，故其本义就是献祭。引申可指掌握历史典故以献言之人，即贤人，所以可说“献，犹贤也”。《宪问篇》“霸诸侯，一匡天下”下，郑注云：“霸者，把也，言把持王者之政教，故其字或作‘伯’，或作‘霸’也。”① 霸，原意为指古代诸侯联盟的盟主，引申可为把持诸侯联盟事务，故可说“霸者，把也”。《季氏篇》“友便佞”下，郑注曰：“便，辨也，谓佞而辨也。”② 便从人，从更，本意为“安”。引申可为通过花言巧语使人安，即巧辩，故可说“便，辩也”。

二是义训。所谓义训，就是“在训释语词时，仅从现有意义的角度来选择训释词或作出义界，而不考虑词义来源与形义关系”③ 的说解方式。郑玄在《论语注》中运用较多的便是义训的方法，其方式主要有：

第一，同义相训。对其中某个字词的含义常常用其同义词予以直接解释。如《为政篇》“子张学干禄”下，郑注曰：“干，求也。”④《公冶长篇》“于予何诛”下，郑注云：“予，我。”⑤《泰伯篇》“师挚之始”下，郑注曰：“始，犹首也。”⑥

在同义相训中，郑玄还采用了一种较为特殊的训解方法，即以共名释别名，换言之，也就是指出被释词所属的类⑦。如《公冶长篇》“虽在缧绁之中，非其罪”下，郑注曰：“缧绁，徽缪之属，所以执缚罪人之绳索。”⑧ 把缧绁归入绳索之类。《乡党篇》“不得其酱，不食”下，郑注云：“不得其酱不食，谓韭菹醢醢梅鱼脍芥酱之属。”⑨ 列出了没有调料就不吃的食物。《阳货篇》“礼云礼云，玉帛云乎哉”下，郑注云：“玉，圭璋之属；帛，束帛之属。”⑩ 对玉、帛归属之类予以了说明。又，《子罕篇》“既竭吾才，如有所立卓尔”下，郑注云：“卓尔，绝望之辞也。”⑪ 把卓尔归入“绝望之辞”属下。

第二，设立义界。所谓义界，就是阐述并确定经典中字词的含义的界限。如《为政篇》“非其鬼而祭之”，郑注曰：“人神曰鬼。”⑫《雍也篇》“以与尔邻里乡党乎”下，郑玄注云：“五家为邻，五邻为里，万二千五百家为乡，五百家为党也。”⑬ 对邻、里、

---

① [宋]邢昺:《论语注疏》,《儒藏·精华编·四书类论语属》,北京大学出版社,2005年,第218页。
② [魏]何晏:《论语集解》,《儒藏·精华编·四书类论语属》,北京大学出版社,2005年,第66页。
③ 苏宝荣、武建宇:《训诂学》,语文出版社,2005年,第81页。
④ [魏]何晏:《论语集解》,《儒藏·精华编·四书类论语属》,北京大学出版社,2005年,第5页。
⑤ 王素:《唐写本论语郑氏注及其研究》,文物出版社,1991年,第43页。
⑥ 王素:《唐写本论语郑氏注及其研究》,文物出版社,1991年,第95页。
⑦ 周大璞主编,黄孝德、罗邦柱分撰:《训诂学初稿》,武汉大学出版社,2002年,第218页。
⑧ 王素:《唐写本论语郑氏注及其研究》,文物出版社,1991年,第41页。
⑨ 王素:《唐写本论语郑氏注及其研究》,文物出版社,1991年,第120页。
⑩ [魏]何晏:《论语集解》,《儒藏·精华编·四书类论语属》,北京大学出版社,2005年,第70页。
⑪ 王素:《唐写本论语郑氏注及其研究》,文物出版社,1991年,第106页。
⑫ [魏]何晏:《论语集解》,《儒藏·精华编·四书类论语属》,北京大学出版社,2005年,第6页。
⑬ [魏]何晏:《论语集解》,《儒藏·精华编·四书类论语属》,北京大学出版社,2005年,第19页。

乡、党予以了说明。《颜渊篇》“盍彻乎”下，郑注云：“周法什一而税谓之彻。彻，通也，为天下之通法。”① 对彻的内涵做了解读。《卫灵公篇》“军旅之事”下，郑注云：“万二千五百人为军，五百人为旅也。”② 明确了军、旅的含义。

第三，形象描写。通过对词所标识事物的形状的描述来解释词义。如《述而》“君子坦荡荡”下，郑注曰：“坦荡荡，宽广貌也。”③ 坦荡荡表示心胸宽广的样子。《乡党篇》“孔子于乡党，恂恂如也似不能言者”下，郑注云：“恂恂，恭顺貌也。”④ 将“恂恂”释为恭谨温顺的样子。《先进篇》“子路，行行如也”下，郑注云：“行行，刚强之貌。”⑤ 行行在这里读 hàng hàng，是一个形容词，表示刚强的样子。

第四，比拟事物，即把两种类似的事物加以比拟⑥。如《子罕篇》“子见齐衰者、弁衣裳者与瞽者，见之，虽少，必作；过之，必趋”下，郑注云：“孔子哀丧者，敬君礼乐之人，坐见之，必为之起；行见之，必为之趋。趋，今时吏步也。”⑦ 同篇“衣弊缊袍”下，郑注云：“袍，今时褔也。”⑧《乡党篇》“必有寝衣”下，郑注云：“今时卧被。”⑨ 此三例都是以今拟古。

最后，注重对人名、地名和名物典制的注释。《论语》中涉及许多古代的人物、地名和名物典制，尤其是地名和名物典制，随时代的变迁或消失，或变异，这就要求后人对此作出训释，以便人们阅读。郑玄自不例外。

一是释读人物。《论语》中涉及众多人物，记载较为简单，后人多有不知，需要加以注释才能弄清。如《学而篇》“子禽问于子贡曰”下，郑注云：“子禽，弟子陈亢也。子贡，弟子，姓端木，名赐，字子贡也。”⑩《为政篇》“子张学干禄”下，郑注曰：“子张，弟子。姓颛孙，名师，字子张。”⑪ 以上都是有关孔子弟子的，不借助解释，人们很难搞清他们姓字名谁。又，《公冶长篇》“季文子三思而后行”下，郑注曰：“季文子，鲁大夫季孙行父也，文，谥也。”⑫ 对季文子的名字、官职和谥号予以了说明。《颜渊篇》“季康子问政于孔子”下，郑注曰：“季康子，鲁上卿，诸臣之帅也。”⑬ 交代了

---

① [魏]何晏:《论语集解》,《儒藏·精华编·四书类论语属》,北京大学出版社,2005年,第46页。
② [魏]何晏:《论语集解》,《儒藏·精华编·四书类论语属》,北京大学出版社,2005年,第60页。
③ [魏]何晏:《论语集解》,《儒藏·精华编·四书类论语属》,北京大学出版社,2005年,第28页。
④ 王素:《唐写本论语郑氏注及其研究》,文物出版社,1991年,第118页。
⑤ [魏]何晏:《论语集解》,《儒藏·精华编·四书类论语属》,北京大学出版社,2005年,第41页。
⑥ 周大璞主编,黄孝德、罗邦柱分撰:《训诂学初稿》,武汉大学出版社,2002年,第220页。
⑦ 王素:《唐写本论语郑氏注及其研究》,文物出版社,1991年,第106页。
⑧ 王素:《唐写本论语郑氏注及其研究》,文物出版社,1991年,第108页。
⑨ 王素:《唐写本论语郑氏注及其研究》,文物出版社,1991年,第120页。
⑩ [魏]何晏:《论语集解》,《儒藏·精华编·四书类论语属》,北京大学出版社,2005年,第2页。
⑪ [魏]何晏:《论语集解》,《儒藏·精华编·四书类论语属》,北京大学出版社,2005年,第5页。
⑫ [魏]何晏:《论语集解》,《儒藏·精华编·四书类论语属》,北京大学出版社,2005年,第17页。
⑬ [魏]何晏:《论语集解》,《儒藏·精华编·四书类论语属》,北京大学出版社,2005年,第47页。

季康子的职务和地位。

二是释读地名。《论语》中也有多处涉及孔子生活时代的地名，时过境迁，这些地名业已发生了变换，人们无从知晓，需要予以说明。如《述而篇》“互乡难与言”下，郑注曰：“互乡，乡名也。”《子罕篇》“达巷党人曰”下，郑注曰：“达巷者，党名也。”[①] 同篇“子畏于匡”下，郑注云：“匡，卫下邑也。”[②]《子路篇》“子夏为莒父宰”下，郑注曰：“旧说云：莒父，鲁下邑也。”[③]

三是释读名物典制。主要包括：对器物的注释，如《雍也篇》“与之臾”下，郑注云：“臾，《周礼》作庾。庾，凡器名，实容二觳，厚半寸，唇厚一寸。”[④]《子路篇》“斗筲之人”下，郑注云：“筲，竹器，容斗二升者也。”[⑤]《微子篇》“长沮桀溺耦而耕”下，郑注曰：“耜广五寸，二耜为耦。”[⑥] 对政府机构的注释，如《先进篇》“鲁人为长府”下，郑注曰：“长府，藏名也，藏货曰府。”[⑦] 这是对鲁国国库的解读。又，《里仁篇》“里仁为美”下，郑注曰：“里者，民之所居也。”[⑧] 这是对政府基层机构的解读。对宾礼的注释，如《先进篇》“如会同，端章甫，原为小相焉”下，郑注曰：“诸侯时见曰会。殷见曰同。端，玄端也。衣玄端，冠章甫，诸侯日视朝之服也。小相，谓相君之礼者也。”[⑨] 诸侯时见是有事而会，殷覜是多国使者同时聘问，小相是诸侯祭祀、盟会时的司仪官。将国君接待外来宾客之礼仪交代得非常清楚。

## 二、以礼说《论》

由于郑玄精通礼学，且《论语注》完成于其礼学体系建成后的晚年，所以《论语注》中有多处引用礼经和从礼的角度进行注释和说明的地方。

一是引用《周礼》《礼记》经文以释《论语》。在《论语》诠释过程中，郑玄为了增加诠释的可信度和权威性，有时直接引用《周礼》《礼记》为诠释做注脚。如《雍也篇》“汝为君子儒，无为小人儒”下，郑注曰：“儒主教训，谓师也。子夏性急，教训君子之人则可，教训小人则愠恚，故戒之。《周礼》曰：‘儒以道德教人。’”[⑩]《乡党篇》“傩，朝服而立于阼阶”下，郑注云：“乡人傩者，谓驱疫。朝服而立于阶阼者，

---

① 王素：《唐写本论语郑氏注及其研究》，文物出版社，1991 年，第 104 页。
② 王素：《唐写本论语郑氏注及其研究》，文物出版社，1991 年，第 105 页。
③ [魏]何晏：《论语集解》，《儒藏 · 精华编 · 四书类论语属》，北京大学出版社，2005 年，第 51 页。
④ 王素：《唐写本论语郑氏注及其研究》，文物出版社，1991 年，第 57 页。
⑤ [魏]何晏：《论语集解》，《儒藏 · 精华编 · 四书类论语属》，北京大学出版社，2005 年，第 52 页。
⑥ [魏]何晏：《论语集解》，《儒藏 · 精华编 · 四书类论语属》，北京大学出版社，2005 年，第 73 页。
⑦ [魏]何晏：《论语集解》，《儒藏 · 精华编 · 四书类论语属》，北京大学出版社，2005 年，第 41 页。
⑧ [魏]何晏：《论语集解》，《儒藏 · 精华编 · 四书类论语属》，北京大学出版社，2005 年，第 10—11 页。
⑨ [魏]何晏：《论语集解》，《儒藏 · 精华编 · 四书类论语属》，北京大学出版社，2005 年，第 43 页。
⑩ 王素：《唐写本论语郑氏注及其研究》，文物出版社，1991 年，第 59 页。

为鬼神或惊恐，当依人。《周礼》：'十二月，方相氏帅百隶而傩，以索室中驱疫。'"① 以上两条直接援引《周礼》。又，《八佾篇》"礼，与其奢也，宁俭；丧，与其易，宁戚"下，郑注云："易，犹简略。礼本意失于奢，不如俭；丧，失于简略，不如哀戚。《礼记》曰：'斩衰之哭，若往而不返；齐衰之哭，若往而返；大功之哭，三曲而哀；小功、缌麻，哀容可也。'"② 该条直接援引《礼记》。

二是从礼的角度对《论语》进行注释和说明。如《八佾篇》"邦君为两君之好，有反坫，管氏亦有反坫"下，郑注曰："反坫，及爵之坫也，在两楹之间。人君有别外内，于门树屏以蔽之也。若与邻国君为好会，其献酢之礼更酌，酌毕则各反爵于坫上，今管仲皆僭为之，如是，是不知礼也。"③ 在介绍诸侯国君宴会之礼的基础上，从僭越礼制的角度对管仲予以了批评。

《泰伯篇》"君子所贵道者三：动容貌，斯远暴慢矣；正颜色，斯近信矣；出辞气，斯远鄙倍矣"下，郑注曰："此道，谓礼也。动容貌，能济济跄跄，则人不敢暴慢之也；正颜色，能矜庄严栗，则人不敢欺诞之也；出辞气，能顺而说，则无恶戾之言入于耳也。"④ 把动容貌、正颜色、出辞气都纳入礼的范畴，都看作是合乎礼的要求。

又，《乡党篇》"入公门，鞠躬如也，如不容。立不中门，行不履阈。过位，色勃如也，足躩如也，其言似不足者。摄齐升堂，鞠躬如，屏气似不息者。出，降一等，逞其颜色，怡怡如也。没阶，趋进，翼如也。复其位，踧踖如也"下，《论语集解》在解释这段经文时，分别引用了孔安国注、包咸注，对其中的个别字词进行了讲解，没有进行串讲。而郑玄注则在讲解个别字词的基础上，将其视为一个整体，从礼的角度进行了重新解读。郑注云："此谓君燕见与之图事之时。鞠穷，自翕敛之貌也。入公门，如不容，自卑小也。立不中门，行不当枨闑之中央。阀，门限也。过位，位揖也。入门北面时，君揖进之，必避后，故言足躩如也。其言似不足者，谦以待君问也。自此已上，谓图事于庭。摄斋升堂，谓图事于堂。降阶一等，申其颜色。怡怡如，悦怿貌也。没，尽也。阶即庭。翼如，股肱舒张之貌也。复其位，向时揖处。踧踖如，让君为之降也。"⑤ 这里，郑玄把这段文字看成是君主召见臣下与之商议国事时的场景，很形象地描述了臣下见君时应遵循的礼节。

---

① 王素:《唐写本论语郑氏注及其研究》,文物出版社,1991 年,第 121 页。

② 王素:《唐写本论语郑氏注及其研究》,文物出版社,1991 年,第 18—19 页。

③ [魏]何晏:《论语集解》,《儒藏·精华编·四书类论语属》,北京大学出版社,2005 年,第 10 页。

④ [魏]何晏:《论语集解》,《儒藏·精华编·四书类论语属》,北京大学出版社,2005 年,第 29 页。

⑤ 王素:《唐写本论语郑氏注及其研究》,文物出版社,1991 年,第 119 页。

## 三、注重经世致用思想的阐发

东汉末年，黑暗的社会现实，使得郑玄从青年就不喜欢从政，但这并不表明他不关心国难民瘼。儒家士人的历史使命感，促使其将自己的心志寄托于对经典的注释之中。

一是陈古讽今。身处乱世的郑玄，感时伤世，常常于注释中陈古讽今。如《八佾篇》“夷狄之有君，不如诸夏之亡”下，郑玄注云：“为时丧乱，以矫人心。亡，无也。”① “为时丧乱，以矫人心”是经文的题外之义，表达了郑玄对东汉末年社会衰乱的痛心。同篇“子夏问曰：巧笑倩兮，美目盼兮，素以为绚兮，何谓也”下，郑玄注云：“言有好女如是，如以洁白之礼成而嫁之。此三句诗之言。问之者，疾时淫风大行，嫁娶多不以礼者。”② “问之者”之后的文字，是郑玄脱离经文所做的引申性解释，表达了对世人不以礼行事的气愤。

二是阐发善政思想。所谓善政，就是政治清明。东汉末年，政治昏暗，灾变连连。《后汉书·臧宫传》曰：“今国无善政，灾变不息。”生活在此时的郑玄非常希望国家能够实行善政，救民于水深火热之中。这在《论语》注中也有体现。如《子罕篇》“譬如为山，未成一匮，止，吾止也。譬如平地，虽覆一匮，进，吾往也”下，郑玄注云：“匮，盛土器也。以言有人君为善政者，少未成匮而止，虽来求我，我止不往也。何者？人之懈倦日日有甚也。覆，犹写也。以言有人君为善政者，昔时平地，今而日益，虽少行进，若来求我，我则往矣。何者？君子积小以成高大也。”③《论语集解》在解释此章时，引用了包咸和马融的注释，包曰：“篑，土笼也。此劝人进于道德也。为山者，其功虽已多，未成一笼而中道止者，我不以其前功多而善之，见其志不遂，故不与也。”马曰：“平地者，将进加功，虽始覆一篑，我不以其见功少而薄之也，据其欲进而与之也。”④ 相比较而言，包、马二注侧重于道德层面，而郑注则侧重于政治层面。他引申、发挥孔子之意，把施行善政的君主是否追求上进作为孔子是否接受聘请的依据。如果施行善政且矢志不渝的国君招聘，孔子就接受聘请，欣然前往；如果仅施行善政而不能持之以恒的君主来招聘，孔子就拒绝受聘。这是因为施行善政的君主一旦停止下来，就会日渐消沉。这样注释，郑玄就通过孔子表达了自己的心志。

三是抉发社会安宁思想。如《八佾篇》 “子曰《韶》，尽美矣，又尽善也。谓《武》，尽美矣，未尽善也”下，郑玄注云：“《韶》，舜乐名。美舜以圣德受禅于尧。又尽善者，谓致太平也。《武》，谓周武王乐，美武王以武功定天下。未尽善者，谓未致

① 王素：《唐写本论语郑氏注及其研究》，文物出版社，1991 年，第 19 页。

② 王素：《唐写本论语郑氏注及其研究》，文物出版社，1991 年，第 19 页。

③ 王素：《唐写本论语郑氏注及其研究》，文物出版社，1991 年，第 107 页。

④ ［魏］何晏：《论语集解》，《儒藏·精华编·四书类论语属》，北京大学出版社，2005 年，第 34 页。

太平也。"① 《论语集解》引孔安国注曰："《韶》，舜乐也。谓以圣德受禅，故曰尽善也。《武》，武王乐也。以征伐取天下，故曰未尽善也。"② 二者相比较，孔注根据所谓禅让与征伐的不同解释了"尽善"与"未尽善"，认为以圣德受禅而得天下者，为尽善；以征伐得天下者，为未尽善。而郑注则不同，郑玄把禅让与征伐都看作是"尽美"的，把能否致天下于安宁作为"尽善"与否的标准：舜受禅之后出现了太平盛世，故《韶》乐是"尽善"的；周武王从商纣手中夺取天下后不久就死了，其后不久便发生了武庚叛乱，经过周公和成王的努力，才达至天下太平，所以《武》乐未能"尽善"。郑玄根据"致太平""未致太平"来解释"尽善""未尽善"有着深刻的含义。在此，我们可以看作是郑玄自身的政治理想的表现。身处乱世的郑玄是非常渴望"致太平"的，因而产生了此章特殊的解释。在他看来，无论采取何种方式夺取政权，只要是能够使天下获得安宁，便是尽美又尽善的。后世学者顾炎武与郑玄所见略同，顾氏曰："观于季札论文王之乐，以为美哉犹有憾，则知夫子谓《武》未尽善之旨矣。犹未洽于天下，此文之犹有憾也。天下未安而崩，此武之未尽善也。《记》曰：'乐者，象成者也。'又曰：'移风易俗，莫善于乐。'武王当日诛纣伐奄，三年讨其君，而宝龟之命曰：有大艰于西土。殷之顽民，迪屡不静，商俗靡靡，利口惟贤，余风未殄，视舜之从欲以治四方风动者何如哉！故《大武》之乐，虽作于周公，而未至于世变风移之日。圣人之时也，非人力之所能为矣。"③

## 四、引用公羊说及阴阳说以解《论》

《春秋公羊传》是西汉公羊寿对《春秋》的解释，喜言微言大义，属今文经学。对于该书内容，郑玄在注释时有时也加以引用。如《八佾篇》"子贡欲去告朔之饩羊"下，郑玄注云："牲生曰饩。礼，人君每月告朔，于庙有祭，谓之朝享也。鲁自文公始不视朔。子贡见其礼废，故欲去其羊也。"④ 其中"鲁自文公始不视朔"，是郑玄依据《公羊传·文公十六年》"公四不视朔"之说下的断语。对此，清儒刘台拱《论语骈枝》云："夫谓文公始不视朔者，据十六年'夏五月，公四不视朔'之文言之也。夫四不视朔，而谓之始不视朔可乎？四不视朔，旷也；始不视朔，废也。旷之与废，则必有分矣。旷四月不视朔，犹必详其月数而具书之，而况其废乎？变古易常，《春秋》之所谨也。初税亩，作丘甲，用田赋，皆谨而书之。始不视朔，岂得不书？郑君此言，出于《公羊》，彼欲迁就其大恶讳、小恶书之例，因虚造此言尔。如其说，自十六年二月公

---

① 王素：《唐写本论语郑氏注及其研究》，文物出版社，1991 年，第 23 页。
② ［魏］何晏：《论语集解》，《儒藏·精华编·四书类论语属》，北京大学出版社，2005 年，第 10 页。
③ ［清］顾炎武著、黄汝成集释：《日知录集释》卷七"武未尽善"条，花山文艺出版社，1990 年，第 306 页。
④ ［魏］何晏：《论语集解》，《儒藏·精华编·四书类论语属》，北京大学出版社，2005 年，第 9 页。

有疾，至十八年公薨，并闰月数之，其为不视朔者二十有六，而《春秋》横以己意为之限断，书于前而讳于后，存其少而没其多，何以为信史乎？”①

郑玄在《论语注》中，还引用了五行说。五行是指木、火、水、金、土五种元素，在中国古人看来，它们相生相成，共同维系着自然界的平衡。《春秋繁露·五行对》说：“天有五行：木、火、土、金、水是也。木生火，火生土，土生金，金生水。水为冬，金为秋，土为季夏，火为夏，木为春。春主生，夏主长，季夏主养，秋主收，冬主藏。”② 在解释《阳货篇》“钻燧改火，期可已矣”时，郑注也将这种说法引入其中，云：“《周书》有更火：春取榆柳之火，夏取枣杏之火，季夏取桑柘之火，秋取柞楢之火，冬取槐檀之火。一年之中，钻火各异木，故曰改火也。”③ 对此，皇侃曾做了详细的说明：“改火之木，随五行之色而变也。榆柳色青，春是木，木色青，故春用榆柳也。枣杏色赤，夏是火，火色赤，故夏用枣杏也；桑柘色黄，季夏是土，土色黄，故季夏用桑柘也；柞楢色白，秋是金，金色白，故秋用柞楢也；槐檀色黑，冬是水，水色黑，故冬用槐檀也。所以一年必改火者，人若依时而食其火，则得气又宜，令人无灾厉也。”④ 这就是说，改火是按照五行而随季节变换的。

综上，郑注“以古学为宗”，注重对《论语》字词的释义注音；同时也“兼采今学以附益其义”，注重对经文的微言大义的阐发，自成一家之言，成为会通今古学以释《论》的代表作，在《论语》学史上占有重要的地位。

---

① ［清］刘宝楠：《论语正义》，中华书局，1990 年，第 115 页。

② 赖炎元：《春秋繁露今注今译》，台湾商务印书馆，1984 年，第 278 页。

③ ［唐］贾公彦：《周礼·夏官·司爟》疏，《十三经注疏》本，上海古籍出版社，1997 年，第 843 页。

④ ［梁］皇侃：《论语义疏》，《儒藏·精华编·四书类论语属》，北京大学出版社，2005 年，第 320 页。

# 论郑玄的修辞术语“重言”与“复言”*

李玉平（天津师范大学文学院）

**摘　要**　“重言”与“复言”是两个被东汉学者郑玄用来指出经文文本有重复出现情况的术语，二者似同而异，以往学者多未明其异。今考郑玄的“重言”主要是修辞上的意义，意思是“重复说”，作用是说明文本中通过重复手段来达到突出强调或加强语气的作用，现在一般称为“反复”修辞格；郑玄的“复言”则更侧重内容上的重复，意思是“又一次说或又一次提到”，作用是用来说明文本中语句重申的原因或目的。

**关键词**　郑玄　重言　复言　反复

东汉经学大师郑玄在其笺注中使用了不少说明修辞的术语，“重言”与“复言”是其中含义有些相近的两个。以往学者对郑玄“重言”观讨论的较多，主要有四派观点①：

（1）认为郑玄的“重言”即今天所说的“反复”修辞方式。如石云孙称“用词语反复，称‘重言’。这是一种修辞方式，修辞上叫作‘反复’”①。李玉平认为“重言：

* 国家社科基金项目“郑训汇纂及数据库建设”（18BYY158）资助。

① 以往一些语言学词典中也有关于“重言”的解释，但含义与郑玄所用“重言”有所不同，且亦未见说明该术语首创自东汉郑玄者。如：周祖谟：“重言：指两个相同的汉字重叠在一起。重言通常是一个词。从字上来说，也称为‘叠字’。古人称一字为一言。……重言的名称见于明代方以智《通雅·释诂》，后来一直沿用。清代王筠有《毛诗重言》一书，专讲《诗经》中的重言。”（中国大百科全书总编辑委员会《语言文字》编辑委员会：《中国大百科全书·语言文字》，中国大百科全书出版社，1988 年，第 37 页。）许嘉璐：“重言：训诂学术语。又称‘迭字’。由两个相同的单音节词构成的词语。”（许嘉璐：《传统语言学辞典》，河北教育出版社，1990 年，第 29 页。）葛本仪：“重言：又称‘重文’‘重语’‘叠字’。指同一音节重叠构成的双音词，即重叠式合成词。如‘凄凄’‘苍苍’。它们一般都被用于摹声状物，属形容词性质，意义常常不是单字字面意思的相加或重复，也常常有不同的书写形式。”又“重言：见‘叠字’条。”查同页“叠字：又叫‘叠音’，古时叫‘重言’或‘复字’。辞格之一。一种把同一个字（音节）接连叠用的修辞方法。”（葛本仪：《实用中国语言学词典》，青岛出版社，1992 年，第 235、155 页。）马文熙，张归璧：“重言：①也称‘重文’‘重字’‘重语’‘叠字’‘二文一义’。训诂、语法术语。由相同汉字重叠而成的双音词。叠音词之一。多系形容词，常用于形容态貌或比拟声音，故又名‘重言形况字’。亦有名词……也有动词……清史梦兰《叠雅》广收重言。王国维《联绵字谱》视重言为联绵（下转）

指再次出现或反复出现同样的词、短语或句子”②。“重即‘重复’，言，当为动词，义即‘说’。”③

（2）认为郑玄的“重言”只是说明字词语的重叠。如吴林伯叫“说重迭”④，张艳叫“用来点明语言重叠现象”⑤，冯卉叫“指明语词叠用”⑥，孔德凌称“重叠汉字或词语，从而达到特殊的表达效果”⑦，姚书平叫“以重叠词句为式，或表明强调或表示反复，抑或单纯增强诗文的节奏感”⑧。

（3）郑玄的“复言”兼有说明字词语重叠和“反复”修辞的含义。如申小龙称“阐发词语重言的修辞意义和阐发词语间隔复出的修辞意义”⑨，李平则称“分别指两个相同音节的重叠，相同词语的重复，双音节词语的重叠”⑩，王璐认为是“指出叠字或

---

（上接）字的一种。②也称‘并言’。训诂术语。单音节同义词连用。”又：“重言：相当于‘复叠①’。”查“复叠①”条：“修辞格之一。将某一个字接二连三地用在同一语句之中的修辞方式。有复辞和叠字两种。复叠之字中间有其他词语间隔，或虽然紧相连接而意义有别，称‘复辞’；宋代陈骙《文则》称‘交错之体’，唐钺《修辞格》称‘复字’和‘同辞’。如《论语·为政》：‘知之为知之，不知为不知，是知也。’……复用之字紧相连接而且意义相等，称‘叠字’。”（马文熙，张归璧：《古汉语知识详解辞典》，中华书局，1996年，第501、911页。）《汉语大词典》：“3. 修辞方式之一种。也叫叠字。”［罗竹风主编：《汉语大词典（缩印本）》，汉语大词典出版社，1997年，第6077页。］《辞海》：“重言：亦称‘叠字’。由两个相同的字组成的词语。如古诗‘青青河畔草，郁郁园中柳’中的‘青青’‘郁郁’。”（夏征农、陈至立：《辞海：第六版彩图本》，上海辞书出版社，2009年，第304页。）唐作藩：“重言：见‘重文（3）’。”查“重文”条：“（3）即‘重言’。把一个字（词）重说一遍，这两个字（词），就统称为重文。”又：“重言：训诂学术语。又称‘重语’‘重文’‘迭字’。是由两个音节构成的词。一类是叠词，两个形音义相同的单音词重叠，其意义基本上是单音词的意义的重复和加强。如‘渐渐’‘岁岁’澄一类是形音义相同的字叠加，其意义与原字的意义没有联系，往往是随文释义。如‘离离’‘充充’‘交交’等。”（唐作藩主编：《中国语言文字大辞典》，中国大百科全书出版社，2007年，第80、829页。）

① 石云孙：《郑玄修辞理论发微》，《安庆师范学院学报（社会科学版）》1987年第2期，第43—51页。

② 李玉平：《郑玄的修辞学研究》，载天津师范大学文学院编《问学集》，二十一世纪出版社，2013年，第25页。

③ 李玉平：《郑玄语言学研究》，中国社会科学出版社，2018年，第352页。

④ 吴林伯：《检论郑玄训诂成就及其影响》，《东岳论丛》1989年第1期，第78—82页。

⑤ 张艳：《〈毛传〉〈郑笺〉对〈诗经〉训诂之比较》，兰州大学2006年研究生学位论文，第38页。

⑥ 冯卉：《毛亨、郑玄、孔颖达〈诗经〉修辞训解比较》，《励耘学刊（语言卷）》2011年第2期，第154—167页。

⑦ 孔德凌：《郑玄〈诗经〉学研究》，山东大学2007年博士论文，第72—73页。

⑧ 姚书平：《从郑玄〈毛诗笺〉看汉代训诂学的发展》，山东师范大学2011年硕士学位论文，第23页。

⑨ 申小龙：《中国古代修辞学传统之阐释形态》，《内蒙古民族师院学报（哲社版）》1994年第4期，第1—5页。

⑩ 李平：《〈诗经〉郑笺、朱注中的“重言”辨析》，《晋中学院学报》2010年第2期，第26—29页。

反复言说”[1]，祝琳称“重言是叠字或重复词语的一种特殊修辞艺术”[2]。

(4) 对郑玄“重言”观未作解释，只说明郑玄揭示了“重言”的作用。如洪丽娣[3]、华敏[4]等。

以往对于郑玄的“复言”观讨论的较少。石云孙认为郑玄的“复言”就是其“重言”之一种，称“重言，言重出，义势所致；复言，言而又复，文势使然”[5]。后李玉平曾申发其说，称“‘重言’主要是修辞上的意义，通过复重手段来达到突出强调或加强语气的作用；而‘复言’则有内容上的意义，‘复言’后言语的意义表达更加明确，是‘文势所至’”[6]。

综观以往学者对郑玄“重言”观和“复言”观的研究，存在的问题主要有两方面：一是对“重言”的理解仍存分歧，二是对郑玄的“复言”观的含义及其与郑玄“重言”观的关系仍不是很清楚，需要进一步的探讨。因此我们穷尽性考察了郑玄的“重言”和“复言”的用例和含义，分述如下：

## 一、郑玄的“重言”观分析

郑玄在《毛诗笺》和《三礼注》中，共使用“重言”8次，并说明经文“重言”所表达的目的。其中《毛诗笺》6次，《周礼注》和《仪礼注》中各1次。以往学者除石云孙、申小龙、李玉平等外，考察郑玄的“重言”观材料大多局限于郑玄《毛诗笺》范围内，结论难免以偏概全。现将全部材料分析如下：

1.《毛诗笺》中的“重言”含义分析。

(1)《周南·葛覃》“言告师氏，言告言归”传“言，我也。师，女师也。古者，女师教以妇德、妇言、妇容、妇功。祖庙未毁，教于公宫。三月，祖庙既毁，教于宗室。妇人谓嫁曰归”郑笺：“我告师氏者，我见教告于女师也。教告我以适人之道，重言我者，尊重师教也。”可见郑笺的“重言我”意思就是“重复说我”，目的是突出“尊重师教”。

(2)《豳风·鸱鸮》“鸱鸮鸱鸮，既取我子，无毁我室”郑笺：“重言鸱鸮者，将述其意之所欲言，丁宁之也。”郑玄笺的意思即重复说“鸱鸮”的作用是为了加强叮咛语气的效果。

---

① 王璐：《郑玄诗学研究》，中南大学2011年硕士学位论文，第23页。

② 祝琳：《郑玄对〈诗经〉的文学阐释》，宁夏大学2013年硕士学位论文，第20—21页。

③ 洪丽娣：《论郑玄〈毛诗笺〉中的修辞观念》，《辽宁教育学院学报》1998年第2期，第90—92页。

④ 华敏：《〈毛诗笺〉修辞分析浅析》，《语文学刊》2006年第10期，第124—127页。

⑤ 石云孙：《郑玄修辞理论发微》，《安庆师范学院学报（社会科学版）》1987年第2期，第43—51页。

⑥ 李玉平：《郑玄的修辞学研究》，载天津师范大学文学院编《问学集》，二十一世纪出版社，2013年，第25页。

(3)《小雅·采薇》“采薇采薇，薇亦作止”传“薇，菜。作，生也”郑笺：“西伯将遣戍役，先与之期以采薇之时。今薇生矣，先辈可以行也。重言‘采薇’者，丁宁行期也。”郑笺“重言‘采薇’者，丁宁行期也”的意思是重复说“采薇”是为了叮咛行期。

(4)《大雅·皇矣》“依其在京，侵自阮疆。陟我高冈，无矢我陵，我陵我阿。无饮我泉，我泉我池”传“京，大阜也。矢，陈也”。笺云：“京，周地名。陟，登也。矢犹当也。大陵曰阿。文王但发其依居京地之众，以往侵阮国之疆。登其山脊而望阮之兵，兵无敢当。其陵及阿者，又无敢饮食于其泉及池水者。小出兵而令惊怖如此，此以德攻，不以众也。陵、泉重言者，美之也。每言我者，据后得而有之而言。”郑笺：“陵、泉重言者，美之也。”意思就是说陵、泉重复说，意在赞美。因为诗文“无矢我陵”一句既已说“陵”，下一句“我陵我阿”又提到“陵”；“无饮我泉”一句既已说“泉”，“我泉我池”又说“泉”。因此郑笺“陵、泉重言”意思就是陵、泉反复说、重复说。

(5)《周颂·有客》“有客有客，亦白其马。有萋有且，敦琢其旅”传“殷尚白也。亦，亦周也。萋、且，敬慎貌”郑笺：“有客有客，重言之者，异之也。亦，亦武庚也。武庚为二王后，乘殷之马，乃叛而诛，不肖之甚也。今微子代之，亦乘殷之马，独贤而见尊异，故言亦驳而美之。其来威仪萋萋且且，尽心力于其事，又选择众臣、卿大夫之贤者，与之朝王。”“重言之者，异之”，郑玄意思说重复说“有客有客”，是表达尊崇惊异之情。

(6)《商颂·烈祖》“嗟嗟烈祖，有秩斯祜”郑笺：“重言嗟嗟，美叹之深。”即重复两遍“嗟”字，是突出赞美感叹美之深，指出诗文重复二字有加强语气、加深程度等作用。

2.《周礼注》中的“重言”含义分析。《天官·笾人》“加笾之实，蔆、芡、桌、脯、蔆、芡、桌、脯”注：“加笾谓尸既食，后亚献尸所加之笾。重言之者，以四物为八笾，蔆，芰也。芡，鸡头也。栗与馈食同。”此处所说的“重言”是指“蔆、芡、桌、脯、蔆、芡、桌、脯”中“蔆、芡”和“桌、脯”各自被重复表述了一次。郑玄说明原因是以此四物加于八笾之中，因此必然会有重复，故而描述时文字有重复。

3.《仪礼注》中的“重言”含义分析。《仪礼·少牢馈食礼》“上佐食，举尸牢肺、正脊以授尸。上佐食尔上敦黍于筵上，右之”郑注：“尔，近也，或曰移也。右之，便尸食也。重言‘上佐食’，明更起，不相因。”郑玄指出“上佐食”重复说一次的原因是，说明重新起身做“上佐食”的动作，和前面一次“上佐食”的起身动作是不连贯的。也就是贾公彦疏所说：“云‘重言“上佐食，明更起，不相因”’者，前举尸牢肺时，坐而取之，兴以授尸。不因此坐取肺，即尔敦黍，明更坐尔黍而起，不因前坐也。”

通过以上穷尽性分析郑玄笺注中的用例，可以看出郑玄的“重言”内涵是一贯的，就是“重复说”的意思，与现代修辞学术语“反复”的内涵基本相当，即“为了突出某个意思、强调某种感情，特意重复某个词语或句子”①。前文总结的石云孙、李玉平等的第一派意见是符合郑玄的“重言”观实际的，其他三派意见，或未明言，或以今律古，不当取。

## 二、郑玄的“复言”观分析

郑玄笺注中共使用“复言”9次，其中《毛诗笺》1次，《仪礼注》8次。在使用“复言”之后，郑玄常会说明经文用“复言”表达的原因或目的。

1.《毛诗笺》中的“复言”含义分析。《小雅·宾之初筵》“宾之初筵，温温其恭”郑笺：“此复言初筵者，既祭，王与族人燕之筵也。王与族人燕，以异姓为宾。温温，柔和也。”因为诗开始已经有“宾之初筵，左右秩秩”一句，这里相隔很远，这里又一次说“初筵”则是因为“既祭，王与族人燕之筵也。王与族人燕，以异姓为宾”。复言，意思就是“又一次说到”。

2.《仪礼注》中的“复言”含义分析。

(1)《乡射礼》“司射先立于所设中之西南，东面。三耦皆进，由司射之西，立于其西南，东面北上而俟。司射东面立于三耦之北，搢三而挟一个”注：“为当诱射也。固东面矣，复言之者，明却时还。”此段文字中3次出现“东面”。郑玄说“固东面”，意谓本来已经东面了，又说“东面”，说明后退时不在此位置②。“复言”后面有宾语“之”，说明“言”是动词，“复”与前面的“固”相对照。

(2)《乡射礼》“司马由司射之南退，释弓于堂西，袭，反位。弟子取矢，北面坐委于楅，北括，乃退。司马袭进，当楅南，北面坐，左右抚矢而乘之”注：“抚，拊之也。就委矢，左右手抚而四四数分之也。上既言袭矣，复言之者，嫌有事即袒也。凡事升堂乃袒。”此段文字中2次出现“袭”。郑玄指出前面说明“袭”（按，“袭”义“穿衣加服”，亦专指古代盛礼时掩上敞开的外服，这里指穿好左衣袖），又一次说“袭”，是为了避免别人误以为他有事则“袒”（按，“袒”指古代行礼时脱去上衣的左袖，露

---

① 黄伯荣、廖序东:《现代汉语(增订三版)》下册,高等教育出版社,2002年,第278页。

② 贾公彦疏:“云‘固东面矣,复言之’者,明却时还者,司射先在中西南、东面,今三耦立定,司射却来向三耦之北,东面,明司射却时,右还西南,东面也。”参[唐]贾公彦疏,李学勤主编,彭林整理,王文锦审定:《十三经注疏·仪礼注疏》卷十二《乡射礼》,北京大学出版社,1999年,第195页。

出裼衣)①。“复言”与“既言”相对，“复”“既”为副词，“言”为动词。

(3)《乡射礼》“释获者东面，于中西坐，先数右获”注：“固东面矣，复言之者。为其少南就右获。”“复言”也是“又一次说”。《乡射礼》前文有“释获者，坐设中，南当楅，西当西序，东面，兴受算，坐实八算于中，横委其余于中西，南末。兴，共而俟”。则“释获者”本来已经“东面”，又一次说“东面”，为了能够稍微侧向南以便于数右边上射所获的算②。“复”与“固”相对，“言”后有“之”，为动词。

(4)《乡射礼》“不胜者皆袭，说决拾，却左手，右加弛弓于其上，遂以执弣”注：“固袭说决拾矣，复言之者，起胜者也。执弛弓，言不能用之也，两手执弣。”③“复言”也是“又一次说”的意思。“复”与“固”相对，“言”后有“之”，为动词。

(5)《燕礼》“主人降。宾洗南坐奠觚，少进，辞降。主人东面对”注：“上既言爵矣，复言觚者，嫌易之也。《大射礼》曰：‘主人西阶西，东面少进对。’今文从此以下，觚皆为爵。”郑玄揭示上面已经说“爵”，又说“觚”，二者词义相当，为避重复而换一词。由此，“复言”也是“又一次说”的意思。贾公彦在疏中表示赞同，他认为原因是“周公作经，嫌易之，故复言觚也”④。“复言”与“既言”相对，“复”“既”为副词，“言”为动词，后面的宾语“爵”和“觚”是名词。

(6)《大射》“释获者东面于中西，坐，先数右获”注：“固东面矣，复言之者，少南就右获。”“复言”，也是“又一次说”，含义与前面例(3)《乡射礼》中含义相当，“复”与“固”相对，“言”后有“之”，为动词。

(7)《大射》“不胜者皆袭，说决、拾，却左手，右加弛弓于其上，遂以执弣”注：“固袭说决拾矣，复言之者，起胜者也。不胜者执弛弓，言不能用之也。两手执弣，无

---

① 贾公彦疏:“云‘上既言袭矣,复言之’者,嫌有事即袒也者。案上文命弟子设楅退时已袭,今复言袭进者,嫌有事则袒,故重言之也。云‘凡事升堂乃袒’者,堂下虽有事亦不袒,若司射不问堂上堂下,有事即袒。司马与司射递行事,恐同,故明之也。”参[唐]贾公彦疏,李学勤主编,彭林整理,王文锦审定:《十三经注疏·仪礼注疏》卷十二《乡射礼》,北京大学出版社,1999年,第202页。

② 贾公彦疏:“释获者在中西东面。释算之时,宾党于右,主党于左。今将数算,宜就之,是以少南就右获,更东面也。”参[唐]贾公彦疏,李学勤主编,彭林整理,王文锦审定:《十三经注疏·仪礼注疏》卷十二《乡射礼》,北京大学出版社,1999年,第210页。

③ 贾公彦疏:“云‘固袭说决拾矣’者,谓前降堂时,既袭说决拾矣。云‘起胜者也’者,谓至此复言不胜者,谓以此袭说决拾,以不能用也,起发胜者袒决遂,能用也。”参[唐]贾公彦疏,李学勤主编,彭林整理,王文锦审定:《十三经注疏·仪礼注疏》卷十二《乡射礼》,北京大学出版社,1999年,第212页。

④ 贾公彦疏:“云‘上既言爵矣,复言觚者,嫌易之也’者,上文主人洗觚献宾,云‘宾以虚爵降’,此经又云‘坐奠觚’,中间言爵者,欲见对文。一升曰爵,二升曰觚。散文即通,觚亦称爵。以此言之,此觚即前爵。周公作经,嫌易之,故复言觚也。”参[唐]贾公彦疏,李学勤主编,彭林整理,王文锦审定:《十三经注疏·仪礼注疏》卷十四《燕礼》,北京大学出版社,1999年,第258页。

所挟也。"[1]"复言"也是"又一次说"，"复"与"固"相对。"言"后有"之"为动词。

(8)《有司彻》"辩受爵。其位在洗东，西面北上。升受爵，其荐脀设于其位"郑注："亦辩献乃荐，既云辩矣，复言'升受爵'者，为众兄弟言也。""复言"，也是"又一次说"，与"既云"相对，"复""既"为副词，"言"与"云"相当，为动词。

综合以上对郑玄的全部"复言"用例的分析，可见郑玄"复言"的意思就是"又一次说"。"复"即"又一次"，言，与"重言"中的"言"意思相当，也是动词"说"。

由此可见，郑玄所说的"重言"和"复言"确有其共同点：即都用来指出经文文本有重复出现的情况。但二者内涵实则有区别，以往学者多未明此。之前石云孙、李玉平对郑玄"重言"观的理解是对的，但认为"复言"是郑玄"重言"之一种的观点则并不正确。郑玄的"重言"和"复言"各自的含义是比较单一的。"重言"主要是修辞上的意义，意思是"重复说"，作用是说明文本中通过重复手段来达到突出强调或加强语气的作用，现在一般称为"反复"修辞格；郑玄的"复言"则更侧重内容上的重复，意思是"又一次说或又一次提到"，作用是用来说明文本中的语句重申的原因或目的。弄清郑玄这两个注释用语的内涵及异同，对于文献解读和修辞术语发展史等的研究都有重要的参考意义。

---

① 贾公彦疏："云'固袭说决拾矣，复言之者，起胜者也'者，起胜者，射毕之时，降堂，皆就次袭说决拾矣，故云固袭。今复言之者，以其胜者更袒决，遂故复言。不胜，袭，说决拾，却欲与胜者相起复发，故复言之也。"参[唐]贾公彦疏，李学勤主编，彭林整理，王文锦审定：《十三经注疏·仪礼注疏》卷十四《大射》，北京大学出版社，1999年，第338页。

# 郑《笺》兴意的探讨

吴万钟　赵惠珍（韩国全南大学中文系）

**摘　要**　本文主要论述郑《笺》阐发的兴意时如何赋予经典意义。我们把《笺》阐释兴意的88篇内容归纳为6类，分别为君臣关系、君民关系、人君形象、君与宗族关系、男女关系、兄弟朋友关系等。当然，郑玄作《笺》的时候并没有有意对这些人际关系内容进行阐发兴意，但整体的内容里面几乎包括各种人际关系的重要环节的行为模式，尤其对围绕人君形象的阐发更为突出。《诗》含有了这些内容之后，让后来读者从中吸取涵养人际关系行为模式的各种典型范例，并使《诗》成为君主贵族子弟们培养治国之术的重要教科书之一。从这意义上，我们可以说郑《笺》深化了《诗》的经典意义，并提高了其经典的价值和地位，而在中国历史上为维持《诗》的经典地位，在思维模式上打下了坚实的基础。我们还可以提到的一点是分析《笺》的兴意内容的时候，附带地感觉到其思维方式的定型化。《传》对兴句阐发兴意时，一般就诗意的本事作解释，直接而简略；《笺》则从兴句的景象中，抓住一个特有物象，并对兴物如动物、植物、山川等的属性展开阐释，以喻人事有关的意象，而阐发诗意有关的兴意。《笺》的这种较为复杂的兴意思维模式，应该反映着汉代流行的谶纬灾异思想里面所常见的联系客观事物与人事的思维方式。然而《笺》虽映射出谶纬灾异思想的思路，其诗意则要归到儒家古学的诗意，就是毛诗的诗意。

**关键词**　郑笺　毛传　郑玄　经典意义　兴意　思维模式　谶纬灾异　人君形象

## 1. 引言

现代人看《诗经》的时候，如果要了解古人如何理解它，首先应该由毛诗解释入手。所谓毛诗解释包括《毛诗故训传》和《毛诗序》。如《汉书·艺文志》有关《诗》的记载：“诗经二十八卷，鲁、齐、韩三家。鲁故二十五卷。鲁说二十八卷。齐后氏故二十卷。齐孙氏故二十七卷。齐后氏传三十九卷。齐孙氏传二十八卷。齐杂记十八卷。

韩故三十六卷。韩内传四卷。韩外传六卷。韩说四十一卷。毛诗二十九卷。毛诗故训传三十卷”[①] 的内容，西汉时期《毛诗》比三家诗多出一卷，《毛诗故训传》比《毛诗》多出一卷。但《毛诗》的传本早已失传，其体例如何，不得而知。《毛诗》的经卷可能与鲁、齐、韩三家诗一样是二十八卷，在此加了《毛诗序》，成了二十九卷[②]。《毛诗故训传》则可能在《毛诗》上再加了《故训传》一卷，成了三十卷[③]。因此，这里所说的《毛诗》的解释系统不是单指西汉时期与齐、鲁、韩三家诗区别的传本，而是指从西汉之后以《毛诗》为依据所形成的包括《故训传》和《毛诗序》的解释体系。郑玄就是以此为底本作《笺》的。

东汉末，郑玄以《毛诗故训传》为底本作《笺》，是为何呢？赵茂林梳理了前人对此问题的看法之后，提出了自己的观点。他把前人的看法分为二：首先是根据宋人王柏《诗疑》的说法，即“惟毛苌者最后出，其言不行于天下，而独行于北海。郑康成，北海之人也，故为之笺”[④]。这就简单提出郑玄选用《毛诗》作《笺》的理由为与他的出生地有关。还有依据清人魏源在《诗古微·齐鲁韩毛异同论·上》中的辨别，说“要其矫诬三家者，不过三端，曰齐鲁韩皆未见古序也。毛诗与经传诸子合而三家无证也。毛序出子夏孟荀，而三家无考也。请一一破其疑”[⑤]。其实，魏源批驳程大昌、郑樵、马端临对三家诗的看法，以论证三人对三家诗的见解为错误。可见三家诗虽有前面所列三种缺点的主张，但都有可破之处，不足为郑玄弃《三家》而取《毛》的充分理由。赵茂林提出郑玄用《毛诗》作《笺》的理由有二。其一是根据《郑志》的“后乃得毛

---

① [汉]班固:《汉书》,中华书局,1962 年,第 1707—1708 页。

② 徐复观在《中国经学史的基础》里质疑“毛诗二十九卷”与《毛诗序》联系的说法,说:“王先谦在‘《诗经》二十八卷,鲁、齐、韩三家’下谓‘此三家全经,并以序各冠其篇首’。在‘《毛诗》二十九卷’下王氏谓‘此盖序别为一卷,故合全经为二十九’此乃以《诗序》的分合,来解决卷数的异同,而不顾现存的事实。……《诗》则并非以一篇为分卷的单位,每卷包含诗若干篇,有伸缩的余地。所以与‘《诗经》二十八卷’的数字相符的仅有‘《鲁说》二十八卷’,‘齐《孙氏传》二十八卷’。此外则或多或少,并与‘二十八卷’之数字不合,这与《诗序》的或分或合,并无关系。换言之,《汉志》所录的‘经二十八卷’,分明是《经》的卷数,未尝将《序》记人。”台北学生书局,1982 年,第 147—148 页。

③ 《毛诗故训传》的作者根据郑玄的《诗谱》([唐]孔颖达,《毛诗正义》,《十三经注疏二》,台北,蓝灯文化事业公司,第 11 页),[晋]陆玑的《毛诗草木鸟兽虫鱼疏》(山阳丁晏校正本,下卷,第 70—71 页),[唐]陆德明的《经典诗文·序》(吴承仕:《经典释文序录疏证》,中华书局,1984 年 3 月,第 87 页),都说是大毛公亨。他传授给小毛公苌,为河间献王博士。但今人王国维把《毛诗故训传》分为二,主张《故训》是大毛公作,《传》是小毛公作,说“《故训》与《传》,故不必为一人所作,例以齐鲁韩三家之学固可知也。然则何以知《传》为小毛公作也,曰毛诗故训多本《尔雅》,而《传》之专言典制义理者,则多用《周官》。《周官》一书得于河间,不独汉初齐鲁诸儒皆未之见,即周秦人著书亦未有征引一二者。大毛公鲁人,又亲受《诗》于荀子,是生于周秦之间,何缘得见《周官》而引之。今案《毛传》之用《周官》者,如《召南·行露》《传》曰,‘昏礼,纯帛不过五两,’……凡出《周官》者二十七条,盖小毛公为河间献王博士,得见《周官》,因取以传诗,附诸《故训》之后。”王国维虽把《故训传》分为二人作,但并不说分为二卷,而说《传》附加于《故训》,则内容散见于各诗篇中,所以不碍说加一卷。

④ [宋]王柏,顾颉刚标点:《诗疑》,辨伪丛刊之一,第 37 页。

⑤ 参阅[清]魏源:《诗古微》,《续经解毛诗类汇编》(三),台北艺文印书馆,1986 年,第 3110 页。

公传，既古书，义又宜然”① 之语，认为《毛诗》为古书，而比三家《诗》更贴切诗意，其主要原因是“《毛诗》于《左传》《国语》所采较多，而且严格依据历史著作的体例，用‘《风》《雅》正变’、用‘世次’来解释《诗经》，赋予每首诗政治褒贬之义，从而使其诗说显得系统严密，且看似颇有历史依据”。但三家诗却无“正变”和“世次”的概念来解《诗》，却不如《毛诗》。其二是《毛传》用“比兴”理论来解诗，以形成一个解释体系，并将诗的内容与历史事件联系起来，使诗意丰富了历史情节的真实感，并附加了比兴所带来的喻义②。赵先生所提出的对《毛诗》解释的优点，如以“正变”和“世次”概念来解诗而有历史依据的感觉，以及以比兴理论来解诗时与历史联系起来而产生真实感，的确是让郑玄选《毛诗》的重要理由。

除此之外，可以从《诗》学史的角度说明其理由。《诗》学在西汉主要由三家诗霸占官学，毛诗在民间流传。齐、鲁、韩三家诗中，《鲁诗》以解说严谨，美刺说《诗》而关怀现实人生与政治为特色；《齐诗》以阴阳五行、谶纬灾异等神秘色彩浓厚的解《诗》为特色，而以此有观王朝盛衰，为君主研究知人之术的政治目的；《韩诗》以阐述《诗》的多重喻义，扩大其兴喻的意义为特色，而以此保持着《诗》与现实生活的关系③。作为官学的三家诗的这些解说倾向使汉代《诗》学逐渐与现实政治和实际人生靠拢，并使其阐释内容逐渐成为抱有神秘色彩浓厚而神圣的微言大义的解释体系。郑玄为了摆脱三家诗的这种功利目的的解《诗》体系，就采用《毛诗》解释所含的先秦传统《诗》学体系的以礼释《诗》，从历史化的角度解《诗》，以制度解释感情等富有理性精神的古学，来代替三家诗，才能维持传统《诗》学的人文精神④。郑玄为何把《毛传》当为作《笺》的底本，如果用刘毓庆、郭万金先生的话说，就如“《毛诗》则秉承了战国的理性精神，在《诗经》的诠释中，用理性思考化解着《诗》原初携带的神秘色彩”，《笺》则秉承了《毛诗》的理性精神，在《诗经》的诠释中，用理性思考化解着三家《诗》携带的神秘色彩。

还可以从思想史的角度说明其理由。从西汉到东汉，汉朝的意识形态定型，以儒家为主的社会制度、官僚体系、教育制度等也稳定发展。这时，绾带社会思想体系的是今

---

① 《后汉书·张曹郑列传》说：郑玄“依《论语》作《郑志》八篇”（1212页）的记载。《郑志》已失传，此说见于《毛诗正义·邶风·燕燕》的注解里，《十三经注疏》2，台北蓝灯出版社，第78页。

② 参阅赵茂林：《两汉三家〈诗〉研究》，巴蜀书社，2006年11月，第628—637页。

③ 参阅刘毓庆，郭万金：《从文学到经学——先秦两汉诗经学史论》，华东师范大学出版社，2009年10月，第209—242页。

④ 刘毓庆，郭万金先生认为《毛传》解释反应的是战国时期的理性精神，说“《毛诗》和三家《诗》，显然分属于这两个不同的时代。齐、韩、鲁三家，无一例外地介入了汉代神秘文化的营建工程，而《毛诗》则秉承了战国的理性精神，在《诗经》的诠释中，用理性思考化解着《诗》原初携带的神秘色彩。”《从文学到经学——先秦两汉诗经学史论》，第421—429页。

文经学解经方式的章句之学。章句之学的重点在于通过辨明句读而挖掘原始文本的微言大义，而其经义的解说层出不穷，逐渐变成烦琐。这种烦琐的解经倾向“却刺激了另一种以博闻强记为特征的知识主义风气”。由此，“在民间形成了一种推崇知识尤其是历史知识、文字知识与博物知识的风气，并随着这一风气的传续形成了‘古学’与‘通儒’的传统”①。东汉时期崇尚古学而成为通儒的人中，包括继承《毛诗》的如郑众、贾逵、马融、郑玄等学者。② 郑玄作为东汉末的大儒，年轻时从张恭祖受今文学的《韩诗》，后来注群经时用古文学的《毛诗》③，是受到东汉时期好古学和知识主义的思想潮流的影响。

## 2. 郑《笺》与《毛诗》的不同

以上从《毛诗》解释本身具备的优势、《诗》学史和思想史等三个角度论述了郑玄用《毛传》作《笺》的理由。郑玄以《毛传》作为底本作《笺》，则《笺》与《毛传》之间有什么区别？郑玄作《笺》时的立场在他自己的《六艺论》中可以见到，说“注《诗》宗毛为主，毛义若隐略，则更表明；如有不同，即下己意，使可识别也”④。郑玄很明确地表明以《毛诗》为主的注释立场。这可以从他注释《毛诗》后不用“注”而用“笺”来命名，看出其推崇的态度。《毛诗正义》对此注明，说“郑于诸经皆谓之‘注’，此言‘笺’者，吕忱《字林》曰：‘笺者，表也，识也。’郑以毛学审备，尊畅厥旨，所以表明毛意，记识其事，故特称为‘笺’。余经无所遵奉，故谓之‘注’”⑤。郑玄崇尚《毛诗》，无可非议，但并非专从它，如与毛义有不同，“即下己意”。所谓“下己意”，皮锡瑞说“实本三家，是郑笺《诗》兼采今古文也”⑥。但郑玄说的“己意”不仅仅如皮氏所说的“实本三家”之义，应该还包括在毛义不明之处为了解诗而采取的各种参考资料之义，如以经解经、以礼解《诗》等方式所赋予的儒家之说，也有诸子之说⑦。《笺》以毛诗说为主而兼采三家诗说，清儒陈奂已明言，说“郑康成习

---

① 参阅葛兆光：《中国思想史》，复旦大学出版社，2004 年，第 306— 307 页。

② ［晋］陆玑的《毛诗草木鸟兽虫鱼疏》记载：“其后郑众、贾逵传《毛诗》，马融作《毛诗传》，郑玄作《毛诗笺》。”山阳丁晏校正本，下卷，第 71 页。

③ 《后汉书·张曹郑列传》：“遂造太学受业，师事京兆第五原先，始通《京氏易》《公羊春秋》《三统历》《九章算术》。又从东郡张恭祖受《周官》《礼记》《左氏春秋》《韩诗》《今文尚书》。”（第 1207 页）“凡玄所注《周易》《尚书》《毛诗》《仪礼》《礼记》《论语》《孝经》《尚书》《大传》《中候》《乾象历》。”（第 1212 页）

④ 见于《毛诗正义·周南·关雎》，第 12 页；刘毓庆，《历代诗经著述考》（先秦—元代），中华书局，2002 年，第 59 页。

⑤ 见于《毛诗正义·周南·关雎》，第 12 页；刘毓庆，《历代诗经著述考》（先秦—元代），第 60 页；赵茂林，《两汉三家〈诗〉研究》，第 632 页。

⑥ ［清］皮锡瑞：《经学历史》，台北艺文印书馆，1987 年，第 147—148 页。

⑦ 有关郑玄“下己意”之意的探讨，参阅赵茂林，《两汉三家〈诗〉研究》，第 637— 638 页。

《韩诗》，兼通齐、鲁，最后治《毛诗》。笺《毛诗》乃在注《礼》之后，以礼注《诗》，非墨守一氏。笺中有用三家申毛者，用三家改毛者，例不外此二端。三家久废，姑就所知，得若干条。毛古文，郑用三家从今文，于以知毛与郑固不同术也"[①]。陈奂专从毛义，故说毛与郑不同术，意思是郑《笺》解诗的宗旨与《毛诗》不同。其不同术所包含的是以礼注诗，非墨守一家之义，还有用三家诗意申毛、改毛之处，即自己所说的"下己意"的内容。郑《笺》与《毛诗》不同之处刚好成为《笺》诗说的特色。

如上所说，郑《笺》与《毛诗》有同，也有不同。如从宏观和微观的学术角度看，我们可以说明两者诗说不同的理由。从学术、经学史、诗经学史等宏观的角度看，郑《笺》可以说继承《毛诗》而有相同的地方，就站在《毛诗》学说的立场；但从注释方式、古今文学、诗经学派等微观的角度看，则与《毛诗》不尽相同，杂有三家诗、今文经学的内容，也有不少注释方式与内容方面的不同。对郑玄的笺《诗》特色，孔德凌在《郑玄〈诗经〉学研究》中概括为五种：第一是不拘师说，就是东汉的郑玄不像西汉经师那样严守师法，而择善而从；第二是融通今古，就是兼通古今文经学的郑玄融合了三家《诗》与《毛诗》于一体，吸收了各家之长，并集先秦两汉《诗经》研究成果之大成；第三是创立新说，就是创新地结合《毛诗》《毛传》和《毛诗序》为一体的《笺》的注释方式，并以《毛诗》为主、兼取三家而融汇今古文经学于一体的新的解《诗》风格；第四是解《诗》论《诗》相结合，就是为疏通经义笺《诗》，同时为《诗经》做了总纲性质的引导，作《毛诗谱》，建立了较为完备的解《诗》体系；第五是注重与现实联系，就是郑玄生于汉末乱世，通过注经方式关怀天下现实，在笺《诗》中反映着动荡不安的现实、人君治世的方针、理想社会的蓝图、个人处世的策略等时事问题。[②] 孔德凌所概括郑《笺》诗说的这些特色，都是博通诸经的大儒才具备的。不拘一家之师说、融通古今文学才成大儒，由此才能创立新说，并拥有大儒的心胸才能关怀现实问题，而作以正变、美刺观念安排诗篇次第的《谱》[③]。

由此可知，虽说郑《笺》与《毛诗》有同之处，也有不同之处，其相同的地方是继承《毛诗》而申明其学说的内容，其不同的地方就是兼采三家诗说，或创立新说而丰厚诗意的内容。所谓继承《毛诗》而申明其学说，主要指在《毛诗》的训诂文字，依《序》说明诗意和标兴解兴义的基础上，郑《笺》采取同样的注释方式，加以诠释

---

① 见于[清]陈奂:《郑氏笺考征》,《诗毛氏传疏》,台北学生书局,1967 年,第 1087 页;赵茂林引用陈奂之语,申明此意,《两汉三家〈诗〉研究》,第 638— 639 页。

② 参阅孔德凌:《郑玄〈诗经〉学研究》,山东大学 2007 年博士学位论文,第 139—145 页。

③ 《毛诗谱·序》:"夷、厉已上,岁数不明。太史《年表》自共和始,历宣、幽、平王而得春秋,次第以立斯《谱》。"《毛诗正义》,第 6 页。

文字、考据制度的注解，补以诗旨的内容，并添以阐发兴义的解说。所谓兼采三家诗说，或创立新说而丰厚诗意，主要指郑《笺》运用《毛诗》注释方式的时候，兼采三家诗说而丰富诗意，又在汉代谶纬之神学的影响之下霸占官学的今文学所探究的微言大义，就阐发孔子编撰《诗经》之意。郑《笺》对创立新说而丰厚诗意的注释特色上，虽创建了《毛诗》《毛传》《毛诗序》三者为一体的解释系统，但重点在于丰厚诗意上。所谓郑《笺》比《毛诗》丰厚诗意是通过诠释文字、考据制度、兴意的阐发、兼采三家诗意等的注释方式，而达成的。

那么，郑玄要达到丰厚诗意的内容是什么？郑玄以《毛诗》为底本作《笺》，当然要继承其《诗》学的核心思想，就是《诗》的经典意义。《诗》能成为经，主要依靠《毛诗》解释体系。《毛诗》解释体系很复杂，不但含有先秦传统《诗》学的成分，而且包含汉代《诗》学的成分。这说明《诗》经过春秋战国、秦、汉的历史时期，逐渐积累理解《诗》文本的历史经验和文化滋养，形成一个通过《诗》的解读教化人民意识形态的解释体系。先秦《诗》学的核心术语应该是《尚书》中的“诗言志”。孔子以《诗》教学时所重视的礼乐观念的用《诗》理念，孟子的“知人论世”“以意逆志”等的《诗》学理论，赋诗引诗而言志，《毛诗序》以美刺论诗等，都是诗言志精神的不同展现。再经过荀子传《诗》时提高的经典意义，就在《毛诗》解释体系中一一呈现。这种《毛诗》解释体系里面所包含的礼乐精神、知人论世的现实精神、赋诗引诗的论辩精神、美刺论的政论精神，无不都是支配人们意识形态的人文精神，即是所谓《诗》能成为“经”的经典意义的要素。郑玄笺《毛诗》，重点在于其经典意义的深化①。这就是《笺》比《毛诗》诗意丰厚的主要内容。如果郑玄作《笺》的目的在于经典意义的阐发，那么，其主要手段之一就是通过兴意的阐发而实现的。

### 3.《笺》兴意的思维模式

郑《笺》对兴句阐发兴意，主要依据《毛传》标兴的部分。《毛传》所标的兴诗，共有115篇，其中作兴意说明的有35篇，其外的80篇都只标“兴也”2字②，没有作兴意的说明。郑玄对《传》标兴的作品进行兴意阐释的，共有88篇之多，没有解释的有27篇。其中《毛传》有《笺》没有兴意解释的有16篇，《笺》有《毛传》没有兴意解释的有69篇，《毛传》和《笺》共有兴意解释的有19篇，《毛传》和《笺》都没有兴意解释的有11篇。可见郑《笺》对《毛传》标兴的兴句进行兴意解释的88篇中，

① 刘毓庆，郭万金在《从文学到经学—先秦两汉诗经学史论》(第464页)说：“甚至有学者认为，郑玄‘专门研究经典中的名物训诂，而忽略思想，实可称为后代考证学的开山祖。’其事在某种意义上讲，他对经典思想意义的阐发，才是其《诗》学的本质。”

② 《毛传》标“兴也”的116例子中，只有一处标“忧者之兴也”(《周南·卷耳》)。

19 篇是在《毛传》兴意解释的基础之上再作兴意的阐发，还有 69 篇是针对标兴的兴句自己进行兴意的阐发的。另外，《毛传》有《笺》没有兴意解释的 16 篇则大约接受《传》的释义而不觉得再作兴意的阐发。

《毛传》标兴而作兴意的解释，郑《笺》加以兴意的阐释，这些兴意反映着当时人们的一种思维模式，我们叫“兴的思维模式”。这里所说的兴的思维模式，指对《诗经》作品中借以他物抒发作者情怀的诗篇进行注解时使用的一种思维方式。其实，兴的思维模式不仅仅含有这一层意义，还应该含有诗歌创作时描写他物的兴句中反映诗人情怀的写作思路。所以中国诗学传统里“六诗”① 中的“兴”，从诗歌写作技巧的角度说也好，从对兴句兴意的阐释角度也好，都是一种思维模式②。如再从兴的原始意义来看，也是指一种原始人民兴祭活动中产生的思维模式。刘怀荣主张兴祭从萌芽到消亡的全过程就是“中国独特的艺术思维兴法思维生成的历史、文化前提”。他说：“兴祭中巫术、宗教的‘与神同一’自然转化为艺术、美学的‘与物同一’，在漫长的原始巫术、宗教祭祀实践中孕育生成的、原始先民世代相承的主体心理体验，终于在挣脱巫术、宗教的母体脐带之后，以人间性的姿态构成了中国艺术心理体验的先在模式。至此，萌芽于远古民族生活的兴法思维开始踏入了中国古典艺术的门槛。”③ 如这样看，郑玄对兴句阐发的兴意的思维模式是远绍于原生态兴祭活动中产生的思路，并承继于诗歌创作者与他物感情交融的思路，还直接续于《毛传》展开兴意的思路。

我们还可以考虑对郑玄作兴意阐释有影响的一些因素。《诗经》作品产生之后经过春秋战国、秦、汉时期，诸子百家思想里出现很多对人与客观事物之间进行的思考，并从中说解人生的大道理，这是一因素；战国时期阴阳五行说兴起后，人们的思维里产生联系人与客观事物的想法，譬如天人感应、物我感化、四时与人政之间的关系等，也是一因素；汉代谶纬思想盛行一时，其思想所勾勒的宇宙万物的想象世界，对解《诗》者兴义的阐发打开了活跃的心灵活动空间④，又是一因素。虽郑玄作笺《诗》时试图摆脱三家诗的神秘色彩的解说，但自己不知不觉地受到谶纬思想影响的思维模式，反映在

---

① ［清］阮元《周礼 · 大师》：“教六诗，曰风，曰赋，曰比，曰兴，曰雅，曰颂。”《十三经注疏二》，台北蓝灯文化事业公司，第 356 页。

② 本人已在《从诗到经》的第三章《兴的思维模式与毛诗解释》里，主张《传》和《笺》的兴意是继承春秋战国时人们思维的一种思维模式。中华书局，2001 年，第 44— 60 页。

③ 他对此问题探讨说，甲骨文里出现的一些兴字为祭名，此祭名的兴字与祭祀有关的歆、衅字同源通用，古音亦相近通转。并对“兴祭的全部发展历史大致可以分为三个时期，表现为三种不同的形态。一是殷代以前以图腾祖先崇拜为主要特征的兴祭早期形态；二是殷商时代以祖先崇拜为特征的兴祭仪式；三是殷商以来，兴祭的分化、解体与向非宗教、非祭祀领域的转化。”参阅刘怀荣，《赋比兴与中国诗学研究》，人民出版社，2007 年，第 87—124 页。

④ 刘毓庆，郭万金在《从文学到经学——先秦两汉诗经学史论》里分析《诗纬》的诗说后，说“诗歌这发自宇宙深处——天地之心的声音，便蕴涵了天地变化、人事无常的全部秘密。《诗纬》对于诗歌所赖以产生的宇宙关系的勾勒，显然带有浓郁的神话色彩，然而它却基本上还原了《诗经》产生时代的观念与世俗文化背景”。参阅第 345— 353 页。

其注解里面。如《小雅·节南山》在“不自为政，卒劳百姓”句下，《笺》说“昊天不自出政教，则终穷苦百姓。欲使昊天出图、书，有所受命，民乃得安”；《周颂·雍》在“燕及皇天，克昌厥后。绥我眉寿，介以繁祉”句下，《笺》说：“文王之德安及皇天，谓降瑞应，无变异也。又能昌大其子孙，安助之以考寿，与多福禄。”① 这是以天兆人事之吉凶的概念来解诗的，就是比较明显地反映谶纬概念的例子。但对客观事物如日月、山川、动物、植物与人之间的关系进行说解时，郑《笺》比《毛诗》更灵活地运用人与他物之间的对应、对比的关系。这或多或少受到汉代谶纬思想洗礼的影响。如《邶风·日月》的“日居月诸，照临下土”句下，《传》说“日乎月乎，照临之也”，《笺》说“日月，喻国君与夫人也。当同德齐意以治国者，常道也”。《传》没有进行兴意的具体说明，就简单地解说日月普照天地之意，《笺》却具体地指明在人世间与日月对应的是国君与夫人，加以说解两人应当同德齐意以治国，乃是常道的治国道理。

由以上的论述看，郑《笺》兴意的思维模式，一方面来源于中国诗学传统里面很重要概念之一的“兴”本身的理论发展，就是兴祭活动中生成的思路、诗人写作兴句的构思、《毛传》标兴而展开兴义的思路等三种渊源的积累；另一方面来源于《诗经》作品产生之后人们发展的思想，如诸子百家思想里人与客观事物之间进行的思考，阴阳五行说影响人们思维里产生联系人与客观事物的想法，谶纬思想所勾勒宇宙万物想象世界的心灵活动等。郑玄基于传统中积累的这些有关兴的滋养，通过对兴句进行兴意的阐发，达到的目的是《毛诗》解释所设计的经典意义的深化。下面对《笺》的兴句解释进行分析，以显现如何达到其经典意义的深化。

（1）君臣关系的兴意

郑《笺》对《毛传》有兴意解释的作品没有进行解释的共有16篇，这是基本上接受《毛传》的意思。《毛传》对这些作品兴意的主旨可以归纳为以下几种，一是夫妇之间的道理，如后妃之德、夫妇和睦②；二是男女之间的道理，如妇人待礼以成为室家、男女待礼以成家、妇人外成于他家③；三是为政治国的道理，如为政用心、国民得力、国君有财而不能用、君招贤人、上与民同欲、主乐宾客以成礼、君子长育人才、行小人

① 魏启峰在《毛亨郑玄朱熹〈诗经〉注释研究》（西北大学博士学位论文，2016年）介绍了郑玄注释里用谶纬的两则例子。参阅第124—126页。

② 《笺》说：后妃说乐君子之德，无不和谐，又不淫其色，慎固幽深，若关雎之有别（《关雎》）；阴阳和而谷风至，夫妇和则室家成，室家成则继嗣生（《邶风·谷风》）。

③ 《笺》说：籊籊，长而杀也。钓以得鱼，如妇人待礼以成为室家（《竹竿》）；男女待礼而成，若薪刍待人事而后束也。三星在天，可以嫁取矣（《绸缪》）；葛生延而蒙楚，蔹生蔓于野，喻妇人外成于他家（《葛生》）。

之道、国家贤人众多①；四是其他主旨，如称美国君之德貌、役夫劳苦等②。除此之外，《毛传》还有19篇作了兴意的解释，郑玄对此做了进一步的阐发。这时，他的阐释不一定完全顺着《毛传》的兴意，有的根据《毛传》做进一步阐发，有的与《毛传》不同，另作新的阐释。下面分别举例试作分析。

首先看一下《笺》依《传》阐发兴意的例子。《郑风·山有扶苏》的诗旨依《毛诗序》说是："刺忽也。所美非美然。"③ 在首两句"山有扶苏，隰有荷华"下，《传》说"言高下大小各得其宜也"；《笺》说"兴者，扶胥之木生于山，喻忽置不正之人于上位也；荷华生于隰，喻忽置有美德者于下位。此言其用臣颠倒，失其所也"。《传》说兴意的文字简略，《正义》疏解为："山上有扶苏之木，隰中有荷华之草，木生于山，草生于隰，高下各得其宜，以喻君子在上，小人在下，亦是其宜。今忽置小人于上位，置君子于下位，是山隰之不如也。"依《正义》的解释看，兴句"山有扶苏，隰有荷华"是各得其所的情景，但《毛诗序》把此诗理解为"刺忽"的作品，就是讽刺忽任用君子与小人于不合宜的职位上，这样不得不说不如山隰之各得其所的适宜情景。但《笺》对兴句"山有扶苏，隰有荷华"的理解与《传》不同，就把它理解为不适宜的情景，就如《正义》疏解："以高山喻上位，下隰喻下位，言山上有扶苏之小木，隰中有荷华之茂草，小木之处高山，茂草之生下隰，喻忽置不正之人于上位，置美德之人于下位。言忽用臣颠倒，失其所也。"《笺》把扶苏为小木而处高山、荷华为茂盛而生下隰的情景，与忽任用不正之人于上位、美德之人于下位作对比，拿兴句的物象符合于心想的事象，也直接符合于《毛诗序》"刺忽"的诗意。《笺》虽在《传》和《毛诗序》的忽用臣不当的诗意上作解释，对兴句的具体理解却有所不同，而以此显现出"用臣颠倒，失其所也"的诗旨。《笺》通过兴句兴意的阐发，对君主要用臣适当的道理（第二章的养臣适当的道理）做了更具体的说明，使读者心中浮现出物象与事象之间更鲜明的意象。

我们再看《小雅·隰桑》出现与《山有扶苏》类似主题的兴意解释。《毛诗序》说《隰桑》的诗旨是"刺幽王也。小人在位，君子在野。思见君子，尽心以事之"④。在首

---

① 《笺》说：为政有缓有急，用心之不均（《兔爰》）；园有桃，其实之食。国有民，得其力（《园有桃》）；国君有财货而不能用，如山隰不能自用其财（《山有枢》）；先君招贤人，贤人往之，驶疾如晨风之飞入北林（《晨风》）；上与百姓同欲，则百姓乐致其死（《无衣》）；鹿得蓱，呦呦然鸣而相呼，恳诚发乎中，以兴嘉乐宾客，当有恳诚相招呼，以成礼也（《鹿鸣》）；君子能长育人才，如阿之长莪菁菁然（《菁菁者莪》）；行小人之道，责高明之功，终不可得（《小宛》）；山木茂盛，万民得而薪之。贤人众多，国家得用蕃兴（《棫朴》）。

② 《笺》说：武公质美德盛，有康叔之余烈（《淇澳》）；杕杜犹得其时蕃滋，役夫劳苦，不得尽其天性（《杕杜》）。

③ 程俊英，蒋见元在《诗经注析》说"写一位女子找不到如意对象而发牢骚的诗"。见于中华书局，1991年，第240页。

④ 《诗经注析》说"是一位妇女思念丈夫的诗"。见于第726页。

两句“隰桑有阿，其叶有难”下，《传》说“阿然美貌，难然盛貌，有以利人也”；《笺》说：“隰中之桑，枝条阿阿然长美，其叶又茂盛，可以庇荫人。兴者，喻时贤人君子不用而野处，有覆养之德也。正以隰桑兴者，反求此义，则原上之桑枝叶不能然，以刺时小人在位，无德于民。”《传》对兴句的解意很直接单纯，隰桑长美茂盛，以给栖息者纳凉，所以说“有以利人”。《笺》根据《传》的“利人”的兴意联系人事，进一步说“野中君子，其身有美德，可以覆养，人事之者，蒙其利也。既隰中之桑盛如此，则原上之桑不能然，是不可以庇荫也。犹野中君子德如是，则在位小人不能然，为不能覆养也。由小人在位而无德，故今思见在野君子而尊事之”。（《正义》的疏解）《笺》对兴句字面兴意的阐释是以隰中之桑喻为野中君子，其君子之美德能覆养人；而反面之意是以原上之桑喻为在位小人，则不能覆养人。《笺》的这种反面之意的阐释是为了迎合《毛诗序》“刺幽王也。小人在位，君子在野”的诗旨而引申的。《毛诗序》从美刺角度解诗，说讽刺幽王不能任用君子而在野，反而小人在位，《笺》顺着此意阐发兴意，而从兴句的自然景物中任意地想象隰中之桑和原上之桑、君子在野和小人在位的对比意象，就引申出讽刺小人在位，无德于民的兴意。《笺》兴意的这种任意性即是兴意思维方式的一种特性。

《卫风·芄兰》也是与君用臣的主题有关。在首句“芄兰之支”下，《传》说“芄兰，草也。君子以德，当柔润温良”；《笺》说“芄兰柔弱，恒蔓延于地，有所依缘则起。兴者，喻幼稚之君，任用大臣，乃能成其政”。《传》对兴句芄兰之草的属性阐发，就是君子之德应当像芄兰般柔润温良，取意简要直接，但《笺》在芄兰之柔弱的属性上，再引申其蔓延的属性，以此阐发“幼稚之君，任用大臣，乃能成其政”的兴意。《传》由芄兰柔润的属性取君子之德的兴意，《笺》则由芄兰柔弱的属性取幼稚之君的兴意，再由蔓延的引申意取任用大臣而成其政的兴意。《传》的兴意是君子的一般德性，《笺》则是幼君的政治德性，其取兴意是从普遍意义的解释转到含有具体时政意义的解释。

还有《郑风·萚兮》的兴意涉及君倡臣行的君臣关系。《毛诗序》的诗旨是“刺忽也。君弱臣强，不倡而和也”①。在首两句“萚兮萚兮，风其吹女”下，《传》说“人臣待君倡而后和”；《笺》说“兴者，风喻号令也，喻君有政教，臣乃行之。言此者，刺今不然”。从诗文来看，诗人以风比男，以萚比女；但《传》以风比君，以萚比臣；《笺》则以风喻号令，以萚喻行令。原来诗文的以风和萚比一般的男和女，在《传》的解释里兴意转向君和臣之间关系的比喻，到了《笺》则其兴意再转向到君号令和臣行令的具体事象。兴意事象的由一般男女关系到君臣关系，再具体到君号令而臣行令关

---

① 《诗经注析》说“可能是当仲春‘会男女’的集体歌舞曲。”见于第 242 页。

系，从普遍意义的兴意一次又一次转变到政治意义的具体意象上，使诗篇产生政教观念的诗意，而具有让读者培养意识形态的意义。

再看一下《笺》的兴意与《毛传》不同的解释。《邶风·旄丘》的诗旨《毛诗序》说："责卫伯也。狄人迫逐黎侯，黎侯寓于卫，卫不能修方伯连率之职，黎之臣子以责于卫也。"① 在首两句"旄丘之葛兮，何诞之节兮"下，《传》说"诸侯以国相连属，忧患相及，如葛之蔓延相连及也"；《笺》说"兴者，喻此时卫伯不恤其职，故其臣于君事亦疏废也"。《传》对兴句的旄丘上的葛，专取葛本身的蔓延相连的属性，以兴喻诸侯以国相连属，忧患相及的人事，这样兴句葛之阔节的物象与兴意的事象不太吻合。《毛诗序》的诗旨，卫侯不救被狄人迫逐的黎侯，不尽方伯连率之职，而黎侯的臣子刺责卫伯而作此诗，是以先秦时期封建诸侯国之间的事来说解，却与《传》的兴意符合。《传》的兴意通过凸显出葛本身的蔓延相连的属性，意在阐发诸侯之间遵守的行为纲领。但《笺》却与《传》不同，对兴句采取旄丘上的葛节长得阔大的情景，以兴喻卫伯不恤其职，故其臣于君事亦疏废的人事。《笺》直接采取兴句的物象，将葛节长得阔大的情景联系到卫伯不恤其职，而其臣疏废君事的事象，就把《传》的诸侯之间的事转到君臣之间的事了。这就是《传》的兴意反映战国时期的时代意识，《笺》的兴意反映汉朝时期的时代意识的一个例证。

还有《秦风·黄鸟》谈到君臣关系的内容。在首两句"交交黄鸟，止于棘"下，《传》说"黄鸟以时往来得其所，人以寿命终，亦得其所"；《笺》说"黄鸟止于棘，以求安己也。此棘若不安，则移。兴者，喻臣之事君亦然。今穆公使臣从死，刺其不得黄鸟止于棘之本意"。《毛诗序》的诗旨是："哀三良也。国人刺穆公以人从死，而作是诗也。"这首诗从诗文中可以找到有关诗的历史背景和情节线索，所以诗本身不存在产生不同理解的可能性②。但对兴句的兴意，《传》和《笺》有不同的阐释。《传》从兴句的黄鸟往返飞来而止息于棘的物象中，采取得其所的意象，以此类推人以寿命终，亦得其所的兴意。如从诗文中穆公使良臣从死的内容来看，良臣不得其所，故人们哀伤良臣，讽刺穆公。但《笺》则从兴句的黄鸟止息于棘的物象中，取追求安己之处，如棘不安则移去的意象，以此兴喻臣下事君时，如君行道则留，行不道则去的行为模式。《传》是从鸟止于树的景象中，突显得其所的意象，以取人得其所而寿命终的兴意；但《笺》则从鸟止于树的景象中，凸显出择其所的意象，以喻君行道与否，臣有去留之道的兴意。《传》阐发的兴意是人生命有关的普遍价值意义的内容；《笺》则把兴意的阐释转移到关于君臣之间行为模式的内容上来，赋予了现实政教意义浓厚的诗意。

---

① 《诗经注析》说"是一些流亡到卫国的人，盼望贵族救济而不得的诗"。见于第 99 页。

② 《诗经注析》说"秦国人民挽'三良'的诗"。见于第 350 页。

《大雅·卷阿》也涉及君臣关系的问题。在首两句“有卷者阿，飘风自南”下，《传》说“恶人被德化而消，犹飘风之入曲阿也”；《笺》说“兴者，喻王当屈体以待贤者，贤者则猥来就之，如飘风之入曲阿然”。《毛诗序》的诗旨是“召康公戒成王也。言求贤用吉士也”①。《传》从兴句之从南方飘风吹入卷曲阿陵的景象中，取其飘风顺着卷曲的阿陵消散无影的意象，阐发恶人被贤德的君主感化而消失不见的兴意。《笺》则从兴句的景象中，取阿陵以卷曲之形纳入南方的飘风的物象，阐发王以曲体纳贤的意象。虽同一个兴句，《传》《笺》有采取物象的侧重点不同，而阐发的兴意也随之而异。《传》的兴意强调君有德而感化的君主之德，《笺》则强调君主曲体求贤而致才的君臣关系。

在以上有关君臣关系主题的兴意诗篇中，我们着重论述了《笺》依据《传》的兴意作解释时，顺着《传》意做进一步阐发兴意的例子，以及与之阐发不同的例子。除此之外，《笺》还有对《传》没有作兴意解释的诗篇69篇（前面已提）。其中，有关君臣关系主题的诗篇不少，下面举两个例子进行分析。先看一下《小雅·南山有台》的兴意。在首两句“南山有台，北山有莱”下，《笺》说“兴者，山之有草木，以自覆盖，成其高大，喻人君有贤臣，以自尊显”。《毛诗序》的诗旨是“乐得贤也。得贤则能为邦家立太平之基矣”。《笺》从兴句的南山上有夫须，北山上有莱草的景象中，取其草木之茂盛而自成高大的物象，阐发人君得以贤臣而自尊显的兴意。《南山有台》似乎是“为统治者颂德祝寿的诗”②，诗文中并没有提及君王与贤臣的关系。《笺》为了迎合《毛秩序》之“乐得贤”的诗意，阐发君王之歌功颂德来自得贤臣而治国之故。《笺》从兴义的阐发中，凸显出君得以贤臣而尊显的君臣关系的一面。

《小雅·裳裳者华》的兴意也谈君臣关系的内容。在首两句“裳裳者华，其叶湑兮”下，《笺》所“兴者，华堂堂于上，喻君也；叶湑然于下，喻臣也。明王贤臣以德相承而治道兴，则谗谄远矣”。《毛诗序》的诗旨是“刺幽王也。古之仕者世禄，小人在位，则谗谄并进，弃贤者之类，绝功臣之世焉”③。《笺》从兴句之堂堂的华与茂盛的叶共荣相依的景象中，特写出明华在上、茂叶在下的物象，以阐发明王贤臣以德相承而治道兴，则谗谄远的兴意。其实，华叶共在同一个枝头上，没有上下之分，《笺》为了强调君臣关系之高下观念而说“华上叶下”，似乎不成逻辑。《正义》对此问题说“言华上、叶下者，因文之上下以喻君臣上下耳”，也是牵强的附会。这可能是由《笺》的兴意阐释的任意性而带来的。《笺》主要依据《毛诗序》的古之明王贤臣相依而兴国

① 《诗经注析》说“周王与群臣出游卷阿，诗人陈诗颂王的歌”。见于第831页。

② 见于《诗经注析》，第483页。

③ 《诗经注析》说“周王赞美诸侯的诗”。见于第678页。

治，今则小人在位而谗谄并进，弃贤者之类，绝功臣之世的诗旨，任意地阐发明王贤臣虽有上下之分，但如以德相承则治道兴，而远离谗谄之人的兴意的。

以上对《笺》兴意内容中有关君臣关系为主题的诗篇做了分析①，其内容涉及各种君臣关系的具体行为规范，如君要用臣适当（山有扶苏）、君用小人则无德于民（隰桑）、幼君任用大臣而成其政（芄兰）、君号令而臣行令（萚兮）、君不恤其职而其臣疏废君事（旄丘）、君行道与否，臣有去留之道（黄鸟）、君曲体而致才（卷阿）、君得以贤臣而尊显（南山有台）、明王贤臣以德相承而治道兴（裳裳者华）等。《笺》大约顺着《毛诗序》的诗旨，从诗篇出现的各种景象中任意地导引出君臣关系的各种道理，有的依据《传》的兴意，有的阐发与《传》不同的兴意，有的阐发自己的兴意，都是有于统一汉朝现实政治有意义的内容，则其目的似乎是通过《笺》的注释树立一个比较完整的培养儒家理想统治思想的蓝图。

（2）君民关系的兴意

郑《笺》的兴意解释里面有关君民关系内容的诗篇也不少。首先看一下《笺》与《传》不同兴意的《秦风·蒹葭》的解释。在首两句“蒹葭苍苍，白露为霜”下，《传》说“白露凝戾为霜，然后岁事成，兴国家待礼然后兴”；《笺》说“蒹葭在众草之中，苍苍然强盛，至白露凝戾为霜，则成而黄。兴者，喻众民之不从襄公政令者，得周礼以教之则服”。《传》从兴句苍然茂盛的蒹葭上白露变为霜的景象中，特写出苍苍的蒹葭等到白露变为霜之后，才变成坚实而可用的意象，以阐发国家待礼然后兴盛的兴意。《传》以蒹葭比国家，以霜比礼，才有如蒹葭待霜后坚实，国家待礼治后兴旺的比喻。《笺》则对兴句的景象中，侧重点出苍然强盛的蒹葭等到白露变为霜，则蒹葭也变为黄的物象，以阐发虽不从襄公政令的众民，得周礼之教则变服从的兴意。虽《传》和《笺》都以霜比礼，但以蒹葭比的对象一是国家，一是众民，取得的物象一是坚实而可用，一是变为黄，各自不同，阐发的兴意随之而异，即一是国家待礼然后兴，一是众民得周礼之教然后服从。从同一个兴句中，《传》的兴意反映着国家待礼而后兴旺的比较合理而朴实的思路，《笺》则反映着民众得礼教而后服从的适合于汉统一王朝君令而民从的观念。

再看一下君民关系的另一例子。《邶风·北风》在首两句“北风其凉，雨雪其雱”下，《笺》说“寒凉之风，病害万物。兴者，喻君政教酷暴，使民散乱”。《笺》从兴句的北风寒凉，加上下雪雱然盛大的景象中，凸显出寒凉之风，病害万物的物象，以阐发

① 除了上面分析的9篇之外，还有《北门》《采葛》《车邻》《防有鹊巢》《蜉蝣》《鸤鸠》《鸱鸮》《九罭》《湛露》《沔水》《绵蛮》等诗篇也兴意地解释涉及君臣关系的内容。这些例子里面像天子与诸侯之间的关系（《湛露》《沔水》），或卿大夫与小臣之间的关系（《绵蛮》）的诗篇也算进去的。

君之政教酷暴，使民散乱的兴意。这与《毛诗序》的诗旨“刺虐也。卫国并为威虐，百姓不亲，莫不相携持而去焉”① 相符合，就讽刺卫王暴政而人民受害的政治现实，以此警惕后王。这是君暴则民害的例子。

下面还看一下与《北风》的兴意相反的君善而民益的例子。《唐风·扬之水》在首两句“扬之水，白石凿凿”下，《笺》说“激扬之水，激流湍疾，洗去垢浊，使白石凿凿然。兴者，喻桓叔盛强，除民所恶，民得以有礼义也”。《笺》从激扬的水流中看见凿然白石的景象中，抓住激流湍急，洗去垢浊，使白石凿然鲜明的物象，以阐发桓叔行德政而日益强盛，除民之所恶，使民得以有礼义的兴意。《毛诗序》正是反映这首诗的历史背景，就是“刺晋昭公也。昭公分国以封沃，沃盛强，昭公微弱，国人将叛而归沃焉”②。《笺》的兴意符合于此诗的历史背景。这是君行善政则民受益之例。

同样篇名的《王风·扬之水》也有君民关系的兴意，但其主体略不同。在首两句“扬之水，不流束薪”下，《笺》说“激扬之水至湍迅，而不能流移束薪。兴者，喻平王政教烦急，而恩泽之令，不行于下民”。《笺》对兴句的激扬之水不流束薪的景象中，抓住虽湍迅激荡的急水不能流移一束之薪的物象，阐发虽平王政教烦急，但恩泽之令不行于下民的兴意。这是把水流动束薪的物象，很切合地比附君令行于下民的意象。

除此之外，君民关系的兴意中还有比较典型意义的兴意思维方式的例子，如《小雅·鸿雁》。在首两句“鸿雁于飞，肃肃其羽”下，《笺》说“鸿雁知辟阴阳寒暑。兴者，喻民知去无道，就有道”。《笺》对兴句的鸿雁飞翔的物象中，联想到候鸟随气候变化而迁移的属性，以此阐发“民知去无道，就有道”的儒家王道的政治观念。郑玄的这一联想可以在《论语》和《孟子》里面找到其观念的渊源。在《论语》里面如“子曰：‘笃信好学，守死善道。危邦不入，乱邦不居，天下有道则见，无道则隐。’”(《泰伯》)；“子曰：‘直哉史鱼！邦有道，如矢；邦无道，如矢。君子哉蘧伯玉！邦有道，则仕；邦无道，则可卷而怀之。’”(《卫灵公》)③这在说明人们在国家有道无道时如何处世行为等的概念。在《孟子》里面如“今夫天下之人牧，未有不嗜杀人者也。如有不嗜杀人者，则天下之民皆引领而望之矣。诚如是也，民归之，由水之就下，沛然

---

① 后人对此诗的理解没什么歧异，《诗经注析》说“民不堪卫国虐政，招呼朋友共同逃亡的诗”。见于第112页。

② 《左传·桓公二年》有关历史背景的记载：“惠之二十四年，晋始乱，故封桓叔于曲沃。靖侯之孙栾宾傅之。师服曰，‘吾闻国家之立也，本大而末小，是以能固。故天子建国，诸侯立家，卿置侧室，大夫有贰宗，士有隶子弟，庶人、工商，各有分亲，皆有等衰。是以民服事其上，而下无觊觎。今晋，甸侯也；而建国，本既弱矣，其能久乎？’惠之三十年，晋潘父弑昭侯而立桓叔，不克。晋人立孝侯。”《诗经注析》说“这首诗可能作于潘父”。

③ 还有相关记载如：“子曰：‘宁武子，邦有道，则知；邦无道，则愚。其知可及也；其愚不可及也。’”(《公冶长》)；“子谓南容，‘邦有道不废，邦无道免于刑戮。’以其兄之子妻之。”(《公冶长》)；“子曰：‘邦有道谷，邦无道谷，耻也。’”(《宪问》)；“子曰：‘邦有道，危言，危行；邦无道，危行，言孙。’”(《宪问》)；“孔子曰：‘天下有道，则礼乐征伐自天子出；天下无道，则礼乐征伐自诸侯出；自诸侯出，盖十世希不失矣；自大夫出，五世希不失矣；陪臣执国命，三世希不失矣。天下有道，则政不在大夫；天下有道，则庶人不议。’”(《季氏》)

谁能御之？”（《梁惠王上》）；“民之归仁也，犹水之就下、兽之走圹也。”（《离娄上》）这在说明人民归向于不爱杀人的统治者，如水向下流、兽走圹野一样，是属于本性的自然现象。可见，郑玄从鸿雁飞翔的兴句中，联想到“民知去无道，就有道”的兴义，正是对孔子与孟子对君民关系的思维方式的继承和展开①。

《笺》的兴意中还涉及君臣民关系的诗篇。《大雅·桑柔》在首四句“菀彼桑柔，其下侯旬。捋采其刘，瘼此下民”下，《笺》说“桑之柔濡，其叶菀然茂盛，谓蚕始生时也，人庇阴其下者，均得其所。及已捋采之，则叶爆烁而疏，人息其下，则病于爆烁。兴者，喻民当被王之恩惠，群臣恣放，损王之德”。《笺》对兴句的菀然茂盛的桑叶下，人得均阴而息，然捋采桑叶则稀疏，而病其下息之民的景象中，采取桑叶茂盛，人均得庇荫于其下，然捋采桑叶之后，其叶爆烁稀疏，人民虽休息于其下，得病于爆烁的物象，以喻“民当被王之恩惠，群臣恣放，损王之德”的兴意。以桑叶的树荫比王之恩惠，以捋采桑叶的行为比群臣恣放，说明天下之民受困苦，是因为群臣放恣而王之恩惠不及于下民，所以接着兴句说“民心之忧无绝已，丧亡之道滋久长”，就是群臣损害王德的缘故。《笺》把兴句的桑叶茂盛到被采后稀疏的景象，联系到君的恩惠被群臣的捉弄不及于下民的关系，以此强调君臣民关系中臣之作用的重要性。

以上分析了有关君民关系内容的诗篇，包括民众得礼教而后服从（《蒹葭》）、君暴则民害（《北风》）、君行善政则民受益（《唐风·扬之水》）、君令行于下民（《王风·扬之水》）、民知去无道就有道（《鸿雁》），还有有关君臣民关系内容的，如君的恩惠被群臣放恣不及于下民（《桑柔》）。《笺》通过兴义的阐发，从兴句的诗篇中引申出各种君民关系的模式，以此让后人，尤其是统治阶级，在读《诗》的过程中涵养行为的规范。从这意义上，《笺》的阐发兴意的主要功能就在于《诗》的经典意义的深化上面。

（3）人君形象的兴意

《笺》阐发的兴意中还有很重要的主题是有关人君形象的内容。这里的人君是指包括天子、国君等统治者而言的。首先看一下《齐风·东方之日》的兴意内容。《传》和《笺》的兴意不同，在首三句“东方之日兮，彼姝者子，在我室兮”下，《传》说“兴也。日出东方，人君明盛，无不照察也”；《笺》说“言东方之日者，愬之乎耳。有姝然美好之子，来在我室，欲与我为室家，我无如之何也。日在东方，其明未融。兴者，喻君不明”。《传》对兴句的日出东方的景象中，采取东方之日普照万物的物象，以喻人君明盛而无不照察的兴意。由此，把义句的“彼姝者子，在我室兮”解释成被明德之君的教化，而以礼来往的情景，但今之君昏暗，不能以德教化，则民不以礼婚姻，所

① 参阅《从诗到经》，第46—49页。

以刺衰。但《笺》则直接从兴句日出东方的景象中，采取日在东方，其明未融的物象，以喻君不明的兴意。这是把义句理解为不以礼来往的情景。《笺》的这种解释更符合于《毛诗序》的"君臣失道，男女淫奔，不能以礼化"的诗旨。从同样的东方之日的景象中，《传》和《笺》按照自己所需的诗意，采取的物象各自不同的，而塑造出贤德之君和昏暗之君的相反的形象。这充分说明从兴句的景象中阐发兴意时，可以任意地自由地发挥想象力。

《齐风·南山》是讽刺君主不道德行为的代表诗篇。这是讽刺齐襄公淫乱于亲妹的诗。在首两句"南山崔崔，雄狐绥绥"下，《传》说"国君尊严，如南山崔崔然。雄狐相随，绥绥然无别，失阴阳之匹"；《笺》说"雄狐行求匹耦于南山之上，形貌绥绥然。兴者，喻襄公居人君之尊，而为淫泆之行，其威仪可耻恶如狐"。《传》从兴句的"南山崔崔，雄狐绥绥"的景象中，采取南山之高峻，和雄狐相随而无别的物象，以喻国君尊严，而失阴阳之匹配的兴意。《笺》则从兴句中，采取在高峻的南山上，雄狐行求匹耦的物象，以喻襄公居人君之尊，而为淫泆之行，其威仪可耻恶如狐的兴意。这是从雄狐的动物本性中抓住求偶不伦的属性，以比附襄公乱伦行为的。《传》的兴意措辞委婉抽象，《笺》则依《传》的兴意，更直接地比附襄公的淫乱行为。这是从兴意中阐述君主败坏人伦的典型形象的诗篇。

《齐风·甫田》也是讽刺襄公的诗篇。对于齐襄公"无礼义而求大功，不修德而求诸侯，志大心劳，所以求者非其道"（《毛诗序》）的形象，《笺》在兴句的解释中认为是描写理想君主的形象用来反讽的。在首两句"无田甫田，维莠骄骄"下，《传》说"大田过度而无人功，终不能获"；《笺》说"兴者，喻人君欲立功致治，必勤身修德，积小以成高大"。《传》对兴句的大田没有耕种而莠草芜茂的景象中，采取田地过度大而人力不及，结果没有收获的意象，以喻"无礼义而求大功"的兴意。《笺》则从兴句的景象中，接受《传》的意象，但却采取反向的思路，即如人欲收谷，必劳力治田，才能获谷一样，人君欲立功致治，必勤身修德，积小以成高大的兴意。这就以勤身修德而立功致治，积小而成高的理想君主形象来暗刺齐襄公的不如。

《秦风·终南》是"戒襄公也。能取周地，始为诸侯，受显服，大夫美之，故作是诗以戒劝之"（《毛诗序》）的诗。在首两句"终南何有？有条有梅"下，《传》说"宜以戒不宜也"；《笺》说"问何有者，意以为名山高大，宜有茂木也。兴者，喻人君有盛德，乃宜有显服，犹山之木有大小也。此之谓戒劝"。《传》对兴句的终南山上有何木？有条和梅的问答内容，直接阐发"宜以戒不宜"的兴意，似乎有些难解。《笺》依《传》和《毛诗序》的内容解开诗意，就说兴句含有高大的终南山宜有茂盛的树木的意思，以此阐发盛德的人君宜有显服的兴意。《毛诗序》的诗旨是劝诫秦襄公，就是人君受显服，宜有相称的美德。《笺》兴意的思维模式是像高大的山宜有茂盛的树木一样，高位的人君宜有盛大的美德，美德的人君宜有显赫的服装。《笺》对兴句中自然他物任意地比附人事的类似意象，以此阐发相应的兴意，是兴意思维模式的特色。

还有有关君有施恩于天下之形象的诗篇。《小雅·大东》在首两句“有饛簋飧，有救棘匕”下，《笺》说“飧者，客始至，主人所致之礼也。凡飧、饔饩，以其爵等为之牢礼之数陈。兴者，喻古者天子施予之恩于天下厚”。《笺》从兴句的簋中有丰满的饔饩，旁边有长大棘匕的景象中，采取君主按爵等次陈列牢礼的意象，以喻古时天子施恩于天下敦厚的兴意。如依《毛诗序》的“刺乱也。东国困于役而伤于财，谭大夫作是诗以告病焉”的诗意来看，天子施恩于天下的兴意含有伤今不如古，托古刺今的讽谏之意。通过这种兴意的阐发，强调天子布施恩德于天下老百姓的君德形象①。

以上分析从各种自然他物中阐发的各种人君形象，如贤君和暗君形象；败坏人伦的形象；人君欲立功致治，必勤身修德的形象；盛德人君的形象；天子施恩于天下的形象等。《笺》从诗篇的兴句中引申出各种人君形象时，有的与诗的本意相近，有的似乎与诗的本意相距甚远，但在不少作品中反复地塑造各种人君的形象，或称颂或劝诫或讽刺，其意图应该是以此让读者培养为君为统治者为领导的素质。

（4）君与宗族关系的兴意

古代人君治国时非常慎重处理人际关系，宗族关系是其中一项。人君与宗族之间和好相处是天经地义的，但这时不能与他们太近，也不能与他们太远，若即若离的关系中权衡利弊，保持中和，才是理想的相处。《笺》的兴意中也有谈到这一主题的诗篇。《唐风·有杕之杜》就是其例。在首两句“有杕之杜，生于道左”下，《笺》说“道左，道东也。日之热恒在日中之后，道东之杜，人所宜休息也。今人不休息者，以其特生阴寡也。兴者，喻武公初兼其宗族，不求贤者与之在位，君子不归，似乎特生之杜然”。《笺》从兴句的杕然特立的杜木，生在道路左旁的景象中，采取道左孤然特立的杜木，宜有休息之人却没有的意象，以喻晋武公与其宗族兼充爵位，而不求贤才与之在位的兴意。这首诗的原意似乎是女子向对方表示好感的内容②，但《毛诗序》说“刺晋武公也。武公寡特，兼其宗族，而不求贤以自辅焉”，就是讽刺晋武公不求贤才而与宗族亲近的寡特形象。这样把原来男女相求关系的内容转变为君臣相求关系的内容，并以此讽刺人君只与宗族亲近而不求贤才辅助的治国态度。

---

① 有关君德形象的诗篇还有《小雅·瞻彼洛矣》（“瞻彼洛矣，维水泱泱”：我视彼洛水，灌溉以时，其泽浸润，以成嘉谷。兴者，喻古明王恩泽加于天下，爵命赏赐，以成贤者。）；《小雅·蓼萧》（“蓼彼萧斯，零露湑兮”：兴者，萧，香物之微者，喻四海之诸侯，亦国君之贱者；露者，天所以润万物，喻王者恩泽不为远国则不及也。）；《小雅·黍苗》（“芃芃黍苗，阴雨膏之”：兴者，喻天下之民如黍苗然，宣王能以恩泽育养之，亦如天之有阴雨之润。）等，都在兴意中阐发王之恩泽，而强调君恩有德的形象。因纸面关系，不在此一一分析。

② 参见《诗经注析》，第326页。

《小雅·角弓》的兴意也涉及王与宗族之间关系。在首两句“骍骍角弓，翩其反矣”下，《笺》说“兴者，喻王与九族不以恩礼御待之，则使之多怨也”。《笺》对兴句的调利的角弓翩然反体的物象中，顺着《传》的角弓之“不善绁檠巧用，则翩然而反”的意象，以喻王与九族不以恩礼御待之，则使之多怨的兴意。《正义》对此具体解说：“角弓虽则调利，当善用之。若不善置绁檠而巧用之，则翩然而其体反戾矣。是用角弓之难也。以兴和顺者，宗族也。此宗族虽则和顺，当善待之。若不善设食燕而恩御之，则亦愤然而其心怨恨矣。是待宗族之难也。”① 按照《正义》的解说看《笺》的兴意，角弓虽调利适当，但不善置于绁檠，其形体反戾，是说明用角弓之难。以兴王待宗族也一样难，宗族虽和顺，如不以恩礼善待，则使之愤然多怨。依《毛诗序》的诗意看，《角弓》是讽刺幽王不亲九族而好谄佞、骨肉相怨的诗。《笺》在兴句中也阐发人君不善待宗族则招来他们怨恨的反讽意义，以警戒之。

君与宗族之间的关系可以说是君与臣之间的关系，但与他姓之臣之间确有不同之处，故以分节表述。虽有关诗篇不多，但人君与宗族之间的关系如何处理，《笺》在兴意中颇有警惕人君的声音。

（5）男女关系的兴意

这里所标的男女关系包括天子与后妃、国君与夫人、贤女与君子、夫与妇、男与女之间的关系。《关雎》编为《诗》的第一首肯定有编诗者的深意。按照毛诗解释体系来看，天子与后妃的关系是《关雎》的主题，也是《周南》11 篇的主题；国君与夫人的关系是《召南》14 篇的主题。《毛诗序》对《关雎》的“后妃之德也”与《鹊巢》的“夫人之德”的开宗明义，是在阐明从经典的角度解释《诗》的立场。对此问题前人已多次论及，在此不再重述②。我们还举一个《小雅·白华》的例子，看天子与后妃之间的兴意内容。在首两句“白华菅兮，白茅束兮”下，《笺》说：“白华于野，已沤名之为菅，菅柔忍中用矣，而更取白茅收束之，茅比于白华为脆。兴者，喻王取于申，申后礼仪备，任妃后之事，而更纳褒姒。褒姒为孽，将至灭国。”《笺》对兴句的已沤白华作菅，又用白茅收束的物象中，采取柔韧的菅中用，而再取白茅收束之，但茅比白华还脆的意象，以喻王娶备礼义的申后，而再纳褒姒，褒姒为孽灭国的兴意。沤白华作中用的菅比喻申后备礼义而作后妃，再取白茅收束比喻再纳褒姒控制申后，茅比白华脆比喻褒姒没备礼义而为孽灭国。幽王宠爱褒姒而罢黜申后的事象，正符合于兴句的用白茅收束菅的物象。《笺》阐发的这种兴意合于《毛诗序》的诗意，如“周人刺幽后也。幽王

① 参见《毛诗正义》，第 502 页。

② 参阅黄永武：《从诗经二南看修齐治平之道》，《中国诗学·思想篇》，台北巨流图书公司，1979 年，第 123—133 页。

取申女以为后，又得褒姒而黜申后，故下国化之，以妾为妻，以孽代宗，而王弗能治，周人为之作是诗也”①。《笺》通过兴意阐释天子与后妃之间以礼相待，不然会导致灭国之灾的历史案例，以此警戒后王。

《笺》把男女之间相爱的诗解释为贤女与君子之间的内容。《陈风·东门之池》在首两句“东门之池，可以沤麻”下，《笺》说“于池中柔麻，使可缉绩作衣服。兴者，喻贤女能柔顺君子，成其德教”。《笺》从兴句的东门之池水可以沤麻的物象中，采取池水泡沤麻，变柔而可缉绩做衣服的意象，以喻贤女能柔顺君子，成其德教的兴意。以水比喻贤女，以麻比喻君子，像水能使物变柔顺一样，贤女以柔顺的德性变君子为善。《笺》的兴意把男女爱情诗歌的内容理解成贤女劝君子为善的内容，这与《毛诗序》的“刺时也。疾其君之淫昏，而思贤女以配君子”的诗意相符合。《笺》的兴意含有君子得贤女而成为善修正的德教的劝诫。

《陈风·泽陂》是怀念对方的诗。《毛诗序》把它理解为陈灵公时君臣淫乱而男女相悦，所以讽刺淫风盛行的诗②。《笺》却在兴意中凸显出同姓男女之间的淫风。在首两句“彼泽之陂，有蒲与荷”下，《笺》说“蒲，柔滑之物。芙蕖之茎曰荷，生而佼大。兴者，蒲以喻所说男之性，荷以喻所说女之容体也。正以陂中二物兴者，喻淫风由同姓生”。《笺》从兴句的泽陂上有蒲与荷的景象中，采取蒲的滑柔之形，荷的佼大之形的物象，并取以蒲喻所说男之性，以荷喻所说女之容体的意象，而阐发淫风由同姓生的兴意。《笺》通过兴意的阐发，劝诫由同性男女淫乱而淫风起的世态。

男女之间的关系各有不同层次，如天子与后妃、国君与夫人、贤女与君子、夫与妇、男与女等都有各自不同的情况。《笺》解释爱情诗歌时，不从人们普遍感情的角度解释这些男女之间的关系，而从美刺的角度阐释德、礼义、为善修正、劝诫淫风等的社会问题，就把个人感情问题转变为社会秩序问题。《诗》经过《笺》的这种兴意阐释，逐渐成了涵养社会问题的认识、培养个人道德素质的读物。

（6）兄弟、朋友关系的兴意及其他

人际关系里面还有很重要的一环是兄弟、朋友之间的关系。《笺》的兴意也关注到这一人际关系。《小雅·常棣》在首两句“常棣之华，鄂不韡韡”下，《笺》说“鄂足得华之光明，则韡韡然盛。兴者，喻弟以敬事兄，兄以荣覆弟，恩义之显，亦韡韡然”。《笺》从兴句的常棣开花，鄂足韡韡的景象中，采取鄂足在下支撑常棣之花，花在上茂盛地覆盖鄂足而得以韡韡然光明盛大的物象，以喻弟以敬事兄，兄以荣覆弟的意象，由此阐发兄弟之间的恩义韡韡然显明的兴意。以鄂足比喻弟，以华比喻兄，鄂足支撑花以喻弟支持兄，

---

① 《白华》是“一首贵族弃妇的怨诗”。见于《诗经注析》，第729页。

② 《毛诗序》：“刺时也。言灵公君臣淫于其国，男女相说，忧思感伤焉。”

花覆盖鄂足以喻兄以荣誉覆盖弟，由此相得益显，以此劝诫兄弟之间应该和好爱善。《笺》的兴意与这首诗的诗意①符合，其进行的思路是先从兴句的自然景象中抓住一点特殊的物象，以喻有关诗意的人事意象，由此阐发兴意。这是典型的兴意的思维方式。

有关朋友关系的兴意，见于《小雅·谷风》。在兴句的首两句“习习谷风，维风及雨”下，《传》说“风雨相感，朋友相须”；《笺》说“东风谓之谷风。兴者，风而有雨则润泽行，喻朋友同志则恩爱成”。《传》从兴句的和调的东风吹及润雨的景象中，直接把有风有雨的自然现象想象成风雨互相感应的模式，以比喻朋友之间相辅相成的需要关系；《笺》则从兴句的景象中，加上五行观念（谷风为东风，即生长之风），抓住风而有雨则润泽行的物象，以喻朋友之间志同道合的意象，阐发他们之间恩爱相成的兴意。从此例的解释中，我们知道《笺》的注释虽然遵循《传》的兴义内容，但因受到汉代的思想观念的影响，其内容反映出与《传》不同的思维方式的特色②。

《笺》兴意的主题中还有仁人不遇的诗篇。《邶风·柏舟》在首两句“泛彼柏舟，亦泛其流”下，《传》说“亦泛泛其流，不以济度也”；《笺》说“舟，载渡物者。今不用，而与众物泛泛然俱流水中。兴者，喻仁人之不见用，而与群小人并列，亦犹是也”。《传》从兴句的柏舟泛然漂浮在流水之上的景象中，只提到柏舟漂浮在流水之上而不用于渡人的物象，如依《毛诗序》“言仁而不遇也。卫顷公之时，仁人不遇，小人在侧”的诗意来看，则知以柏舟比喻仁人，以漂浮在流水之上比喻不遇。但《笺》从兴句中更具体地点出渡物的柏舟不见用，而与众物泛泛然俱流水中的物象，以喻仁人不见用而与群小人并列的兴意。仁人不见用，怀才不遇是从古至今无世不有的社会现象。《诗》的时代也好，《传》《笺》时代也好，这种怀才不遇的主题常与夫妇关系③、男女关系、君臣关系等的诗互相联系，阐发同样主题。

《笺》兴意的主题中有阐释君子形象的诗篇。《郑风·风雨》在首两句“风雨凄凄，鸡鸣喈喈”下，《笺》说“兴者，喻君子虽居乱世，不变改其节度”。《笺》从兴句的风雨凄凄，鸡鸣喈喈的景象中，采取鸡虽逢风雨，守时而不变其鸣的意象，以阐发君子虽居乱世，不变改其节度的兴意。这是与《毛诗序》“思君子也。乱世则思君子不改其度焉”的诗意相符合的。《风雨》原来是写妻子和丈夫久别重逢的诗歌，经过《毛诗序》和《笺》的兴意的解释，变为乱世思得鸡鸣不已、不改节度的君子之诗了。《小雅·鹤鸣》的兴意也凸显出贤人君子虽隐居而名声远著的形象④。

---

① 《毛诗序》:“燕兄弟也。闵管、蔡之失道,故作《常棣》焉。”在《续序》的内容中,把这首诗与西周初周公和管叔、蔡叔的联系起来解释,显然牵强,但《古序》的“燕兄弟”的诗意,很符合诗意的;《诗经注析》:“宴会兄弟的诗”,见于第447页。

② 参阅《从诗到经》,第56—58页。

③ 《诗经注析》说《柏舟》是“一位妇女自伤不得于夫,见侮于众妾的诗”。见于第61页。

④ 参阅《从诗到经》,第58—59页。

以上论述了兄弟之间和好爱善，朋友之间志同道合则恩爱相成，仁人不遇，君子虽乱世不改节度和虽隐居名声远著等兴意主题。《笺》的兴意还涉及维持社会秩序的礼的重要意义，如《鄘风·墙有茨》的“国君以礼防制一国”，《周颂·振鹭》的“杞宋之君有得礼之宜”等；还有警惕谗人的内容，如《小雅·巷伯》的“谗人集作己过，以成于罪”，《小雅·青蝇》的“佞人变乱善恶”等。《笺》对兴句阐发的兴意可以说包括各种人际关系和个人行为准则的细节内容。

## 4. 结言

郑玄笺《诗》时不以三家诗而以《毛诗》为底本，有其明确的选择理由：《毛诗》本身具备的解释体系的优势；从《诗》学史的角度看，东汉的时候毛诗的理性成分比三家诗的神秘色彩更令人所好；从思想史的角度看，东汉崇尚古学之风盛行。《诗》已有四家诗的解释体系而享有经典的地位。汉代三家诗占据官学，其学说混入谶纬灾异等汉代盛行的神学成分，逐渐变质。郑玄汉末作《笺》赋予《诗》的经典意义，欲挽回其经典的价值和地位。

《笺》赋予《诗》的经典意义，主要通过三种方式进行的：一是接受《毛诗》解释的美刺、正变观念而进行阐释；二是按照《毛诗序》的诗旨而进行阐释；三是对《传》标兴的阐释其兴意。本文只是从《笺》阐发的兴意如何赋予经典意义的角度进行论述。我们把《笺》阐释兴意的 88 篇内容归纳为 6 类（其实按主题细分则更多），分别为君臣关系、君民关系、人君形象、君与宗族关系、男女关系、兄弟朋友关系等。当然，郑玄作《笺》的时候并没有有意对这些人际关系内容进行阐发兴意，但整体的内容里面几乎包括各种人际关系的重要环节的行为模式，尤其对围绕人君形象的阐发更为突出。《诗》含有了这些内容之后，让后来读者从中吸取涵养人际关系行为模式的各种典型范例，并使《诗》成为君主贵族子弟们培养治国之术的重要教科书之一。从这意义上，我们可以说郑《笺》深化了《诗》的经典意义，并提高了其经典的价值和地位，而在中国历史上为维持《诗》的经典地位，在思维模式上打下了坚实的基础。

我们还可以提到的一点是分析《笺》的兴意内容的时候，附带地感觉到其思维方式的定型化。《传》对兴句阐发兴意时，一般就诗意的本身作解释，直接而简略；《笺》则从兴句的景象中，抓住一个特有物象，并对兴物如动物·植物·山川等的属性展开阐释，以喻人事有关的意象，而阐发诗意有关的兴意。《笺》的这种较为复杂的兴意思维模式，应该反映着汉代流行的谶纬灾异思想里面所常见的联系客观事物与人事的思维方式。然而《笺》虽映射出谶纬灾异思想的思路，其诗意则要归到儒家古学的诗意，就是毛诗的诗意。

# 郑康成集编纂与流布考论*

王馨振华（西北大学历史学院）

**摘　要**　郑康成身处东汉末年，当时编纂别集尚未成为风尚。其别集首次编定于南朝宋至梁代阮孝绪《七录》成书之前。此集在唐初既已失传。经历宋元明理学的冲击，直到清代朴学发端，卢见曾幕府学士惠栋始重新整理郑康成集。此后严可均等人均有辑本。但这些辑本或失收、或误收，均存在不同程度的问题。郑康成集的编纂、流布与文学史和思想史的发展逻辑互相呼应。

**关键词**　郑玄　别集　辑本　传播

作为两汉经学的集大成者，郑康成本人及其经学著述得到了古今中外学者持续不衰的关注。尤其在毛诗及三礼领域，先行研究成果可谓汗牛充栋，不胜枚举。然而与此形成鲜明对比的则是，郑康成经典注释之外的单篇作品即后世通常收入别集的内容，垂注者甚罕，专论更无从谈起。① 本文拟针对郑康成经典注释及专著之外的单篇作品编纂及流传情况做一番考察，以期起到抛砖引玉的作用。

---

* 本文系陕西省教育厅2018年度专项科学研究计划（人文社科专项）“西北大学图书馆藏古籍善本题跋研究”项目成果之一，项目编号：18JK0751。

① 现代学术语境下最早讨论郑康成著述的应为王竞：《郑玄著述考》，《太平洋》第四卷第七号（1924年），第1—15页。此文分康成著述为“所注”“自著”二类，但“自著”类所论及者亦多关经义，未有涉及后世所谓别集类者。其他涉及郑康成集的研究尚有杨天宇：《郑玄著述考》，《洛阳师范学院学报》2002年第1期，第79—89页；范雪梅：《清代郑玄之学研究》，山东师范大学2015年硕士学位论文；邵杰、何启锋：《郑玄著述辑佚的回顾与展望》，《山东社会科学》2016年第3期，第155—159转170页。三者均以经典注释类为主，对于别集类系连类而及式的介绍。以康成别集为中心的讨论，较有代表性的可以参考胡旭著《先唐别集叙录》，中国社会科学出版社，2011年，第60—61页。本文涉及的三个别集辑本，胡旭均作了扼要介绍，但具体问题并未展开。

## 一

先秦两汉时人著述，大多以单篇形式流传于当世。郑康成身处汉末失权柄之季，即后世习称为文学自觉时代的前夜。当时文士骚客，悲时伤世，篇翰渐夥，但核诸文献，并未见有自编别集者。因此，在考察郑康成集相关问题之前，我们必须将研究对象做一界定：本文关注的中心问题是郑康成著述中合乎后世“别集”定义的内容及其编纂与流传情况。基于此，我们必须首先厘清“别集”这一概念。影响巨大的《隋书·经籍志》认为：“别集之名，盖汉东京之所创也。”① 即起源于东汉时代。这一说法颇有些后见之明的意味。《隋志》本属于唐初所修梁、陈、齐、周、隋《五代史志》的组成部分，“号为‘今考见存’，即贞观年间点对官府实际藏书形成的书目”②。此时别集之作积累甚多，特别是后人编纂的东汉别集比之西汉呈明显上升趋势，故当时史官以一“盖”字，作此揣测之言。除此之外，尚有起源于先秦子书说、西汉说、西晋说等不同说法。③ 近来刘明指出，“‘别集’之称，当脱胎于《三国志·蜀书·诸葛亮传》‘亮言教书奏多可观，别为一集’句”④。我比较赞成“别集”即“别为一集”的说法。若想厘清这一问题，还必须考察陈寿编纂诸葛亮集的具体做法。他在《诸葛亮传》末尾详细罗列了诸葛亮集的篇目：

诸葛氏集目录

开府作牧第一　权制第二　南征第三　北出第四

计算第五　训厉第六　综核上第七　综核下第八

杂言上第九　杂言下第十　贵和第十一　兵要第十二

传运第十三　与孙权书第十四　与诸葛瑾书第十五　与孟达书第十六

废李平第十七　法检上第十八　法检下第十九　科令上第二十

---

①［唐］魏徵、令狐德棻撰《隋书》卷三十五《经籍志》四，中华书局，1973年（1994年10月北京第5次印刷），第1081页。中华书局点校本正史每次印刷时往往挖改文字，以致造成同一版次不同印次的内容页码不一，此种现象已为学术界所习知，故添注印次，以便读者检核。下同。

② 马楠：《〈新唐书·艺文志〉增补修订〈旧唐书·经籍志〉的三种文献来源》，《中国典籍与文化》2018年第1期，第4页。

③ 以上四种说法的概括性总结参见张可礼：《别集述论》，《山东大学学报》（哲学社会科学版）2004年第6期，第13—14页。

④ 刘明：《别集起源琐议》，《中国典籍与文化》2016年第4期，第10—19页。尤其是第11—12页。所引文参见［晋］陈寿撰、［南朝宋］裴松之注：《三国志》卷三十五《蜀书·诸葛亮传》，中华书局，1982年（2006年10月北京第20次印刷），第927页。

科令下第二十一 军令上第二十二 军令中第二十三 军令下第二十四

右二十四篇，凡十万四千一百一十二字。

臣寿等言：臣前在著作郎，侍中领中书监济北侯臣荀勖、中书令关内侯臣和峤奏，使臣定故蜀丞相诸葛亮故事。亮毗佐危国，负阻不宾，然犹存录其言，耻善有遗，诚是大晋光明至德，泽被无疆，自古以来，未之有伦也。辄删除复重，随类相从，凡为二十四篇，篇名如右。①

诸葛亮集篇目除十四、十五、十六为书信之外，其余诸篇表面看似各有完整主旨、可以单独成篇的文章。但陈寿明言“删除复重，随类相从”，显然仅是根据他当时所能搜集到的诸葛亮遗文重新加以编次的结果，其本身各篇并无一定主旨。之所以每类均有一个题目，是因为陈寿“前在著作郎”时曾“定故蜀丞相诸葛亮故事”②，已经对诸葛亮生平事迹做了系统研究，因此“随类相从”，将其单篇作品编入“故事”的框架之下。类似“开府作牧”“南征”“北出”等题目，显非文章标题而指诸葛亮在此期间内所作单篇作品的结集而言。其他虽无明显时间节点的题目，亦可以此意逆之。因此，从这个意义上来说，“别为一集”内的作品必是完整著述之外的“杂著”，亦即陈寿自言的“言教书奏”等单篇作品、后世习称的“别集”之类的内容。

更早一点的例证则是曹植单篇作品曾经在三国魏时有过两次结集的简略记载：“一是曹植手自编次的，另一是景初中明帝曹叡下令编辑的。”③ 曹植别集的相关史料虽不及诸葛亮别集丰富，但核诸魏晋时代文学自觉观念的兴起，以及文士创作的增多等现象，这些史料传递给我们的信息确实合乎中国古典文学史的发展逻辑，即文学观念的兴起与别集的产生是相辅相成的，在时间上具备一致性。故此，别集起源于魏晋之际最为可信。上述先秦子书说、西汉说比之东汉说追溯得过于悬远，令人难以信从；西晋说则不若魏晋之际更为恰切。

既然别集产生于魏晋之际，那么讨论康成集的编纂成书过程则不会涉及其是否自编别集的问题，但查考其生前身后留存的单篇作品却十分重要。《后汉书·郑玄传》云：

---

① [晋]陈寿撰、[南朝宋]裴松之注：《三国志》卷三十五《蜀书·诸葛亮传》，第929—930页。

② 关于“故事”，参见邢义田：《从“如故事”与“便宜从事”看汉代行政中的经常与权变》，收入所著《治国安邦》，中华书局，2011年，第380—449页；楼劲著：《魏晋南北朝隋唐立法与法律体系：敕例、法典与唐法系源流》上卷第一章、第二章，中国社会科学出版社，2014年，第3—76页。此处所谓“故事”当指诸葛亮治国理政的一系列措施。

③ 赵幼文：《〈曹植集校注〉前言》，收入[三国魏]曹植著、赵幼文校注：《曹植集校注》，人民文学出版社，1998年，第1页。

> 门人相与撰玄答诸弟子问《五经》，依《论语》作《郑志》八篇。凡玄所注《周易》《尚书》《毛诗》《仪礼》《礼记》《论语》《孝经》《尚书大传》《中候》《乾象历》，又著《天文七政论》《鲁礼禘祫义》《六艺论》《毛诗谱》《驳许慎五经异义》《答临孝存周礼难》，凡百余万言。[①]

这是有关郑康成著述最早且最权威的记录。若以上述别集仅仅收录单篇作品的标准来衡量康成本传末尾所载诸篇，这些著述没有任何一种属于别集内应有之作。也就是说，郑康成集中本不应该包括以上著述。基于这样的认识，加之郑康成时代并无自编别集的风气。因此，无论见于记载或现存的各种辑本郑康成集，确实全出后人之补遗缀拾。

## 二

最早著录郑玄集者为《隋书·经籍志》：

> 后汉野王令《刘梁集》三卷梁二卷，录一卷。又有《郑玄集》二卷，录一卷，亡。[②]

众所周知，《隋志》所云“梁有”，实际是据梁人阮孝绪《七录》等书而加以补充的[③]。此条记录实际反映了梁代曾有二卷本《郑玄集》，并且曾有一卷叙录。阮孝绪《七录》成书上限是梁普通四年（523），下限约在大同二年（536）夏秋之间[④]。其自序“凡自宋、齐以来，王公搢绅之馆，苟能蓄聚坟籍，必思致其名簿。凡在所遇，若见若闻，校之官目，多所遗漏。遂总集众家，更为新录。……今所撰《七录》，斟酌王、刘”[⑤]，即在宋、齐二代旧目，当时官目以及王俭《七志》和刘歆《七略》基础之上撰成此书。刘歆《七略》之内自不可能著录高密遗集，则《七录》所载康成集的出现时间上限应在南朝宋代，下限即阮孝绪身当之世。

---

① [宋]范晔撰、[唐]李贤等注：《后汉书》卷三十五《郑玄传》，中华书局，1965年（2011年12月北京第13次印刷），第1212页。

② [唐]魏徵、令狐德棻撰：《隋书》卷三十五《经籍志》四，第1058页。

③ 今人辑本《七录》，主要根据亦为《隋志》。如殷炳艳新辑本《七录》文集录内篇四别集部即据《隋志》“梁又有”著录“郑玄集二卷录一卷”，参见：《〈七录〉研究及其重辑》，吉林大学硕士学位论文，2009年，第73页。又见任莉莉著：《七录辑证》，上海古籍出版社，2011年，第213页。

④ 张固也、殷炳艳：《阮孝绪〈七录〉成书年代考》，《吉林师范大学学报》（人文社会科学版）2010年第6期，第41—43页。

⑤ [南朝梁]阮孝绪：《七录序目》，收入任莉莉著《七录辑证》，第3页。

这一时间区间与思想史的发展脉络亦若合符契。郑康成兼论今古，泯灭家法界限，成为汉末集大成式的经学宗师。汉魏禅代，古学大盛，使得郑学赢得崇高地位。而后晋代魏祚，新兴的王肃之学借助政治力量压倒郑学。但“王学虽盛而郑学未亡，至东晋元帝时，所置经学博士，除《周易》为王肃之学，大多数为郑学”[①]。郑学在经历西晋时期短暂的蹉跌之后，重新在东晋以降发挥其影响。而南朝宋、齐、梁等朝代思想上虽杂佛、玄，但儒学特别是其中的郑学始终是社会上一股重要的学术潮流。加之魏晋以来别集编纂之风的兴起，好事之徒在编纂前代名公才人别集的同时，亦不难联想到这位经学大师的单篇作品也可以结集。这恐怕是《七录》所载郑康成集成书情况的最合理想象。综合考虑以上诸种情况，这一最初结集的郑玄集，时间上限当在南朝宋，下限即阮孝绪身处的梁代。

如上所述，该集在初唐贞观年间修撰《隋志》、查检见存书籍时，已经亡佚。然而令人疑惑的是，《旧唐书·经籍志》竟然又有如下记载：

《郑玄集》二卷[②]

之所以令人疑惑，是因为《旧唐志》乃全就《古今书录》删定，保留了后者除解题以外的原貌。而《古今书录》系毋煚根据唐玄宗开元九年（721）元行冲等撰成的《开元群书四部录》删略而成，后者实际反映开元时朝廷见存藏书[③]。如此一来，梁时已“有”而贞观已“亡”之《郑玄集》似又重见开元全盛时。这种可能性不能完全排除，特别是《旧志》所录并无“录一卷”，也显示二者渊源可能不同。但总体而言，这种可能性实在太小。主要原因有以下二者：

第一，《开元群书四部录》实际著录图书四万八千一百六十九卷，但却有二百卷之巨。而据此删略而成的《古今书录》实际著录图书五万一千八百五十二卷，却仅有四十卷。后者卷数少于前者，可能是删除了大量解题内容之后，导致文字数量大为减少所致。而著录图书数量反多于前者，最好的解释即毋煚又别据见闻，增添了前者没有著录的内容。而这些增添的内容，未必实有其书。这就在一定程度上削弱了《古今书录》实际反映开元一代藏书的功能。《旧志》不察，复据《古今书录》加以著录，延续了这一失误。如果对比《隋志》与《旧志》，可以发现，前者将《郑玄集》以小注形式置于

① 牟钟鉴:《南北朝经学述评》,《孔子研究》1987年第3期,第63页。

② [后唐]刘昫等撰:《旧唐书》卷四十七《经籍》下,中华书局,1975年(1975年5月上海第1次印刷),第2055页。

③ 马楠:《〈新唐书·艺文志〉增补修订〈旧唐书·经籍志〉的三种文献来源》,第4—5页。

“后汉野王令《刘梁集》三卷”之下，后面紧跟便是“后汉左中郎将《蔡邕集》十二卷”①，而后者将“《郑玄集》二卷”改为正文，置于“《刘梁集》二卷”与“《蔡邕集》二十卷”之间②，二者顺序一致，再考虑到《隋志》小注所言“梁二卷，录一卷”的情况，《旧志》应该是直接或者通过《古今书录》间接从《七录》增此条目。类似情况，在《旧志》中当不在少数。大致原本《隋志》所录“梁有”而复见于《旧志》者，似都应如此理解。

第二，章怀太子李贤等人注《后汉书》时，若其集尚存，往往引以为证。如《冯衍传》四引“衍集”③，《班固传》两引“固集”④，《马融传》三引“融集”⑤。这与三人现存作品较多也相契合⑥。核之《后汉书》各人本传，此三人确有别集类作品。如冯衍“所著赋、诔、铭、说、《问交》《德诰》《慎情》、书记说、自序、官录说、策五十篇”⑦。“（班）固所著《典引》，《宾戏》《应讥》、诗、赋、铭、诔、颂、书、文、记、论、议、六言，在者凡四十一篇。”⑧马融“所著赋、颂、碑、诔、书、记、表、奏、七言、琴歌、对策、遗令，凡二十一篇”⑨。凡此之类，大抵可以归入别集类作品之中。而李贤注康成本传时，无一引及其别集，这既与前述本传末尾所见其平生著述多经典注释等相契合，又可能暗示出唐代恐怕连梁代或此前所编辑的康成集亦不可得见。

综上所述，唐代恐怕已无所谓“郑玄集二卷”，《旧志》所列恐是虚张名目。

## 三

梁代所“有”《郑玄集》的亡佚，不仅影响了唐代，同时导致宋、元、明均未再见康成别集身影。《玉海》著录“郑玄集二卷”，其下小注“《传》：‘玄所著《周易》《尚

---

① ［唐］魏徵、令狐德棻撰：《隋书》卷三十五《经籍志》四，第1058页。

② ［后唐］刘昫等撰：《旧唐书》卷四十七《经籍》下，第2055页。此处《蔡邕集》卷数与《隋志》不合，怀疑系误抄。

③ ［宋］范晔撰，［唐］李贤等注：《后汉书》卷二十八上《冯衍传》，第975、1003—1004页。

④ ［宋］范晔撰，［唐］李贤等注：《后汉书》卷四十上《班固传》，第1333、1373页。

⑤ ［宋］范晔撰，［唐］李贤等注：《后汉书》卷六十上《马融传》，第1953、1970页。

⑥ 冯衍集参见卢晓瑞：《〈冯曲阳集〉校注》，西北大学2009年硕士学位论文；班固集参见［清］张溥辑、白静生校注：《班兰台集校注》，中州古籍出版社，1991年。［案，张溥卒于明崇祯十四年（1641）五月初八日丑时，参见蒋逸雪编著：《张溥年谱》，商务印书馆，中华民国三十五年（1946），第46页。此书题为清人，显然错误。］马融集参见宋洁：《〈马融集〉校注》，西北大学2017年硕士学位论文。

⑦ ［宋］范晔撰，［唐］李贤等注：《后汉书》卷二十八上《冯衍传》，第1003页。

⑧ ［宋］范晔撰，［唐］李贤等注：《后汉书》卷四十上《班固传》，第1386页。

⑨ ［宋］范晔撰，［唐］李贤等注：《后汉书》卷六十上《马融传》，第1972页。此处引文上承“注《孝经》《论语》《诗》《易》《三礼》《尚书》《列女传》《老子》《淮南子》《离骚》”而来，所谓“凡二十一篇”系指“所著”以下内容而言，不能包举前者。将经典注释与单篇作品并列，至少反映出范晔时代对马融两类不同作品的区分。但范晔之书主要来源于东汉国史《东观汉记》，因此这一区分应当根据于东汉当时的既有准则。

书》《毛诗》《仪礼》《礼记》《论语》《孝经》《尚书大传》《中候》《乾象历》，又著《天文七政论》《鲁礼禘祫义》《六艺论》《毛诗谱》《驳许慎五经异义》《答临孝存周礼难》，凡百余万言。弟子问《五经》，作《郑志》八篇。”① 基本抄自《后汉书》本传末尾所云郑康成平生所撰著述一节，特文字及叙述顺序稍异。还需注意的是，此集之前著录“刘梁集三卷”，之后著录“蔡邕集十二卷”，次第卷数皆与前述《隋志》《旧志》排列方式相合，足见其抄撮自《隋志》《旧志》的痕迹十分明显，故而不能据以判断郑康成集之再现宋世。至于明代焦竑《国史经籍志》所著录之康成集，更不过水中月、镜中花而已②。

当然，从思想史逻辑来思考这一问题，宋元明理学大兴，传统的汉唐经学已非思想界主流。郑康成作为两汉经学的集大成者，其本人别集亦随着时代大潮的退潮而逐渐被忽视。直到清代考据之学风行，学者们才开始从浩如烟海的文献中爬梳整理郑康成别集类作品。这些辑佚之作中较为有名的是卢见曾雅雨堂刊本《郑司农集》及严可均《全后汉文》中所列康成作品③。

雅雨堂刊本《郑司农集》为《雅雨堂丛书》之一种。该丛书是卢见曾在两淮盐运史任内开始编刻，“全书始刻于乾隆十九年，至二十三年竣工，虽以卢氏署名，实则选书、校勘、撰序等，均可见惠栋的辛劳。沈大成、戴震等幕宾亦参加了该丛书的编校，然而对于此丛书尽力最多者当首推惠栋。该丛书共包含有《郑氏周易》《易释文》《周易干凿度》《李氏易传》《尚书大传》《大戴礼记》《郑司农集》《高氏战国策》《匡谬正

① ［宋］王应麟辑：《玉海》卷五十五《艺文》，广陵书社影印清光绪九年浙江书局刊本，2016 年，第 1075 页。

② ［明］焦竑辑《国史经籍志》卷五集类别集著录“郑玄集二卷”，清徐氏梅隐书屋刻本。

③ 邵杰、何启锋曾提及李慈铭尚有补辑之作，将之归入卢、严二家之后的“新辑补校评注”类中，参见邵杰、何启锋：《郑玄著述辑佚的回顾与展望》，第 156 页。我于 2018 年 10 月 13—14 日在山东高密召开“郑玄经学与中国文化国际学术研讨会”期间，承邵杰先生见告，此李慈铭之本系指国家图书馆所藏李氏批注之雅雨堂刊本。检索国家图书馆藏书，南区善本阅览室藏有缩微胶卷“郑氏周易［缩微品］：三卷/［汉］郑玄撰；［宋］王应麟辑；［清］惠栋增补。周易干凿度：二卷/［汉］郑玄注。郑司农集：一卷/［汉］郑玄注”。该卷复制自“卢见曾 清乾隆二十一年［1756］”，应即《雅雨堂丛书》本。附加款目中有“李慈铭 清 校并跋”字样，此即所谓“新辑补校评注”矣。此本著录则见于《越缦堂书目》集部别集类，题“郑司农集”，小注“汉郑玄　雅雨堂丛书本　有校语”，参见张桂丽笺证：《越缦堂书目笺证》集部别集类，中华书局，2013 年，第 120 页。除此之外，国家图书馆南区善本阅览室尚藏有“郑司农集［善本］：四卷/［汉］郑玄撰；［清］陈祖鳌辑”，系抄本，抄于民国间，二册，六行廿四字，四周双边，红格，白口，索书号 20021。薛冰《传抄本》一文曾提及《陈孝廉子深课儿手写孝经遗迹》，其中谈道：“陈子深，名康鼎，号澹泉，浙江鄞县人，光绪十一年举人；……陈祖鳌先生是其三子，后改名献夏，字式圭，号叔言，毕业于上海光华大学文科，受业于钱基博、吕思勉诸名师，先后任教于光华附中、辅仁中学等校，小楷尤佳妙，由此册跋语可见一斑；家富藏书，继承自叔祖雨钞堂，四部皆备，且多精本，斋名后雨钞堂。据说他曾著《离骚释义》一书，多番努力未能出版，一九六七年临终时愤而投诸火。”参见薛冰著：《版本杂谈》，山东画报出版社，2009 年，第 14—15 页。据此，题陈祖鳌为清人恐未当。此本我未能寓目，不能置喙。

俗》《封氏闻见记》《唐摭言》《北梦琐言》《文昌杂录》等十三种”①。李斗曾指出其中十一种与惠栋有着直接关系：“惠栋……公重其品，延之为校《乾凿度》《高氏战国策》《郑氏易》《郑司农集》《尚书大传》《李氏易传》《匡谬正俗》《封氏见闻记》《唐摭言》《文昌杂录》《北梦琐言》《感旧集》，辑《山左诗钞》。”② 足见雅雨堂刊本《郑司农集》的实际整理者当为惠栋。

有关卢见曾刊本，卢文弨在《书郑司农集后辛丑》一文中曾有如下评价：

> 《郑康成集》二卷，录一卷。《隋志》已云亡。今刻附《尚书大传》后者，《相风赋》一篇，《伏后议》一篇，《春夏对诸侯议》一篇，《戒子益恩书》1 篇，《易赞》一篇，《诗谱叙》一篇，《尚书大传叙》一篇，《鲁礼禘祫义》1 篇，凡八篇，皆从诸书中裒辑者也。《相风赋》，《北堂书钞》《艺文类聚》皆引以为传玄作，《禘祫义》即《禘祫志》，本不在集中，然则仅六篇而已。案康成《周礼序》见于贾公彦《序周礼废兴》中，虽非完篇，然亦当附见。③

胡元仪亦有批评：

> 按郑君集，不知何人所编辑，今已久亡矣。郑君文之可考者，有《上嘉禾嘉爪表》一、《嘉禾颂》一、《嘉爪颂》一，见别传，目存文佚。《自序》一（一作《自述》），篇佚，文存二条。《戒子益恩书》，文存，见《后汉书》本传中。此外无几矣。今雅雨堂丛书刊有《郑司农集》一卷，不著搜辑者姓氏，首载《相风赋》，据《太平御览》也。核之《艺文类聚》，乃傅玄作，因名同而误耳。《伏后议》及《春夏封诸侯议》乃礼议二十卷之文，不当入集；《鲁礼禘祫议》亦别自为书，不得入集；而《易赞》（即《易注》之序也）、《诗谱序》《尚书大传序》三者亦当各附其书以行，不必入集。尚有《尚书注序》《周礼序》未及收录，《自序》逸文亦未之及。仅《戒子书》一篇为集中所当载耳。然至今日搜辑古人遗集，《易》《诗谱》《尚书》及《尚书大传》《周礼》五序载入集亦可也。④

---

① 曹江红：《惠栋与卢见曾幕府研究》，《中国史研究》2012 年第 1 期，第 178 页。始于乾隆十九年（1754）之说，又可参见胡晓云：《卢见曾年谱》，兰州大学 2006 年硕士文学论文，第 55 页。但竣工于二十三年（1758）说，与刘捷所言二十一年（1756）不合，参见刘捷：《卢见曾与雅雨堂刻书》，《兰台世界》2006 年第 9 期，第 63 页。后者所言二十一年不过大致范围而已，实际应该往后延伸，故应以竣工于二十三年之说为准。

② ［清］李斗撰，汪北平、涂雨公点校：《扬州画舫录》卷一〇《虹桥录上 · 惠栋》，中华书局，1997 年，第 230 页。此点曹江红已经指出，参见曹江红：《惠栋与卢见曾幕府研究》，第 178 页。

③ ［清］卢文弨著，王文锦点校：《抱经堂文集》卷十三，中华书局，1990 年，第 179 页。

④ 胡元仪：《北海三考》卷四，民国十五年刻湖南丛书本。原文双行小注改为括注。

综合二者意见，可知：一、《相风赋》系傅玄所作，系误辑[①]；二、《伏后议》乃礼议二十卷之文不当入集；三、《春夏封诸侯议》乃礼议二十卷之文不当入集；四、《鲁礼禘祫议》亦别自为书不得入；五、《尚书注序》应该入集；六、《周礼序》应该入集。舍此而外，此本还存在一个问题：郑康成为袁绍所要后，“时汝南应劭亦归于绍，因自赞曰：‘故太山太守应中远，北面称弟子何如？’玄笑曰：‘仲尼之门考以四科，回、赐之徒不称官阀。’劭有惭色”[②]。雅雨堂刊本题名《郑司农集》，不仅容易与担任过大司农一职的先郑郑众相混淆，同时也不符合康成为人处世的原则。

严可均辑本是列入其《全后汉文》中的。这一辑本的优点是：（一）严可均剔除了《相风赋》这一误入作品；（二）剔除了《春夏封诸侯议》《鲁礼禘祫议》等不应入集之作；（三）同时增加了《孝经注叙》《自序》二篇。然而其缺点也是明显的：（一）严可均辑本中的《皇后敬父母议》即雅雨堂刊本之《伏后议》，此文亦不当收入集中；（二）严可均所补辑之《六艺论》依据上文所述，亦为专著，也不当列入集中。同时，雅雨堂刊本和严可均辑本均遗漏了康成《论语序》一文[③]。顺带提及，满清即将覆亡的前夜，丁福保于宣统三年七月出版《郑康成集》辑本，由上海文明书局发行，与《班孟坚集》《王叔师集》合为一册。但检核全书，发现其篇目、次序及出处全同严辑，丁氏亦可谓雅贼矣！虽云不无传布之功，终究难免君子不掠之讥！

需要指出的是，安作璋主编全集类著述汇编《郑玄集》体例上可以与古之别集相对应的部分为《郑玄文集》[④]。其中收录了《毛诗谱》《三礼目录》《丧服变除》《鲁礼禘祫义》《答临孝存周礼难》《春秋左氏膏肓鍼》《春秋公羊墨守发》《春秋穀梁废疾释》《六艺论》《驳许慎五经异义》《皇后敬父母议》《戒子益恩书》《论语孔子弟子目录》共十三篇，主要是根据袁钧《郑氏佚书》整理的。袁钧辑本并没有明确将哪些篇目归入别集类，基本按照原来所有之名单独罗列，因此《郑玄文集》的收录篇目实际是整理者重新安排的。不过，由于《郑玄集》本意在裒辑康成所有作品，所以这其中的《郑玄文集》实际成为所有经典注释之外的作品汇编，与传统意义上的别集不可同日而语。

因此，理想的郑康成别集应当包括的内容为《戒子益恩书》《诗谱叙》《尚书注序》《尚书大传叙》《周礼序》《易赞》《论语序》《孝经注叙》《自序》九篇。

综上所述，郑康成当世并未手编别集。魏晋以降，文学自觉观念兴起，文士创作甚

① 孙志祖亦指出《相风赋》系傅玄作品误入，参见氏撰《读书脞录续编》卷四，清嘉庆刻本。

② [宋]范晔撰，[唐]李贤等注：《后汉书》卷三十五《郑玄传》，第1211页。

③ 辑本参见[清]刘宝楠撰，高流水点校：《论语正义》附录，中华书局，1990年，第792—796页。

④ 安作璋主编：《郑玄集》，齐鲁书社，1997年。其中，《郑玄文集》为张茂华整理。

众，别集应运而生。郑学本身经历西晋时代短暂挫折之后，在东晋即已有重兴之势。文学史与思想史发展脉络中均为郑康成别集的出现提供了可能。史料记载最早的郑康成别集当为梁代或之前所编纂，但在唐代贞观年间已不存于世。《旧唐书·经籍志》所载郑康成集当系误据毋煚《古今书录》著录，而《古今书录》的相关记载极有可能是毋煚根据传闻补入的，不能看作唐代实有其书。自此之后，宋元明理学大盛，郑学已非学术界主流，再无人关心郑康成别集的搜集整理工作。直到清代朴学之风渐起，汉学成为对抗理学的重要阵地，郑康成别集类作品又被爱屋及乌式地加以关注。尽管如此，清代产生的两种惠栋及严可均辑本均存在不同程度的误辑、失收、体例混乱的问题，目前所能见到或部分见到的郑康成单篇作品且能归入别集类的只有《戒子益恩书》《诗谱叙》《尚书注序》《尚书大传叙》《周礼序》《易赞》《论语序》《孝经注叙》《自序》九篇。

2018 年 9 月 25 日一稿

12 月 29 日二稿

## 附录：诸家辑本对照表[①]

| 版本 | 卢见曾 | 出处 | 严可均 | 出处 | 丁福保 | 出处 |
|---|---|---|---|---|---|---|
| 篇名及次序 | 1 相风赋 | | | | | |
| | 2 伏后议 | | 1 皇后敬父母议 | 《通典》六十七 | 1 皇后敬父母议 | 《通典》六十七 |
| | 3 春夏封诸侯议 | | | | | |
| | 4 戒子益恩书 | | 2 戒子益恩书 | 《后汉书·郑玄传》，又见《艺文类聚》二十三，又《御览》四百五十九引《郑玄别传》 | 2 戒子益恩书 | 《后汉·郑玄传》，又见《艺文类聚》二十三，又《御览》四百五十九引《郑玄别传》 |
| | 5 易赞 | | | | | |
| | 6 诗谱叙 | | 4 诗谱叙 | 附释音注疏本 | 4 诗谱叙 | 附释音注疏本 |

① 表格内的顺序系原辑佚者编定的，为方便比对，特加以注明。

续表

| 版本 | 卢见曾 | 出处 | 严可均 | 出处 | 丁福保 | 出处 |
|---|---|---|---|---|---|---|
| 篇名及次序 | 7 尚书大传叙 | 载见《中兴书目》 | 3 尚书大传叙 | 《中兴书目》 | 3 尚书大传叙 | 《中兴书目》 |
| | 8 鲁礼禘祫义 | | | | | |
| | | | 5 孝经注叙 | 刘肃《大唐新语》九,《御览》四十二,《太平寰宇记》二十三《费县》 | 5 孝经注叙 | 刘肃《大唐新语》九,《御览》四十二,《太平寰宇记》二十三《费县》 |
| | | | 6 六艺论 | 逐条注明出处,多出经注,不备举 | 6 六蓺论 | |
| | | | 7 自序 | 《孝经序》并注、正义,《唐会要》七十七,《文苑英华》七百六十六 | 7 自序 | 《孝经序》并注、正义,《唐会要》七十七,《文苑英华》七百六十六 |

# 宋元明清时期的郑著辑佚*

何启锋（山东省社科联）

郑玄作为东汉末年经学大师，其著述总量巨大，据《后汉书·郑玄传》所载：“凡玄所注《周易》《尚书》《毛诗》《仪礼》《礼记》《论语》《孝经》《尚书大传》《中候》《乾象历》，又著《天文七政论》《鲁礼禘祫义》《六艺论》《毛诗谱》《驳许慎五经异义》《答临孝存周礼难》，凡百余万言。”① 这百余万字的著述，仅“三礼注”（即《周礼》《仪礼》《礼记》之注）和《毛诗笺》较为完整地保存了下来，其余著述散佚严重。

自宋代以降，众多学人广事搜罗，投身郑玄著述的辑佚工作。宋之辑佚始于欧阳修，其《郑氏诗谱补亡》，附见于《诗本义》中。据书中自称，其所得郑玄《毛诗谱》为残本，且谱表部分“颠倒错乱，不可复序”，所以他参照《毛诗正义》中相关引文及表述，补成此书，即所谓“凡补谱十有五，补其文字二百七，增损涂乙改正者八百八十三，而郑氏之《谱》复完矣”②。虽然不算是严格的辑佚，但其为后来辑《毛诗谱》者提供了可以遵行的祖本，影响极大。嗣后，南宋的王应麟将郑玄《周易》注、《尚书》注、《论语》注辑录成书，是为郑玄著述正式辑本之始。王氏辑本，虽未全备，但既开后世郑著辑佚的先河，又示辑佚来源之门径，可谓功在千秋。

元明时期的郑著辑佚，亦不多见。明代胡震亨亦辑有郑玄《周易》注，但大抵出自王应麟本。此外，元代陶宗仪《说郛》与明代孙瑴《古微书》中均辑录有纬书多种，虽不注佚文出处，但比照清儒后续之作，可知其中包含有郑玄的纬书注，可算作郑著辑佚的开拓。延及清代，郑著辑佚呈现出繁盛的态势，不仅从事人数众多，所得辑本数量亦多，且涌现出许多高质量的辑本，其中沿用至今者不在少数。

---

* 此文为何启锋、邵杰、武良成的课题《郑玄著述辑佚研究》结项报告成果的部分内容（山东省社会科学规划项目编号：14DWXJ07）。

① ［南朝宋］范晔：《后汉书》卷三十五，中华书局，1965年，第1212页。

② ［宋］欧阳修：《诗本义》第三册附录《诗谱补亡后序》，《四部丛刊》三编，商务印书馆，1935年，第131—132页。

纵观清代的郑著辑佚，基本可以归结为旧辑增补、旧辑校正、旧辑评注和清人新辑四个方面。而在清人新辑之中，有不少辑本在当时即已得到重视，为时人及后来者采录并进一步完善，如此一来，各家辑本之间往往是递相增补、校正和评注的关系，很难断然划清彼此的界限。为加深了解，此处采取表格的方式将这四个方面予以呈现。由于许多内容上相同或关联的辑本题名互有差异，所以表格采取以人系书的方式，仅呈现辑佚者之名，以便省览。

| 郑玄著述 | 旧辑增补 | 旧辑校正 | 旧辑评注 | 清人新辑 | 新辑补校评注 |
| --- | --- | --- | --- | --- | --- |
| 《周易》注 | 惠栋、孙堂、张惠言 | 卢文弨、阮元、孙志祖、丁杰、臧庸、陈鳣、孙堂、李慈铭、黄元锡、许克勤 | 阮元、侯康、陈澧、曹元弼 | 朱彝尊、黄奭、袁钧、孔广林 | 叶志诜、赵之谦、李盛铎 |
| 《尚书》注 | 孔广林、孙星衍 | 李调元、叶志诜、赵之谦、李盛铎 | 翁方纲 | 黄奭、袁钧、王仁俊 | |
| 《尚书大传》注 | | | | 朱彝尊、孙之騄、惠栋、陈寿祺、黄奭、袁钧 | 卢见曾、卢文弨、张澍、顾观光、刘恭冕、袁尧年、翁方纲、龚橙、陆明睿、皮锡瑞、王闿运 |
| 《毛诗谱》 | 吴骞 | 吴骞 | 丁晏、马征庆 | 王谟、黄奭、李光廷、袁钧、胡元仪、孔广林、马瑞辰 | 叶志诜、赵之谦、赵在翰、李盛铎 |
| 《周礼序》 | | | | 卢文弨、孙诒让 | |
| 《答临孝存周礼难》 | | | | 黄奭、袁钧、孔广林、王仁俊 | 叶志诜、赵之谦、赵在翰、李盛铎、皮锡瑞 |
| 《丧服变除》注 | | | | 洪颐煊、黄奭、马国翰、袁钧、孔广林、丁晏 | 叶志诜、赵之谦、赵在翰、李盛铎 |
| 《鲁礼禘祫义》 | | | | 王谟、黄奭、马国翰、袁钧、孔广林 | 叶志诜、赵之谦、赵在翰、李盛铎、皮锡瑞 |

续表

| 郑玄著述 | 旧辑增补 | 旧辑校正 | 旧辑评注 | 清人新辑 | 新辑补校评注 |
|---|---|---|---|---|---|
| 《三礼目录》 | | | | 王谟、臧庸、黄奭、袁钧、孔广林 | 叶志诜、赵之谦、赵在翰、李盛铎、胡匡衷 |
| 《箴膏肓》《发墨守》《起废疾》 | | 钱大昕、孔继涵 | | 王谟、王复、黄奭、袁钧、孔广林 | 武亿、叶志诜、赵之谦、赵在翰、刘逢禄 |
| 《论语》注 | 陈鳣、吴骞、丁杰 | 陈鳣、吴骞 | | 王谟、宋翔凤、黄奭、劳格、陈鳣、袁钧、孔广林、钱玫、王仁俊、龙璋、俞樾 | 戴穗孙、马国翰、叶志诜、赵之谦、赵在翰 |
| 《孝经》注 | | | | 朱彝尊、王谟、冈田挺之、洪颐煊、臧庸、黄奭、陈鳣、严可均、劳格、袁钧、孔广林、孙季咸 | 叶志诜、赵之谦、赵在翰、李盛铎、皮锡瑞、曹元弼 |
| 《驳许慎五经异义》 | | 钱大昕、孔继涵 | | 王谟、王复、黄奭、袁钧、孔广林 | 武亿、袁尧年、叶志诜、赵之谦、赵在翰、李盛铎、陈寿祺、皮锡瑞 |
| 《六艺论》 | | | | 陈鳣、王谟、臧琳、马国翰、严可均、孔广林、洪颐煊、黄奭 | 袁钧、臧庸、叶志诜、赵之谦、赵在翰、李盛铎、皮锡瑞 |
| 《郑志》 | 四库馆臣、王复 | 孔继涵、陈鳣、吴骞、刘玉麐、武亿、王振声、孙星华 | 王复、钱东垣、钱绎、钱侗 | 黄奭、袁钧、孔广林 | 叶志诜、赵之谦、赵在翰、李盛铎、成蓉镜、雷雨人、皮锡瑞 |
| 《易纬》注 | | | | 朱彝尊、赵在翰、殷元正、黄奭、乔松年、顾观光、王仁俊 | 孙诒让、陆明睿 |

续表

| 郑玄著述 | 旧辑增补 | 旧辑校正 | 旧辑评注 | 清人新辑 | 新辑补校评注 |
|---|---|---|---|---|---|
| 《书纬》注 | | | | 朱彝尊、王　谟、赵在翰、殷元正、黄　奭、马国翰、乔松年、顾观光、王仁俊、孔广林 | 孙诒让、陆明睿、叶志诜、赵之谦、李盛铎、皮锡瑞 |
| 《礼纬》注 | | | | 黄奭辑本引“清河郡本” | |
| 《论语孔子弟子目录》 | | | | 陈　鳣、袁　钧、孔广林、王　谟、宋翔凤、黄　奭 | |
| 《汉宫香方注》 | | | | 王仁俊 | |
| 《郑玄集》 | | | | 卢见曾、严可均 | 李慈铭 |

需要说明的是，表中有些著录项有所省并，如《箴膏肓》《发墨守》《起废疾》三种，在清代多为单独的辑本，因辑佚者基本相同，所以表中合为一项。又如《易纬》注、《书纬》注、《礼纬》注等项，只是将各自性质相近的著述予以合称，每类称名之下，实包含有多种类别的辑本。又，清人辑本中有些并非或并未确定为郑玄著述者，本表未予列入。如王仁俊辑《婚礼谒文》一卷，归于郑玄名下，而马国翰、严可均等人的辑本皆归入郑众名下，揆诸文献，言郑玄者似为孤证①，故不宜列目郑玄著述。

另外，关于郑玄的其他纬书注，亦需特别说明。其《诗纬》注目录虽有载，但今日诸书所引，唯有宋均注而不见郑玄注，研究者或以为本无《诗纬》郑玄注：“《易》《书》《礼》的郑注辑文散见于东汉以后文献，而只有《诗纬》的郑注佚文完全不存。考虑到《易》《书》《礼纬》的郑注能在《新》《旧唐志》以外的目录类著作中找到其他记载，而只有《诗纬》仅见于《新》《旧唐志》，这里就出现了问题，即使人怀疑《诗纬》中并没有郑注。”② 在清人辑本中，亦无郑玄《诗纬》注的踪迹，故未列入本表。至于郑玄关于《乐纬》《春秋纬》《孝经纬》和河图洛书等谶纬的注解，目录著作中并无记载，仅有零星文字偶见于典籍引文中③，其是否真正属于郑玄之著述，目前还无法确知。谨慎起见，本表亦未列入。

---

① 孙启治、陈建华:《中国古佚书辑本目录解题》,上海古籍出版社,2009 年,第 40 页。
② 安居香山、中村璋八:《纬书集成》,河北人民出版社,1994 年,第 46 页。
③ 杨天宇:《郑玄著述考》,《洛阳师范学院学报》2002 年第 1 期,第 80— 81 页。

从表中大致可以看出清代郑著辑佚的几个基本态势：一是辑佚总量的显著增多，这种增多趋势是全面性的，包括辑佚者、辑本、辑佚种类等各项的数量。据表中数据及相关著录统计，清代关于郑著的各类辑本及相关整理著作的总量至少在270种以上，成绩巨大。

二是注重吸收清代以前旧辑本的成果，对于旧辑本尤其是《周易》注、《尚书》注、《论语》注、《毛诗谱》、《郑志》等相关辑本较为重视，遵循颇多。当然，清人在遵循旧辑的同时，并非全盘接受，而是通过增补、校正、评注等多种手段来提供更为精确的文本面貌，以期更加完善。

三是在增补校正旧辑本之外，常有清人另起炉灶的新辑本出现。虽然这些新辑本亦非完全脱离旧辑本，且常有暗袭旧辑之处，但新辑本在总体上确实显得更为精密。其主要表现在辑佚范围与辑本体例两个方面。清人新辑本的辑佚范围，比起前朝旧辑来，明显有所扩充。许多辑本更是取益多方，搜求无遗，且多能详列出处、细加校勘，体现出精益求精的学术态度。不过，清辑本中亦有辑佚范围缩小之例，如《群书治要》中保存有不少《孝经》郑玄注，洪颐煊、黄奭、严可均等多数辑本均予采录，而曹元弼《孝经郑氏注笺释》中则悉数删汰。虽然略显武断，但曹氏书中将其附于注解之末加以辩驳①，亦体现出精密的学术追求。至于辑本体例的精密化，亦有相当多的表现，如《毛诗谱》清人辑本中对于《诗》谱文字和图表的恢复与重建，又如《郑志》袁钧辑本中将佚文依五经次序归类、各类按篇序排比的做法，都是力求靠近乃至恢复原书面貌的辑佚方式，为精确理解原书提供了尽可能的依据，值得提倡。

然而，清人的郑著辑佚亦有偏失之处。如《郑志》与《郑记》，在《隋书·经籍志》等目录著作中，判然分明。因两书均已亡佚，故许多辑佚者在《郑志》辑本中厕入《郑记》，纵观清人诸辑，唯有袁钧将《郑记》单独成辑；余下诸家中，仅孔广林、黄奭所辑的《郑志》中将《郑记》低一格录下，虽有分别的意识，却并不彻底。又，袁钧的《郑氏佚书》皆收郑玄佚作，但其中的《春秋传服氏注》显然为服虔所作，虽然袁钧以为“服书出于郑，即郑学也”，“存服所以存郑”，但毕竟有失严谨，后来山东大学的《两汉全书》即以其归还服虔②。这种归属权的错位，在谶纬书的辑本中亦有所表现：有引郑注以为正文者，有将郑注与宋均注混同者，都对后人利用辑佚成果造成了不便。

郑玄既是儒家文化传承的重镇，也是齐鲁文化延续的重要一环，其人其学光耀后世，惠泽学林，今已成为山东地区重要的文化符号，在此意义上展开郑玄的相关研究，就要求我们尽可能全面而精确地提供郑玄著述的基本面貌。前人关于郑著辑佚的工作既有巨大成就，也存在一些疏漏，因之，郑玄著述的辑佚工作有必要继续开展下去。

---

① 孙启治、陈建华：《中国古佚书辑本目录解题》，第76页。

② 张廷银：《寓广博于精审之中——读〈两汉全书〉》，《光明日报》2010年9月21日第11版。

# 《四库全书总目》对郑玄的学术评价及其立场

殷陆陆（陕西师范大学）

**摘　要**　汉学复古思潮影响下，汉学宗主郑玄的地位抬升。《四库全书总目》认为考证始于郑玄，不仅推崇郑学，郑注的考证精核也多予褒扬及征引，对宋儒针对郑玄的攻诘则多判为门户之私见，虽对郑玄好引纬书有微词但语气平和。同时《总目》对后世驳正或考释郑玄的著作以合其学术立场的评判标准予以肯定或批评。既反映了《总目》官修的学术身份，也体现其崇汉抑宋的学术倾向和考据寻理的学术态度。

**关键词**　《四库全书总目》　郑玄　学术评价　汉学

清初至乾隆前期，诸多因素综合影响下，标榜实事求是，学主实证的汉学重新回归儒家学者的视野，作为汉学宗主的郑玄地位日渐抬升。雍正二年（1724），朝廷恢复郑玄从祀孔庙的资格，并追褒其学术贡献，郑玄的学术受到儒者尊崇。自乾隆三十七年（1772）皇帝颁发征书谕旨，次年正式开设“办理四库全书处”，五十二年（1781）江浙三阁本《四库全书》缮写完毕，《四库全书》的修撰历时十余年，参与学者百余人，收录图书万余种，卷帙浩繁，内容广博，堪称乾隆年间最为浩大的文化工程，也是中国文化史的重大事件，是对中国传统学术发展的全面总结。与此同时，四库馆臣继承刘氏父子以后“辨章学术、考镜源流”的目录学传统，对《四库全书》全文收录以及仅列入存目但有一定价值的图书撰写了提要，备受推崇的郑玄自然在四库提要中留下浓重一笔。《总目》对郑玄以褒扬为主，但针对宋儒批评郑玄引纬书解经的注经方式维护的同时也不无微词。下文试对《总目》评论郑玄的条目具体分析，并探析《总目》作此学术评价的立场。

## 一、《总目》对郑玄的推崇与褒扬

从整体上看，《总目》非常推崇郑玄之学，认为考证之学即始于郑玄，“自郑玄淹贯六艺，参互钩稽，旁及纬书，亦多采摭，言考证之学者自是始”①。对郑玄多有褒词。首先赞扬其一代通儒的地位。《驳五经异义一卷补遗一卷》提要云：“两汉经学号为极盛，若许若郑，尤皆一代通儒，大敌相当，输攻墨守，非后来一知半解所可望其津涯。”② 认为后儒难望其项背。“敬作此注，于郑义多所驳难，然得者仅十之一二，失者乃十之八九……大抵郑氏之学，其闲附会谶文，以及牵合古义者，诚不能无所出入，而大致则贯穿群籍，所得为多。魏王肃之学百倍于敬，竭一生之力与郑氏为难，至于伪造《家语》以助申己说，然日久论定，迄不能夺康成之席也。敬乃恃其聪明，不量力而与之角，其动辄自败，固亦宜矣。”③ 为推崇郑氏之学，《总目》还多次借朱熹之言以称赞郑玄。如“昔朱子与胡纮争宁宗持禫之礼，反覆辨难，终无据以折之，后读《礼记·丧服小记·疏》所引《郑志》一条方得明白证验，因自书于本议之后，记其始末，有‘向使无郑康成，则此事终未有所断决’语，是朱子议礼未尝不折服于元矣。后之臆断谈经而动辄排斥郑学者，亦多见其不知量也”④。“《朱子语录》称五经疏中《周礼疏》最好。盖宋儒惟朱子深于礼，故能知郑、贾之善云。”⑤《总目》多处以郑玄作为衡量他人学术水平的重要标准。如《经部·五经总义类存目》案语称“先儒授受，大抵专治一经，其兼通诸经，各有论说者，郑康成以下，旷代数人耳。宋以后著作渐夥，明以来撰述弥众。非后人学问远过前修，精研之则见难，涉猎之则见易。求实据则议论少，务空谈则卷轴富也。孙承泽钞撮经解诸序，寥寥数卷，亦命之曰《五经翼》，则孰非兼通五经者哉！略存其目而不录其书，古今人巧拙之异，华实之分，亦大概可睹矣”⑥。《总目》将“宋以后著作渐伙，明以来撰述弥众”的现象归之为“涉猎之”“务空谈”，对宋明著述激烈否定的同时对郑玄的“精研之”“求实据”加以肯定。

郑玄学问以《礼》学成就最高，注释以考证精核见长，因此《总目》对郑注特别是郑玄的三《礼》注大加赞赏。“玄于《三礼》之学，本为专门，故所释特精。”⑦“此编虽散佚之余，十不存一，而引经据古，犹见典型，残章断简，固远胜于后儒之累牍连篇矣。”⑧“郑康成注，贾公彦、孔颖达疏，于名物度数特详。宋儒攻击，仅摭其好引谶纬一失，至其训诂则弗能逾越。”⑨ 认为郑玄所注三《礼》方为礼学正统，“元延祐中，

① ［清］永瑢等撰：《四库全书总目》卷三三《五经总义类》，中华书局，1965年，第278页。
② ［清］永瑢等撰：《四库全书总目》卷三三《五经总义类》，中华书局，1965年，第269页。
③ ［清］永瑢等撰：《四库全书总目》卷二四《礼类存目二》，中华书局，1965年，第194页。
④ ［清］永瑢等撰：《四库全书总目》卷三三《五经总义类》，中华书局，1965年，第270页。
⑤ ［清］永瑢等撰：《四库全书总目》卷一九《礼类一》，中华书局，1965年，第149页。
⑥ ［清］永瑢等撰：《四库全书总目》卷三四《五经总义类存目》，中华书局，1965年，第288页。
⑦ ［清］永瑢等撰：《四库全书总目》卷一九《礼类一》，中华书局，1965年，第149页。
⑧ ［清］永瑢等撰：《四库全书总目》卷三三《五经总义类》，中华书局，1965年，第269页。
⑨ ［清］永瑢等撰：《四库全书总目》卷一九《礼类一》，中华书局，1965年，第149页。

行科举法，定《礼记》用郑元注。故元儒说礼率有根据。自明永乐中敕修《礼记大全》，始废郑注改用陈澔《集说》，礼学遂荒”①。正面肯定外，全书多处论及郑注或援引郑注为证品评他人注文，“《洪范》之‘六三德’，不取郑康成臣道之说，而用孔传，亦为寡识也”②。“考之郑注”“郑注谓”“郑康成云”“郑康成以为”此类话语频频出现，对郑注的推崇可见一斑。

《总目》除对郑玄及其注释予以褒扬外，对宋儒针对郑玄提出的批评亦有维护。《总目》认为，“自汉京以后，垂二千年，儒者沿波，学凡六变。……要其归宿，则不过汉学、宋学两家，互为胜负”③。儒学的发展不过汉宋两家交锋争上，故两派学者互为讥诋。一代大儒的郑玄作为汉学的代表自然首当其冲受到宋儒的攻击。“诸儒偏好偏恶，皆门户之见。”④ 在《总目》看来，宋儒对郑玄的攻诘虽有得理之处但更多的流于门户之弊。如《四书参注》提要所云：“是书多掊击注疏，以自表尊崇朱子之意。而掊击郑玄、孔颖达尤甚于赵岐、何晏、孙奭、邢昺。然先有汉儒之训诂，乃能有宋儒之义理，相因而入，故愈密愈深。必欲尽扫经师，独标道学，未免门户之私。”⑤《周礼辑义》亦云：“是书多本《周礼订义》，攻诘郑注……此类亦自树一义，不为无见，然遽诋郑玄为过，始又谈何容易也！”⑥ 此类言语在《总目》中多处可见，如承泽“平生以尊崇朱子得名，而是书笃信古文，与朱子独异。所解自蔡沈《集传》外，多采吕祖谦《书说》、金履祥《表注》、许谦《丛说》，而力斥马融、郑康成。盖欲尊宋学，故不得不抑汉儒”⑦。“宋儒务攻汉儒，故其书多与郑康成注相剌缪。”⑧ 而对宋儒攻击郑玄“好引谶纬”，《总目》以“仅……一失”辩护并阐明《纬书》亦非尽不可据。“惟好引《纬书》，是其一短。欧阳修集有《请校正五经劄子》，欲删削其书。然《纬书》不尽可据，亦非尽不可据，在审别其是非而已，不必竄易古书也。”⑨“又好改经字，亦其一失。然所注，但曰‘当作某’耳，尚不似北宋以后连篇累牍，动称‘错简’，则亦不必苛责于玄矣。公彦之疏，亦极博核，足以发挥郑学。”⑩“仅……一失”“惟……一短”“尚不似”“不必苛责”，推敲用词，维护之意寓于其间。《总目》对随意删改古书的做法持否定态度，认为删改经文是宋儒经学之弊。四库馆臣曾严厉批评王柏《书疑》《诗

① [清]永瑢等撰:《四库全书总目》卷二一《礼类三》,中华书局,1965年,第169页。
② [清]永瑢等撰:《四库全书总目》卷一四《书类存目二》,中华书局,1965年,第112页。
③ [清]永瑢等撰:《四库全书总目》卷一《经部总叙》,中华书局,1965年,第1页。
④ [清]永瑢等撰:《四库全书总目》卷一《易类一》,中华书局,1965年,第3页。
⑤ [清]永瑢等撰:《四库全书总目》卷三七《四书类存目》,中华书局,1965年,第318页。
⑥ [清]永瑢等撰:《四库全书总目》卷二三《礼类存目一》,中华书局,1965年,第188页。
⑦ [清]永瑢等撰:《四库全书总目》卷一四《书类存目二》,中华书局,1965年,第113页。
⑧ [清]永瑢等撰:《四库全书总目》卷一九《礼类一》,中华书局,1965年,第152页。
⑨ [清]永瑢等撰:《四库全书总目》卷一九《礼类一》,中华书局,1965年,第149页。
⑩ [清]永瑢等撰:《四库全书总目》卷一九《礼类一》,中华书局,1965年,第149页。

疑》"其弊至于诬经，其究乃至于非圣"①，对于朱子删改经书，也认为"非圣人而删定六籍，不亦异乎"②。但《总目》对郑玄态度却颇为平和，一因郑玄汉学大儒的身份，也因郑玄对存疑的经文多用专门术语"读当为""当为""当作"保留异说，多闻阙疑，如无确切证据绝不独断妄改。"郑玄称好改字，特注某当作某耳，不敢遽变其字也。"③

## 二、《总目》对郑玄其注的驳正

《总目》虽对郑玄之学以推崇为主，但并非一味颂扬，宋儒所辟郑玄好引谶纬之弊，四库馆臣虽语气平和，但不无微词，"昔朱子作《仪礼经传通解》，不删郑康成所引谶纬之说，谓存之正所以废之。盖其名既为后世所重，不存其说，人无由知其失也"④。"然义理则当尊正轨，考证则不废旁稽，如郑玄注《礼》，五天帝具有姓名，此与道家符箓何异？宋儒辟之是也。"⑤

对于以攻驳或考释郑注为主的后世之作，四库馆臣会依与其学术取向相合的评判标准予以褒贬，辟之合理处加以肯定，对于笃信固守郑注的著作亦会指责批评。例如《周官禄田考》提要中："今彤既据经文，即当参校经义，求其吻合。考郑《载师》注，算近郊百里，则用三分去一之法。算六遂以外，则用十八分去五之法。盖近郊以内，不易之地家百亩，一易之地家二百亩，再易之地家三百亩。相通，三夫而受六夫之地。至六遂以外，上地家百亩，莱五十亩。中地家百亩，莱百亩，下地家百亩，莱二百亩。相通，六夫而受十三夫之地。其所受之田，既较近郊为加多，则所去之地，即当较近郊为加少。故郊内三分去一，而遂外仅十八分去五也。夫以三分去一算遂外之地，且犹病其过多，而况于二十五分而去九乎！此不信郑注之所以疏也。"⑥郑玄虽考证详核但注释亦非无错，若墨守郑注，考证不仅会讹舛百出亦会陷入牵强附会的弊端，"然孔疏笃信郑注，往往不免附会"⑦。

## 三、《总目》对郑玄学术评价的特点及立场

通过对《总目》诸则郑玄相关提要的分析，我们可以看出四库馆臣对郑玄的学术评价以推崇赞赏为主，对郑注多有褒词，正面肯定外亦侧面烘托，借朱熹之口抬升郑学，通过他人彰显郑玄学问。虽偶有微词，但反观其他学者的批评之语，馆臣对郑玄语

---

① [清]永瑢等撰:《四库全书总目》卷一五《诗类一》,中华书局,1965年,第122页。
② [清]永瑢等撰:《四库全书总目》卷二五《礼类存目三》,中华书局,1965年,第202页。
③ [清]永瑢等撰:《四库全书总目》卷三六《四书类二》,中华书局,1965年,第305页。
④ [清]永瑢等撰:《四库全书总目》卷一三《易类三》,中华书局,1965年,第13页。
⑤ [清]永瑢等撰:《四库全书总目》卷三三《五经总义类》,中华书局,1965年,第281页。
⑥ [清]永瑢等撰:《四库全书总目》卷一九《礼类一》,中华书局,1965年,第157页。
⑦ [清]永瑢等撰:《四库全书总目》卷二二《礼类四》,中华书局,1965年,第177页。

气平和，态度公允。

1.《总目》学术评价的官学立场

《四库全书》的修撰是乾隆年间的文化盛事，作为官修之作的代表，《总目》的撰写编修自然受到官方学术及乾隆皇帝的深远影响。“从清圣祖开始就已经致力于治统与道统的统一，而这一目标在清高宗时完全得以实现。编纂《四库全书》过程中，清高宗将这种学术裁决权实施得淋漓尽致。”① 帝王之学作为四库馆臣评判诸作的一个重要标准，涉及郑玄之处主要体现在对纬书的收录上。四库馆臣对谶纬之书，认为“谶自谶，纬自纬，非一类也。谶者，诡为隐语，预决吉凶，《史记·秦本纪》称庐生奏录图书之语，是其始也。纬者，经之支流，衍及旁义，《史记·自序》引《易》‘失之毫厘，差以千里’，《汉书·盖宽饶传》引《易》‘五帝官天下，三王家天下’，注者均以为《易纬》之文是也。盖秦、汉以来，去圣日远，儒者推阐论说，各自成书，与经原不相比附。如伏生《尚书大传》，董仲舒《春秋·阴阳》，核其文体，即是《纬书》。特以显有主名，故不能托诸孔子。其他私相撰述，渐杂以术数之言，既不知作者为谁，因附会以神其说。迨弥传弥失，又益以妖妄之词，遂与谶合而为一。然班固称：‘圣人作经，贤者纬之。’杨侃称纬书之类谓之‘秘经’，图谶之类谓之‘内学’，河、洛之书，谓之‘灵篇’。胡应麟亦谓谶、纬二书虽相表里。而实不同。则纬与谶别，前人固已分析之。后人连类而讥，非其实也。右《乾凿度》等七书，皆《易纬》之文，与图谶之荧惑民志、悖理伤教者不同。以其无可附丽，故著录于《易》类之末焉。”② 此学术观念既是馆臣的个人学术倾向，也是上行下效的结果。乾隆皇帝曾御制诗《题〈乾坤凿度〉》：“乾坤两凿度，撰不知谁氏，矫称黄帝言，仓颉为修饰（叶）。以余观作者，盖后于庄子，南华第七篇，率已揭其旨，倏忽凿七窍，窍通浑沌死。乾坤即倏忽，浑沌实太始，乾坤既凿开，浑沌斯沦矣。言易祖系辞，颇觉近乎理。灵图测□□，乃或述谶纬。（叶）有纯亦有疵，稽古堪资耳。黄震著日抄，所论正非鄙，钦若斯足征，抚卷励顾諟。”③ 作为帝王的乾隆皇帝既认为《易纬》虽“有疵”亦“有纯”，“颇觉乎近理”，是祖述《易经》之作，四库馆臣当然会对其公正对待。《四库》对学者及其著作的褒贬不仅仅在提要中直接评判其得失，也通过将此人著述全书收录、列入存目、建议抽毁等方式评定高下，故《总目》经部的易类附录收录郑玄的六部纬书皆是《永乐大典》辑录所得的全文。

《总目》经部总叙记述：“自汉京以后，垂二千年，儒者沿波，学凡六变。……要

① 王培峰：《〈四库全书总目〉对朱子经学的评价及其学术立场》，《图书馆工作与研究》2017年第8期，第69页。

② ［清］永瑢等撰：《四库全书总目》卷六《易类六》，中华书局，1965年，第47页。

③ ［清］永瑢等撰：《景印文渊阁四库全书》，台湾商务印书馆，1978年，第821页。

其归宿，则不过汉学、宋学两家，互为胜负。”[①] 在中国儒学史上，汉学、宋学均是儒学内部的不同派别，区别在于治学对象、治学途径的不同，二者各有所长，也各具流弊，究其本质，都是为封建统治者服务的学术，因此汉学与宋学的对立与冲突，此消彼长，并最终随着形势的变化逐渐趋于调和，如《总目》所言“夫汉学具有根柢，讲学者以浅陋轻之，不足服汉儒也。宋学具有精微，读书者以空疏薄之，亦不足服宋儒也”[②]。对此宗旨有别、学风各异的两大流派，为体现“官修”的学术身份，《总目》强调“消融门户之见，而各取所长，则私心祛而公理出，公理出而经义明矣”[③]。“务取持平，各明去取之故。”[④] 因此就总体的学术思想而言，《总目》对汉宋两家的学术体系是调和折中的态度，《总目》的各部总叙、各类小序能保持对汉宋学术的持平，对诸多的理学著作也予以肯定和赞扬。

2.《总目》学术评价的汉学立场

梁启超在《中国近三百年学术史》中讲：“《四库提要》这部书，却是以公的形式表现时代思潮，为向来著述未曾有。当时四库馆臣中网罗的学者三百多人，都是各门学问的专家。露骨地说，四库馆就是汉学家大本营，《四库提要》就是汉学思想的结晶体。”[⑤] 此语虽略夸大，却也是《四库提要》撰写背景的真实反映，在清代汉学思潮复兴的影响下，《总目》体现出扬汉抑宋的学术倾向。清初复兴的汉学思潮发展到清中叶正是极盛之时，统治者的文化政策也由尊崇理学转变为汉宋兼容并包，注重征实、注重考据的汉学思潮成为当时学术思潮的主流。参与《四库全书》撰修的学者又多属汉学一派，戴震、王念孙、朱筠等更是汉学大家，最终增删修订《总目》的纪昀也倾心汉学，在此背景下撰写的提要，学术批评基调仍是崇汉抑宋。《总目》认为汉儒去古未远，所作训释，大抵有据可寻，与宋儒以己意揣求经文不同，因此《总目》一方面指责宋明学术空疏、好发议论，一方面推崇汉学的征实，把“考证精核”奉为正宗。相应的，实或虚，博或约，精审还是冗繁也是其评判一部学术著作的重要依据。由上文所列详例即可看出，汉学宗主的郑玄受到《总目》的褒扬与维护，博核精详的郑注也受到赞扬。

《总目》学术评价的汉学立场不仅体现在对汉学大儒推崇与褒扬，也体现在其考据寻理的学术方法上。后世多有兼采或考释郑注之书，若考释有误，四库馆臣会对之进行辩正，通过考核事实、归纳例证，提供可信文献资料，从而作出结论。如《周官集传》

① ［清］永瑢等撰:《四库全书总目》卷一《经部总叙》,中华书局,1965 年,第 1 页。
② ［清］永瑢等撰:《四库全书总目》卷一《经部总叙》,中华书局,1965 年,第 1 页。
③ ［清］永瑢等撰:《四库全书总目》卷一《经部总叙》,中华书局,1965 年,第 1 页。
④ ［清］永瑢等撰:《四库全书总目》卷一《经部总叙》,中华书局,1965 年,第 1 页。
⑤ ［清］梁启超著:《中国近三百年学术史》,商务印书馆,2011 年,第 26 页。

中：“又《甸祝》：‘禂牲，禂马’，郑注‘禂，读如伏诛之诛。今侏大字也，为牲祭求肥充，为马祭求肥健也’。应龙亦主谦之说，谓‘禂，稠也，祷牲稠盛也’，以康成改读为非。考‘禂’‘侏’二字，古音本通，非康成改读。扬雄《国三老箴》：‘负乘覆餗，奸寇侏张。’《晋书·慕容垂载记》‘苻坚报书曰：“侏张幽显”。’《魏书·恩幸传》：‘侏张不已’，《北齐·源彪传》，‘吴贼侏张’。侏张即诪张。侏与诪，犹侏与禂，音同故义借，安得指为康成改读乎！”① 此外，郑玄秉持的严谨审慎的校勘态度也是清代汉学家推崇的治学之道。“郑玄注《礼记》‘南风之诗’不引《尸子》，郭璞注《尔雅》‘西王母’不引《穆天子传》《山海经》，皆义取谨严，非其疏漏也。”② 针对宋儒批判郑玄的好改经文，《总目》则认为郑玄将存疑的经文用专门术语“读当为”“当为”“当作”保留异说是审慎的态度，如无确切证据不能独断妄改，“汉以来专门之学各承师说，但有字句训诂之异，无人敢窜乱古经。郑玄称好改字，特注某当作某耳，不敢遽变其字也”③。但须注意的是，《四库全书》毕竟为官修之作，纂成的《总目》要经帝王查阅，因此力主实证、考证详密的四库馆臣在此压力下也会奉承圣意。例如对《乾坤凿度》作者的考证，“晁公武疑为宋人依托，胡应麟亦以为《元包》《洞极》之流，而胡一桂则谓汉去古未远，尚有祖述，有裨《易》教。评骘纷然，真伪莫辨。伏读《御制题乾坤凿度》诗，定作者为后于庄子”④。只因御诗所言“以余观作者，盖后于庄子，南华第七篇，率已揭其旨”，馆臣即得出定论，彰显帝王的诗文才华及学问、迎合圣意的意图非常明显。“仰蒙圣明剖示，精确不刊，洵永为是书定论矣。……谨校定讹阙，厘勘审正，冠诸《易纬》之首，而恭疏其大旨于简端。”奉承之意溢于言表。

综上所述，通过对《总目》评价郑玄言论的具体分析，我们可以看出《总目》对郑学非常推崇，对郑注特别是三《礼》注的考证精核多有褒词，认为宋儒攻诘汉学宗主郑玄训释的不足多是门户私见，对指责的合理之处予以认可，但语气言辞较为平和。对郑玄的学术评价，四库馆臣既受帝王之学的影响，对纬书有其公允客观的学术态度，更受汉学复古思潮的深刻影响，表现出明显的考据寻理的学术方法和崇汉抑宋的学术倾向，只是重实证的考据态度在具体书目提要撰写中亦会屈服于帝王之学，草率定论以迎合圣心。

---

① [清]永瑢等撰:《四库全书总目》卷一九《礼类一》,中华书局,1965年,第153页。

② [清]永瑢等撰:《四库全书总目》卷五九《传记类存目一》,中华书局,1965年,第534页。

③ [清]永瑢等撰:《四库全书总目》卷三六《四书类二》,中华书局,1965年,第305页。

④ [清]永瑢等撰:《四库全书总目》卷六《易类六》,中华书局,1965年,第46页。

# 《演繁露》讹误举例*

## ——以宋本、嘉靖本、学津本、四库本为例

周翠英（青岛大学文学院）

**摘　要**　程大昌《演繁露》是一部重要的宋人笔记，影响深远，然校注时校出讹误百余条。就讹误内容来说，除了人名讹误之外有书名、时间、数量、文字等种类。就讹误原因来说，有张冠李戴、字体讹误、音同音近讹误等。本文使用对校、本校、他校、理教等方法对讹误逐一纠正并分析原因。

**关键词**　演繁露　讹误　考订

《演繁露》，又作《演蕃露》《程氏演繁露》，共二十二卷，含正集十六卷、续集六卷，共七百二十四条，约十三万字，由南宋学者、政治家程大昌撰。《演繁露》是程大昌重要的著作之一，刊刻之初就受到了时人追捧，如高似孙之《纬略》直接引用《演繁露》多条，俞鼎孙之《儒学警悟》是中国丛书之滥觞，该书仅仅汇集宋时著名学术著作七种，程大昌就占两种，其中之一便是《演繁露》。《演繁露》在宋代曾被作为州军的教科书使用，“淳熙辛丑（八年）泉州军州学刻程大昌《演繁露》六卷”作为“州军学本”①，明人编纂的《永乐大典》对《演繁露》中也有大量引用。《四库全书总目提要》（以下简称《提要》）不仅著录了程大昌的全部著作，而且还用程大昌的学术观点来评价他人著述，提到程大昌的地方近七百处，充分认可程大昌著作的学术地位。《提要》认为《演繁露》于“名物典故考证详明，实有资于小学”，常用《演繁露》体例评价他人著作优劣，如清陈厚耀撰《春秋战国异辞》的评价为：“所引诸书，多著某篇某卷，盖仿李涪《刊误》、程大昌《演繁露》之例，令观者易于检核，亦无明人杜撰

---

* 本文是国家社科基金重大委托项目“子海整理与研究”子课题——“《读书杂志》等子书整理”项目研究成果之一（项目号：12AWTJ06）。

① ［清］叶德辉：《书林清话》卷三，中华书局，1959年，第65页。

炫博之弊。"[①]《梦溪笔谈》《容斋随笔》《困学纪闻》并称宋代考据笔记三大家，《演繁露》不论从体例、规模，与三者都十分接近，其内容深度和广度甚至超出了这三大家。宋俞成（1150年前后在世）《儒学警悟》、宋陈振孙（？—1261?）《直斋书录解题》、元马端临（1254—1323）《文献通考》、清姚际恒（1647—1715）《好古堂书目》、清彭元瑞（1731—1803）《知圣道斋读书跋尾》、顾广圻（1770—1835）《思适斋书跋》、叶德辉（1864—1927）《郎园读书志》、傅增湘（1872—1950）《藏园群书题记》、张元济（1867—1959）《续古逸丛书》等对《演繁露》都有著录。先后有十几位刻书者、藏书家为《演繁露》做过题跋。尽管如此，笔者在对《演繁露》整理校注的过程中发现讹误达百余处之多，当然前人的题跋，如顾广圻，也发现《演繁露》旧钞新刻存在谬误："此书新有刻本，极其纰缪。"[②]《演繁露》主要版本有：程氏演繁露十六卷，存卷一至卷十，宋刻本（以下简称宋本）；演繁露六卷，明朝《儒学警悟》本（简称儒学警悟本）；程氏演繁露十六卷续集六卷，明嘉靖三十年程煦刻本（简称嘉靖本）；程氏演繁露十六卷续集六卷，明万历四十五年邓渼刻本（简称邓渼本）；演繁露十六卷续集六卷，清嘉庆十年张氏照旷阁《学津讨原》本（简称学津本）；影印文渊阁四库全书本（简称四库本）。许是刊刻者不轻易改动底本文字的原因，尽管自宋至清《演繁露》被多次刊刻，然而其中讹误只有小部分在个别版本中得到改正，多数讹误一直延续，无人订正，这对正确理解《演繁露》特别不利。本文拟就《演繁露》中的人名以外的讹误加以考订[③]，以就教于方家。

## 一、引用书目讹误

引用书目讹误多由张冠李戴、音同音近、形近等原因造成的讹误现象，兹取九条加以分析：

（一）卷二"碑生金"条："《晋语》云：'墓碑生金，庾氏大忌。'"

按，《晋语》当为《晋书》。宋本、嘉靖本、学津本、四库本、儒学警悟本皆误（以下条目中如不具体指出某本讹误，则是所见诸本皆误）。《晋语》和《晋书》一字之差，然时间相差很远，而且文献史上也未见混用《晋语》《晋书》之事例，可以肯定是程氏笔下误。《晋语》是《国语》的一个组成部分，《国语》是记载西周、春秋之际各国史料汇编。《晋书》由唐房玄龄等人合著，记载历史上起三国时期司马懿早年，下至东晋恭帝元熙二年（420）刘裕废晋帝自立，以宋代晋。《晋书·郭璞传》："（庾）冰又

① ［清］纪昀：《四库全书》卷五十别史类，"春秋战国异辞提要"，四库全书影印本。
② ［清］顾广圻：《思适斋书跋》，《中国历代书目题跋丛书》第二辑，上海古籍出版社，第74页。
③ 《演繁露》中人名讹误三十六条已经刊出，本文为人名以外的讹误考订。

令（郭璞）筮其后嗣，卦成，曰：‘卿诸子并当贵盛，然有白龙者，凶征至矣。若墓碑生金，庾氏之大忌也。’后冰子蕴为广州刺史，妾房内忽有一新生白狗子，莫知所由来，其妾祕爱之，不令蕴知。狗转长大，蕴入，见狗眉眼分明，又身至长而弱，异于常狗，蕴甚怪之。将出，共视在众人前，忽失所在。蕴慨然曰：‘殆白龙乎！庾氏祸至矣。’又墓碑生金。俄而为桓温所灭，终如其言。”①

（二）卷三“阑出”条：“张平子《西都赋》曰‘伏棂槛而俯听’。”

按，“《西都赋》”当作“《西京赋》”。《西都赋》作者是西汉文学家班固，《西京赋》的作者是张衡，上文中的平子即张衡之字。班固有《两都赋》，张衡有《两京赋》。《后汉书·张衡传》言张衡“拟班固《两都》作《二京赋》，因以讽谏”。它们内容相似，皆是比较西汉都城长安和东汉都城洛阳两地，且目的都是盛夸东汉俭德以讥西汉之奢侈。就连文字也有不少相似之处，如班固《西都赋》：“舍棂槛而却倚，若颠坠而复稽。”张衡《西京赋》：“伏棂槛而頫（俯）听，闻雷霆之相激。”《西都赋》《西京赋》一字之差，二者相混当是笔误。

（三）卷三“大衍虚一”条：“《正易新法》之论大衍曰：挂一之在四十九，元不入用，则虽去之无欠也。”

按，“《正易新法》”当作“《正易心法》”。据宋代《佛祖统纪》卷五十三载，《正易心法》当系麻衣道者口述，由陈抟记录、整理并加注释而成，“处士陈抟受《易》于麻衣道者，得所述《正易心法》四十二章。理极天人，历诋先儒之失，抟始为之注”②。“正易”指变化之“本易”，取自《易纬·乾坤凿度·干凿度·太古文目》“正易大行，万汇生”，③ 而“心法”即以本心悟《易》道之法。该书开篇自释云：“正易者，正谓卦画，若今经书正文也。每章四句者，心法也；训于其下，消息也。”④ 此书及其注释以道教心学为本，以卦爻象数之心悟为法门。此当因为“新”“心”音同笔误。

（四）卷三“《湘素杂记》”条，标题“《湘素杂记》”当作“《缃素杂记》”。

刘熙《释名·释采帛》：“缃，桑也，如桑叶初生之色也。”徐铉增附《说文》：“缃，帛浅黄色也。从糸，相声。”“素”本指原色丝织品，《说文》：“素，白致缯也。”又泛指丝织品。“缃”和“素”常用来作为书写载体或书衣，故亦称书卷为“缃素”。宋高似孙《纬略》卷八“《晋中经簿》曰有缃素书”。《缃素杂记》又称《靖康缃素杂记》，十卷，建安（今福建建瓯）黄朝英撰。是书宋晁公武《郡斋读书志》归于子部小

① ［宋］房玄龄：《晋书》卷七十二，中华书局，1974 年，第 1910 页。

② ［宋］志磬：《佛祖统纪》，日本和刻本影印本。

③ ［清］乾隆二十年御纂：《易纬乾坤凿度》，四库全书荟要影印本，第 6 页。

④ 《藏外道书》，巴蜀书社，1992 年影印版。

说类，宋陈振孙《直斋书录解题》归于子部杂家类。《提要》言是书“盖明人妄有删削，已非完书”，“所记凡二百事，今本只有九十事”。“湘”“缃”二者音同，当是作者或刻者未仔细考究造成。

（五）卷六“金铺”条：“《南史》人借雀以行嘲谑曰：‘谁家屋门头，铺首浪游逸。’”

按，此条有两处错误，一“《南史》”当作“《北史》”，二“门头”当作“当头”。《南史》《北史》皆由唐初史学家李延寿所撰。南北朝时期各个朝代的历史较短，跨朝的人物较多，事实上的确有重复的人物传记，《四库全书总目提要》：“乃《南史》既有《晋熙王昶传》矣，《北史》复有《刘昶传》；《南史》既有《鄱阳王宝寅传》矣，《北史》复有《萧宝夤传》；《南史》既有《豫章王综》《乐良王大圜》传矣，《北史》复有《萧赞》（萧综入魏改名赞）、《萧大圜》传。朱修之、薛安都诸人《南史》则取诸《宋书》，《北史》则取诸《魏书》，不为删并。”也许正因为此，程大昌未详审该内容是出于《南史》还是《北史》。

“谁家屋当头，铺首浪游逸”，引自《北史·王皓传》。王皓是北齐人，属于《北史》记载范围。《南史》上起宋永初元年（420），下迄陈祯明三年（589）。记南朝宋、齐、梁、陈四代一百七十年史事。《北史》一百卷，上起北魏登国元年（386），下迄隋义宁二年（618），记北朝北魏、西魏、东魏、北周、北齐及隋六代二百三十三年史事。然。王皓为司徒掾时，听到下值的午鼓，急着回家，群僚嘲笑他：“王七思归何太疾？”王皓答曰：“大鹏始欲举，燕雀何啾唧？”嘲者曰：“谁家屋当头，铺首浪游逸。”① 嘲笑王皓出门扳着门框，离不开家，门上的“铺首”② 被扳得晃晃悠悠的。

（六）卷八“褐裘背子道服襦裙”条：“朱公叔《绝交论》谓西华之子冬月葛衣练裙。”

“朱公叔《绝交论》”当作“刘峻（字孝标）《广绝交论》”。据《南史·任昉传》：“（昉）有子东里、西华、南容、北叟，并无术业，坠其家声。兄弟流离，不能自振，生平交友，莫有收恤。西华冬月着葛帔练裙，道逢平原刘孝标，泫然矜之，谓曰：‘我当为卿作计。’乃著《广绝交论》以讥其旧交。”③ “文公叔”乃朱穆之字，朱穆（100—163）东汉人，明军事、有政绩，以文章名世。《后汉书·朱穆传》称“穆又著《绝交论》，亦矫时之作”。《绝交论》佚，李贤《后汉书》注引《穆集》，又略见于《艺文类聚》卷二十一，《太平御览》卷四百十、《册府元龟》卷八百二十九。刘峻

① ［唐］李延寿：《北史》，中华书局，1974 年，第 891 页。

② 铺首是中国古代建筑物门环底盘，通常以铜、铁做成圆形。

③ ［唐］李延寿：《南史》，中华书局，1974 年，第 1455 页。

(462—521)，南朝梁文学家，比朱穆晚三百余年。他感于朋友任昉死后家道衰落，兄弟流离，生前旧交好友莫有赡恤，激于义愤，于是仿《绝交论》作《广绝交论》。

（七）卷十二“琵琶皮弦”条：“叶少蕴《石林语录》谓琵琶以放拨重为精。”

按，“《石林语录》”当为“《避暑录话》”。叶少蕴即叶梦得，《石林燕语》和《避暑录话》皆叶梦得著。“琵琶皮弦”见叶少蕴《避暑录话》卷上①，“谓琵琶以放拨重为精，丝弦不禁即断，故精者以皮为之。欧公时，士人杜彬能之，故公诗云：‘坐中醉客谁最贤，杜彬琵琶皮作弦。’因言杜彬耻以技传，丐公为改。”

《提要》言《石林燕语》十卷，“纂述旧闻，皆有关当时掌故。于官制科目，言之尤详，颇足以补史传之阙，与宋敏求《春明退朝录》，徐度《却扫编》可相表里”。《避暑录话》二卷，主要记载前朝当代人物行止出处和名胜古迹，偶尔杂以经史议论。《提要》认为“其所叙录，亦多足资考证，而裨见闻”。然晁公武《读书志》载《避暑录话》作十五卷，笔者曾怀疑程氏所见《石林燕语》《避暑录话》为合集，故有程大昌之《石林语录》之说。然一方面即使二书合集，数目当为十二，而不当十五。另一方面，《提要》辨云《避暑录话》“《文献通考》已作二卷”，毛晋《津逮秘书》跋云“得宋刻迥异坊本，亦作二卷”，即宋时《避暑录话》已作二卷。

（八）续卷六“被受”条：“杜佑曰：‘被，受也。’”○《通鉴》百八十八。

按，“《通鉴》”当为“《通典》”，《通鉴》即《资治通鉴》，内容以政治、军事和民族关系为主，兼及经济、文化和对历史人物评价，目的是通过对事关国家盛衰、民族兴亡的国家政策加以记载，以给后人提供可资借鉴的史实。而《通典》则记载历代典章制度建置的沿革史，是典章制度的百科全书。“南海尉任嚣召赵佗”说的是南海郡边关官员制度及其人员替换的问题，当在《通典》，不当在《通鉴》。

## 二、年代史实讹误

兹取时间年代讹误五条考订如下：

（一）卷七“端匹”条：“《左氏·昭六年》：‘丰、贾以币锦二两遗子犹。’”

按，“昭六年”当为“昭二十六年”。“丰、贾以币锦二两遗子犹”事见《左传·昭二十六年》。孙星衍《晏子春秋音义》中认为“丰、贾二人，皆季氏家臣也”，“梁丘据，《左传》作子犹，称其字”。鲁昭公，公元前541—510年在位，即位时鲁国公室卑弱，“政在季氏”。二十五年，忍无可忍的昭公起兵讨伐季氏，为季氏等所败而奔齐。次年春，即二十六年，齐攻鲁，昭公随齐军返居郓城。是夏，齐景公欲送其返鲁，季氏家臣“丰、贾以币锦二两”贿赂齐景公宠臣子犹的家臣高齮而未果。

---

① ［宋］叶梦得：《避暑录话》，中华书局，1985年，第43页。

（二）卷十六“两汉阙”条：《史记》：“高帝八年，萧丞相营作未央宫，立东阙、北阙、前殿。十年，宫成。”

按，“十年，宫成”之“十年”当为“九年”。《史记·高祖本纪》：“九年，赵相贯高等事发觉，夷三族。废赵王敖为宣平侯。是岁，徙贵族楚昭、屈、景、怀、齐田氏关中。未央宫成，高祖大朝诸侯群臣，置酒未央前殿。”《汉书》未写未央宫什么时候建成，然有高帝九年淮南王、梁王、赵王、楚王“朝未央宫”为太上皇祝寿的事情：“九年冬十月，淮南王、梁王、赵王、楚王朝未央宫。置酒前殿，上奉玉卮，为太上皇寿。”① 此也可以作“九年，宫成”旁证。

（三）续卷一“饥民强盗人谷米”条：“至和六年，杨安国读《周礼》‘大荒大札，则薄征缓刑’。”

按，“至和六年”当为“至和元年”，学津本作“至和二年”，亦错。至和为宋仁宗赵祯的年号，从1054年3月至1056年9月，共三年，无“六年”。详《续资治通鉴长编》卷一百七十七，是卷起仁宗至和元年九月，尽是年十二月。《演繁露》所引文字与《续资治通鉴长编》同：“九月，己巳，迩英阁讲周礼‘大荒大札，则薄征缓刑’，杨安国曰：‘所谓缓刑者，乃过误之民耳，当岁歉则赦之，闵其穷也。今众持兵仗，劫粮廪，一切宽之，恐不足以禁奸。’帝曰：‘不然，天下皆吾赤子也。一遇饥馑，州县不能存恤，饿莩所迫，遂至为盗，又捕而杀之，不亦甚乎！’”这个错误当由刊刻造成，程大昌作为宋代人没有理由不知道至和这个年号只有三年。

（四）续卷五“夷亭”条：“至甲午年，卫泾荐魁焉，人大异之。”

按，“至甲午年”之“甲午”当为“甲辰”。明王鏊《姑苏志》卷五十九：“甲辰科，昆山人卫泾亦为状元。黄、卫相继大魁天下，传为奇事。”又《姑苏志》卷五十一：“卫泾，字清叔，其先齐人……淳熙十一年孝宗擢泾进士第一。”淳熙十一年为“甲辰”年。

（五）续卷五“复名单书一字”条：“定三年，祝鮀举践土之盟，其载书曰‘王若曰：晋重、卫武’。注：‘重，文公也；武，叔武也。’”

按，“定三年”当为“定四年”。下文“祝鮀举践土之盟”事见《左传·定公四年》：“四年春三月，刘文公合诸侯于召陵，谋伐楚也。”② “将会，卫子行敬子言于灵公曰：‘会同难，啧有烦言，莫之治也。其使祝佗从！’”③ 祝鮀，字子鱼，为卫国太祝，有口才，在“谋伐楚”的诸侯“会盟”中凭借能言善辩，举包括晋文公践土之盟等多

① ［汉］班固：《汉书》，中华书局，1964年，第66页。

② 杨伯峻：《春秋左传注》，中华书局，1981年，第1534页。

③ 杨伯峻：《春秋左传注》，中华书局，1981年，第1535页。

个例子，证明盟会歃血的顺序当“尚德”“不尚年”，最终使卫灵公得以在蔡昭侯之前歃血。《礼记注疏》也提到“召陵之会”在“定四年”：“定四年召陵之会祝佗辞，引之者，此聘使有旅从，恐暴掠也。”[①]《周礼注疏》也有类似文字。

## 三、数字史实讹误

兹取《演繁露》数字讹误六条加以考订：

（一）续卷一“濮王”条：“太宗子鲁王元份之第四子是为濮王。”

按，“第四子”当为“第三子”。《宋史·列传第四·宗室二》：“元份子三人，长允宁；次允怀，改允中，早卒；次则濮王允让也。”[②]《续资治通鉴长编》载“允让，元份第二子也”[③]，则是因第二子允怀“早卒”，故为“第二子”。《皇宋通鉴长编纪事本末》卷第五十一亦有相同记载。《宋会要辑稿·帝系三》中的濮王允让也是排在“不及名，卒”的第二子允怀之后。赵元份（969—1005）自身为宋太宗第四子，他在治平年间被他的孙子宋英宗封为鲁王。程氏也许因此混淆。

（二）卷一“驺唱不入宫”条：“梁制，尚书令、仆、御史中丞各给威仪十人，其七人武冠绛鞴，唱呼入殿，引喤至阶。”

按，“其七人武冠绛鞴”之“七”当作“八”。《隋书·百官志上》：“尚书令、仆、御史中丞，各给威仪十人。其八人武冠绛鞴，执青仪囊在前。囊题云：‘宜官吉’，以受辞诉。一人缃衣，执鞭杖，依列行，七人唱呼入殿，引喤至阶。一人执仪囊，不喤。”那么“武冠绛鞴的是八人”，“唱呼入殿”的是七人。唐·杜佑《通典·职官六》、宋·孙逢吉《职官分纪》亦有相同记载。

（三）卷一“和香”条：“梁武帝祀地用上和香。杜佑注：‘以地于人近，宜加杂馥。’案，杂馥即合诸香为之，言不止一香也。梁武帝祭天，始用沉香，古未用也。○《通典》四十三。”

按，“四十三”当作四十五。“梁武帝祀地用上和香”见于《通典》四十五“礼五·沿革五·吉礼四”，此种礼典是用上和香“祀后土于坛上”，“五官、先农、五岳及国内山川，皆从祀”[④]。《通典》卷四十三是“郊天下”“大雩”，即“祀昊天上帝”，[⑤]五方上帝、能兴云降雨的山川百源，皆从祀。

（四）卷四“梅雨”条：“襄九年夏四月，晋伐偪阳，宿师久，士匄曰：‘水潦将

① ［汉］郑玄注，［唐］孔颖达疏：《仪礼注疏》卷十九，钦定四库全书影印本。
② ［元］脱脱、阿尔拉·阿鲁图：《宋史》，中华书局，1977 年，第 8699 页。
③ ［宋］李焘：《续资治通鉴长编》卷一百十七，中华书局，1985 年，第 2763 页。
④ ［唐］杜佑：《通典》，中华书局，1988 年，第 1259 页。
⑤ ［唐］杜佑：《通典》，中华书局，1988 年，第 1192 页。

降，惧不能归，请班师。’”

按，“襄九年夏四月”之“九”当作“十”，“晋伐偪阳”事见《左传·襄公十年》。《春秋》“十年春”，襄公与十二国诸侯“会吴于柤。夏，五月甲午，遂灭偪阳”①。《左传》：“十年春，会于柤，会吴子寿梦也。……晋荀偃、士匄请伐偪阳，而封向戌焉。……甲午，灭之。书曰‘遂灭偪阳’，言自会也。”②

（五）续卷一“台谏官许与不许言事”条：“故庆历二年，以鱼周询、王素、欧阳修并知谏院，周询固辞，以太常博士、集贤校理余靖为右正言。”

按，“庆历二年”当为“庆历三年”，《续资治通鉴长编》卷一四作“庆历三年”。再如其中涉及的人物在各自传记或年谱中皆是庆历三年知谏院，如《宋史·欧阳修传》中载欧阳修也是庆历三年知谏院，“余靖年谱简编”③ 中余靖也是在庆历三年为右正言。

（六）卷四“诏黄”条：“台阁案奏，或不知所在，阉人以纸包裹鱼肉还家，并是三省黄案。”

按，“三省黄案”当作“五省黄案”，本条内容出自《南史·齐本纪下》，南朝齐国废帝东昏侯不理朝政，宦官用“五省黄案”“包裹鱼肉还家”④。《资治通鉴》照录，胡三省对“五省黄案”注曰：“魏晋以来，有六曹尚书，江左有吏部、祠部、五兵、左民、度支五尚书，各为一省，谓之尚书五省。”⑤“三省”指隋唐至宋的中央最高政府机构，包括中书省、门下省、尚书省，如果抛却材料来源的《南史》说“三省黄案”并非错误。

## 四、其他

“其他”指除了人名、书名、时间、数字以外的文字方面的错误，主要是字形相近原因造成的。共有三十条，兹取七条加以考订。

（一）续卷六“吕溱”条：“吕溱举进士为天下第一，《涑水记闻》云：‘歙人也，汪彦章亦云，然欧阳公记溱父士元墓，乃曰江陵人。”

按，“江陵”当为“江宁”。江宁是南京旧称之一，因而南京简称“宁”，现在南京仍然有江宁区。南京又称金陵，“江陵”当为“江宁”和“金陵”的杂糅，另外，撰者程大昌作为安徽人应是 n、l 不分的。《宋史·吕溱传》言“吕溱，字济叔，扬州人，进

---

① 杨伯峻：《春秋左传注》，中华书局，1981 年，第 973 页。

② 杨伯峻：《春秋左传注》，中华书局，1981 年，第 976 页。

③ 吴洪泽：《宋人年谱丛刊》，四川大学出版社，2003 年，第 753 页。

④ ［唐］李延寿：《南史》，中华书局，1975 年，第 150 页。

⑤ ［汉］司马光：《资治通鉴》，中华书局，1975 年，第 4448 页。

士第一”[①]。实际吕溱“祖籍扬州，世寓江宁”[②]，庆历八年，欧阳修为吕溱的父亲吕士元做墓志铭《陇城县令赠太常博士吕君墓志铭》曰：“君讳士元，字佐尧，江宁人也。”宋时由于考生名额分配有地区差异，考生会在祖籍与居住地之间选择，以增大胜出概率，“四方士俗，爵位相先，游学在外者，往往即贯其籍以试，如洪湛以江宁、吕溱以扬州之类是也”[③]。

（二）卷六“长短句”条：“唐曲在者，如柳枝、竹枝、欵乃句皆七字。”

按，“欵（kuǎn）乃”当作“欸（ǎi）乃”，二者形近而讹。《演繁露》卷十三有“欸乃”条，字形正确。“欸乃”本为开船之摇橹声，后指代划船时唱的歌。唐元结有《欸乃曲五首》，其序曰：“大历丁未中，漫叟结为道州刺史，以军事诣都使。还州，逢春水，舟行不进，作《欸乃五首》，令舟子唱之，盖以取适于道路云。”欸乃形式为七言四句。唐柳宗元有《渔翁诗》：“烟销日出不见人，欸乃一声山水绿。”“欸”“欵”字形相近，然字义相差很远，“欵”为“款”之异体字。

（三）卷十一“玉振”条，“玉有九德，叩之，其音清专彻远，纯而不杀，乱也”。

按，“乱”当为“辞”。繁体“乱”和“辞”左边相同，极易混淆。《管子》卷十四：“叩之，其音清搏彻远，纯而不杀，辞也。”按，意为击打玉时，其声音清扬远闻，纯而不乱，像古君子的言辞。管仲认为“玉有九德”，“辞”是其中一“德”，其余八德是：仁、知、义、行、洁、勇、精、容。此句是赞美玉之美德的，断无“乱”德之说。

（四）卷七“锦缠头”条：“旧俗赏歌舞人以锦彩，置之头上，谓之缠头。”

“赏”原作“费”，学津本已改。“费”字不通。此事出于《旧唐书》，大历二年二月，郭子仪平定反叛的华州节度使周智光后班师回朝，宰相元载及内侍鱼朝恩等人共出钱三十万，“置宴于子仪第”，鱼朝恩又“出罗锦二百匹，为子仪缠头之费”[④]。《太平御览》《册府元龟》有相同记载，《演繁露》自注引自《太平御览》八百一十五。

（五）卷十六“九卿”条：“至宗正与治粟内史，水卫之与右扶风，同列一等。”

按，“水卫”当作“水衡”。“衡”与“卫”的繁体字“卫”字形相近，故误。句中“水衡”与“右扶风”并列，人物属同一等级的官员。历代并无“水卫”官，却有“水衡”官，《汉书·百官公卿表》：“水衡都尉，武帝元鼎二年初置，掌上林苑，有五丞。属官有上林、均输……辩铜九官令丞。”颜师古注引应劭曰：“古山林之官曰衡，掌诸池苑，故称水衡。”[⑤]《后汉书·张衡传》：“前长离使拂羽兮，委水衡乎玄冥。”李

① ［元］脱脱、阿尔拉·阿鲁图：《宋史》，中华书局，1977年，第10401页。

② 吕彼得、王德毅等：《宋人传记材料索引》，鼎文书局，1986年7月增订二版，第1181页。

③ 中华书局编辑部：《宋元方志丛刊（影印本）》，中华书局，1990年，第7713页。

④ ［五代］刘昫：《旧唐书》，中华书局，1975年，第3463页。

⑤ ［汉］班固：《汉书》，中华书局，1964年，第735页。

贤注："水衡，官名，主水官也。"《宋书》卷四十"志"第三十"百官下"："秦、汉有都水长、丞，主陂池灌溉，保守河渠，属太常。汉东京省都水，置河堤谒者，魏因之。汉世水衡都尉主上林苑，魏世主天下水军舟船器械。晋武帝省水衡，置都水使者，而河堤为都水官属。"《文献通考》卷六十六"职官考""官品"，"二千石官员"中包括水衡都尉和右扶风。这就证明本条所讲"水衡之与右扶风，同列一等"是正确的，也可证明此处当为"水衡"，而非"水卫"。《史记集解》《唐六典》《通典》都有相同记载。《汉语大词典》："水衡，故官名。水衡尉、水衡丞的简称。汉武帝元鼎二年置，至隋始废。掌皇家上林苑、兼管税收、铸钱。"①

（六）续卷四"酒浮蚁"条："酒有沉齐，浮蚁在上泛泛然。"

按，"沉齐"当为"泛齐"，《释名・释饮食》："泛齐，浮蚁在上泛泛然也。"古代供祭祀用的五种酒之一，因酒色最浊，上面有浮沫，故名。《释名・释饮食》："沉齐，浊滓沉下，汁清在上也。"《周礼・天官・酒正》："辨五齐之名，一曰泛齐，二曰醴齐，三曰盎齐，四曰缇齐，五曰沉齐。"郑玄注："泛者，成而滓浮，泛泛然。"因为如"浮蚁在上泛泛然"，故名"泛齐"，"滓沉下，汁清在上"的才是"沉齐"。

（七）"旌表门闾"条："前列屏树、乌头正门，阀阅一丈二尺，二柱相去一丈，柱端安瓦桶，墨染，号为乌头。"

按，"桶"，当为"桷"。诸本皆讹且后人对此句句读多不令人满意。《国语・鲁语上》："庄公丹桓宫之楹，而刻其桷。"《春秋左传・庄公二十四年》："春，王三月，刻桓宫桷。""楹"为堂屋前部的柱子，"桷"为柱子上头的方形的椽子。本条中出现的"乌头"是一种表明地位、表彰功绩的大门，《唐六典》卷二十三"将作水监"："五品以上得制乌头门。"② 宋・李诫《营造法式》："乌头门其名有三：一乌头大门、二阀阅、三表楬。今称棂星门。"③"阀阅"是乌头门的柱子，样子与"楹"类似，如前所说也可指代乌头门，它的主要功能是题记住宅主人之功业。《尔雅・释宫第五》："桷谓之榱。"《说文・木部》："桷，榱也，椽方曰桷。"那么圆形"榱"即椽子，方形"榱"即"桷"，即称"榱"为"浑言"，《释宫》"桷谓之榱"及《说文》"椽方曰桷"是"析言"。古人称方形椽子为桷是有文化根据的，角宿是二十八宿中青龙七宿之第一宿，角宿有两颗星，黄道从这两颗星中间穿过，古人视此二星为天宫的两扇大门：《晋书・天文志》有"角二星为天关，其间天门也，其内天庭也"④。用"角"星之"角"来表示大门两边阀阅上端的物品是再确切不过的了。角星位于东方，东方属木，写作"桷"

① 罗竹风主编：《汉语大词典》，上海辞书出版社，1993 年，第 886 页。

② [唐]张说、张九龄：《唐六典》卷二十三，日本享保九年汉刻本，第 15 页下栏。

③ [宋]李诫：《营造法式》，梁思成：《梁思成全集》(第七卷)，中国建筑工业出版社，2001 年，第 14 页。

④ [唐]房玄龄：《晋书》卷十一志第一，中华书局，1974 年，第 299 页。

最能表达“角星”的位置，而住宅中的“桷”也是木制的。

“桷”讹为“桶”不单是程大昌一人。文献中往往“瓦桷”“瓦桶”交替出现，如“柱端安瓦桷，墨染，号乌头”这句话在《册府元龟》卷六十一“帝王部·立制度第二”和卷一百四十“帝王部·旌表第四”重复出现，同是四库本，前者作“瓦桶”①，后者作“瓦桷”②。《旧五代史》中四库本作“瓦桶”，其他所见版本多作“瓦桷”。有一种药叫“都桷子”，《太平御览》第九百六十“木部九”有“都桶”，第九百七十二卷“果部九”有“桶子”，皆讹“桷”为“桶”。前人在《齐民要术》和《本草纲目》注释中都有过明确的订正，如四库本《本草纲目集解》第三十一卷“果部（三）”“都桷子”（《拾遗》）：“时珍曰：桷音角。《太平御览》作桶子，音同，上声，盖传写之讹也。”③ 此可为旁证。

清人冯班《钝吟杂录》对《演繁露》多有掊击，“其言虽或过当，然程氏泛博而不精，确其可议，亦自有以致之也”④。然文献传承本多“鲁鱼”，《演繁露》程氏自序中也说“‘金根’‘金银’或相贸易”，所以文献传承过程中错误是在所难免的，故而辨认讹误加以改正就是我们学人的持之以恒的任务。

---

① ［宋］王钦若：《册府元龟》卷六十一“帝王部·立制度第二”，《四库全书》影印本。

② ［宋］王钦若：《册府元龟》卷一百四十“帝王部·旌表第四”，《四库全书》影印本。

③ ［明］李时珍：《本草纲目集解》卷三十一“果之三”，《四库全书》影印本。

④ ［清］顾广圻：《思适斋书跋》，《中国历代书目题跋丛书》第二辑，上海古籍出版社，第74页。

# 东京大学国语研究室所藏清原宣贤训点本《中庸章句》与《经典释文》的比较研究

## ——以音位为中心

韩炅澔

### 1. 文献简介

本稿的研究文献——即清原宣贤（1475—1550）的训点本《中庸章句》[①]，现藏于东京大学国语研究室（请求记号：21H：11，登录记号：4803718537），是日本战国时期文献。此文献的作者是清原宣贤，但封面上注明了包含书写人的内容，“兼右卿十三岁御笔”。此“兼右”是日后成为日本吉田家门的养子，后改姓为清原宣贤次子的吉田兼右（1516—1573），该训点本《中庸章句》是吉田兼右十三岁时，即1528年（大永八年）所做的。

本稿考察的文献至今还未出版，东京大学研究室网站上也还未公开，前人研究成果较少。因此本人以清原宣贤（1475—1550）的点本《中庸章句》中表示音段的“假名”及表示超音段的音读“声点”为本稿的研究对象，通过与《经典释文 · 卷第十四》中出现的《礼记 · 中庸》音切（直音及反切）做比较，探讨日本训点本中反映中国原书音义的情况。

### 2. 研究方法

本稿根据以下基准和先行研究而进行研究。

1）关于本稿音标的规定

一、本稿所用的语音符号，除引用外，均以国际音标（IPA）为准。

① 原书封面的题目是《中庸》，图书馆网站显示的书名也是《中庸》。但包装此书的外壳上记载的书名是《中庸章句》，内容也是朱熹的《中庸章句》，因此本文中一律改称为《中庸章句》。

二、本稿所用的上古音与中古音是基于白一平（1992）和郑张尚芳（2003/2013）的韩炅澔（2009、2014）修正版。

三、本稿中古音的声调，只根据《广韵》标记四声符号，且不表示其阴阳区别。（如：平声—“天”꜀tʰen，上声—“子”꜂tsɰɨ，去声—“圣”ɕjɛŋ꜄，入声—“德”tək꜆）

2）关于文献的处理

一、本稿所用《经典释文》的底本是黄焯的整理加注《经典释文汇校》（2006）。

二、考察意义对应时，如清原宣贤训点本《中庸章句》与《经典释文》音切之意义的标记，则参考《广韵》《集韵》及孙玉文的《汉语变调构词考辨》（2015）。

三、本稿考察的假名注音、声点及训注的研究对象仅限于清原宣贤训点本《中庸章句》中有与《经典释文》音切对应的例子。

四、本稿中与《中庸章句》做比较的例子不一定与《礼记·中庸》本文对应，而可能与朱熹注对应。为了区分本文和朱熹注，《中庸章句》本文为以深色体标记，朱熹注以淡色体标记。

## 3. 与《经典释文》中音切字的音段成分做比较

1）与《经典释文》音切一致的例子

该例有“乐”“齐”两字。

“乐”字

除了假借、通假之外，“乐”的读音一般有「＊ŋrok$^{wa}$〉ŋɑk꜆」（“音乐”之“乐”）、「＊ŋrok$^{w}$ s$^{a}$〉ŋaw꜄」（“乐山乐水”之“乐”）、「＊ŋ·rok$^{w}$ s$^{a}$〉lɑk꜆」（“快乐”之“乐”）三种读音。但以『经典释文·第十四卷』为准，研究文献中的“乐”只有“快乐”之“乐”例。该例如下：

> 乐［入声，ラク，『经典释文』：音洛［＊ŋ·rok$^{wa}$〉lɑk꜆］注同］［-8ウ］
>
> 乐［入声，ラク：『经典释文』：音洛［＊ŋ·rok$^{wa}$〉lɑk꜆］，下及注同］［-21オ］

“齐”字

按照《广韵》，其反切只有“徂奚切”（＊dzi$^{a}$〉꜀dzej）和“在诣切”（＊dzis$^{a}$〉dzej꜄）。然而此处出现的“齐”之反切全为“侧皆反”（＊tsri$^{a}$〉꜀tʂɛj），再根据《经典释文》中说：“本亦作斋”，即“斋”之通假。因此，此处的假名读音“サイ”也是“斋”的通假结果。

齐［平声，サイ，『经典释文』：侧皆反［＊tsri$^{a}$〉 tʂɛj］，本亦作斋］［－22オ］

齐［平声，サイ，『经典释文』：侧皆反［＊tsri$^{a}$〉 tʂɛj］］［－32オ］

其他例子

以下例子中与《经典释文》音切对应的日本汉字音只有一例：

罟［上声，音古，コ，『经典释文』：音古［＊kaʔ$^{a}$〉 ˊkuo］，罔之總名.］［－12ウ］

擭［去声，胡化反，クワ，『经典释文』：胡化反［＊g$^{w}$ raks$^{a}$〉 ɦwa］，尚书传云：捕兽机槛］［－12ウ］

陷［上声，カン，『经典释文』：陷没之陷［＊groms$^{b}$〉 ɦɛm］］［－12ウ］

阱［去浊，才性反，セイ，『经典释文』：才性反［＊sgeŋs$^{b}$〉 dzɰɛŋˋ］，本或作穽，同阱，穿地陷兽也，说文云：穽或为阱字也］［－12ウ］

鸢［平声，エム，『经典释文』：悦专反［＊lon$^{b}$〉 ˏjwɛn］，字又作鳶］［－17オ］

著［上声，チョ，『经典释文』：张虑反［＊traks$^{b}$〉 ʈɰɣˋ］，下同］［－17オ］

睨［平浊，ゲイ，『经典释文』：徐音诣［＊ŋes$^{a}$〉 ŋejˋ］，睥睨也］［－18オ］

慥［上声，七到反，サウ，『经典释文』：七到反［＊sk$^{h}$u（k）s〉ts$^{h}$ɑwˋ］，守实貌］［－19ウ］

翕［入声，キフ，『经典释文』：许急反［q$^{h}$ɨp$^{b}$〉hɰɨp˛］，合也］［－21オ］

耽［平声，タン，『经典释文』：丁南反［＊tɨm$^{a}$〉 ˏtʌm］］［－21オ］

洋［平声，ヤウ，『经典释文』：音羊［＊laŋ$^{b}$〉 ˏjɑŋ］］［－22オ］

格［入声，カク，『经典释文』：古百反［＊krak$^{a}$〉 kɐk˛］，来也］［－22ウ］

矧［上声，シン，『经典释文』：诗忍反［＊hlinʔ$^{b}$〉 ˊɕjin］，况也，注同］［－22ウ］

栽［平声，サイ，『经典释文』：依注音灾，将才反［＊tsɨ$^{a}$〉 ˏtsʌj］，注同，植也］［－23オ］

覆［入声，フク，『经典释文』：芳伏反［＊p$^{h}$uk$^{b}$〉 p$^{h}$ɰuk˛］］［－23ウ］

缵［去声，サン，『经典释文』：徐音纂，哉管反［＊tsonʔ$^{a}$〉 ˊtswɑn］，继也］［－24オ］

组［上声，音祖，ソ，『经典释文』：音祖［＊tsaʔ$^{a}$〉 ˊtsuo］］［－25オ］

绀［古暗反，カン；『经典释文』：古暗反［＊kɨmsᵃ〉kʌmˋ］，组绀，大王之父也，亦曰诸盩，盩，音置留反］［-25才］

策［入声，サク，『经典释文』：初革反［＊tsʰrekᵃ〉tʂʰɛk,］，方，版也。策，简也］［-27ウ］

杀［去声，サイ，『经典释文』：色界反［＊sretsᵃ〉ʂɛjˋ］，徐所例反［＊sretsᵇ〉ʂjɛjˋ］］［-28才］

敛［上声，レン，『经典释文』：力验反［＊g·romsᵇ〉ljɛmˋ］］［-32ウ］

既［キ，『经典释文』：依注音饩，许气反［＊qʰɨtsᵇ〉hɯɨjˋ］］［-32ウ］

踬［去声，チ，『经典释文』：徐音致［＊triksᵇ〉ʈjiˋ］］［-33ウ］

从［シヨウ，『经典释文』：（上）七容反［＊tsʰoŋᵇ〉˛tsʰjwoŋ］］［-34才］

祯［平声，テイ，『经典释文』：音贞［＊treŋᵇ〉˛ʈjɛŋ］］［-38ウ］

妖［平声，ヨウ，『经典释文』：于骄反［＊qrowᵇ〉˛ʔɯɛw］，左传云：地反物为妖，说文作祅，云：衣服歌谣草木之怪谓之祅］［-38ウ］

孽［入浊，ゲツ，『经典释文』：鱼列反［＊ŋretᵇ〉ŋɯɛt,］，说文作蠥，云：禽兽虫蝗之怪谓之蠥］［-38ウ］

蓍［平声，シ，『经典释文』：音尸［＊hʲiᵇ〉˛ɕji］，注同］］［-38ウ］

撮［入声，サツ，『经典释文』：七活反［＊tsʰotᵃ〉tsʰwɑt,］］［-41才］

勺［入声，シャク，『经典释文』：徐市若反［＊dekʷᵇ〉dʑɯɑk,］］［-41ウ］

鼋［音元，ゲン，『经典释文』：音元［＊ŋonᵇ〉˛ŋwɐn］］［-41ウ］

蛟［カウ，『经典释文』：'鲛'，音交［＊krewᵃ〉˛kaw］，本又作蛟］［-41ウ］

区［平声，ク，『经典释文』：羌俱反［＊kʰoᵇ〉˛kʰɯu］］［-41ウ］

洋［ヤウ，『经典释文』：音羊［＊laŋᵇ〉˛jɑŋ］］［-42ウ］

优［平声，イウ，『经典释文』：于求反［＊quᵇ〉˛ʔɯɨw］，倡优也］［-42ウ］

凝［平浊，ギョウ，『经典释文』：本又作疑，鱼澄反［＊ŋɨŋᵇ〉˛ŋɯɨŋ］，成也］［-43才］

默［モク，『经典释文』：亡北反［＊mɨkᵇ〉mɯɨk,］］［-43ウ］

射［入声，エキ，『经典释文』：音亦［＊lakᵇ〉jɛk,］，注同］［-46ウ］

帱［タウ，『经典释文』：徒报反［＊dusᵃ〉dɑwˋ］］［-47才］

肫［平声，シュン，『经典释文』：依注音之淳反［＊tunᵇ〉˛tɕjwin］，恳诚貌］

[-49オ]

禅 [去声，タン，『经典释文』: 音丹 [ * tan$^{a}$〉 ˛tɑn] ] [50ウ]

的 [入声，テキ，『经典释文』: 丁历反 [ * tekw$^{a}$〉 tek˛] ] [50ウ]

疚 [去声，キウ，『经典释文』: 九又反 [ * k$^{w}$ ɨ (ʔ) s$^{b}$〉 kɰɨw`] ] [50オ]

2) 与《经典释文》中复数音切部分一致的例子

本稿研究文献中能看到清原宣贤训点本《中庸章句》在《经典释文》复数音切中只选择一个读音而用假名标记之例。其例可以分为以下四例：

膺 [平声，ヰヨウ，『经典释文』: 徐音应 [ * qɨŋs$^{b}$〉 ʔɰɨŋ`]，又于陵反 [ * qɨŋ$^{b}$〉 ˛ʔɰɨŋ] ] [-13ウ]

严格来说，此处“徐音应”与“于陵反”的对应只反映“超音段”（声调）的差异。详见“3. 2. 2”说明。

禀 [上声，ヒン，『经典释文』: 彼锦反 [ * prɨmʔ$^{b}$〉 ʿpɰɨm]，一本又力锦反 [ * b · rɨmʔ$^{b}$〉 ʿlɰɨm]，既禀谓，稍食也] [-32ウ]

此“禀”字是《经典释文》和《中庸章句》朱熹注中都能看到的例子。其反切有“彼锦反”和“力锦反”两种。段玉裁在《说文解字注 · 亩部》中说明“禀”字有两读的理由：

赐谷曰禀。『中庸』「既禀称事」; 郑注『周礼 · 宫正』、「内宰」、「廪人」、「掌固」皆云，稍食、禄禀也。又司稼注云。赒、禀其艰阸。晋惠帝云: 官鼁可给禀。凡若此类，今本多讹为廪。既有未讹者，亦皆读为力甚切矣。

据此，“禀”d 额“力锦反”（ * b · rɨmʔ$^{b}$〉 ʿlɰɨm）只是误读，真正的读音很可能是“彼锦反”（ * prɨmʔ$^{b}$〉 ʿpɰɨm ）。那么可以推测清原宣贤训点本《中庸章句》中“禀”的假名音注“ヒン”是正确的。

鼍 [可反，夕，『经典释文』: 徒河反 [ * dal$^{a}$〉 ˛dɑ]，一音直丹反 [ * dan$^{a}$〉 ˛dɑn] ] [-41ウ]

看《广韵·歌韵》，“鼍”的反切只有“徒河切”（＊dal$^{a}$〉ˏdɑ）。再看《集韵·寒韵》，还有与《经典释文》中“直丹反”对应的“唐干切”。根据黄焯（2006：443）中提到的，“直丹反”反切上字“直”的声母“澄”母ɖ-，六朝以前可能与“定”母 d-无区别。所以“直丹反”实际上表示的音值很可能是＊dan$^{a}$〉ˏdɑn。可是，清原宣贤训点本《中庸章句·第二十六章》只选择“徒河反（切）”（＊dal$^{a}$〉ˏdɑ），其假名是“タ”。还汉字注是“可反”，这很可能是《经典释文》中“徒河反”的误写。

耿［カウ，『经典释文』：公迴反［＊k$^{w}$eŋʔ$^{a}$〉ˋkweŋ］，又公顶反［＊kreŋʔ$^{a}$〉ˋkɛŋ（？）］，旧音，孔顶反［＊k$^{h}$eŋʔ$^{a}$〉ˋk$^{h}$eŋ］］［-41ウ］

“耿”是《广韵·耿韵》的代表字，其反切一个“古幸切”。清原宣贤训点本《中庸章句》中“耿”之音读假名是“カウ”。但《经典释文》中出现的三种反切中，其反切下字“迴”（＊g$^{w}$eŋʔ$^{a}$〉ˋɦweŋ）、“顶”（＊teŋʔ$^{a}$〉ˋteŋ）都属于《广韵·迥韵》，与耿韵ˋ-ɛŋ之音值有些区别。黄焯（2006：643）根据敦煌本《经典释文》，“公顶反”变为“公幸反”。据此，与“耿”的音读假名“カウ”对应的《经典释文》音切很可能是“公顶（幸）反”。《经典释文》的其他反切（“公迴反”“孔顶反”）与《集韵·迥韵》中的“畎迥切”（＊k$^{w}$eŋʔ$^{a}$〉ˋkweŋ）、“犬迥切”（＊k$^{hw}$eŋʔ$^{a}$〉ˋk$^{hw}$eŋ）对应。其中“孔顶反”与“犬迥反”中反切下字的开合口［±round］有区别，其原因还无法推测。

3）与《经典释文》音切不一致例子

儌［平浊，坚尧反，ケウ，『经典释文』：坚尧反［＊kew$^{a}$〉ˏkew］］［-20ウ］

鼈［入浊，ヘツ，『经典释文』：必列反［＊pet$^{b}$〉pjɛtˌ］］［-41ウ］

关于“儌”的问题，详见本稿“3.2.3”说明。关于“鼈”的浊音声母的证据，《广韵》及《集韵》中难以找到。只可以解释为是日本汉字音的“惯用音”。

4）难以判明的例子

拳［ケン，『经典释文』：音权［＊gron$^{b}$〉ˏgɯwɛn］，又起阮反［＊k$^{h}$onʔ$^{b}$〉ˏ

$k^h$ ɯ wɐn]，徐羌权反［＊$k^h$ron$^b$〉˛$k^h$ ɯ wɛn]，奉持之貌]［-13ウ］

跲［入声，ケウ，『经典释文』：其劫反［＊gop$^b$〉gɯ ɐp˛]，皇音跲［＊kop$^b$〉k ɯ ɐp˛]，蹶也]［-33ウ］

絅［ケイ，『经典释文』：本又作顈，诗作褧，同，口迥反［＊$k^{hw}$ eŋʔ$^a$〉˓$k^h$weŋ]，徐口定反［＊$k^{hw}$ eŋs$^a$〉$k^h$weŋ]，一音，口颖反［＊$k^{hw}$ eŋʔ$^b$〉˓$k^h$ ɯ wɛŋ］］［-50オ］

以上三字的复数反切全都有日本汉字音的汉音中难以区别的阻塞音性质［±voice］（清浊）的差别，以及只按照假名难以判别的声调差异。因此难以确定清源宣贤是如何选择音切。

辟［ケイ，『经典释文』：音璧［＊pek$^b$〉pɯ ɛk]，君也，注同]［51ウ］

"辟"字比较特殊。根据《经典释文》，此"辟"的读音与"璧"（＊pek$^b$〉pɯ ɛk˛）相同。但是此处出现的读音是不规则字音"ケイ"。再看［51ウ］的文脉，如：

不显惟德、白辟其刑之。

其中"辟"后第二字"刑"的汉音是"ケイ"。因此可以推测"辟"的假名"ケイ"可能是"刑"汉音之误写。

我们可以把以上音段比较整理为表格，参考如下：

| 与『经典释文』音切一致的例子 | 与『经典释文』复数音切部分一致的例子 | 与『经典释文』音切不一致的例子 | 难以判明的例子 | 总数 |
|---|---|---|---|---|
| 45（47） | 4 | 2 | 4 | 55（57） |

## 4. 与《经典释文》中音切字的超音段成分的比较

1）与《经典释文》音切一致的例子

（1）一字复数出现的例子

与音段例子相比，一字复数出现之例更多。其中"乐""齐"也在音段例子中也能看到。具体看相关例子，如下：

乐［入声，ラク，『经典释文』：音洛［＊ŋ·rak$^{a}$〉lɑk，］注同］［8ウ］

乐［入声，ラク：『经典释文』：音洛［＊ŋ·rak$^{a}$〉lɑk，］，下及注同］［-21オ］

齐［平声，サイ，『经典释文』：侧皆反［＊dzri$^{a}$〉˛dzɛj］，本亦作斋］［-22オ］

齐［平声，サイ，『经典释文』：侧皆反［＊dzri$^{a}$〉˛dzɛj］］［-32オ］

齐［平声，『经典释文』：侧皆反［＊dzri$^{a}$〉˛dzɛj］］［-47ウ］

好［去声，『经典释文』：呼报反［＊hmu（ʔ）s$^{a}$〉hɑw ］］［-21オ］

好［去声，『经典释文』：呼报反［＊hmu（ʔ）s$^{a}$〉hɑwˋ］］［-32オ］

"好"有两种读音。作为形容词（good）时，读为＊hmuʔ$^{a}$〉ˊhɑw；作动词（like）时候，读为＊hmu（ʔ）s$^{a}$〉hɑwˋ。本稿研究文献中的"好"，各各出现于"妻子好合"（《中庸章句·第十五章》）、"同期好恶"（《中庸章句·第二十章》），其意义都是"好恶"的"好"。

行［去声，『经典释文』：下孟反［＊graŋs$^{a}$〉ɦɐŋ］］［-33ウ］

行［去声，『经典释文』：下孟反［＊graŋs$^{a}$〉ɦɐŋ］］［-44ウ］

"行"在《广韵》里有四种反切。其中除了"＊gaŋ（s）$^{a}$〉˛ɦɑŋ（ ）"之外，与声点有关的读音是＊graŋ（s）$^{a}$〉˛ɦɐŋ（ ）。看《群经音辨·卷第一》，相应于＊graŋ$^{a}$〉˛ɦɐŋ的反切"户庚反"，其意义为"步趋也"；相应于"＊graŋs$^{a}$〉ɦɐŋ"的反切"下孟切"，其意义是"人所施也"。通过以上能总结出，"行"作平声时，意义是"走"（即，动词）；做去声时，意义是"行为（即，名词）"。《经典释文》的音切与清原宣贤训点本《中庸章句》的声点，都与去声对应。此两例中，都标记音读，对应于《中庸章句·第二十章》的［33ウ］，读为"行（カウ）、前（さき）に定（さだ）めつるときは、即（すなは）ち疚（やま）しからず"；又相当于《中庸章句·第二十章》的［44ウ］读为"行（カウ）、伦（リン）を同（おな）じくす"，都是"行"作去声的用例。

知［去声，『经典释文』：音智［＊tres$^{b}$〉ʈjeˋ］，下文大知也，予知注有知皆同］［-11オ］

知［去声，『经典释文』：音智［＊tres$^{b}$〉ʈjeˋ］，下近乎知，注言：有知皆同］［-29オ］

知［去声，『经典释文』：音智［＊tres$^{b}$〉ʈjeˋ］，下圣知同］［-48オ］

根据《广韵》，“知”有两种反切，及〈支韵〉的“陟离切”（平声）与〈寘韵〉的“知义切”（去声）。孙玉文（2015：806）依照俞敏（1999：300），作了如下说明：

平声：1）动词：知道、了解；2）名词：知识。

去声：1）名词：智慧；2）动词：聪明、有智慧。

本稿也赞同此案，以此适用于清原宣贤训点本《中庸章句》中的解释。

知者过之（知者（チシャ）は过（す）ごす）『中庸章句・第四章』

知・仁・勇、三者天下之达德也（知（チ）、仁（ジン）、勇（ユウ）、三（み）つの者（もの）は天下（テンカ）の达德（タットク）なり）『中庸章句・第二十章』

苟不固聪明圣知达天德者，其孰能知之？（苟（いやしく）も固（まこと）に聪明（ソウメイ）、圣知（セイチ）にて天德（テンコク）に达（タッ）する者（もと）あらざれば、其（そ）れ孰（たれ）か能（よ）く之（これ）を知（し）らん）『中庸章句・第三十二章』

此例的“知”全读为日本汉字音，“知者”（即，智者）、“知（智慧），仁，勇”“圣知”（即，圣智）之“知”，其意义都为“智慧”，或“有智慧”，两者有密切的关系。因此《经典释文》音切与清原宣贤《中庸章句》声点相符合。

（2）其他

以下的示例是《经典释文》的反切与声点的对应仅有一例的情况。

中［去声，アタル，『经典释文』：丁仲反［＊truŋs$^{b}$〉ʈɰuŋ］，下注为之中同］［8ウ］

罟［上声，音古，コ，『经典释文』：音古［＊kaʔ$^{a}$〉ʻkuo］，罔之總名］［-12ウ］

擭［去声，胡化反，クワ，『经典释文』：胡化反［＊g$^{w}$raks$^{a}$〉ɦwaˋ］，尚书传云：捕兽机槛］［-12ウ］

阱［去浊，才性反，セイ，『经典释文』：才性反［＊sgeŋs$^{b}$〉dzɯɛŋ꜄］，本或作穽，同阱，穿地陷兽也，说文云：穽或为阱字也］［−12ウ］

强［平声，『经典释文』：其良反［＊gaŋ$^{b}$〉꜀gɯaŋ］，下同］［−14オ］

矫［上声，ケウ，『经典释文』：居表反［＊krewʔ$^{b}$〉꜀kɯɛw］，下同］［−14ウ］

鸢［平声，エム，『经典释文』：悦专反［＊lon$^{b}$〉꜀jwɛn］，字又作䲻.］［−17オ］

柯［平声，カラ，『经典释文』：古何反［＊kal$^{a}$〉꜀kɑ］］［−18オ］

慥［去声，サウ，『经典释文』：七到反［＊sk$^{h}$u（k）s〉ts$^{h}$ɑw꜄］，守实貌］［−19ウ］

易［去声，ヤスキ，『经典释文』：以豉反［＊leks$^{b}$〉je］，注同，平安也］［−20ウ］

鹄［入声，『经典释文』：古毒反［＊kuk$^{a}$〉kwok꜁］，注同。正鹄，皆鸟名也，一曰，正，正也，鹄，直也，大射则张皮侯而栖鹄，宾射张布侯而设正也］［−20ウ］

翕［入声，キフ，『经典释文』：许急反［q$^{h}$ɨp$^{b}$〉hɯɨp꜁］，合也］［−21オ］

耽［平声，タン，『经典释文』：丁南反［＊tɨm$^{a}$〉꜀tʌm］］［−21オ］

帑［平浊，『经典释文』：音奴［＊na$^{a}$〉꜀nuo］，子孙也，本又作孥，同，尚书传，毛诗笺并云：子也，杜预注左传云：妻子也］［−21オ］

洋［平声，ヤウ，『经典释文』：音羊［＊laŋ$^{b}$〉꜀jaŋ］］［−22オ］

格［入声，カク，『经典释文』：古百反［＊krak$^{a}$〉kɐk꜁］，来也］［−22ウ］

矧［上声，シン，『经典释文』：诗忍反［＊hlinʔ$^{b}$〉꜂ɕjin］，况也，注同］［−22ウ］

与［平声，『经典释文』：音余［＊la$^{b}$〉꜀jɣ］］［−23オ］

覆［入声，『经典释文』：芳伏反［＊p$^{h}$uk$^{b}$〉p$^{h}$ɯuk꜁］］［−23オ］

栽［平声，サイ，『经典释文』：依注音灾，将才反［＊tsɨ$^{a}$〉꜀tsʌj］，注同，植也］［−23オ］

培［平浊，『经典释文』：蒲回反［＊bɨ$^{a}$〉꜀bwoj］，益也］［−23ウ］

衣［平声，『经典释文』：依注衣作殷，于巾反［＊qɨn$^{b}$〉꜂ʔɯɨn］戎兵也，谓一用兵伐殷也，尚书依字读谓一著戎衣而天下大定］［−24オ］

期［平声，『经典释文』：音基［＊kɨ$^{b}$〉꜀kɯɨ］，注同］［−24ウ］

组［上声，音祖，ソ，『经典释文』：音祖［＊tsaʔ$^{a}$〉꜂tsuo］］［−25オ］

燕［去声,『经典释文』: 于见反［＊qens$^{a}$〉ʔen`］, 注并同］［-26オ］

穆［入浊,『经典释文』: 穆又作缪, 音同［＊mruk$^{b}$〉mɯuk͵］］［-26オ］

昭［平声,『经典释文』: 常遥反［＊dew$^{b}$〉͵dʑjɛw］］［-26オ］

长［上声,『经典释文』: 丁丈反［＊traŋʔ$^{b}$〉ʻʈɯɑŋ］, 下谓长同］［-26ウ］

策［入声, サク,『经典释文』: 初革反［＊ts$^{h}$rek$^{a}$〉tʂ$^{h}$ɛk͵］方, 版也, 策, 简也］［-27ウ］

杀［去声, サイ, 『经典释文』: 色界反［＊srets$^{a}$〉ʂɛj`］, 徐所例反［＊srets$^{b}$〉ʂjɛj`］］［-28オ］

强［上声,『经典释文』: 其两反［＊gaŋʔ$^{b}$〉ʻgɑŋ］, 注同］［-29ウ］

眩［去声,『经典释文』: 玄遍反［＊g$^{w}$ens$^{a}$〉ɦen ʻ］］［-30ウ］

禀［上声, ヒン,『经典释文』: 彼锦反［＊prɨmʔ$^{b}$〉ʻpɯɨm］, 一本又力锦反［＊b・rɨmʔ$^{b}$〉ʻlɯɨm］, 既禀谓稍食也］［-32ウ］

既［去声,『经典释文』: 依注音饩, 许气反［＊q$^{h}$ɨts$^{b}$〉hɯɨj`］］［-33オ］

朝［平声,『经典释文』: 直遥反［＊drew$^{b}$〉͵ɖjɛw］］［-33オ］

踬［去声, チ,『经典释文』: 徐音致［＊triks$^{b}$〉ʈji`］］［-33ウ］

祯［平声, テイ,『经典释文』: 音贞［＊treŋ$^{b}$〉͵ʈjɛŋ］］［-38ウ］

妖［平声, ヨウ,『经典释文』: 于骄反［＊qrow$^{b}$〉͵ʔɯɛw］, 左传云: 地反物为妖, 说文作䄏, 云: 衣服歌谣草木之怪谓之䄏］［-38ウ］

孽［入浊, ゲツ,『经典释文』: 鱼列反［＊ŋret$^{b}$〉ŋɯɛt͵］, 说文作蠥, 云: 禽兽虫蝗之怪谓之蠥］;［-38ウ］

蓍［平声, シ,『经典释文』: 音尸［＊h$^{j}$i$^{b}$〉͵ɕji］, 注同］, 注同］［-38ウ］

夫［平声,『经典释文』: 音扶［ba$^{b}$〉͵bɯu］, 下同］［-41オ］

昭［平声,『经典释文』: 章遥反［tew$^{b}$〉͵tɕjɛw］, 注同, 本亦作炤, 同, 犹耿耿小明也］［-41オ］

撮［入声, サツ,『经典释文』: 七活反［＊ts$^{h}$ot$^{a}$〉ts$^{h}$wɑt͵］］［-41オ］

藏［去声,『经典释文』: 才浪反［＊dzaŋs$^{a}$〉dzɑŋ`］］［-41ウ］

勺［入声, シャク,『经典释文』: 徐市若反［＊dek$^{wb}$〉dʑɯɑk͵］］［-41ウ］

区［平声, ク,『经典释文』: 羌俱反［＊k$^{h}$o$^{b}$〉͵k$^{h}$ɯu］］［-41ウ］

峻［去声,『经典释文』: 思闰反［＊suns$^{b}$〉sjwin］, 高大也］, 高大也。此言道之极于至大而无外也。［-42ウ］

优［平声，イウ，『经典释文』：于求反［＊qu^b〉˛ʔɯɨw］，倡优也］［-42ウ］

凝［平浊，ギョウ，『经典释文』：本又作疑，鱼澄反［＊ŋɨŋ^b〉˛ŋɯɨŋ］，成也］［-43オ］

焫［平声，『经典释文』：音寻［＊l^jɨm^b〉˛zjɨm］］［-43オ］

射［入声，エキ，『经典释文』：音亦［＊lak^b〉jɛk˛］，注同］［-46ウ］

睿［去声，『经典释文』："叡"，音锐［＊ɢ^w lets^b〉jwɛj˴］］［-47ウ］

说［入声，ヨロコバ，『经典释文』：音悦［＊lot^b〉jwɛt˛］］［-48オ］

貊［入声，『经典释文』：本又作貊，武伯反［＊mrak^a〉mɐk˛］说文云：北方人也］［-48ウ］

肫［平声，シュン，『经典释文』：依注音之淳反［＊tun^b〉˛tɕjwin］，恳诚貌］［-49オ］

的［入声，テキ，『经典释文』：丁历反［＊tekw^a〉tek˛］］［-50ウ］

疚［去声，キウ，『经典释文』：九又反［＊k^w ɨ（ʔ）s^b〉kɯɨw˴］］［-51オ］

相［去声，『经典释文』：息亮反［＊saŋs^b〉sɯɑŋ˴］，注同］［-51オ］

钺［入声，『经典释文』：音越［＊ɢ^w at^b〉ɦɯwɐt˛］］［-51ウ］

（3）附加说明

以下示例不看做特例，本稿中仅作选择性补充说明。

强［平声，『经典释文』：其良反［＊gaŋ^b〉˛gɯɑŋ］，下同］［-14オ］

强［上声，『经典释文』：其两反［＊gaŋʔ^b〉˓gɯɑŋ］，注同］［-29ウ］

此"强"之两例，其用字相同而词干（theme）有差异。先看［14オ］之例，该文句是"子路问强"之"强"；再看［29ウ］之例，是"或行勉强"之"强"。

射［入声，エキ，『经典释文』：音亦［＊lak^b〉jɛk˛］，注同］［-46ウ］

此"射"之例，源于《中庸章句·第二十九章》中所引用《诗经·周颂·振鹭》"在彼无恶、在此无射；庶几夙夜、以永终誉"的"射"的朱熹注释上添加的音读假名。此"射"在《毛诗》中为"斁"（＊lak^b〉jɛk˛），即"射""斁"两字的通假关系。

纶［平声,『经典释文』:“能经论”本又作纶，同，音伦［＊run$^{b}$〉ˏljwin］］［-48ウ］

此“纶”在《经典释文》里记为“论”，又说明“本又作纶”。“论”在《广韵》中有三种反切，“力逆切”（ˏljwin）、“卢昆切”（ˏlwon）、“卢困切”（lwonˋ），其中“力逆切”（ˏljwin）与《经典释文》的直音“伦”对应。此种异文现象在先秦文献中不常见，而《周易·屯卦·象传》“君子以经纶”的“纶”也在《经典释文》中记为“论”，其字音是“音伦”，的确与本例相似。

昭［平声,『经典释文』:常遥反［＊dew$^{b}$〉ˏdʑjɛw］］［-26オ］

昭［平声,『经典释文』:章遥反［tew$^{b}$〉ˏtɕjɛw］，注同，本亦作炤，同，犹耿耿小明也］［-41オ］

此例也是同字而其词干不同。［26オ］的“昭”是《中庸章句·第十九章》“宗庙之礼，所以序昭穆也”中的“昭”；［41オ］的“昭”是《中庸章句·第二十六章》“今夫、天昭昭之多”的“昭”。［41オ］的“昭”，其意义是本意（《说文解字·目部》“昭，日明也”），而［26オ］的“昭”是《说文解字·人部》“佋，庙佋穆也”的“佋”的异体字，《集韵·宵韵》“时饶切”小韵的异体字也有“佋、卲、昭”三种，其意义也与《说文解字》的记录相同。因此，严格来说，［26オ］、［41オ］的“昭”读音相异。可是，日本汉字音的汉音中难以反映中古音声母的清浊，且朱熹也在《中庸章句·第十九章》只说到“昭，如子”，我们的确难以确认训点本的著者清原宣贤是如何真正反映字音差异的情况。

2）与《经典释文》复数音切部分一致的例子

膺［平声，ヰヨウ,『经典释文』:徐音应［＊qɨŋs$^{b}$〉ʔɰɨŋˋ］，又于陵反［＊qɨŋ$^{b}$〉ˏʔɰɨŋ］］［-13ウ］

只照《广韵》，其反切仅有〈蒸韵〉“于陵切”，正与《经典释文》反切“于陵反”相符合。徐邈的直音“应”记在《集韵·证韵》“于证切”小韵，而具体说明：“《礼》‘拳拳服膺’，徐邈读。”《中庸章句》之朱熹注释中没有“膺”的音切，清原宣贤训点本的声点则记为“平声”。

嘉［去声，『经典释文』：户嫁反［＊grals$^{a}$〉ɦaˎ］，诗本作假，音同，假，嘉也，皇音加［＊kra$^{a}$〉˛ka］，善也］［-23ウ］

《经典释文》标记的此“嘉”代表反切是“户嫁反”。此反切未收录在《广韵》，而记在《集韵·祃韵》“亥驾切”小韵。《中庸章句》中没有与此有关的说明，清原宣贤训点本中所选择的声点可能以《经典释文》为基准。此“嘉”实际上与《毛诗·假乐》的“假”对应的异文，还依据《经典释文》的记述，皇侃对此“假”提示的直音是“加”（＊kra$^{a}$〉˛ka）。但是清原宣贤训点本［-23ウ］在《中庸章句》的朱熹注释中标记以下声点，如：

诗大雅假［平声］乐［入声］之篇。假［平声］，当依此作嘉。

按照《广韵》，“假”的反切只有“古疋切”（$^{*}$kraʔ$^{a}$〉ʿka）、“古讶切”（$^{*}$kra（ʔ）s$^{a}$〉kaˎ）两种。所以，我们看到的“假”的声点是平声的原因很可能是清原宣贤把《经典释文》直接引用或间接引用的结果。

宪［上声，『经典释文』：音显［＊q$^{h}$enʔ$^{a}$〉ʿhen］，注同，兴盛貌，一音如字［＊q$^{h}$ans$^{b}$〉hɰɐnˎ］］［-23ウ］

看《广韵》，“宪”的反切只现于〈愿韵〉小韵“许建切”（＊q$^{h}$ans$^{b}$〉hɰɐn），而清原宣贤的声点标记是上声。当然，《经典释文》的直音“显”的声调也是上声，再确认该文朱熹注释，记为“宪，当依诗作显”，其“显”在《广韵》中只有〈铣韵〉“呼典切”（＊q$^{h}$enʔ$^{a}$〉ʿhen），可以理解此处的“宪”的声调是上声。

恶［去声，『经典释文』：（下）乌路反［＊qaks$^{a}$〉ʔuoˎ］，又并如字［＊qak$^{a}$〉ʔɑk¸］，注同］［-32オ］

此“恶”相当于《中庸章句·第二十章》“尊其位重其禄、同其好恶、所以劝亲亲也”之“恶”。《经典释文》中其反切记为“乌路反”（＊qaks$^{a}$〉ʔuoˎ），《中庸章句·第二十章》的朱熹注释为声调是去声。可是，《经典释文》中还有“如字”，即“＊qak$^{a}$〉ʔɑk¸”，而清原宣贤的声点没反映出来。

华［去声，『经典释文』：户化［＊ɢʷ rasᵃ〉 ɦwa］户瓜［＊ɢʷ raᵃ〉 ˛ɦwa］二反］［－41ウ］

此“华”是《中庸章句·第十六章》“及其广厚，载华·狱而不重”的“华”。“华”的意义是“花”，其读音即“＊ɢʷraᵃ〉 ˛ɦwa”；指地名“华山”，其读音为“＊ɢʷ rasᵃ〉 ɦwa”。朱熹对此“华”的声调注为“去声”，《礼记·中庸》的孔颖达疏以“华狱”释为“五岳”。“华山”是“五岳”之一，照此该文“华”的声调应为去声。

卷［平声，ケン，『经典释文』：李音权［＊gronᵇ〉 ˛gɰ wɛn］，又羌权反［＊kʰronᵇ〉 ˛kʰ ɰ wɛn］，范羌阮反［＊kʰonʔᵇ〉 ˋkʰ ɰ wɐn］，犹区也，注同］［－41ウ］

与此对应的朱熹注释仅是《中庸章句·第二十六章》“卷，平声”而已。然而《经典释文》中相应的音切，是“音权”（＊gronᵇ〉 ˛gɰ wɛn）、“羌权反”（＊kʰronᵇ〉 ˛kʰ ɰ wɛn）、“羌阮反”（＊kʰonʔᵇ〉 ˛kʰ ɰ wɐn），其中与朱熹的注释相符的是“音权”与“羌权反”两种。按照《广韵·仙韵》和《集韵·仙韵》，读音是＊gronᵇ〉 ˛gɰ wɛn，其意义为“曲也”；读音是＊kʰronᵇ〉 ˛kʰ ɰ wɛn，其意义为“河南一曰：冠武”。朱熹以“卷”释为“区也”。但是“区也”意义相当于“羌阮反”（＊kʰonʔᵇ〉 ˛kʰ ɰ wɐn。《集韵·仙韵》“苦远切”小韵：“卷，区也。《礼》‘一卷石之多’。范宣读”），其声调该是上声。照此来看，朱熹的注释与《经典释文》不符，清原宣贤只参照朱熹的注释而已。

王［去声，『经典释文』：于况反［＊ɢʷaŋsᵇ〉 ɦɰ waŋˋ］，又如字［＊ɢʷaŋᵇ〉 ˛ɦɰ waŋ］］［－45オ］

此“王”相当于《礼记·中庸》中的“王天下、有三重焉”。“王”的读音有“＊ɢʷaŋᵇ〉 ˛ɦɰ waŋ”（名词）与“＊ɢʷ aŋsᵇ〉 ɦɰ waŋˋ”（动词。“为王”）两种，《经典释文》对此都提示其两读。孙玉文（2015：795）说明《经典释文》给这种“王”兼平去有两种情况，如下：

一是对“王”有不同理解。当“王”作定语时，兼平去的例子较多。（中略）

二是反映了六朝后期口语中“王”滋生词由去声读成平声的事实。

其中《礼记·中庸》“王天下、有三重焉”中“王”的“又如字”相当于后者。但是朱熹在《中庸章句·第二十九章》中把“王”读音记为“去声”，与清原宣贤声点相对应。

淡［上声，『经典释文』：徒暂反［＊lams$^{a}$〉dɑmˋ］，又大敢反［＊lamʔ$^{a}$〉‘dɑm］，下注同］［-50ウ］

此例出现于与《礼记·中庸》中“淡而不厌”对应的《中庸章句·第三十三章》朱熹注释中出现的“淡”和其声点。Downer（1959：20）根据读音把“淡”的意义区分为“mild”与“insipid”。《群经音辨》中没有相关的例子，《广韵》中记录的“淡”之复数反切（《广韵·敢韵》“徒敢切”小韵“淊淡、水满皃。又薄味也”；《广韵·阚韵》“徒滥切”小韵“水味”），其意义关系模糊不清。再结合考虑中古音以后出现的“浊上变去”现象，难以确定此声点对应于哪一个反切。

絅［去声，『经典释文』：本又作颎，诗作褧，同，口迥反［＊k$^{hW}$eŋʔ$^{a}$〉‘k$^{h}$weŋ］，徐口定反［＊k$^{h}$（$^{W}$）eŋs$^{a}$〉k$^{h}$（w）eŋˋ］，一音，口颎反［＊k$^{hW}$eŋʔ$^{b}$〉‘k$^{h}$ɰwɛŋ］］［-50ウ］

此例相当于《礼记·中庸》所引用《诗经·硕人》“衣锦尚絅”的“絅”，而有清原宣贤声点的部分是《中庸章句·第三十三章》朱熹注释中的。“衣锦尚絅“在《毛诗》中记为“衣锦褧衣”，《经典释文》也记为“《诗》作‘褧’”。《经典释文》对“絅”提示的反切是“口迥反”（＊k$^{hW}$eŋʔ$^{a}$〉‘k$^{h}$weŋ）、“口定反”（＊k$^{h}$（$^{W}$）eŋs$^{a}$〉k$^{h}$（w）eŋˋ）、“口颎反”（＊k$^{hW}$eŋʔ$^{b}$〉‘k$^{h}$ɰwɛŋ）三种，其声调总有上去两种。其中清原宣贤选择的声调是去声，与朱熹在《中庸章句·第三十三章》中选择的反切“口迥反”不符。此种现象可能意味着清原宣贤参考了《经典释文》或者与其有关的文献。

鈇［平声，『经典释文』：方于反［＊pa$^{b}$〉ˏpɰu］，又音斧［＊paʔ$^{b}$〉‘pɰu］］［-51ウ］

根据《广韵》，“鈇”只有与“方于反”对应的〈虞韵〉读音（＊pa$^{b}$〉ˏpɰu），而

《集韵·麌韵》的小韵“匪父切”，是“斧”（＊paʔᵇ〉ˋpɯu）的异体字。这很可能是按照《经典释文》的，段玉裁在《说文解字·金部》“鈇”项说道：

若《五经文字》云：“鈇音斧，又与斧同。”则甚谬误。《后汉·献帝纪》：“加鈇钺虎贲。”注引《仓颉篇》“鈇，斧也”。此夺去“椹质也越”四字。为俗误所本。

按此，“鈇”与“斧”读音相同只是一种误解而已，“鈇”之正音该是“方于反”（＊paᵇ〉ˎpɯu）。

3）与《经典释文》音切不一致的例子

（1）去声→上声之例

佐々木勇（1988：33）对镰仓时期岩崎文库本《蒙求》的去声字声点做了如下整理：

| 双音节字 | 一音节字 | |
|---|---|---|
| 144<br>(231) | 9<br>(9) | 去声 |
| 20<br>(21) | 58<br>(77) | 上声 |
| 14<br>(16) | 10<br>(12) | 平声 |
| 179<br>(269) | 77<br>(98) | 计 |

考虑以上研究成果，去声字的声点对应趋势在双音节字中保留原来的声调；单音节字其声调变为上声的例子较多。佐々木勇（1988：34）还提示，“如果在句首或者词头，上声化会延后‘与’去声、上声的连接之间发生的上声化‘连音上的声调变化’”显示“去声-〉上声”音变的原因。

《经典释文》音切声调中是去声，清原宣贤训点本《中庸章句》中声点是上声的例子，如下：

①在句首或者词头

陷［上声，カン，『经典释文』：陷没之陷［＊gromsᵇ〉ɦɛm］］［-12ウ］（『中庸章句·第七章』「纳诸罟擭、陷阱之中」之「陷」）

慥［上声，七到反，サウ，『经典释文』：七到反［＊skʰu（k）s〉tsʰɑwˋ］，守实貌］［-19ウ］（『中庸章句·第十三章』「君子胡不慥慥尔」之「慥」）

敛［上声，レン，『经典释文』：力验反［＊g・roms$^{b}$〉ljɛmˋ］］［-32ウ］（『中庸章句・第二十章』「时使薄敛」之「敛」）

此三例中“陷”是“陷阱”的词头，而清原宣贤训点本《中庸章句》的「16ウ」，“陷”的前面也有声点，其日语读法是“罟擭（コクヮ）、陷阱（カンセイ）の中（なか）に纳（いるるとき）にして”，此明示“陷”是词头。

“慥”是《中庸章句・第十三章》“君子胡不慥慥尔”的“慥”（＊sk$^{h}$uks$^{a}$〉ts$^{h}$ɑw）。与之对应的清原宣贤训点本，如图二，根据假名、反切与声点而用日语读：“君子（クンシ）、胡（なんぞ）、慥（サウ）慥（サウ）尔（ジ）に不（せ）ざらん。”此文章的实际上读音还要根据训点而决定，“慥”在此处读为上声的原因可能是其读法“慥（サウ）慥（サウ）尔（ジ）に不（せ）ざらん”的句首字是“慥”。

“敛”是《中庸章句・第二十章》“时使薄敛”的“敛”，根据《经典释文》，其读音是“力验反”（＊g・roms$^{b}$〉ljɛm），声调是去声。对“敛”的声调，《中庸章句》之朱熹注释也明示“远、好、敛，并去声”。然而也看训点，清原宣贤的读法是“时に使（つかふ）て敛（レン）を薄（うすう）す”。其中没有训点，参考文章中动词谓语“使”“薄”的情况，第二个谓语“薄”之宾语“敛”是“句中发音的局头位置（句中の発音の头。佐々木勇　1988：34）”，其声调变为上声的原因可能与此有关。

②去声、上声连续上声化，即“连音上的声调变化”（去声・上声に続く际に上声化する「连音上の声调变化」）

肖［上声，『经典释文』：音笑［＊sews$^{b}$〉sjɛw］，下同］［-11ウ］（『中庸章句・第四章』「不肖者不及也」之「肖」）

“肖”在《中庸章句・第四章》“不肖者不及也”中出现，图四的清原宣贤训点，其日语读法是“不肖者（フセウシャ）は及（およ）ばず”。“不肖”从较早时期开始用为词汇，的确能看到其“音合符”。以《广韵》为准，其读音是“＊pɨ$^{b}$〉˛pɰɨw”“＊pɨʔ$^{b}$〉ˋpɰɨw”及“＊pɨt$^{b}$〉pɰut˛”的三种，根据《篆隶万象名义》的反切“甫负反”与《类聚名义抄》的反切“方久反”，日本汉字音中代表读音的来源是“ˋpɰɨw”。如此条件下，“不肖”之声调自然从去声变为上声。

③原因不明

费［上声，『经典释文』：本又作拂，同，扶弗反［＊bɨt$^{b}$〉bɯut,］，犹佹也，徐音弗［＊pɨt$^{b}$〉pɯut,］，注同］［-16ウ］（『中庸章句・第十二章』「君子之道费而隐」之「费」）

著［上声，チョ，『经典释文』：张虑反［＊traks$^{b}$〉ʈɯγˋ］，下同］［-17オ］（『中庸章句・第十二章』之朱熹注释「察、著也」之「著」对应）

治［上声，『经典释文』：直吏反［＊lrɨs$^{b}$〉ɖɯɨˋ］，一音如字［＊lrɨ$^{b}$〉ˏɖɯɨ］］［-28ウ］（『中庸章句・第二十章』「民不可得而治矣」之「治」）

此三例的声点是上声的原因现无法解释。首先，“费”的声点与《经典释文》不相符合。根据《经典释文》音切，此“费”实际上是“拂”的异文，其读音该是“＊bɨt$^{b}$〉bɯut,”或“＊pɨt$^{b}$〉pɯut,”，而朱熹注释的反切是“符味反”（根据本稿拟音，音值相当于“＊bɨts$^{b}$〉bɯuj”）。《集韵・未韵》有与“符味反”相对应“父沸切”小韵的“费”，其意义是“姓也”，朱熹反切的原因不明。而且清源宣贤训点本《中庸章句》中，其“费”前面没有句点标记，也难以推测“在句首或者词头”的位置是上声声点出现的原因。

《经典释文》中有“著”的音切，在《礼记・中庸》本文中没有，而只有郑玄注“察，著也”，与朱熹的注释相同。《篆隶万象名义》中“著”的读音只有“直闾反”，《类聚名义抄》明示“著”的复数字音，同时记载意义的差别。《礼记・中庸》及《中庸章句・第十二章》的“著”释为“察”，在清原宣贤训点本《中庸章句》中用假名“アキラカ（なり）”解释。再看《类聚名义抄》中的“著”项，其意义释为“アキラカナリ”的读音是“张卢反”“中怒反”的两反切。其反切的下字都为中古音模姥暮韵-uo的“卢”（＊b・ra$^{a}$〉ˏluo）、“怒”（＊nas$^{a}$〉nuo），这种反切很可能是《经典释文》的“张虑反”和《玄应一切经音义・卷第二・大般涅槃经第九卷》“抄前著后”的“中恕反”的误写。“张虑反”“中恕反”都相当于同一个音节（＊traks$^{b}$〉ʈɯγˋ），实际上其音值相同。与《类聚名义抄》相对应清原宣贤训点本《中庸章句・第十二章》的训读“言は、其（それ）、上下（シャウカ）、察（あきらか）なり”，郑玄、朱熹注释“著”的声调是去声是规则对应。对于“察、著也”来说，“也”的读音很可能是日语训读“なり”。所以此处“著”之声调是上声的原因难以解释。

《中庸章句・第十二章》“民不可得而治矣”的“治”，其问题更复杂。《中庸章句》朱熹注释，“直吏反（＊lrɨs$^{b}$〉ɖɯɨˋ），一音如字（＊lrɨ$^{b}$〉ˏɖɯɨ）”，《群经音辨》

也说："治，理也。直基切；致理成功曰治，直吏切。"《类聚名义抄》中没说明意义上的差异，而只注明其复数的读音（"持"和"又去，又里"）。其中"里"（＊rɨʔ$^b$〉ʻlɯɨ）的读音在《一切经音义》中记载为直音"音理"（＊rɨʔ$^b$〉ʻlɯɨ）。不过，按照徐时仪（2009：853）中的解释，这只是唐高宗名讳"李治"的避讳，《类聚名义抄》的"治"读音中能参考的是"持（＊lrɨ$^b$〉˛ɖɯɨ）"和"去（声。＊lrɨs$^b$〉ɖɯɨ）"。此情况与《经典释文》基本一致。而且于平、去声的意义区别，孙玉文（2015：7—8）说："从释义来说，《玉篇》没有反映出'治'平去二读的词义区别；《广韵》平去二读均释为'理也'，尽管古人可能知道这两处的'理也'的词义有别，但是其释义并没有揭示两读的细微区别。"这样来说，"治"的声调是上声的原因还有待商榷。

以上三例的共同点是去声字的声点都是上声。其他例外包含在"难以判明的例子"中。

（2）其他情况

①浊上变去

衽［去浊，ジン，『经典释文』：而审反［＊nɨmʔ$^b$〉ʻɲjɨm］，又而鸩反［＊nɨm（ʔ）s$^b$〉ɲjɨm］］［-14ウ］

浩［去声，『经典释文』：胡老反［＊guʔ$^a$〉ʻɦɑw］］［-49ウ］

根据《经典释文》，上例"衽""浩"的声调都是上声。可是，二字的中古音声母都是浊音（即，/ɲ -/、/ɦ -/）。这么来说，"衽""浩"之声点是去声的原因，应该是反映了汉语音韵历史演变过程中产生的"浊上变去"的情况。

②类推（analogy）

睨［平浊，ゲイ，『经典释文』：徐音诣［＊ŋes$^a$〉ŋejˋ］，睥睨也］［-18オ］

正［去声，『经典释文』：音征［＊teŋ$^b$〉ʻtɕjɛŋ］注同］［-20ウ］

缵［去声，サン，『经典释文』：徐音纂，哉管反［＊tsonʔ$^a$〉ʻtswɑn］，继也］［-24オ］

溥［去声，『经典释文』：音普［＊p$^h$aʔ$^a$〉ʻp$^h$uo］］［-48オ］

禅［去声，タン，『经典释文』：音丹［＊tan$^a$〉ʻtɑn］］［-50ウ］

此五例中除"溥""正"外，其他声点的例子不在《礼记·中庸》本文中，而在《中庸章句》朱熹注释中出现。其中"禅"在《礼记·中庸》本文中也没有出现，只在郑玄注中出现，明显是朱熹引用的。清原宣贤训点本中出现的声点三例在《广韵》和《集韵》中没有出现。此种情况可解释为是“类推”。首先，依据郑张尚芳（2003/2013）明示与“睨”“缵”声符相同的字，具体如下（拟音的具体音值根据韩炅澔（2014））：

| 「儿」声的形声字 | | | |
|---|---|---|---|
| 平声（20字） | 上声（2字） | 去声（3字） | 入声（5字） |
| 「掜詋」 *ŋʲre$^{a}$〉꜀ɳɛ<br>「倪蜺霓郳齯婗輗棿猊麑貎鯢儿鯢堄掜」 *ŋe$^{a}$〉꜀ŋej<br>「儿唲」 *ŋʲe$^{b}$〉꜀ɲje | 「鯢 晲」 *ŋeʔ$^{a}$〉꜂ŋej | 「睨 堄 霓」 *ŋes$^{a}$〉ŋej꜃ | 「霓蜺隉」 *ŋet$^{a}$〉ŋet，<br>「鶂阋」 *ŋek$^{a}$〉ŋek， |

| 「赞」声的形声字 | | | |
|---|---|---|---|
| 平声（8字） | 上声（9字） | 去声（11字） | 入声（1字） |
| 「钻劗」 *tson$^{a}$〉꜀tswɑn<br>「欑酇巑穳穳攢」 *dzon$^{a}$〉꜀dzwɑn | 「瓒 穳 趱」 *dzanʔ$^{a}$〉꜂dzɑn<br>「缵 攒 儹 酇 欑」 *tsonʔ$^{a}$〉꜂tswɑn | 「赞趱赞酇鑽濽穳攢」 *tsans$^{a}$〉tsɑn꜃<br>「穳囋」 *dzans$^{a}$〉dzɑn꜃<br>「钻」 *tsons$^{a}$〉tswɑn꜃ | 「囋」 *dzat$^{a}$〉dzɑt， |

看上例，以“儿”为声符的形声字中最多的声调是平声，以“赞”为声符的形声字中最多的声调是去声。当然，“赞”声字来说，除了入声字（一字）之外，还有平声（八字）、上声（九字）、去声（十一字）等，其数量比较近于平均，有点暧昧。然而，先秦至两汉时期的文献中情况来说，代表声符“赞”（542次）的出现次数较多，比“瓒”（158次）、“钻”（平声、去声的出现次数总共65次）、“赞”（54次）、“缵”（22次）等，其数量绝大多数。因此，“缵”的声调是去声的主要原因会是其声符“赞”的影响。还有，“睨”的声点是平声的原因也可能是其声符“儿”的影响。

| 「尃」声的形声字 | | | |
|---|---|---|---|
| 平声（2字） | 上声（2字） | 去声（4字） | 入声（20字） |
| 「尃」 *pʰa$^{b}$〉꜀pʰɰu<br>「榑」 *ba$^{b}$〉꜀bɰu | 「溥」 *pʰaʔ$^{a}$〉꜂pʰuo<br>「簿」 *baʔ$^{a}$〉꜂buo | 「缚」 *baks$^{a}$〉bɑ꜃<br>「傅搏」 *paks$^{b}$〉pɰu꜃<br>「赙」 *baks$^{b}$〉bɰu꜃ | 「博搏髆鎛猼馎溥簙镈欂」 *pak$^{a}$〉pɑk，<br>「尃膊搏」 *pʰak$^{a}$〉pʰɑk，<br>「薄礴镈簿」 *bak$^{a}$〉bɑk，<br>「欂」 *brak$^{a}$〉bæk，— bɛk，<br>「缚」 *bak$^{b}$〉bɰɑk， |

根据郑张尚芳（2003/2013）中的解释，以“尃”为声符的形声字总共是二十八字，其中最多的声调是有二十字的入声。其次多的声调例（去声）只有四个字。然后

平声、上声的字各有二字。但是再一次检讨先秦两汉时期文献资料中此类字出现的次数，可以发现“傅”（1563 次）、“搏”（344 次）、“赙”（82）等去声字出现较多，而“尃”（21 次）、“榑”（8 次）、“溥”（46 次）、“簿”（237）等平、上声字出现次数较少。清原宣贤训点本《中庸章句》中原来声调是上声的“溥”的声点是去声的原因，应该是根据“尃”声字中例子最多的声调是去声，而类推导致的结果。

| 「单」声的形声字 | | | |
|---|---|---|---|
| 平声（28 字） | 上声（19 字） | 去声（9 字） | 入声（0 字） |
| 「驒鼉」 ＊dal$^{a}$〉꜀dɑ<br>「磾」 ＊tel$^{a}$〉꜀tej<br>「鷤」 ＊del$^{a}$〉꜀dej<br>「觯」 ＊tal$^{b}$〉꜀tɕje<br>「单郸殚箪瘅匰禅」 ＊tan$^{a}$〉꜀tɑn<br>「嘽」 ＊t$^{h}$an$^{a}$〉꜀t$^{h}$ɑn<br>「弹貚鷤瘅掸驒」 ＊dan$^{a}$〉꜀dɑn<br>「焯」 ＊t$^{h}$an$^{b}$〉꜀tɕ$^{h}$jɛn<br>「单蝉掸僤禅婵」 ＊dan$^{b}$〉꜀dʑjɛn<br>「驒」 ＊ten$^{a}$〉꜀ten<br>「貚」 ＊ten$^{a}$〉꜀ten | 「亸瘅𪏭」 ＊talʔ$^{a}$〉꜂tɑ<br>「𪏭」 ＊t$^{hj}$alʔ$^{b}$〉꜂tɕ$^{h}$ja<br>「掸潬僤」 ＊danʔ$^{a}$〉꜂dɑn<br>「樿燀」 ＊tanʔ$^{b}$〉꜂tɕjɛn<br>「阐燀繟幝嘽灛」 ＊t$^{h}$anʔ$^{b}$〉꜂tɕ$^{h}$jɛn<br>「墠鳣单」 ＊danʔ$^{b}$〉꜂dʑjɛn<br>「蕇」 ＊tenʔ$^{a}$〉꜂ten | 「瘅」 ＊tals$^{a}$〉tɑ꜃<br>「鷤」 ＊dels$^{a}$〉dej꜃<br>「觯」 ＊tals$^{b}$〉tɕje꜃<br>「惮弹僤掸」 ＊dans$^{a}$〉dɑn꜃<br>「战」 ＊tans$^{b}$〉tɕ$^{h}$jɛn꜃<br>「禅单」 ＊dans$^{b}$〉dʑjɛn꜃ | |

对于探讨“禅”的声点是去声的原因来说，其情况比上例更复杂。根据郑张尚芳（2003/2013）中提到，“单”声的形声字声调几乎是平、上声，而去声字较少。但是“单”声形声字中“禅” ＊dans$^{b}$〉dʑjɛn（“禅让”之“禅”）、“战” ＊tans$^{b}$〉tɕjɛn꜃、“弹” ＊dans$^{a}$〉dɑn꜃（“弹丸”之“单”）等字是比较常用的。其中“禅”字形上与“禅”非常相似，孙玉文（2015：1366）也提到，汉代“‘禅’入韵二次，意思是封禅，禅让、押去声”；“魏晋时期”禅“入韵五次，唯读去声，意思是禅让”。再查看日本平安时期的字典《篆隶万象名义》和镰仓时期的字典《类聚名义抄》中的“禅”字，其代表反切都是相当于＊dans$^{b}$〉dʑjɛn 的“时战反”。根据日本人历代习得的“禅”的代表读音是“＊dans$^{b}$〉dʑjɛn”的背景，字形上相似的“禅”的去声声点可能也是类推导致的结果。

最后，［20ウ］的“正”例也与上例有所不同。“正”在《广韵》中有两种反切，“正月、正鹄”的“正”的反切是“诸盈切”（＊teŋ$^{b}$〉꜀tɕjɛŋ），“正确”的“正”的反切是“之盛切”（＊teŋs$^{b}$〉tɕjɛŋ꜃）。［20ウ］的“正”是《中庸章句・第十四章》“失诸正鹄”之“正”，其声调明显是平声。但是清原宣贤训点本《中庸章句》中“正”的声点–包括朱熹注释“画布曰：正”之“正”，都是去声。如果“正”的声调是去声，其意义是比较常用的“正当”之“正”。这种情况可能是诱道其声调类推的原因。

③其他例子

徼［平浊，坚尧反，ケウ，『经典释文』：坚尧反［＊kew$^{a}$〉꜀kew］］［−20ウ］

版［去声，『经典释文』：音板［＊panʔ$^{a}$〉ʿpɑn］，本亦作板］［−27ウ］

鼈［入浊，ヘツ，『经典释文』：必列反［＊pet$^{b}$〉pjɛt꜂］］［−41ウ］

根据《经典释文》的音切，“徼”的读音是“＊kew$^{a}$〉꜀kew”。所以，难以理解其声点是“平浊”（其读音假名“ケウ”实际上是“ゲウ”）的原因。具体查看“徼”字在《中庸章句·第十四章》“小人行险以徼幸”中，朱熹对此“徼”加注：“徼，求也”，《广韵·萧韵》“古尧切”小韵的意义也记为“求也”，与《经典释文》一致。按此猜测对应，其声调应该是“平声”。但是清原宣贤训点本表示的声点是“平浊”。其原因比较简单。本文的“徼幸”就是后来写为“侥幸”的前身，此“侥”也在《广韵》中为“古尧切”。然而，日本汉字音中“侥”的读音以其声符“尧”（＊ŋew$^{a}$〉꜀ŋew）为准，产生了“ゲウ>ギョウ”式的类推。所以，在此处“徼”的声点是平浊的原因，可以确定是考虑到已经通过类推得出的“侥”字的日本汉字音读音的结果。

“版”也不在《礼记·中庸》本文出现，而出现于郑玄注和《中庸章句·第二十章》的朱熹注释。此“版”的读音包括《广韵·潸韵》小韵“布绾切”，只有一种（即，＊pranʔ$^{a}$〉ʿpan）。但是，《集韵·产韵》还有小韵“蒲限切”（ʿbɛn?），其小韵代表字是“版板”，显示“浊上变去”变化。再根据《类聚名义抄》中提到，“版”之异体字“板”的代表反切是“补橌反”，其次还记为“吴半，又去”，明确显示日本汉字音中存在去声读音。此处“版”的声点是去声的原因也可能与此有关。

最后，“鼈”详见本稿“3.1.3”说明。即“惯用音”。

4）难以判明的例子

拳［平声，『经典释文』：音权［＊gron$^{b}$〉꜀gɰwɛn］，又起阮反［＊k$^{h}$onʔ$^{b}$〉꜀k$^{h}$ɰwɐn］，徐羌权反［＊k$^{h}$ron$^{b}$〉꜀k$^{h}$ɰwɛn］，奉持之貌］［−13ウ］

跲［入声，ケウ，『经典释文』：其劫反［＊gop$^{b}$〉gɰɐp꜂］，皇音跲［＊kop$^{b}$〉kɰɐp꜂］，蹶也］［−33ウ］

此两例已经在前文以音段为准中说明。所以，此处省略。

再次用表格整理本稿讨论的清原宣贤训点本《中庸章句》的声点与《经典释文》音切的声调的比较结果，如下：

<table>
<tr><th>与『经典释文』音切一致的例子</th><th>与『经典释文』的复数音切部分一致的例子</th><th colspan="5">与『经典释文』音切不一致的例子</th><th>难以判明的例子</th><th>总数</th></tr>
<tr><td rowspan="3">64（71）</td><td rowspan="3">10</td><td>（1）</td><td>（2）</td><td>（3）</td><td>（4）</td><td>（5）</td><td rowspan="3">2+3</td><td rowspan="3">90+3（97+3）</td></tr>
<tr><td>3</td><td>1</td><td>2</td><td>5</td><td>3</td></tr>
<tr><td colspan="5">総 14</td></tr>
</table>

## 5. 结论

至此本稿清原宣贤训点本《中庸章句》与《经典释文》音切的比较研究中，可以总结出以下的结论：

一、音段与超音段之间存在规律性的对应。

二、音段中，除了惯用音之外，都可以做出相应的解释。

三、超音段中，能发现沼本克明（1987/2008）和佐々木勇（1988）等指出的日本汉字音内部音变-即“去声-〉上声”的变调现象的几例，数量不多。

四、类推（analogy）产生的不规则对应也出现了。

再次申明，本搞的研究只与《经典释文》做比较研究，资料范围有待扩充，加以补足。

# 从易学角度浅析中华文化发展

郑兴明（高密市郑玄文化研究院、北京东方国易研究院）

## 前 言

中华文化是人类最光辉灿烂的文化。她从中华民族的太祖先天皇伏羲创立八卦开始，经历了约万年的发展。在约万年的发展过程中，从诞生到确立，经历了天、地、人“三皇”即天皇伏羲、人皇神农、地皇黄帝；从确立到发展，经历了文王、老子、孔子、孟子、郑玄……圣人、仙人……为代表的继承和发展。因此，中华文化的起源是伏羲的先天八卦。伏羲八卦的核心一个字，即“和”字。中华文化万年的发展史，一直以“和”为核心，以德、善、孝、弟、仁、义、礼、智、信为主要内容的文化。《易经》的核心思想——和谐，作为人文社会的核心意旨，成为中华民族价值观核心内容。郑玄系统注解和编纂《周易》，统一了周易的基本内容体系，为中华文化的发展留下浓浓的一墨。

### 一、中华文化的诞生与确立

中华文化上下五千年，即万年发展史。为什么这样说呢？因为，中华文化是中华民族先祖，远古三皇，即天皇伏羲，人皇神农，地皇黄帝，创始和确立的中华传统文化。“三皇”时代先后经历了约 5000 年，简称中华文化前五千年（始于伏羲至炎黄两帝时期即炎帝末期或黄帝初期）。

公元前约 7724 年伏羲发明了八卦，创立了六十四卦和历法开始，至公元前约 5008 年的伏羲时代，是天皇河洛文化创始时代，即天人合一思想文化创始时代，是中国文化的起源。这一时代人类生活和生产方式是，择居（风水的起源）、渔猎和种植谷物、饲养桑蚕、驯养家畜等。

伏羲时代前，人类生活主要狩猎为生，同时人类也成为猛兽的食物，于是，人类只能远离猛兽，到食草动物多的环境中求生存。共同狩猎共同生活成为当时人类生活方式，但是，人类解决了避免成为猛兽食物的简单生活方式后，还要面临更大的生存威胁，即大自然的变化。大自然变化带来对人类生存的威胁，导致了伏羲时代的诞生。公元前约7724年天皇伏羲发明了先天八卦，是人类文明史上一次飞跃性的革命，象征社会进入了伏羲时代。伏羲为了解决人类生存的两大威胁，观天象，察地形，推演天地自然生成和发展变化规律，发现了天地自然的产生和发展变化规律和阴阳五行，并将天地和自然界的产生和发展变化规律和阴阳五行，推演成八卦，史称先天八卦。先天八卦：乾坤代表天地生成，天地又生雷（震卦代表雷）、水（坎卦代表水）、山（艮卦代表山）、泽（兑卦代表泽）、风（巽卦代表风）、火（离卦代表火）。伏羲发明八卦，进而创立了六十四卦和历法，从而教族人择居要避免前面所说的两大威胁，同时，还教族人种植谷物、饲养桑蚕、驯养家畜、钓鱼等，伏羲和女娲合婚后其他族人也归顺学习。

伏羲，发明八卦和创立六十四卦的方法是历史观、唯物论和辩证法，这是人类认识世界的伟大的思想文化，他也是中华文化的创始人。伏羲创始的八卦是天人合一文化，其核心一个字——“和”。伏羲，发现自然界发展规律，并且根据自然界的发展规律推演出可预见自然界未来的发展的八卦和“天火同人”等六十四卦。“天火同人卦”是伏羲预言人类社会发展必将进入天下大同的社会景象，“同人”是预言天下大同的社会景象。

公元前约6000年至公元前约3000年，是神农时代。神农根据伏羲八卦和六十四卦创立和发明了适应农业生产的历法，中国的农历就是这样来的；神农还发明了农器和建筑风水学和神农兵法……神农发明的农耕“犁”流传到了现代。神农时代，人类的生活主要是农业，农作物种植的普及结束了人类长期的流浪生活。神农在多年的定居生活中，结合八卦理论创立建筑风水学，使人类生存环境和条件得到了空前的提高，进一步丰富了天人合一文化的内容。公元前约30世纪神农时代后期炎帝（神农的后裔）统治时期，黄帝逐渐兴起至黄帝代替炎帝，炎帝的人民与黄帝的人民实现了大融合，这是中华民族人类史上的一次大变革，中华民族实现了第一次天下统一，炎黄子孙从此兴盛，这就是中华文化前五千年（或称上五千年）的文化简史。上五千年中华文化史始于伏羲，终于炎黄两帝时期即炎帝末期。上下五千年划分的重要标志是母系氏族社会向父系氏族社会过渡的时期。后五千年文化史始于黄帝直至现在，其重要标志是从黄帝开始，中华民族人类社会进入了父系氏族社会，我们常说的中华五千年文明史就是后五千年。

黄帝时代，公元前约30世纪至16世纪。黄帝统一中原后各项公务分交给德才兼备的人分管，自己多数时间用于研究河洛文化，黄帝根据伏羲八卦和六十四卦及阴阳五行发明了指南车（指南针）和黄帝兵法等。黄帝在继承伏羲和神农历法基础上，发明了黄帝历法，后人简称黄历。黄帝的发明创造很多，如：《黄帝历法》《奇门遁甲》《黄帝内经》《黄帝宅经》等伟大巨著就是黄帝和他的宰相风后所作。黄帝将伏羲八卦以及八卦的阴阳五行理论应用到天文、地理、军事、经济、医学、科学技术和住宅风水等治国安邦的各个领域，以《黄帝内经》为例，其内容“包含有天文学、历算学、生物学、地理学、人类学、心理学、医学等”（贺华章《周易大会》）。

黄帝时代，由于父系氏族社会的发展，于是产生了以父为核心的家庭。家庭成员之间，家庭与家庭之间的关系成为社会关系的重要组成部分，于是，“德”和“孝”就成为这个时代的主要文化思想内容，其核心内容仍然是“和”。黄帝继承和发展了先天八卦文化，进一步确立了先天八卦“天地人和”“天人合一”文化理论体系。

中华文化从远古圣人伏羲创始到神农、黄帝继承、发展和确立，经历了三皇时代约5000年的继承与发展。“天地人合”或称“天人合一”的文化从创始到发展、应用，体现了历史观、唯物论、辩证法的文化理论体系，其核心内容一个字即“和”字。

## 二、中华文化的发展

历史的车轮如同黄河之水滚滚向东（向前）流，中国社会进入到中古时代，公元前1148年，出了一位中古圣人周文王。周文王自幼喜欢读书特别喜爱祖上传下来的《易经》。周文王82岁被商纣王囚于羑里，周文王在监狱里无事可做，便开始研究推演祖上传下来的八卦。文王仔细研究八卦，发现天象、地理以及社会组织形态都跟从前的八卦即伏羲八卦反映的内容有些不适应了。于是文王有了一个大胆的想法——创造一种新的八卦理论，一种适合当时社会制度的理论。于是周文王在羑里被囚的漫长岁月里，发奋治学，潜心研究，发明了文王八卦即后天八卦。这便是历史上著名的“文王拘而演周易”的故事。有后天就有先天，因此，伏羲八卦为先天八卦。不管是先天还是后天，其思想核心仍然是一个“和”字。文王按当时人文和制度将伏羲先天八卦和六十四卦的位置重新排列后发现更加适合，于是将伏羲先天八卦和六十四卦的位置重新排列，并将八卦赋予了人文内容：乾为父、坤为母、震为长男、坎为中男、艮为少男、巽为长女、离为中女、兑为少女。从空间上：震为东、巽为东南、离为南、坤为西南、兑为西、乾为西北、坎为北、艮为东北，并且将八卦和六十四卦注上卦辞（文王四子周公根据文王的文化遗产注爻辞）。《易经》的卦辞，包含着对周国（周国是周朝的前身，即商朝的诸侯国）未来的忧虑，并且卦序中包含着事物发生发展的普遍规律。周文王推演后天八卦发现伏羲预言人类美好的大同社会实现的条件之一的领导者，即帝产生的空间条件是，帝出于东方（震为东方），他预言：“帝出乎震，齐乎巽、相见乎离、致役乎坤、说言乎兑、战乎乾、劳乎坎、成言乎艮。”因此，周文王发现，伏羲预言的美好的大同社会要经历漫长的历史。在漫长的人类历史长河中，周文王用后天八卦还预测到人类在未来时期的灾难来自人类本身，而非远古时代初期的两大威胁，来自人们为了一己之利将会在兄弟之间父子之间发生战争。为了人类减少战火危机，他在八卦卦词中提示了解决这种危机的办法是，以和为核心，并将忠、孝、弟、德、善、仁、义、礼、智、信作为手段或方法。

周文王将先天八卦推演成后天八卦，并赋予新的内容，至此，《易经》的主干思想内容是，忠、孝、弟、德、善、仁、义、礼、智、信。“和”是《易经》文化思想体系的核心，忠、孝、弟、德、善和仁、义、礼、智、信是追求和谐发展的基本思想方法和手段。时代至此，儒家思想文化体系成为《易经》主干文化基本确立。儒家思想文化体系的核心即一个字“和”字，其主体内容是，人心和善，家庭和睦，社会和谐，世界和平，天地和合，继承和发展伏羲天人合一的思想体系。

周武王（文王长子）死前自知其子成王年幼难任王位，有意将王位传给文武双全、德才兼备的四弟周公，周公坚决不接受，并决心扶助周成王。武王死后成王继位，周公扶助成王的时代是周朝最昌盛的时代。周公从周文王的卦辞中体会到文王的忧虑和苦心，发奋为周王朝千秋万代的事业作贡献，积极推行儒家思想，为了教训告诫子孙及后世官员，将周兴商亡的历史故事写入六十四卦384爻的爻辞中。编写六十四卦384爻的爻辞，是按照《易经》的文化思想体系，按照卜卦的方式注爻辞，实际上六十四卦384爻的爻辞是商、周时代历史故事和卜卦案例。周公编写六十四卦384爻的爻辞，开拓了卜卦的理论依据和实践方法，丰富了易经和为贵的思想内容。此后《易经》也称《周易》（没有易传的《周易》）。

人类历史浩浩荡荡向前发展，中华民族进入了近古时代，这一时代诸侯分立，文化思想百花齐放、百家争鸣，思想家数不胜数，但是，能名留千古的，无一不是《周易》的继承者或传承者，其中，最杰出代表人是继承和发扬《易经》主干文化思想的思想家、教育家、哲学家孔子和研究《易经》而悟道并编写出道教第一经书《道德经》，被誉为道家鼻祖的老子。老子可以说是《易经》另一支主干文化的继承和传承者，可是，道家和儒家都说自己“家”是《易经》的正统，由于篇幅所限在此不讨论儒道两家易经正统。另外，将《易经》阴阳五行应用到人体和医学的医圣华佗；将《易经》应用到军事战争上并著《孙子兵法》的兵圣孙子（孙武），他主张以屈人之兵不战而胜是最高军事谋略，这正是《周易》文化的核心——和的体现；被一批认识西方文化的中国近现代《墨子》学者誉为西方文化鼻祖的墨子（若果真如此，中国的天皇伏羲便是全人类文明的祖先），也是这个时代（春秋时代也有说是战国时代，鲁国人）杰出人物，他幼年和青少年时期也是儒家学生，先学《周易》主干文化——儒学，后来他认为“和谐”是靠征服才能实现的或者说是强者制定的，因此他另立并且与儒家成为对立的门户——墨家；墨子的思想是《易经》的支干思想，是辩证的对立思想。中国近古时代“易”学发展到学派林立，其中有：儒家易、道家易、阴阳家易（包含术数易）、兵家易、墨家易、法家易、名易……在各个领域竞放光芒，成为中华传统文化的组成部分。

孔子50岁学“易”，曾经师从老子，是老子的学生，由于他的思想主张偏向于周公的儒家人文思想，而老子则偏向自然科学，于是，与老子分庭发展，结果，近古时代诞生了两位伟大的思想家，其中，孔子被誉为继承和发扬《易经》的圣人，老子被后人誉为仙。

孔子弘扬《易经》的儒家思想，他当时对《易经》的文献进行整理、注解。他所编写注解《易经》的《易传》成为易经的重要部分，是易学研究的对象；他编的《易传》将《易经》的核心思想，“和谐”，作为人文社会的核心意旨，成为中华民族价值观核心内容，忠、孝、悌、德、善、仁、义、礼、智、信成为中华民族价值观的主要内容；他的《论语》是推广这种价值观的经典著作。他和他的继承者曾子、子思、孟子，所著“四书”被统称为儒家经典。

历史车轮滚滚向前，在秦朝“焚书坑儒”后，特别是汉唐宋时代思想文化界从恢复到发展，儒家易、道家易、阴阳家易（包含术数易）、兵家易、法家易……发展迅速，“大家”学者、各派宗师，又一次体现百花齐放、百家争鸣、争相斗艳的景象。儒、道两家逐渐成为中华民族主流文代。佛教传入中国后，逐渐与中华《易经》文化互相包容，于是，逐渐成为中国第三股主流文化思潮，与中国本土文化儒家、道家等相互辉映。

东汉之前的诸子百家和官学，都还没有将伏羲所创的先天八卦、文王的后天八卦和孔子的《易传》系统汇集统一编纂。注经（先天八卦和后天八卦）为注经，注传（《易传》）为注传，是不同的，没有将三古圣人（远古圣人伏羲、中古圣人文王、近古圣人孔子）一脉相承的思想体系相融合，将孔子的学说简单地认为是儒家思想文化的代表而已，认识不到三古圣人所创作的思想文化体系是一个整体。东汉郑玄首先发现三古圣人先后所创的先天八卦、后天八卦（先后天八卦统称为《易经》）和《易传》是一个统一的思想文化体系，因此，郑玄是将经和传系统地进行统一注解编纂的第一人，将经和传融为一体具有创造性，是易学发展史上的一次融合和统一，是继孔子后易学发展史上的一次重大变化，从此《周易》的内容包含了孔子的《易传》。郑玄系统注解编纂的《周易》不但成为后人研究《周易》的重要易学著作，还为后人研究《周易》开辟了新的方法，是后人捧为郑学的重要著作，是后人研究郑学的重要学说。《魏志·高贵乡公纪》：帝问博士淳于浚曰：“孔子作《彖》《象》，郑玄作注，虽圣贤不同，其所释经义一也。今《彖》《象》不与经义相连而注连之，何也?”浚答曰：“郑玄合《彖》《象》于经，欲使学者寻省易了也。”“在中国文化发展史上，《易纬》和郑玄授道入易是易老融合重要的一环，整体上体现着儒道的合流的趋势。若没有汉代的易、道融合，尤其是

《易纬》和郑玄的易、道融合，就不可能形成道家易和易家道教，更不可能形成魏晋玄学以及以魏晋玄学为基础的、儒道释兼顾的宋明理学。”（林忠军著《周易郑氏学阐微》）有学者对郑玄的评价：“郑玄首先是个杰出的经学家，再具体而言，他又是训古学家、文字学家、政治学家、历史学家、思想家、天文学家、术数学家，等等，所有这些名号都不过是就郑玄经学成就的某一方面而言，在郑玄那里它们都是一体相通的。”因此，郑玄被誉为山东三圣，即圣人孔子、亚圣孟子、三圣郑玄。

唐代开始将儒家经典与“五经”统称为“四书五经”，《易经》为“四书五经”之首，从此，以和为核心的文化思想体系便成为治国安邦的基石。

任何领域，大的如国家、军事、经济、政治和外交，小的包括风水住宅、身体健康、家庭幸福、交友处事都要追求最佳的效果，和谐正是最佳效果的保证或体现。《周易》告诫：“善不积不足以成名，恶不积不足以灭身。小人以小善为无益而弗为，以小恶为无伤而弗去也，故恶积而不可掩，罪大而不可解。”和为贵，民为先，得民心者得天下，失民心者失天下，顺者昌，逆者亡（逆者殃），这是已经中国历史证明的普遍真理。《周易》是唯物论和辩证法，是历史唯物论，是哲学的哲学，是科学的科学。

《易经》六十四卦的“同人”卦预言人类发展到世界大同的社会镜像，是《易经》“和谐”文化发展的必然结果，是客观规律。何时能世界大同？唐朝李淳风和袁天罡合著的中国古代最负盛名的预言书《推背图》预言，人类社会发展到共和社会（《推背图》第五十八象），下一个社会就是人类大同社会（《推背图》第五十九象）。现代人类社会基本进入到共和社会，虽然各国的政治形态不相同，但基本上是以“共和”的形式建国。周文王根据先天八卦推演后天八卦，预言实现大同社会的条件：“帝出乎震……”（孔子《说卦传》揭示了文王的预言）震在东方，震五行属木，东方五行亦属木。因此，笔者认为周王文所预言的“帝”一定在东方，一定是领导世界人民实现大同社会的先进组织。

1949 年 10 月 1 日中华人民共和国成立了。在世界人类社会发展史上，中华人民共和国是世界共和社会的重要组成部分。笔者的历史观认为，“共和”社会完成了必经的历史条件后，天下大同社会必然实现。“共和”到天下“大同”，尽管可能要经历相当长的时期，但是这是《周易》和谐文化思想体系发展的必然结果。